斯界権威
十五大家

霊療術聖典

霊療術研究団編

靈療術研究團編

斯界權威
十五大家 靈療術聖典

東京
天玆洞本院 發行

序に代へて

宇宙が物質と霊との二元を以て形成されるが如く、人體も亦肉體と精神との二要素を以て形成され居ることは、今更喋々の要が無い。而して此の兩者は所謂相關々係に立つものであることも亦ヘーゲルの辨證法を俟つまでもなく自明な常識となつて居る。肉體上に生ずる諸種の變化は、應て精神上の諸變化となつて顯現すると同時に、精神上の諸現象はその形を變へて肉體上に現はれる。然しながら此の兩者即ち物質と靈、肉體と精神の何れが第一義的要素なりやといふことになると、諸説紛々たる狀態である。現代醫學は二十世紀の唯物主義思想をその基礎とするが故に、無批判に、肉體を第一義的とするかに見える。さり乍ら靜かに想をめぐらすに、カントの「物其れ自體」といひ、ヘーゲルの「觀念」と言ひ、眞の哲學者は總て靈、精神を以て第一義的のもの、根本的のものとし、物質、肉體を以て、靈、精神の反映、映像なりとし、第二義的、派生的の意味をしか與へ居らぬのである。而も此の見地こそ、傳説の遠き

太古より一貫して歴史を貫き通す方則であり、精神醫學が據つて以て起つ基礎なのである。

此見地に起ち先きの相關々係を顧る時、肉體の精神に及ぼす影響力は、根本に於て精神の肉體に及ぼす影響の比ではないことを深く察省すべきである。此處では哲學一般に就て論ずるのが本旨ではないから、現代醫學を批判の對象に限定せざるを得ないが、抑も現代醫學が、醫藥の技術的方面のみ重要視し、精神方面を閑却するのは、此の根本原理に眼を覆つて居るからであつて、その效果遲々として擧がらざるは誠に道理である。論より證據、現代醫療法で疾病を必らず治癒する藥物が幾種あるかと云へば、ホンの三ツ四ツあるのみ甚だ心細い次第ではないか。それにも拘はらず、單に藥物や器械にのみ賴つて萬病を治癒せんとするは木に緣つて魚を求むるが如しと言はざるを得ない。

現今の如く分業的ならざりし往古にあつては、療法はあらゆる點に於いて宗敎家の事業であり、宗敎家卽醫家であつたといふことは、神農氏や印度の古聖者などの上に

幾多の徴證があるのである。而も此の療法は、精神療法を以て第一義としたのであることは、病氣なる言語が表明するところによつても容易に推知されるのである。クリストが盲者を開眼し、啞者を言はしめ、いざりを立たせるには、決して藥品を必要としなかつたのである。又我國古來の傑僧智識のなした跡を見るも、所謂奇蹟即ち精神療法であつたのである。この道理は、科學萬能の今日に於ても毫も變らないのであつて、現代の醫療科學を無上不二と豪語する勇氣は何人にも與へられて居ないやうに、人間の存在する限り精神を除去することの出來難きことは萬代不易の眞理である。然らば療法には未來永遠に表裏二面の二途がなければならぬ。即ち科學の療法と靈能の療法とは當然對立的に嚴乎として各地步を踏んで其の道を存すべきである。從つて苟も刀圭家として立つには、また精神療法の如何なるものかといふことを研究しなければならぬと斷言するに躊躇せぬ。見よ、現今の所謂名醫大家と稱せられながら其一方には物質的本位の醫學たる以外、更らに精神醫學精神療法の新生面あることに着眼し、之れを求めて常に研究と注意を拂ひつゝあることは、口に筆に立證されて居るではないか。

五

然るにまた一面醫家の中には「靈療術は超物質的で、即ち自然の一つの微妙なる能力の法則を科學的に究め之れを應用せしむる學術」であることを知らず、只科學療法の領域を侵害さるゝかの如くに曲解し、極力靈療術の撲滅を期せんとするは、寔に笑止千萬の至りである。而して、若し此の一知半解の徒の運動にして奏効し、何等かの制裁を爲す道が講ぜらるゝにも至らば、楯の一面をのみ見るの害毒を流すこととなり、引いては神靈無視、神社輕侮の觀念をも誘起すべく、茲に由々しき國家的大問題を惹起するやも圖られず、誠に戒心を要する次第である。

然るに社會的現象はさやうであるにも係はらず、それに反比例して、今や靈療術（無藥療法）の價値と意義とを認識するもの相踵ぎ、各種療法は一時に擡頭し來り、日く何、日く何、と一々應接に違なき隆昌を極むるに至つたのは理の當然とは言へ、人類幸福の爲め慶賀に堪へないことである。然し乍ら、一利一害とはよく言つたもので、其のまた一面には療術の基礎たり根帶たる精神修養も積まず體驗も乏しき未熟乳臭の徒が誇大にして誑詐に等しき言辭を羅列し、世人を欺き利を射るもの簇出するに

至り玉石雜然とし、修業者求治者をして眞僞辨別に苦しましむるに至つたことは、斯道の爲め實に慨嘆に堪へぬのである。而かのみならず、眞に優秀なる療法にあつてもその種類極めて多く、初學者のこれを選擇するに苦しむ者少しとせぬ。斯くては後進者を迷はすものであり、治を乞はんとする者をして適從する所を知らしめざるものであると言はねばならぬ。

編者は此處に鑑みるところあり、其の技術、其の人格、其の學識、眞に傑出した斯界の權威十五名を拔擢し、各々其の心血を瀝げる名著中より、獨創療法の實修方法を蒐集し、以て初學者の學習、撰擇に便ならしめんと欲し、本書を編したのである。それ故に本書は靈療界の六韜三略であり、靈療界の虎の卷とも言へるのである。

之れを各大家に就て一々敎傳を受くるとせんか、驚く勿れ、其の敎傳延日數二百十二日其の敎傳料壹千貳百拾八圓の多額に達し容易のことでない。然るに本書は代表的各種療法の原理から實修方法に至るまで、何人にも適應して直ちに役立つやう實用的に記述されたものゝみを採錄してあるから、叙上の如き日數と費用とを要せないのは勿

論本書一冊を讀了すれば、靈療界の通曉者となり、病弱者は之れによつて工風研究すれば、自ら療病癒痾また難きことはないのである。更にまた從來あまりに人體を器械扱ひし過ぎて、精神の存在を無視してゐる一般醫家は、單に他山の石とせず、之れを繙きて智庫を豐饒ならしめ精神療法を排除せんとする謬想を是正する資料ともなつたならば、編者の滿足する所である。

終りに蒞んで、編者はこゝに前叙十五大療法の創剏者に深く敬意を表するものである。

昭和九年四月

　　　　　編　者　識

凡　例

一、本書は現今著しく流行する無藥療法幾百種の中から、最も權威ある精神修養法や精神的治病保健法を撰擇し、幷が創粹者十五大家の唱道せる療病の實修方法を、各其著書から拔萃蒐集したものである。

一、本書は醫藥の力及ばざる疾病の治療を主眼とし、併せて平素虛弱にして健全強壯を欲し、若しくは病後恢復のため治を需めんとする者、または敎へを乞はんとする後進者をして、その適從する所を知らしめんため、所謂相談相手にといふ趣旨で刊行したのである。

一、本書に掲げた他にも物理療法、電氣療法、光線療法、溫熱療法、指壓療法、カイロプラクテック等種々有名な療術もあるが、器具機械を使用し應用し、若しくは餘り生理的に偏し精神を閑却するやうなものは、一切探らなかつた。

九

斯界權威　十五大家　靈療術聖典

目次

一、人體放射能療法 ……一九

深息法 ……二〇
數息法 ……二四
靈動法 ……二九
靈動療法 ……三一
觀念法 ……三三
觀念自動法 ……三四
觀念硬柔法 ……三六

氣合法……………………三七

整腹氣合法…………………四一

打込氣合法…………………四四

二、靈學療法

靈手法……………………四九
　第一法、按手法——第二法、凝指法——第三法、凝掌法——第四法、撫擦法——第五法、揉撚法

靈喝法……………………五九

靈眼法……………………六四

念唱法……………………六五

飲水法……………………六六

反熱法……………………六七

食養法……………………六九

靈學療法施術の準備……………………………………………九
　　精神的準備――肉體的條件――施法上の手段七則

三、清水式精神統一療法……………………………………………五
　　精神統一の心境………………………………………………六
　　實　修　法……………………………………………………一
　　準備と注意……………………………………………………三
　　力を要せぬ運動………………………………………………六
　　其の効果………………………………………………………八

四、順　性　療　法…………………………………………………二
　　治病の眞理……………………………………………………三
　　順性療法の原理………………………………………………七
　　順性療法の實修………………………………………………九

一三

五、全能精氣療法

順性保健長生法——精興修法——活元治病法——療能治療法——觀念法——神經衰弱の擊滅法……一一〇

精氣療法の原理……一二一

精神の誘引作用——飲食物——呼吸——誘引作用——精氣の感應作用——精氣療法の效果

精氣療法の治療方式……一二五

精氣充實法式——精氣作用の實驗——精氣療法の術式——治療術式應用上の注意——患部鑑識法——他人治療法式

六、高木式斷食靈療術

斷食は最善の靈能開發法……一二六

斷食者に施す靈療術は極めて有效……一二七

斷食の指導法……一二九

靈療術の體得法……一三二

斷食の反應と靈療術……一三四

―一三―

七、大氣養法……一四七

調身法……一四九
調息法……一五一
膽錬吸收の實習方法……一五六
膽錬呼吸實習中の觀念……一五九
神呼吸法……一六一
精神統一法……一六四
反省と感謝……一六六

八、野口法

はじめ……一六八
健康の實相……一七二
全生の道……一七五

九、太靈道靈子術……………一九五
　精神の安立と肉體の健康
　靈子術の學理……………二〇四
　靈子顯動作用修得上の心身の準備
　　　　　　　　　　　　　　二〇七
　肉體の準備……………二二四
　時刻の注意……………二二六
　座式顯動作用…………二二九
　座式の型式……………二三〇

一〇、洗心流靈氣療法…………二三六
　靈氣の治療的活能……………二三八
　靈氣能力充實法………………二三九

むすび

食養法──呼吸法──觀念式吐納法の原理──觀念法の一例──靈術の究極點──靈氣能力を充實する法──靈氣能力試驗法

靈氣放射法（治療法）... 二四九

二、病元全療術..

腹力の充實は健康の泉... 二五四

靈性の顯現發揮... 二五五

靈能發揮法... 二五七

正息練丹法... 二五八

氣養精強法... 二五九

實修法... 二六〇

正息練丹精神統一法... 二六三

觀念法... 二六四

顯動と潛動... 二六五

二六七

一二、生道霊掌術 ………………………… 二五〇

修霊療養法 ………………………… 二七一
正座調息法——合掌交霊法——全身押擦法

身心統一訓練法 ………………………… 二七六
自己観念療法——性相改造法——身心一致瞬間鍛錬法

心霊光線発顕及実験法 ………………………… 二八〇
心霊光線発顕基礎修養法——心霊光線直接発顕法——心霊光線の実験法——心霊光線手掌感触法——心霊光線動物実験法——心霊光線の物件を通過する実験——心霊光線による精神感通の実験

一三、森式触手療法 ………………………… 二九〇

祈祷と触手療法 ………………………… 二九一

触手療法の治療及診断 ………………………… 二九四

頭部と背部の診断の場合 ………………………… 三〇二

胸部と背部の診断 ………………………… 三〇三

十七

腹部と腰背部の診斷……………………………………三〇三

一四、小野式血液循環療法

　　大自然の癒能力とは何か…………………………………三〇五
　　血液循環療法とは何か……………………………………三〇九
　　　交靈作用——觸靈作用——觸靈法を施す方法と個所

一五、富田流手あて療法

　　修養の順序…………………………………………………三一九
　　修得の仕方…………………………………………………三二〇
　　　靜座——合掌——淨心法——發靈法——五日計劃の修養要領
　　自己治療法…………………………………………………三二九

斯界權威十五大家 靈療術聖典 目次 終

斯界權威
十五大家 靈療術聖典

東京　靈療術研究團編

一、人體放射能療法

往年『靈界の三傑』と稱せられた太靈道の田中守平氏先づ逝き、江間式の江間高峰道人亦沒した中に、獨り尙矍鑠として壯者を凌ぎ、心靈界に宗敎界に縱橫の筆陣を張つて四方を睥睨してゐるのは、人體放能射療法の創始者、靈學道場主範松本道別翁

である。

翁の前半生は、明治政治社會史の縮圖とも言ふべく、國事に奔走して席暖まる暇なき程であつたが、大正時代に入つてより、一切靈術の研究に從事した。斯くて遂に大正六年初夏、人體内にラヂウム放射線と類似せる一作用を發見し、之れを『人體放射能』と命名されたが、翁に依れば是れ實に人間生活の原動力にして又自然療能の本體であり、而して此の作用を應用すれば、諸種の神祕的靈能を發揮し、疾病治療の如きは最も易々たるべしとして人體放射能療法を創始されたのである。

『靈學講座』は松本翁が半生の心血を絞れる大研究の結晶であつて第一册『修養篇』用實驗篇』（菊版總紙數六百餘頁）より成り、精緻博宏、周到懇切を極めた良著である。本項以下に紹介する處は右講座中の修養篇より抄録した。

修養篇

深息法

調身法

わが深息法は邪氣を吐いて正氣を吸ふ所の最上呼吸法であつて、健康増進や靈能發動の基礎課程であるから、初心者は無論のこと、熟達者とても終生毎朝々々如法に勵行せねばならぬ。即ち朝早起して水浴の習慣あるものは水浴を濟まし、無きものは洗面のみを終つて神佛を拜し、さて旭日に向つて深息するのであるが、先づ西に向つて邪氣を吐かねばならぬ。それには開放した椽側に敷物を敷いて西向にフウリと正しく坐り、足の拇指と拇指とを輕く重ね、膝頭を適宜に少しく開き、左右の手の五指を組合せて股の上に安置し、肩を少しく搖り動かして全身中の何處にも少しも無理のない樣に體を正しく落付け、然る後に西に向つて邪氣を吐くのであるが、正座の出來ぬものは半跏の趺坐（結跏の略式で、右足を下にし左足を上に重ねる）でも好

く、胡坐でも差支へない。但し其時には座蒲團を二つに折つて尻に敷くが宜しい。又立つて行つても惡くはないが、邪氣を吐くには先づ正坐が適してをる。

邪氣呼出法 邪氣とは炭酸瓦斯その他老癈の氣を總稱したもので、臥寢中に肺胞を始め體内に澤山たまつてゐる邪氣を先づ呼出して了はねば、折角正氣を吸入しても新舊鮮癈相混合して何時まで經つても清新にはならぬ。基督が『新しき酒を盛るには皮袋を要する』と言つたのは至言で新鮮な氣を入れるには先づ老癈の氣を吐出さねばならぬことは無論だ。さて邪氣を吐くには鼻から吸つて口から吐くが神傳の法則で、先づ口を窄めて細く長く氣を吐く、吐くに從つて心窩を凹めて段々腰を曲げ、腰を二つに折り曲げて腹部を壓し、以て全身の邪氣を吐き竭くすのである。吐き終れば徐々と腰を伸ばして起きあがるに從ひ鼻から少しづゝ氣を吸ひ、又口を窄めて細く長く吐くと共に心窩を凹めて腰を折り曲げること始めの如くする。この邪氣呼出は五回繰返せば大低體内の邪氣を吐き竭くすものだ。

正氣吸入法

僞道の方では死氣と生氣の更り目は午前二時としてあり、山中では其時刻に鶴が深息の爲に鳴くのを聽いて僊人も深息を始めるといふことだが、我々の方では正氣を吸ふには日の出の時刻を最も好しとするのである。併し都會の地では中々日の出の拜める家は少ないから、先づ午前八時までを朝の內として許すことにする。この正氣は生氣でもあり精氣でもあり淸氣でもあり、又陽氣でもあるから、元氣の正氣は天地正大の氣を吸收して心身共に淸淨となり、全身に元氣──即ち放射能を充滿せしめる」と云ふ觀念を以て呼吸せねば效用は幾分薄いものだ。又正氣は邪氣と反對に口から吸つて鼻から吐くのである。

邪氣呼出を終れば坐の方面を變へて東又は南に向ひ（四季により日の出の方向に從ふ）先づ舌の先で口中を舐め廻して水々した津液を蓄へ（此津液は胃に飮み下して非常な營養分あり、又口中の乾くを防ぐ）口を窄めて徐々と太陽の光線と共に正氣を吸ひ込む。その吸込むに從つて心窩を凹めて下腹部を膨らし（心窩に力の入らぬ樣注意

が肝要、然らざれば胃擴脹其他の害がある）臍下丹田に氣の一杯充ちた所で、氣を吸ひつゝ腹を凹めて肩をあげ「肺の下部から腹部に充ちた氣を肩の下の肺炎まで吸ひあげるそこで一寸堪へてから、口中の津液と共に氣をグッと胃の中に嚥み込む。所謂氣を食ふのである。さうして口を閉いで暫く氣を胸に止め、次で氣を悉く下腹部に復して心窩を少し凹め、氣を下腹部に止めること數秒にして、苦しくなると同時に靜に鼻より細く長く氣を吐き出すのである（此時も邪氣を吐出す如く腰を折り曲げても宜しい。腰のわるい人や腹力の充實してゐない人は、無論腰を曲げて吐出す方が宜しい）これは神樣の敎によれば、口から吸つて養分を腹中に止め糟を鼻から吐出すこと、猶ほ鯨が小魚を海水と共に口から嚥込み、餌だけを腹に止めて不用の水を頭上の穴から吐出す如きものだとのことである。さうして氣を胸腹部に溜めてジッと堪へてゐる間に酸素破壞の放射能製造は行はれるのであるから、馴れるに從ひ段々その時間を延長するが宜しい。が決して無理に我慢をするには及ばぬ。この正氣吸入は普通には毎朝十回行

へば宜しいが初心者の閑ある者は二十回乃至三十回位づゝ行ふが宜しい。多々益々可なりである。

數息法

數息とは呼吸を數へて精神を統一することで、印度では波羅門敎の方でも、佛陀敎の方でも、之を安那般那と唱へて昔から皆實行したものである。天臺の止觀といふも、止は梵語で奢摩他といひ、精神を統一して無我の境に入ることで、其方法は數息と隨息が主要なものである（觀は梵語毘鉢舍那、觀想のことで、不淨觀、清淨觀、日想觀、水想觀などのこと）されば行者が顚倒妄想無明煩惱を解脫して大悟徹底の境に入る修養法として最も價値あるものだが、そんな扶香臭いことは措いても、精神を統一し、病魔を斥け、健康を增進し、靈能を發揮するに於て頗る效果あるものだ。

調身法

數息は朝の深息に引續いて行つても好く、又午後でも夜分でも時を選ばぬ。

これを行ずるには正座でも胡坐でも好く、又椅子に倚つても差支へないが、最も宜しいのは半跏である。即ち座蒲團を二つに折つて尻に敷き、右足を下にして左足を上に重ね、鼻、口、臍を垂直にし、玉を抱く如きさまに兩手の指を組合して股の上に置き、肩を搖り動かして全身に無理の無いやうにし、寛如として眼を瞑ぎ、邪氣を口から呼くこと三回。この眼を瞑ぐことは精神の散亂を防ぐ爲めであるが、瞑目の爲めに睡眠を催すやうの事があれば、眼を半眼にして睡らぬ様にする。

數息の要諦

數息の呼吸は鼻から吸つて鼻から呼くので、それも極々普通の呼吸で宜しく、決して深呼吸には及ばぬ。元來呼吸は鼻からするのが生理上の原則で、呼吸器の構造からが其様に出來てをる。即ち氣管へは鼻腔から通じ、食道へは口腔から通じて居るのだが、呼吸は生命の第一義で非常に大切なもの故、萬一二つの鼻腔が塞がつた場合には忽ち死と云ふ轉歸を取らねばならぬ所から、まさかの際の準備に口腔からも氣管に通路が開けてあるので、平生濫りに使用すべきものでは無い。されば鼻に

故障あつて口で呼吸するものは必ず出齒であり、又肺が扁平になつて生理上甚だ宜しくない。殊に塵埃の如きも、口腔から吸へば氣管支で無ければ吸收されぬ故、氣管支加答兒となつて吸入器で掃除せねばならぬが、鼻腔から吸へば厖大なものは鼻毛で支へ微細なものは鼻粘膜や氈毛で吸收して、氣管支や肺胞に塵埃の溜まる虞がない。然るに、そんな事には無知識無頓着で『どうせ一寸先は同じ道を行くのだから、何らでも好いぢあ無いか』など太平樂をならべ、大きな口を開いて二時間も三時間も呼吸させる靈術家のあるには呆れて物が言へない。深息や氣食の際に口からするのは特別の事例だ。平生鼻に故障のない限り、諸君忘れても口で呼吸してはならぬ。

さて數息の要諦は甚だ簡單で、只吸ふ息呼く息に心を止め、さうして一呼吸を一つとして一つ二つ三つと心中で數へ、十から十一、十二、十三と段々進んで百に達したら、拇指を一つ曲げて一百の記號とし、次に又一つから數へて百に達した食指を曲げて二百の記號とする。さういふ風にして三百、四百、五百、六百と通むに從つて段々

呼吸は靜になり、初の程は鼻息の音が耳に聽えてゐたのが聽えなくなり、深息の反對に呼吸は次第々々に短縮して七百八百頃に至れば、氣は僅かに鼻腔内一寸位の處を往來してゐる樣で、所謂鴻毛を鼻下に掛けても搖がぬ樣になり、肺で呼吸せずに丹田で輕く〲呼吸してゐるものゝ如くである。この狀態に至れば、天臺大師の『摩訶止觀』に所謂『聲あらず、結せず、麁ならず、出入綿々として在るが如く亡きが如く』などある如く、又白隱禪師の『夜船閑話』に『一息より數へて十に至り、十より數へて百に至り、百より數へ放ち去つて千に至りて、此身兀然として此心寂然たること虛空と等し。斯くの如くなること久しくして一息おのづから止まり、出でず入らざる時、此の息八萬四千の毛竅の中より雲蒸し霧起るが如く、無始劫以來の諸病自から除き諸障自然に除滅することを明悟せむ』などある如く全く體內に雲霧の樣なものが充實し、例へば肺に故障あつて氣の疏通せざるものも、所謂漆桶を拔く如く疏通して愉快なること譬へるに物なく、內臟機關の運轉は誠によく調節して一切諸病は除かれ、寒夜火

二八

気なき室内に行じてゐても體内ホカホカと暖を覺え、精神全く統一して湛然として淵の如く、寂漠として意識を絶ち、所謂佛の滅盡定や瑜伽の三昧地の境地に入り、自から歡喜を覺えるのである。尤も斯の如き状態は初回から起るとは限らぬが、三四日を經れば必ず何人にも起るべき現象であつて、更に倦まず撓まず久しく繼續すれば、或は恐ろしき怪物の姿の見えることもあれば、暗夜に物が見えたり遠方の聲の聞えることもあり、千里眼、千里耳、透視、透覺、豫覺などの靈能が發揮され、佛教の所謂天眼通、天耳通、宿命通などの神通力が現出するものである。併し『首楞嚴經』などでは此等を五十魔境と稱し、五蘊皆空の悟境に達する道程としてあるから、少々の靈能位で己惚れてはならぬ。さて數息は千に達すれば一段落として止めるが、餘力あれば更に二千三千迄試みても宜しい。然れば短息より進んで無息に入り、所謂胎息となるのである。尚この數息中、精神恍惚として數を忘れた時は始めから數へ直しても好く、又數へるに倦んだ時は、隨息と云つて只吸ふ息呼く息に心を

二九

止めるだけで、息を數へずとも宜しい。

導引法 深息法を行つた後には靈動法を一回行ふことにして居るが、數息や胎息を行つた後には道家でいふ導引法を行つた方が好い。これにも靈劍子導引法、八段錦導引法など種々あるが、先づ大體次の如く行へば宜しい。即ち一、頭を左右左右と動かすこと二四回。二、兩手を以て額、眼瞼、鼻、頰、耳、項といふ順序に摩擦して熱せしめる。三、指で頭髪を梳ること約三十六回。四、兩手の指先で左右の顳顬を按む。五、上下の齦を叩くこと三十六宛。六、左右交々手の指を按み節を引く。七、兩足の指を按み節を引く。八、兩脚を摩で下す。九、立つて胸腹部を摩擦する。一一、臍下腰脊の間を摩擦して熱せしめる。一二、大に伸をする。これで導引は了るのである。

尚『止觀』に『行人若し坐禪竟らむとする時は、口を開き氣を放ち、百脈より意に隨ひて散ずと想へ。然る後に微々として身を動かし、次に肩膊、及び手、頭、頸を動かし次に二の足を動かして悉く柔軟ならしめ、次に手を以て徧く諸々の毛孔を摩で、次

に手を摩で、暖かならしめ以て兩眼を拊ひ、然る後に之を開け。身の熱稍々歇むを待つて方に隨意に出入すべし』とあるのや『坐禪用心記』に『若し定より起たむと欲せば、先づ兩手を兩膝の上に仰安しながら身を搖がすこと七八度、細より麁に至るなり。口を開いて氣を吐き、兩手を伸べて地を捺へ、輕々に座を起ち徐々として行步し、須らく順轉順行（左より步いて右に轉ずること）すべし』とあるなど參考するも宜しい。

靈動法

靈動とは如何なる意義かと云ふに、自己の靈又は憑依つた他の靈が發動して內部から一種の衝動を起し、以て身體の一部或は全部を震動せしめるから起つた所の名稱である。但し鎭魂歸神や稻荷降しや、或は中山法華の祈禱などで震動するのは、多くは他から憑依した靈の發動であるが、こゝに云ふ所の靈動は概して自己の靈の發動であ

つて、自己の靈の發動は即ち人體放射能の發動である。我邦太古から神傳の一種として神道各派に傳はり、鎭魂振魂など、稱へ、彼の『舊事紀』に『布瑠部、由良由良止布瑠部』とあるも即ち靈動のことである。

靈動の發する眞の理由は如何と云ふに、此處に簡單に其要領を講述すれば、人體放射能はアルハー線と同種のもので陽電氣性である。而して電氣は一種のエーテルの波動で、その波動を人體に傳へれば神經を刺戟して震動せしめることは諸君の熟知する處である。但しアルハー線や人體放射線は普通の電氣の如く波動の波が荒くないから神經を刺戟されても痛くはないが、震動することは同樣だ。現に我輩はラヂウムを手にしてゐる爲に不意に大なる震動の起つた經驗がある。されば人體内部には常に神經中樞から末梢に向つて放射能が流通して動力となつてゐるから、吾人の手や足は不斷にブル〲震動してゐるのが當然だが、それでは勢力を無駄に消耗し、且中氣やみやアルコール中毒者の如く不便で仕樣がないから、大腦内に抑制中樞と云ふ仕掛があつ

て、吾人は自覺せぬけれども、丁度釦一つで工場の機械の運轉を停止する如く抑制して無闇に震動させぬのである。それ故意思を加へて抑制中樞を解除するか、又は手掌とか腰や腹を反らして局部に力を入れゝば、震動の起るのは固より當然である。（力を入れゝば其處に放射能が集中する。）

靈動療法

太靈道では自己療法として、靈動の起った手掌を以て患部に加ふるに、凝指、凝掌、押、押擦の四法を以てするが、效果は甚だ思はしくない。それよりも靈動應用の自己療法としては、自己暗示を以て『靈動の起りつゝある手掌が患部を打つ或は按撫して治療する』と觀念するのである。さうすると本田流の神憑禁厭や五十嵐光龍氏の自働療法の如く、手掌は自己の意志を以てせずとも自から器用に患部を打つたり按んだり撫でたりして能く疾病を治癒せしめるから、太靈道流よりも暗示的自働療法を用ゐた

方が比較的確實顯著である。五十嵐氏はこの自働現象を以て自己保存の本能的發動と解するが、實は自己暗示の働いた觀念運動の一種である。前に述べた生氣術、自健術、本能療法などもやはり一種の暗示の働いたもので、自働療法同斷である。

觀念法

觀念法とは何んな事かと云へば、自己の精神作用を以て自己の肉體を自由に支配することである。と云へば、『自己の肉體を自己の精神で自由にする位は誰でも朝飯前で、それが出來なければ不具者か中風者だ。』と笑ふ者もあらうが、さう許りは言へぬ。元來吾人の筋肉には隨意筋と不隨意筋とあつて、なるほど隨意筋の部分ならば手でも足でも自由自在に動かせるが、內臟機關の如き不隨意筋はさうは行かぬ。故に、胃の消化が惡くとも自分の意志で蠕動作用を盛んにして早速消化を善くすると云ふ譯には行かず、便秘を灌腸や藥物の力を藉らずに自由に通じさせることも出來ず、心悸昂進

を幾ら力んでも上から手で抑へて見ても何うにも成らぬではないか。觀念法は此等の不隨意筋をも自由自在に支配し、又隨意筋をも隨意に知覺運動の出來ぬ樣にするのが目的である。

觀念運動は、右の如き手を握ることや開閉するごとき簡易な隨意筋運動から始めて段々習熟して行けば、第二自我の働きが次第に高潮して強くなり、例へば手が固着した、足が固着したと觀念すれば、いかに藻搔いても足搔いても離れぬ如く、全く第一自我の命令が行はれなくなり、硬くも柔らかくも己が隨意筋ぐらゐは自由自在になる。加之、進んでは不隨意筋たる胃腸の働きの鈍いものは之を活動させて消化をよくし、便秘のものは速かに之を快通せしめ、心悸昂進ば忽ち之を鎮靜すると云ふ風に、己が觀念の一つで病氣を思ふまゝ癒すことが出來る。之に就て一挿話がある。

先年高知縣人山崎某といふ人が講習會に入會したことがある。この人は江間式を

も修めてゐるが、江間式てば水月受身をやる者は非常な天狗で道場でも顔る幅がきくので、同君も我輩の方で習つた水月受身を数々その道場で實驗して得意になつてゐた。然るに一日我輩の所へ來て言ふには、『今日江間の道場で水月を衝かした所が、甚だ尾籠な話ですが指で押込んで犧牲はギュウッと締めてあるから、先生どうか治して遺せ。』とのことに、我輩は『君は已に觀念法に熟してゐるから、其位のことは自分で治したら好からう。何も態々我輩を勞する迄も無からう。』と答へれば『それでは何う云ふ風にしたら好いのです。』と尋ねた。そこで我輩は『では其處へ坐つて眼を瞑り給へ。宜しいか。サア君の肛門括約筋はギュウッと締つたと觀念し給へ。宜しいか。次は脱肛がニュッと上つて肛門內へ這入つたと觀念し給へ。宜しいか。』と暗示すると同君は忽ち眼を開いて『妙ですナー。先生が肛門括約筋がギュウッと締つたと言はれると、尻の緣が熱くなつてギュウと締まり、今度は脱肛が上つたと言はれると、ニュウと肛門內へ這入つて了ひ

ました。どうも有難う。觀念の力は是れ程と思ひませんだが、實に驚いたものです。』と感嘆したことがある。尚此の話を或時の講習會で話したら、其中に三人の同病者があって、之も觀念法を試みた所二人は即座になほり、一人は少々觀念が鈍いので即治とは行かなかった。とにかく觀念法がよく出來れば非常に便利なもので所謂觀念自在である。

觀念自動法

手掌觀念自動法 練習は先づ手から始めるのが一番容易である。即ち兩手を眞直に前へ伸ばして掌と掌を相對せしめ、眼は閉ぢて『兩手が寄合ふ』と强く觀念する。（手は觀念の意織で動かさずに、只寄る〳〵とのみ思惟し、兩手の寄合ふ樣を想像する。』さうすると兩手はピク〳〵微震を起して動き出し、自然に寄合って遂にピタリと喰付くものである。既に喰付いたとすれば、今度は其手が開くと觀念する。と又自然

にジリ〳〵動き出して元の位置に復する。この開閉運動を數回繰返した後其手が揚ると觀念すれば、ズン〳〵上へ揚つて眞直に頭上へ伸びる。次は其手が下つて頭の兩側に喰付くと觀念すれば、手は次第に下つて頭の左右にピタリと喰付く。喰付いたれば、モット〳〵堅く喰付くと強く觀念する。すると兩手はピリ〳〵微動を起して堅く喰付き、今度は自分で放さうとしても離れぬ。即ち此時が從我の主我に打勝つた時で、こゝまで行けば最早觀念の高潮に達したものであるから、之からは上下の眼瞼が喰付いたと觀念すれば喰付いて開かず、口が喰付いたと觀念しても同じ事で、全く自繩自縛である。但し一度や二度の練習だけで何人も、喰付いたと云ふ觀念だけで必ず離れぬと云ふ譯には行かぬから、其樣な場合には屈せず撓まず幾度も〳〵繰返して練習するが好い。

觀念硬柔法

硬直観念法

観念硬直法とは、観念の力で身体を硬直にしたり柔軟にしたりする方法であるが、先づ硬直法から述べる。即ち静かに仰臥して手足を伸ばし、数回深息して精神を鎮静した後、両の手指が曲つて來て固く握ると観念する。而して其通りボキ／＼節音立てゝ指が曲つて來て固く握り詰めると同時に、全身が緊張して反橋の如く硬くなると強く観念する。と身體に微動を起して次第／＼に緊張し來り、遂に全身鐵石の如く硬直して反橋の様に反りかへり、頸や腰を曲げようとしても曲らぬ。斯うなれば人の二人三人位其の上に載せるも平氣であり、又之を両脚の椅子に頸部と足部を載せて橋渡しとし、大人の一人位載せても挫折せぬ。所謂人橋術などと云ふのは是れである。而してこの観念硬直法を段々習熟すれば、遂には身體の不隨意筋でも何處でも、局部々々自由自在に硬直にでも柔軟にでも、又一局部の筋肉だけでも動かし得るに至る。

柔軟観念法

此法は硬直法の後に行ふが好ひ。即ち鐵石の如く硬く伸びた身體から

骨が悉く抜け去つて筋肉緩み、海月の如くグニャグニャになると深く觀念するのである。すると骨々が一つ〳〵抜け去るやうな氣持がして段々筋肉が柔かくなり、遂に全く骨無し海月の様になつて、幾ら力を入れて起上がらうとしても起上がれぬ。其時骨が元に復つて普通の身体になつたと觀念すれば、芝居でする岩藤の骨寄せ宜しくで、ボキ〳〵音がして骨が恢復し、難なく起上がれること實に奇妙不思議である。但し此境に至るには、靈的天分の豐富なる人の外は餘程の練習を要する（尤も予が暗示を與へさへすれば、此様なことは朝飯前だ。）

氣 合 法

氣合と云ふ語は昔から武術家の間で多く使用され、武邊の何流でも何れも祕傳奥儀とされたもので、其意義にも種々の解釋があり、又氣合に關する著書も少くないが、何れも徒らに抽象的文字をダラ〳〵羅列したのみで、茫漠として要領を捕捉するに難

く、初心者には全く役に立たぬものの許りだ。故に本講座では、專ら實地に練習され實際に應用し得る要件のみを講述する。若し精細なことを述べ立てれば、能書だけでも獨立の一冊の書物を爲す位で、到底本講座紙面の許す所でない。

氣合とは『氣と氣と相合ふ時既發の氣を以て未發の氣を制する。』即ち相手の息を吐き切つて將に吸込まんとする未發の虛につけこみ、エーイと一聲既發の氣を打込んで相手を制すると云ふが、大體に於て一致した古來の解釋であり又口傳でもあるやうだ。併し江間式などの如く大きい口を開いて深呼吸をしてゐる際ならば未發既發も分らうが、劍火相擊つ眞劍勝負の場合などに、閑氣にそんな機の見て居られるもので無く、又實際はその大きな口を開いて深呼吸を行つてゐる輩にさへ一向効果が無いやうだ。併し氣合といふ以上氣と氣がシックリ合つても電光石火間髮を容れずと云ふ工合の妙機が無ければならぬことは、何の藝術にも論の無いことだ。それ故に充分氣を充實させれば、ペテンやケ氣合は氣を以て氣を制するのである。

レン小跨掬ひをせずとも正面から堂々と打込んで行ける。而して夫れは獨り武術に於てのみならず、之を靈術に應用するに於ても同樣である。靈術の修養は自己の魂を偉大にして氣即ち人體放射能を充實させることにあるから、我が七種の修養法悉くこの目的を達する手段ならざるは無いが、氣合に上達する修養法としては特に氣合法がある。以下それを詳細講述する事にせう。

我が氣合法を修養するには四段の方法がある。即ち第一、整腹氣合法。第二、打込氣合法。第三、槍突氣合法。第四、咏應氣合法。の四段であつて、之を順次に修養して行けば忽ち腹力を充實し、靈能を發揮し、人間は愚か、狐狸妖怪を叱咤し、狼虎鷲鳥を慴伏せしめ、病魔惡靈を壓勝し、百千里外の人を左右するなど其效果は列擧に遑ない程である。

氣合の本義が氣を以て氣を制するにあるならば、氣さへ充實してゐれば、講談などで云ふ眞影極意の飛鳥羽交止の如く、無言で遠あてに一つウンと氣合を入れたゞけで

も飛ぶ鳥が落ちる譯だが、それは假令事實としても達人の上の譚で、初心者に無言では、飛鳥は愚か蚊一疋も覺束ない。仍て利器として一種の掛聲を用ふるので、世間では氣合と云へばエーイエーイの掛聲のことヽ思つてをる。無論それで好いので、吾人も亦世俗の通稱に從ふのである。併し氣合にはカアッ、ヤアッ、ハッ、ヨウ、エヨウなどの掛聲もあつて、必しもエーイ許りには限らぬが、吾人が唯エーイ許りを取つて、他の掛聲を取らぬに就いては、大いに理由があることだ。

支那には音韻學あり、印度には悉曇學あり、又現代には言語學、聲音學などあつて、聲音のことも分類して見れば種々雜多で面倒であるが、大別して開口音と合口音の二つに分けることに異論はなからう。而して之を代表するものは所謂阿吽の二音で、アは口を開かねば發せぬ音である。又五十音中阿列に屬するヤ、ラ、ワの九音も同じく開口音に屬する。そこでカアッ、ヤアッ、ハッ、などの掛聲は何れも開口音に屬するから、丁度蓄音器やラヂオの喇叭のやうなもので、廣く多數に

四三

向つて發するには適せうが、鋭く一焦點に向つて打込むには不適當である。之に反してエーイの掛聲のエは開口音で開き、イは合口音で塞ぐから、本が太くて末が尖り、丁度槍先か矢鏃でグサリと穿込む如く焦點に打込むことが出來る。これ吾人の他の掛聲を取らずして獨りエーイのみを取る所以だ。（ヨウエョウのヨは半開口音で同じく不適當）

氣合の原理、掛聲の解釋に就ては右の如く我輩の獨見獨創に屬するが、氣合の方法に就ては我輩の獨見獨創でなく自から傳來がある。それは因州鳥取藩に古來武術の一科目として傳はつたものを、さる武術家から傳習して土臺とし、それに先年武州三峰山や常陸の鹿島神社頭に參籠の際、神憑りで敎はつたものを參酌して工夫し集成したものが此四段氣合法である。（名稱は皆我輩が付けたものだ。）

昔から武術には鹿島神傳、香取神傳などの名目があり、又鞍馬山の僧正坊天狗に劍術を敎はつたなど云ふ類が少なからず、我輩も亦時々神傳を持出すのを見て、諸君は

或は法螺か迷信かと眉唾を用意するかも知れぬが、決して法螺でも迷信でも無く眞誠の事實だ。我輩も嘗ては其樣な考へを持つたこともあるが、靈山に於て歸神法を修業するに及び、神界にも文武の兩道があつて天狗などは何れも武術に達し、其の敎へる所を實際に試みて虛妄ならざることを知つた。決して法螺や迷信でないことだけは承知して置かれたい。（氣合の修行には、山林大澤河海等の地が最も好適）

整腹氣合法

氣合の第一條件に腹力を充實することである。いくら大きな聲を出してエーイ／＼と怒鳴つたからとて、充實した腹から出た氣合でなければ利くもので無い。支那の『正韻』といふ字書に『抱朴子』に『蓋用レ氣者。噓スレバチ水水爲レ之逆流數步。噓スレバチ火火爲レ之滅。噓スレバチ虎狼一虎狼伏シテ而不レ得レ動起。噓スバチレ蛇虺一蛇虺蟠リテ而不レ能レ去。若他人爲ニ兵刃ニ所レ傷。噓

之血即止。聞有下為毒蟲ノ所中。雖不見其人。遙為嘘祝我之手。男嘘我左。女嘘我右。而彼人雖在三百里之外。即時皆愈矣。』などあつて非常な效果のあるものとしてある。無論この種の記事は割引なしに一々承認する譯には行かぬとしても、とにかく丹田嘘氣の效能の靈妙偉大なることは推知される。と同時に、吾人の氣合も氣海丹田から發するもので、而もその丹田は氣の充實したもので無ければならぬ。と云ふことが直ちに合點されよう。併しながら今日の生理解剖から見れば、腹部に氣海丹田など云ふ變てこなものは無いから、科學者輩は手を拍つて迷信妄想と嗤ふが、よく穿鑿して見れば大いにある。正にある。慥にある。即ちそれは腹部に聚つて網狀をなす所の交換神經の幹部であつて、生理的には胃腸を支配して消化の機能を營むと共に心臟の鼓動にも干與し、心理的には情及び意の中樞となつてをる。（瑜伽が太陽神經叢を生力の府と云つたのは茲のことだ。）而して肺胞に於て酸素破壞によつて製造された放射能は、腹式呼吸によつて下腹部丹田に充實し、以て生理的心理的に偉大なる能力を發揮

するのだ。

普通に丹田と云へば臍下一寸五分の邊と承認されてゐるが、實は丹田には上中下の三丹があつて、上丹田は眉間の印堂の邊、中丹田は胸下鳩尾の處、下丹田は即ち普通に云ふ臍下の丹田である。その上の丹田は大腦の第三腦室に通じて智の本據であり、中丹田は太陽神經叢であつて情の本據であり、下丹田はヤハリ太陽神經叢と聯續した交換神經幹節の網狀を爲した邊で意の本據であつて、之を智仁勇の三德に配すれば、上丹田は智、中丹田は仁、下丹田は勇となるのだ。故に既記『瑞派佛教學』にもある如く、聖者は眉間の上丹田で呼吸して益々その叡智靈能を進めるのであるが、中丹田に力を入れて呼吸する時は第一胃擴張を起す憂ひがあり、又『仁が過ぐれば弱くなる』で喜怒哀樂愛憎慾など情の發動が盲目的過敏になり、ヒステリー癪持などの如く病的に陷り易い。然るに下丹田に氣を充實する時は、意志が强くなつて勇氣が出て、一切の恐怖心が無くなり、神經衰弱や弱蟲は忽ち治つて强健となり、『泰山前に崩るゝとも

晏如たり』と云ふ風な泰然自若たる偉丈夫が出來あがり、又氣合を發して直に『抱朴子』謂ふ如き偉大なる靈能を發揮するのである。是に於て整腹氣合法の必要が起つて來る。

完全なる人格としては智情意の三者ともに圓滿なる發展を遂げねばならぬ。智許りでは狹猾になり、情許りではお人よし弱蟲肝癪持などになり、意許りでは冷酷になる。

故に我輩は腹力の充實や頭腦の明晰化を獎勵するとは云へ、中庸を失つてはならぬ。呼吸法に於ても其心得あるべきだ。尚又現代の心理學者が、精神作用の三方面たる智情意が悉く大腦に中樞を持つ如く説くのは誤謬で、實は情と意は昔から云ふ如く腹にあるのだ。『萬事は腹にある』とか、『斷腸の思ひあり』など云ふのも單なる形容詞でなく、事實眞に然るものである。

練習の方法 まづ深息法の如く正坐し、兩手を以て腹部を交互に按むこと十回許り、

次に両手の指先を以て鳩尾を按むこと十回許り、次に兩脇腹の後部、脊椎の兩側の帶のあたり（交換神經幹節のある所で胃腸を活躍せしめる大中樞）を拇指の先で按むこと十回許り、以上は何れも交換神經系を刺戟して胃腸の蠕動を調整する爲である。（腹の筋張つて固いのは交換神經幹節が硬化したのであつて氣が流通せぬ故、之を按み柔げて胃腸の機能を調整するのだ。）右終れば兩手掌を開いて腹部の帶の上にピタリと付け、勢よく兩手を肩と水平に前方へ眞直に伸ばし、その兩掌をパチッと合して組合すと同時に下腹部へ引寄せ、下腹部を壓して押出す樣にエーイッと一喝猛烈に氣合を腹から出す。同時に息を止めて氣を下腹部に集め、兩手は凡て力を拔いて肩の張らぬ樣にする。(手に力を入れると肩が張つて氣が上昇し、頭痛など起す虞がある。)さうすると自然に下腹部に力が入つて丹田に氣が充實する。此時長く息を耐へるには、口鼻でなく腹で息をするやうにそろそろ凹凸せしめれば、腹がグイグイ緊張して脹れ出して來、白隱禪師の所謂『篠打せざる毬』の如く太鼓腹となるものだ。さて充分耐へて苦

四九

しくなった時分に、靜に息を吐出んと共に腹力を弛めて柔かくし、又初めの如く兩手で按むことから氣合を發することなど同じ様に繰返す。この練習は、初心者は毎日二十回乃至三十回づゝ三日間熱心に繼續する。然るときは次第に腹力の充實を感ずるであらう。

氣合の掛聲はエーと突込んで長く語尾を曳きィを尻上りにイッと強く撥ね、ばならぬ。元來人を斬るにも皆氣合で斬るのであつて、江間式の如き短いエイエイ〳〵の氣合では人は斬れぬ。エーィと長く強く突込んで曳けば、眞向梨割唐竹割でも袈裟斬でも心地よくズバリと行くが、エイッと短くては其儘止まつてズバリとは行かぬ。又ヱイ〳〵ではチョン〳〵と小刻みになつて了ふ。今日諸君が氣合を學ぶのは、無論人を斬る爲ではないが、人の斬れぬやうな氣合では病氣治療にも催眠にも利かぬ。此邊の消息を解せずに只ヱイヱイ〳〵を振廻すのは勞して效なきものである。

打込氣合法

第二段の修養としては打込氣合法である。型の如く正坐したる後、右膝を少し右寄りに前へ突出して体を斜めに構へ、両手を腹部にあてゝ按むと第一段の如くする。次に右手にて刀印を結び（一に劍印とも云ふ。食指と中指とを伸ばし、無名指と小指を屈げて拇指で抑へる。）之を刀に擬へて左の脇腹にあて右の手にて鞘の如く握る。さて右膝の前の疊の一點を目標とし、刀印を拔いてェーイッと大喝一聲これを斬りつける。さうして息を止めたなりでジッと疊の一點を青眼で見詰め、（青眼は上眼、最も眼力を養ふに好い。）瞬をせずに暫く其儘の構へを持續する。此時下腹部は一杯に緊張し手先はビク／＼微動を起して來る。然る時にヤハリ息をせずに眼は指先と標點を見つめつゝ、力一杯緊張した儘でジリ／＼手を引きつゝ起き直り、肘をピタリと脇腹に付けて息を吐く。それから又初めの如く按腹から刀印打込等同じ方法を繰返し、初心者

は第一段に引續いて毎日二三十回づゝ三日間熱心に練習する。されば一段と腹力の充實するを感ずるのである。

　　　　　＊　　　　　＊　　　　　＊　　　　　＊

始めて斯道に入らんと欲せるものは、先づ松本翁著『靈學講座』（普通製金五圓、特製金六圓）に依つて研究すべく、又親しく翁に就いて指導を受けらるゝを捷徑とす。

講習期間一週間――會費金三十圓也。

會場――東京市世田谷區世田谷五ノ二九九七

靈學道場

二、靈學療法

靈學療法は、學識該博、文章練達、殊に英語に堪能なこと、靈療界人多しと雖も實に稀れに見る資性溫厚篤實の人格者として知られたる靈光洞主關昌祐氏が永年に亘つて自己の疾病と鬪爭しつゝ自然に會得した靈感を、更に研究し體系づけた療法である。

本法の根本原理は、創始者の説明に依ると、一、思念の感應。二、靈力の傳達の二者である。第一は、病者が治病し得ると信ずるのみならず更に進んで、術者の治療し得るといふ金剛不壞の信念が病者に感應通交することであり。第二は、術者の靈能力がその靈手、眼力、或ひは音響などを介して病者に傳達することである。こゝで問題となるのは、靈力とは何か、而して如何にせば靈能力の所有者となり得るかと言ふ事である。關昌祐氏はこれを説明して、吾々人間は宇宙太靈の一分身として、太靈の有

する絶妙不思議なる力を因有して居るものであり、換言すれば、この靈なる力を生れながら保有して居るのである。而して此の靈力を發現し得るや否やは、勿論吾人の修養鍛鍊の如何に依つて異なるものであつて、靈學療法に於ては、この方法を『神通の修養』と稱してゐる。『神通の修養』には、觀念法、呼吸法、能動法、屈伸法、冥默法、凝念法の六方法があるが、其の詳しい點は、關氏著になる『神通入門』により研究されたい。

これより紹介せんとするのは、靈學療法の施術方法であるが、これは靈手法（これを細別すれば、按手法、凝指法、凝掌法、撫擦法、揉撚法の五法となる）、靈喝法、靈眼法、念唱法の諸方法ある他、反熱法、飲水法、食養法の三補助手段がある。以下順次『靈學療法』中より拔萃紹介しよう。

靈手法

第一法　按手法

これは靈力の充實せる手掌を病患部又は特定の急所にあて、そこを輕く押へる方法である。但し近頃世間に流行しかけた指壓療法と異り、決して力を入れて壓するのでなく、字の如く按（おさへる又はなでる以上には及ぶことならぬ）するのみ。又接觸し得る場合乃至接觸して差支ない場所に限ることは言ふまでもない。尤も接觸を忌む場所には着衣の上から按手又は他の方法を以てすればよろしい。けれども着衣でも冬季の如く綿入れ二三枚も重ねた上から按手するよりか、直接肌に觸れるか、又は薄いシャツとか肌襦袢の上から按手するがよろしい。而して此方法は吾が治療法としては最も多く利用されるもので、他人治療に於ては勿論、自己治病でも其效果著しく且つ應用の範圍も亦甚だ廣いのである。

此手法に於ける要點は、輕く押へる程度が即ち是である。まづ單に手掌を（五本の指を離さずに）病患部又は急所に置く程度と心得ればよろしい。併し單に手を按くといふやうな單純な簡單な意味ではなくて、此の場合の靈手の本意は全く破邪除魔の利

劒の如く、術者の全身全靈がそこに集中されてあるが故に、自然とその手に力がはいつてくることに注意しなければならぬ。さりながらあまり力を入れると病者は其の苦痛に堪へられないわけであるから、これを精密に言へば、全身の力を手掌又は手の甲に止めて、靈力を其處に潜在させて置いて、而も靈力を病者に傳達する趣旨から按手するものと知らねばならぬ。

尚その場合の術者の心持と態度とであるが、この按手法に依りて完全に病者と感應交し病氣を治療し得るとの確信が大切で、態度もそれにつれて自ら神嚴且つ熱烈でなければならぬ。而して按手する際には靈息法(深息)を行ひ、止氣(即ち息を腹部に止めて未だ吸息せざる狀態)を以てせねばならぬ。止氣が破れて吸息法となつた時は、更に呼氣となり止氣となる暫く時間的間隔をおいて、然る後按手すべきである。

尤も此の場合でも按手した儘にして、その按手せし箇所を離さないやうにすることが大切である。

術者の靈手が患部に觸れたならばドウなるかと言ふに、まづ熱と微震動とを病者に感知せしむるのが普通である。尤も感受性の弱い病者は熱も震動も感ぜず何事もなかつたと訴へることが往々あらう。けれどもこんな場合でも無效に終つて居るのでなくして、術者の力量に相應したる影響を確實に與へてゐるのである。斯る場合でも術者は病人の訴へに失望せずして施術に努力せばよろしい。併し無理に力をこめて一氣呵成に效果をあげたいと焦慮する事は甚だよろしくない。常に落着き拂つて居る事、平靜沈着が大切である。

最後に一面の施術時間であるが、其の場合に依りて一律に言ふ事は出來ないが、まづ短くとも五分間、長くて三十分で能く治療の效果を擧げる筈である。若し痛みある場合などには、一回を終ひて尚痛み止まぬ時は、更に新らしく按手すればよい。あまり同一の局所に長時間を費すことは時間の割に效能が少ない。これは理窟上ではなくして實驗上そういふ事があるから術者はよく注意すべきであらう。

第二法　凝指法　これは第一法と異り、靈力をたゞ人差指と中指二本（又は中一指本だけ）に集中させ、其の指頭を病者の眉間に約一二分の間隙を置き凝着せしむる方法である。又此の方法は如何なる病氣でも施術の最初に於て常に必ず行ふべき正規としてある。其間は約一分間である。

また疼痛部を直接に指頭にて觸れる場合もあるが、直接に觸れずして間接に凝着せる場合も亦此の方法である。例へば齒痛、口中の諸病、耳病、眼病などの場合には能く此の第二法を應用する。更に痔、膣內部、男女の性器の諸病には、此の法に依り局部は勿論、着衣にも觸れずして約一尺乃至二尺を隔てゝ治療するのである。この場合でも術者は、止氣を行ひつゝ凝指又は第三法の凝掌法でも同じく實行すべきである。その法が效果は多い。

第三法　凝掌法　これは前二者と其趣旨は少しも變らぬが、たゞ手の甲又は掌に靈力を集中せしめ、病氣の性質上又は患部の場所柄から、直接には觸れられない部分を

治療する時、按手法に代るべき方法である。而してたゞ觸れないと言ふだけで、あまり遠くては效果が薄いやうである。現に講習會の時の經驗から言へば、二人の會友が凝掌しつゝだんだん遠隔になつて行き、數尺、數間、室を隔て、更に机や障子、襖などの障害物を其の間に置いても感應するところから判斷して、此の法の效果に自信を有つに到るわけである。術者は宜しく病者に自分の實驗を説明して蒙を啓くことがよからうと思ふ。この應用はフキデ物、皮膚病、月經中の婦人の腹部、妊婦、その他タダレた部分などは手を觸れないから皆そうである。

第四法 撫擦法　これは按手法に比べて幾分力を入れて強く撫で擦する方法である。按手法の如く一定した局所に手を置くのではなくして、上から下又は左から右へ手を動かして行く方法であるが、これには二樣の方式がある。（A式）一はたゞズツと手を動かして撫でさすることゝ（B式）二は按手法の連續とでも言ふか、一定の局

所に手を按き、その次の局所に手を按き、又次の場所へといふ風に一定處毎に暫く（約一分乃至二三分間宛）手を休ませて、次の局所へ移る事と、即ち是である。此二方式は適宜場所と場所とに應じて實行して差支ないが、病者の胸、腹、手足などはB式に依り、背部の治療にはA式を採用する方が適當ならんと思ふ。これも從來の經驗上から出たる言葉に過ぎぬから、術者は必ずしも此の規則に拘泥する必要はない。

（註）手や足の時には、表は下から上へ（毛穴に逆行して）裏はその反對と思つて、此の撫でさする法を行ふべし。

第五法　操撚法　この法は、讀んで字の如く揉み且つ撚りをかける如き方法であつて、術者は親指と他の指とを兩方に分けて、病人の首筋又は手足などにあて、局所を輕く揉み、又は撚りをかけるやうに行ふ方法である。實際はあまり應用せぬ方法なれど、前記の如き場合に必要があるから、特に附け加へたわけである。これは按摩が肩を揉むのと大變よく似てゐるが、あまり表面的に力を入れないところが違ふ。吾が靈

法の効果は、すべて潜行的で深部に徹底するのがよいところであるから、表面的には力が入り居らぬやうに見える。到底按摩の力仕事とは同日の談ではないのである。尚ほ左右両手を使用しても差支へないのである。

以上第一法より第五法まで、すべて霊手応用の方法で、所謂手法である。各法は術者が適宜、その場合と場所に應じて採用すればよい。

霊喝法

霊喝とは禅家の一喝、武道の気合と心得れば宜しい。これは全身全霊を丹田に、其霊力を吹息と音声の形式に於て放射し爆発せしめる事が主眼である。病人に対する場合には、術者は先づ病人を凝視し、以て威圧する心持と態度とを表現する。次に病人に瞑目を命じ、それと同時に霊伝式の霊喝を病人の水落ちへ向け一気にうち込む。そ

の場合の注意としては、術者は静かに息を吸ふ事、但しその吸息は病人の氣附かぬ樣にする。この時には術者は己に統一狀態に入り、所謂無我一念になつて居るべきことは言ふまでもない。而して一念は病人の苦痛と病患とをこの一念を以て能く退散し得るとの確信と病者に對する深き且つ強い慈悲とであり、それは必ず病人を救つてあげようとの慈念から産まれるのである。

一旦吸息したる呼吸が能く臍下丹田に、都合よく靈力點に凝集し、欝勃たる靈氣が全身に漲りたる時、『エィッ』と發聲、同時に吸息するのである。而してこれは病人の虛をつくのが主眼であるから、病人が吹息を終り、將に吸息に入らんとする時が最も有効である。

吾が正規では術者は手を組み、組みたる手をその儘前方へ強く激しく突き出す、其の動作で間一髮を入れぬ早業に於て『エィッ』と一喝を與へることになつてゐる。

次に手の組み方は色々あるが、適當な組み方は、まづ兩手を掌と掌と合はせ、

小指より中指まで三本を内側に交互に組み、人差指と親指を立てた儘合せて、恰も人差指二本をヤリ（鎗）を立てたやうにし、親指はその添へのやうな型にする。そして組みたる両手を水落ちから丹田の中間に据へ、やりを何時までも突き出せるやうな姿勢をする。突き出す時には全身全靈がそのヤリの雙先に集中統一されてゐるといふ心構へが肝要である。

以上は靈傳式の靈喝であるが、靈壓式靈喝といふのは座法に於ける右手の刀印（中指と人差指と二本だけを立て、他の三本を握った型）を以て病患部を靈壓する場合の喝である。これは靈壓といふが、腕力で壓する意味ではなく、氣合の一喝を以て壓伏する意であるのは言ふまでもない。

この靈壓式の一喝は隨時隨所に應用されるのであるが、其の呼吸は到底筆紙のよく盡すところではない。其の妙は全く口傳又は以心傳心によるより道がない。さりながら要は病人の虚をついて心氣を一轉させ、以て治病の目的を達せんとするにあるが故

に、術者各自に適當な應用をすゝめる。

靈眼法

靈眼法とは靈眼を働かす法で、靈學療法としては獨自の神法である。此の靈眼法の妙趣を如實に体得して應用し得れば、餘他の諸法は己に末技末葉となり了る。

先づ第一に病人と對座する其刹那から、此の靈眼が迅速なる早業をなす。否、病人が對座せざる以前、施術を乞ひに來た其の刹那から、もつと極端に言へば、病人が實際に門を叩かざる以前、己に病人の來るを豫知することが出來る。而もその病人のアウトラインが已に其時に腦裡に印象される。從つて對座すれば直ちに其急所を探出し、病人が口を開く前に、不可見の靈が病人の急所に圖星を指す。だから此時に大牢の苦痛を失ひ、治病の第一步に入つてしまふ。これは感受性の強い人であればある程銳敏であり、言はゞ此場合には病靈の活動を不動の金縛りでしばつて了ふやうな事にな

る。これが靈眼の作能である。病者を犯すところの病靈はこゝに靈眼者の意のまゝに命ずるまゝに支配されて了ふ。こうなれば治る治らぬの問題でなくして、治らざるを得ないことになるのである。

念　唱　法

私は數年前『不老長生法』を書いた時には通俗に從つて、發聲せる言葉は暗示乃至自己暗示的效能を有つとして置いた。しかし吾が靈學の立場から言へば、單にかゝる低い說明を以て滿足すべきではない。百尺竿頭更に一步を進めて、コトバそのものが宇宙の律動の顯現であり、やがてそれが一種の神秘力を有つといふ思想をこそ採用すべきである。これは私が餘程體驗を經たる上の斷言である。

吾が靈學療法は靈光洞の法唱たる『靈光遍滿』なる一言に無限の加持力を認める。其の意は無邊際、無超劫に遍ねく普及し、充滿してゐる彼の宇宙大靈光の御光を讃美

すると同時に、其の光明の裡に攝取されて、一塵一蒙と雖も洩らさず救はれて、捨てられないことを深く信ずる心であり、法唱は其の發露に外ならない。
さて病者に對する場合、まづ術者自らが此の意味を心に入れて法唱を念誦する。音唱も可、默唱も可、回數は制限なし、併し三四回は發聲する方がよい。尚病人と共に法唱せしめて宜しい。又施法を終りたる時、術者は法唱をなし、そして『これで宜しい』と終結をつげた方がよい。

飲水法

靈學療法の補助手段として飲水法を規定する。これは吾が法では藥としては一品も與へない代り、病人をして『水は藥』といふ觀念を能く得心せしめて、日常之を飮ましめ治療を速進させるのが術者の方便である。これは病人の心理が、何かしら食ふか飮むかせぬと安心し得ないものだ。それを逆用して行く所に術者の腕がある。

元來『生水を飲むべし』と言ふ標語は治療上並に保健上極めて合理的方法である。何時頃からとなく吾々の幼年時代に於て、生水は下痢の基、生水は飲むべからず、と堅く考へられるやうになった。これが抑々間違の根本となったのである。分量は夏期なれば一日一升でも差支ないが、病人としては五六合、冬期二三合が適度である。

反熱法

昔から頭寒足熱は健康、熱頭冷足は病氣のシンボルだと言ふ。洵に然り。病人でなくとも健康者と雖も、一時的感情の激動、激變化に遭へば直ちに頭が熱して足が冷えてくる事は人の能く知るところである。然るに世人はや〻もすると、此の冷熱の轉換のためにとる手段を全然誤つた方法に依つても少しも不審を抱かず、却つて吾が反熱法といふ頭部に温湯を、足部に冷寒の水又は氷を與へる方法を以て危險だと言つて徒

六七

らに反對する。實に笑ふべき倒まごとの多き世の中であるよ。しかし理窟はヌキにして一度吾が反熱法を實行した時はその快感は到底忘れられないで其の效能を直ちに首肯するやうになる。例へば頭痛の時、これは頭に氷嚢をおき冷すのを普通當然と考へるが、吾々は反對に熱いタオルを以て後頭乃至前額を溫菴法をする。その時間約十分間。すると體内の熱がタオルの溫熱に吸收されて其部分が言ふに言はれぬ清涼な快味を感ずる。反之足の冷えた時には、冷水菴法を行ふ。これは冷水又は氷水に浸したタオルを以て繰り返し冷す。そしてそのあとを、よく乾いた布で拭きとる。その間約五分間。または冷水の桶又は流れ川へ足をつける。その間約二三分間。その結果、體熱の自動作用に依つて足部に異樣な快感を覺える。以上の如き方法を反熱法と稱する。

食 養 法

食養の研究は自ら別個の問題であつて、吾々としてはむしろ先輩諸氏の意見に從ふ方が安全だと信ずる。例へば石塚左玄氏の創見の如き誰しも傾聽に値するといはねばならぬ。併し大體の根本方針を茲に明示して置く事は甚だ緊要だと思ふ。根本の方針としては、肉食を避けて植物食を主とする事、これが日本人の體質には適當だと信ずる。同じ動物食でも豚肉より牛肉、牛肉より雞肉、肉類より魚類、魚類でも海魚より川魚といふ方針に從ふ。殊に肺病者には常に問題となるが、吾々は菜食主義を以て根本方針とする。他の魚類肉類などは全く補食に過ぎぬ。生卵子、肉類のスープを獎勵し、牛乳も亦極めて清純なるものを用ふる程度に於てのみ贊成する。故に之等を主要食とする説には反對する。

靈學療法施術の準備

第一、精神的準備 十二則を準繩とする。超越、神嚴、誠意、確信、同情、熱心、

慎重、緻密、敏活、大膽、公正、執着、即ちこれである。

米國のカーリントン博士は精神的疾患を治療するには三つの條件があると言つた。曰く同情、曰く保障、曰く理解、而して之に依つて病人の氣を取り直すことだと言つた。

しかし、術者としてはより以上に具體的條件が必要であつて、慎重、緻密、敏活且つ大膽であるべきである。處が實際病人る取扱ふうちには、病人の移り氣が往々にして病者に不快の感を抱かしめる。從つて殊更に術者が最初の目的に執着して一意專心、最後まで猛進せねば折角の效を途中で失ふやうになる。

術者の心持や態度としては特に欠點となる事は超越的でない事である。何故かと言ふに、術者は徒らに功を急ぐ傾向がある。或は『三日間』とか、或は『萬病忽ちに』とか誇張したり豪語した面目から、以上の如きヂレンマに陷る。そんな事實例が甚だ多い。露骨に言へば、初心な術者ほど多いやうである。ために焦慮したり、無理が手

傳つたりする。これを戒めたいのがこの超越の德目である。須らく效果の如何、その遲速、乃至病人の態度などに拘泥せず、自らの目的に信と熱と行との三つを一致させて傍目もふらぬ事が肝要である。

次に公正なるべしといふ項目は眞に必要な條件であつて、苟も他人の秘密を取扱ふ術者としては、十二分の注意を拂ふべきである。然るに往々廣告などに病者の氏名を發表したり、又は病人の弱點を利用したりするなどは全く沙汰の限りである。

第二、肉體的條件　腹力、眼眸（清澄、透徹）姿勢の三項目を擧げる。姿勢が肝要な條件であるのは今更言ふまでも無いが、案外術者の實際をみると遺憾な點が多い。恰も大道の藝人の如き異な服裝を用ひたり、又は自ら卑近にする樣な態度を示したり、又は雜談に時間を費すなどは共に愼むべき事である。病人に接して親密なるはよいが、馴れないやうにせねばならぬ。

次に服裝であるが、吾が靈光洞では規定の法服がある。それを總ての場合に應用す

る方がよろしい。法服を身に着けると、直ちに態度も姿勢も心持もスッカリ變つて如何にも神聖な仕事に從事するにやうになる。

施法上の手段七則
施法上の手段とは讀んで字の如く手段であり、臨機應變、活殺自在に應用すべき術者の奇略、秘策と解すべきであり、對機說法であり、臨機應變、活殺自在に應用すべき術者の奇略、秘策と解すべきである。これは全く微妙なる問題で其の妙味は到底筆紙だけでは盡されない。試みに次の七則を擧げる。

（イ）術者の自信

（ロ）被術者の信念を促すこと

（ハ）方便的說明を與へること

（ニ）被術者に瞑目を命ずること

（ホ）刺戟的方便を用ひ漸進的に思念を注入すること

（ヘ）疑問的暗示を試みること

（ト）殘績的言葉を殘し置くこと

＊　　　＊　　　＊

以上は關氏が五千餘人に應用した活きた體驗記錄から產れた『靈學療法』中より、最も基礎的な部分を拔萃したのである。尙ほ本書には、各種疾病に對する治療方法を詳細に記述しあれば、就て研究せらるべく、更に同氏著に係る重なる左記の數冊を參照せらるれば、稗益する處少なくないであらう。

靈學療法（五冊合本）
　　　上製　金六圓五拾錠
　　　並製　金五圓五拾錢
靈　感　術　　金壹圓五拾錢
靈能者となるには　金參圓
自己治病法　金壹圓五拾錢
現代心靈現象の研究　金二圓五拾錢

講習は速成科(二日間)金五圓。初傳(三日間)金十圓。中傳(一週間)金十五圓。奧傳(二週間)金三十圓。全科(一ヶ月)金五十五圓也。

會場……大阪市西區土佐堀通二丁目廿一番地　靈光洞本部

三、清水式精神統一療法

修靈教化團長大教正清水英範氏は明治三十五年頃初めて催眠術研究に志し、同四十二年十月東京心理協會を創立せられた。爾來諸國を遊歷して斯道普及の爲めに熱心奮鬪の結果、漸次其の堂奧に進まれ、之れを詳述せる著書も「清水式瞬間催眠法」「清水式催眠術速解」「誰でも容易に熟達する、催眠施術法」「最も進步せる、清水式催眠法」「自巳催眠法の極意」「臨床暗示、清水式心理療法」「靈示療法講義錄」「科學的鍛錬、微妙なる靈能の働き」等の多數に達し、遂に清水式を大成して斯術の宣傳普及と後進の指導に努力して居られたが、後ち更に「凡ゆる健康法も修養法も其の根柢を精神方面に置いて居る、特に我が國には我が國特有否な東洋哲學の生んだ獨特の健康長壽法があり、而もそれは淵源を宗教に發してゐるだけに、極めて精神的である。而して其の最も大なるものは禪で、今日の所謂靜坐法呼吸法などいふ我が國獨特の健康

法、精神療法は、悉く此の禪から出てゐるものだと云つて差支ない。けれども從來のやうに二年も三年も參禪して得られるやうな精神修養法や健康法ではトテモ現代と併行しない。誰にも行はせることが出來る現代向にしなければ駄目である。汽車自動車のやうな早いものゝ上に、飛行機などゝいふ飛ぶ機械の出來た時代に、座禪などゝいふことは迂遠極まるものである。そこで現代の修養法も健康法も飛行機式でなければ時代に適應したものでは無い」といふ考へから、同氏自身の實地體驗に基いて清水式精神統一療法を創案し、現代化した座禪であると、常に唱道し宣傳して今日に至つた。實に精神療法を現域に進ましめた最も功勞ある恩人であり、また心靈界の最高權威である。而して溫厚篤實の人格者で其の肺病治療は獨特の稱がある。

左に清水式精神統一療法の實修概要を抄錄して參考に資せん。

精神統一の心境

禪定の心境が不思量であり無念無想であるとすれば、そして他の方法に依つて不思量となり無念無想となることが出來れば、その境地は同一なものといふことが出來る。

わけ登る麓の道は多けれど同じ高嶺の月を見るかな

大悟徹底しなければ禪定に入ることが出來ぬと思ふのは、富士山に登るには吉田口に限ると思ふのと同一である。勿論悟徹に入つたものが禪定に入るは、平々坦々砥の如き大道を行くに等しからう。といふて凡夫も其處に到ることが出來ぬ筈は無い。凡夫は凡夫なりに其處に到り得るに相違ない。何故ならば聖者の腦と凡夫の腦と腦に異りが無い。心に相違は無い。唯敎養の有無だけで心の作用腦の組織に異りがないとすれば、誰れでもそうした心境若しくは精神狀態になれるものに相違ない。從來禪宗の方々が參禪しなくては出來ぬとか、六塵の興慾を遠離しなければ行けないと斷じたのは少々短見であり偏執であつたやうに思はれる。

そこで私は單刀直入的に絕頂に登ることを考へた。或は飛行機に乘つて行くのかも

知れない。その行き方は後で申上げるが、この方法が清水式精神統一法で、精神を統一した時の精神狀態はドウであるかといふと、

一、物音は聞えるが、夫れをどうと判斷することが出來ない。卽ち不思量若しくは非思量であつて、全く無念無想である。

一、動搖に依つて入るのであるが、靜止した時には、唯首だけが明るく見へるだけで、全身は全くなくなる。勿論眼を閉ぢて居るのであるが首から上だけが明るく思はれて、首から下は無いやうに思はれる。此の首から上の明るく感じられるのが、丁度佛陀や觀音などの後光のやうに思はれる。或はこうした心境を描いたのが、あれでは無いかと想像せられるのである。

一、こうした境地には誰れでも容易になれる。勿論他人に依つて指導せられると一層容易であるが、自己獨自の力でも少しばかりの練習で、其處に達することが出

來るから、これほど簡単にして容易な保健法治病法は他に無いと思ふ。

座禪にはいろ／\な段階や、六ッかしい方式があつて、二ケ月も三月も或は二年も三年も座らないと駄目であります。夫れも自分の家で座つたのでは何んにも成らない多額の旅費をかけ、永い日子を空費して、名僧高德の下に參禪しなければならない。

空費といふと惡るいかも知れませぬが、仕事のあるもの、食ふ爲めに働かなければならぬ者に取つては空費であります。總て今日修養々々と八釜しく宣傳されますが、實際修養をしませぬのは、こうして時間を空費することの出來ない世相だからであります。

モシ誰れでも衣食に事缺かず、幾日遊んで居てもカマはない身の上でありましたならば、修養といふことを八釜しく言はなくても修養するに相違ないが、現代では如何に八釜しく說き立てられても、修養して居る時間も費用もないのであります。之れに反して淸水式精神統一療法は師に就かないで修するにしても毎晩一時間づゝ練習して、一ケ月か二ケ月も續ければ誰でも其の境地に達せられる。師に就けば二週間位で

そうなることが出來る。だから如何なる職業の人、ドンな地位の人でも、毎晩一時間や一時間半休息する時間の無い人はあるまいから、誰れでも之れを修することが出來ることになる。こんな一般的な、普遍的な、萬人向な健康法治病法は、殆んど比類がないといつてよい。勿論夜と限つたことはない。朝早くでもよい。晝の休み時間を利用してもよい。其の場所の如きも何處と限つては居ない。事務所でもよければ、汽車電車の中でもよい。書齋に於て之れを爲す可なり、褥上に於て之れを爲す亦可なりである。夫れに座禪は婦人には好まれない。アノ跌座といふのが、半跏にした處が格恰のよいものでないから、勿論悟徹すれば何んでもないにした處が、まだ其處に到らぬ婦人はアノ座り方で避易して仕舞ふが、清水式精神統一法は當り前に正座して居ればよいのである。勿論男子の方は安坐して居つても差支は無い。禪の方では正座といふことや、姿勢といふことを非常に八釜しくいふが、清水式では座り方はドウでもよいどうせ飛行機式なのだから、電車汽車乃至事務所では椅子に倚つて居て、夫れで十分

なのである。

之れが私のいふ現代化せられた禪であつて、こうなつて始めて現代向きになり、忙はしい間に於ても修養が出來る譯なのである。次ぎに實修方法即ち姿勢や、動搖法や、其の効果の卓絕する所以等を説明することにいたします。

實修法

清水式精神統一療法を實修するに當つては、其の座法が三通りあります。

　一、正座法　　二、安座法　　三、腰掛け法

正座法は普通に正座するのであるが、蹠は重ねないで膝は少し開いた方がよい。餘り膝と膝を密着させると烈しく動搖すると、倒れることがありますから、左右の膝の間は五寸位開いた方がよろしい。

安座法はと申しますと、之れは胡座をかくのであつて、普通の胡座であるが、成る

可く足は組まぬやうにします。禪のやうな結跏趺坐などゝいふ窮屈な座り方は要りません。胡座して動搖すると、後方へ倒れますから、座蒲團を二ツに折つて、臀部へ當てゝ置くと容易に倒れません。

腰掛け法は事務所でやる時、汽車、電車でやる時の座り方で、これは腰掛けに深く腰を入れてはイケません。腰掛けの半分位に腰を卸します。そうしませぬと思ふやうに動搖が出來ません。椅子で後ろに倚り掛りのあるのでも腰掛けの半分ほどに腰を卸して居りますと、大概動搖したのでは後ろの倚りかゝりに身體が當るやうなことはない。勿論倚り掛る所の無いのに越したことはありません。動搖の方法は次ぎに述べますが、汽車や電車や乃至は事務所で、盛んに動搖することは、ハタの見る目も恥かしいと覺し召される方があるかも知れませんが、汽車や電車の中では動搖をしなくても既に動搖して統一狀態に入るやうに狎れて居る方は、車體の動搖で直ぐ統一狀態になります。事務所に於ても狎れて仕舞つてからならば、必ずしも動搖することを要せず

して閉目一番して二三分するとそうなることが出來るが、狎れない內には矢張り動搖する必要がありますから、笑ふものには笑はして置くのです。そうして置く勇氣のない方は、人の居ない室へでも行つておやりになるより致方がない。

扨、動搖法でありますが、全身の力をスツカリ拔いてしまつて、座つた儘或は腰かけた儘、口を輕く結び、目を閉ぢて、上體を少し前へ屈めるやうな氣持ちにして、首を前に落とす。此の時には頸の力も全く拔いて置くから、首は投げ出されたやうにガクリと前に下がるのであります。そして頤は胸につけた儘、上半身を起し、身體が垂直になつた時に首を後ろに投げるやうにします。そうすると顏が天井と相對することになり、それと同時に兩方の膝頭が幾分上がるやうになるものであります。（淸水式修法圖說參照）

準備と注意

モウ一ッ重要な條件は、前へのめる時には自然に吽と聲が出ます。又努めて出すや

うにする。そうしますと動搖が烈しくなればなる程、此の吽といふ聲は大きくなり、これが精神統一に資すること非常に大で、假令附近に如何なる擾音があつても、雜話をして居ても、此の聲で之れを遮ぎりますし、一面から申しますと自ら氣合をかけるやうな效果があるのであります。

偖、眼のつむり方でありますが、之れをするには少しばかり準備が入ります。夫れは豫め一寸四方位の白紙の中央に、二分程の黑星をつけたものを造り、之れを鴨居に張り、之れを正面にして其の直下から六尺ほど隔てゝ座を占めるやうにする。そして之れを見つめ、臍下丹田に力を罩め、此處で思念を一ツするのであります。それは、「如何に強く動搖しても、眩暈も何も斷じてせぬ」といふ思念である。思念の終る刹那に眼を強く閉ぢ、それと同時に首を前へ投げる。投げる拍子に丹田の力を抜き、眼瞼の力も弱めるのであります。

モウ一ッ重大な注意事項は、動搖を止めた時、直ぐ目を開かぬことであります。動

清水式修法圖說

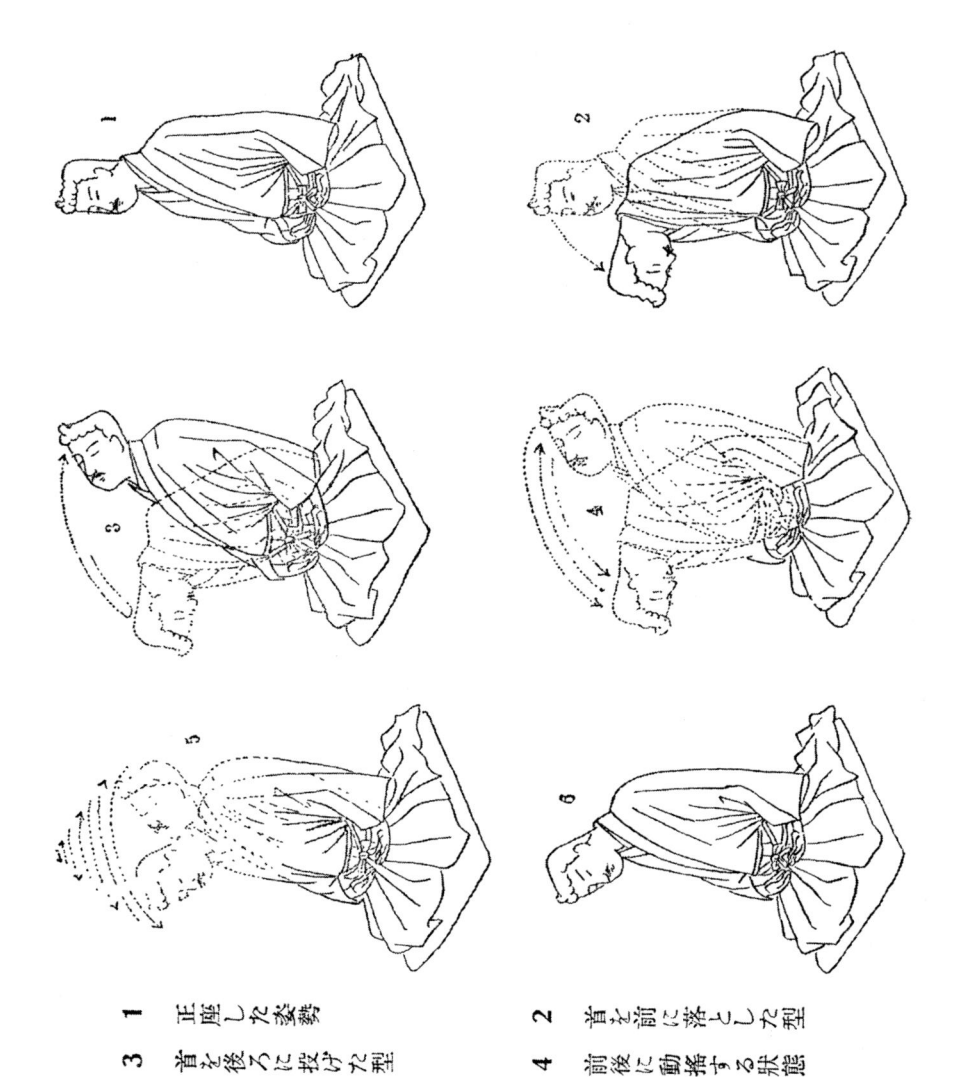

1　正座した姿勢
2　首を前に落した型
3　首を後ろに投げた型
4　前後に動揺する狀態
5　動揺の漸次停止する狀態
6　統一狀態に入った姿勢

搖を止めてから十分間を靜止して居つたものは、何時目を開けてもよろしいが、動搖を止めると直ぐに目を開けますと眩暈がします。ですから少くも六七分間は、動搖をとめてから靜止して居つて、そして目を開くことにするのであります。又動搖中は決して口を開いてはイケません。口を開くと咳が出て修法の妨げとなります。

運動を止める時には、決して急激に止めないで、可成自然に止めるやうにしなければ、折角の運動が效果がなくなります。

此の動搖中に色々の雜念が起るものであるが、起つたら起つてもよろしい。併し之れを夫れから夫れと續けて考へてはイケない。之れは道元禪師が不思量底の思量といはれたやうに、雜念が起れば起るに任せ、起らなければ起らないでよいのである。之れも最初の内だけであつて、少し練習が積んで劇しく動搖することが出來るやうに成りますと、雜念など起したくも起らぬやうに成ります。

斯くて清水式精神統一療法は自然に靜座法と呼吸法とを兼ねたものとなり、自然に

調息法となり調心法となるのである。そして諸法が悠々閑々原始的であるのに反し、清水式精神統一療法は、神速に其處に到ることが出來るのであります。

力を要せぬ運動

斯くした猛運動が誰れにも適するかといふ疑が起りませう。然し決して猛運動ではないのです。一寸思ふと大變力が入るやうであるが、之れも丁度時計の振子と同じで、一度與へられた力が原動となつて之れに何等かの力を加へざる限り、何時までも止らないのである。だから本人に取つては何等の骨も折れない。ホンに自然に運動を持續するのである。茲に何等かの力といふのは、他人の手とか、物體ではドウにも成らぬもので、自分の精神力だけが之れを止めることが出來るのである。即ち動搖に入る前に思念をして置けば、止まる時間が來れば獨りでに止まるが、そうでない限りは柱に當らうが、障子を破らうが、中々止まらないものであります。他人に依つて導かれ

る時には、其の人の命令に依つて動揺が止まることはいふまでもありませぬ。私は之れを習ひに來たものに一喝を施しますが、之れは精神統一に入るのを早からしめるだけであつて、必ずしも一喝の必要はないのです。私としては早く精神統一に入らしめ、早く自分で其の境地に遊ぶやうにする必要からであつて、最も一喝だけで精神統一に入りますが、勿論之れを促進する效果はあります。術者が居らぬ時には之れを施して吳れるものがありません故、自分から出す吒の掛け聲で之れを促進するのであります。

初心者に注意　氣合。氣合を誤解してゐる精神療法家があるが、氣合とは實を以て虛を衝く、即ち無念無想の一呼吸これを氣合と云ふのである。單に大きな聲を出すこと、大聲を發する事のみを氣合と思つてゐる人が多い。勿論それも氣合には違ひないが、合と云ふのでは無い。無念無想の一呼吸、即ち無想の念の放射これが眞の氣合である

それから我が淸水式は只頸振りだとか何だとかヒヤカシ的な事を言ふものがあるが、

八七

それ等の人は精神統一の何であるかを知らず、精神統一とは、只靜座瞑目して座つてゐる事だと思つてゐる人々である。精神統一とは決してそのやうなものでは無い、精神を統一するには、先づ身體の調整からかゝらねばならない。即ち清水式は身體を調整しながら統一狀態に入る方法である。精神統一の狀態に入る方法はいくらもある。之れを大別すれば東洋式と西洋式の二つに別つ事が出來るが西洋式は別として、東洋式にも佛敎の座禪や念佛などを始めとし、神道に於ける色々な方法や行事など數へ來れば幾らもある。私は是迄種々な方法を硏究したが一として完全なものがなかつたそこで多年苦心の末獨創した清水式が一番早く統一に入る事の出來るものだと確信してゐる。單に見たり聞いたりした丈けで、實際に體驗して見なければ判ることでは無いことを特に御注意して置く。

其の效果

清水式精神統一療法は、かやうにして之を修するのでありますが、單なる健康法としては之れだけで其の目的を達することが出來ます。即ちこうして二三十分やりますと、血液の循環はよくなり、食慾は増進します。又諸種の疼痛も去り、精神力は旺盛となり、頭腦は明快となり、體力は頑健となること眞に驚くばかりであります。そして進んでは各種の疾病も治癒し、習癖も矯正することが出來るのであります。茲に一つ大事な條件があります。夫れは何んであるかと申しますと、色々の病氣に惱むのが之れに依つて自己の疾病を治療しやうとするに當つては、之れを修すれば自分の病氣はキット癒るといふ強い強い信念を起さねばならぬことであります。即ち「自分はどうしても生きなければならない。此の病はどうしても治さなければならない。生きて見せる。治って見せる」といふ強烈な信念である。之れが起りさへすれば其の起つた瞬間から其の人の自癒能力が活動し初めメキメキと效顯があることは、私の過去二十餘年の經驗に依るものであつて、決して單なる宣傳ではありません。彼の肺病の如き

も、こうした信念を起し、夫れを強く固く把持して居りますならば、其の人は必ず癒ります。自ら「トテモ癒らぬでせう」など、シホレ返つて居るやうなものに對しては、精神療法は何の足しにもなりませぬ。

私は久しく肺病專門の治療に從つて居ります。肺病に罹れば助からぬといふ暗示を強く受けて居りますから易い病氣はないのです。私の經驗に依りますと肺病ほど治療ら、之れに罹つた人はモウ自ら助からぬ、死ぬものとキメてかゝるのです。所謂自ら墓場に急ぐものであります。ですから生きやう、治らうといふ強い信念を起させさへすればよいので、これほど容易に癒る病氣はないと思ふのであります。

其他各種の病氣に就ても、本法が驚くべき實績を擧げて居るやうに成るからこれ位にして置きます。唯一ツ申上げて置きたいことは、餘りに自畫自讚のやうに成るから之れ位にして置きます。私は十有餘年前から日本兒童敎養會といふを起し、精神統一に依つて兒童の敎養を助けて居るが實に效果顯著で病弱兒が健康體となることはまだしも、成績の不良なものが、生れ代

つたやうに良い成績になることは術者である自分も驚くほどである。之れは是非諸君にも御試みになつて、第二の國民の思想を、其の二葉の内から正しく、さかしく致されんことを望んで止まぬものであります。…………

*　　　*　　　*

本法は座禪の如く辛練苦修を要せず、靜座法の如く弊害なく體得實行共に容易にして疲勞せる精力、衰耗せる體力を立處に恢復し心身の病苦を一掃す。殊に記憶力膽力を増進し血液の循環、食慾と消化を旺盛ならしむる等唯一無二の良法である。猶ほ之れを一層深く研究せんと欲せば、親しく清水氏に就て指導を受け、且つ「清水式精神統一法」（金五拾錢）「肺病の精神治療法」（金参拾錢）等を參照せば大に研究の資料となるべし。

統一療法敎傳………（一週間）……會費金参拾圓也

清水式治療奥傳………（三日間）……金五拾圓也

會場………東京市本郷區駒込神明町八十三番地修靈敎化團本部

四、順性療法

陰森たる夏木の陰、皎々たる寒夜の月下、瞑想幾星霜、終に捻出された特種の治病法に、順性學研究會長從五位伊東涼嶠氏の創始にかゝる順性療法がある。順性療法は其の原理の學なる順性學から出發する。順性學は宇宙、萬有、人間を包容縦貫せる一元の大眞理から發足して、究竟の人生觀を始め、道德の根源、宗教、哲學の眞諦や、吾人生命の機構、自然療能の本質乃至治病上の原理に至るまで包容する大體系である。

哲學者として有名な文學博士西晋一郎氏は順性學及び順性療法に對し「……根源はこれを默認體得し、理路はこれを思索究明し、萬法の源流より、身心療養の道に及んでをる。其の間に自然哲學あり、道德哲學あり、宗教論あり、東西を較べ、古今に涉り、博且精、予未だ氏の專門的技術家たるを知らざるに、先づ其の思想家たるを知る

のである。然れども其の思索がたゞ抽象ならざるのみならず、心身の鍛錬と技術上の體驗とにより、其の技術が唯だ慣れたる道でなく、思索究明に因つて居るを見れば、予は氏が其の理を審らかにし、其の技に精なるものたるを信ぜんと欲するものである。

……」と評して居るに依つても、其の卓越さを推知出來るであらう。

此の順性學から出發した順性療法は、生命の根本のエネルギーを直接に應用した、自然療能應用療法であつて、單に精神の作用を運用した一般の精神療法とは大いに異なる。

次に伊東淙嶹氏の著書「生命の解決と治病の祕訣」「順性療法」「神經衰弱の撃滅」等に依つて其の内容を紹介しよう。

治療の眞理

順性療法は一名體質改善健康療法ともいふので、療法の類別からいへば精神療法の

部門に屬するのである。普通概括して精神療法といふてはゐるが、精神療法も大別すれば二種類二部門あるので、それは精神の活動が二方面あるからである。一般に現今認められてゐる精神療法としては、主に意識の方面や感覺の方面の働らきを利用したものである。然るに精神の活動の能作力が普通の精神作用として現はれないで、その能作力が潛行的に活動する方面があるので、それは身體の調節作用となり、攝理作用となり、或は療病能力となつてゐる樣なものである。してその療病能力を直接に利用したものが、餘り一般に知られてゐない他の精神療法なので、順性療法はつまりこの後者の部類に屬するのである。勿論斯ふ分類しても、前者の方法を施すとき後者の能作力が作用し、また後者の方法で治療しても、前者の諸原が交渉することはいふまでもないことで、畢竟この區分も絕對なものではないのである。而して彼等には犬や猫を始め一般の動物の世界には、醫者もなければ、藥もない。しかも病のために死ぬといふ、未來に關する理解もなければ、病を恐れるといふ觀念もなく

従って病を好轉させる特別の精神的の手段や方法等も、全く意識しないのである。唯だ彼等は自分で選む草を食べたり、怪我をしたら舌で舐める程度のことで、而も人間よりも早く且つ完全に癒つて仕舞ふのである。

人間も同じ動物であるから、服藥したり手術をしないでも、彼等と同じ様に病が治らねばならぬ筈である。だが人間は彼等と異つて、種々微妙な精神の作用があり、而して一面には病の治癒力卽ち自體内に自然に活動する療病の能作力を、妨害する惡い精神的の原因があるため、彼等の様に簡單に病が治らないのである。してその主な精神的の惡い原因といふものは、他の動物と異つて順性でないことや、死に對する恐怖心とか、または種々の煩悶や苦惱がそれなのである。でこんな精神的の惡い原因を解消させたり、進んでは病の治癒に對して、更により良き精神的の原因を起させることが出來れば、病は治ることになるのである。この領分は醫療や物理的の療法や手技的の療法では、目的を達することの不可能なのは明らかなもので、かゝる領分は一般的

精神療法の獨自の舞臺なのであると同時に、その特種的の誇りなのである。
では醫療を始め電氣療法や太陽燈や或は手技的の療法その他で、何うして病が治るかといへば、それは其れ等の物卽ち藥又は以上の諸方法が、直接病の原因に作用して病が治るのではなく、つまり藥或はその他の方法を行ふことによつて、肉體の方面から間接の刺戟を受けて、病に對する療病の作用が活潑になつてくるため、病が治ることになるのである。それゆへ一般の精神療法としても或は醫療その他の方法によるとしても、一は精神的の方面から、他は肉體の方面から間接にそれを導いて、その目的を達するのであるから、何れの方法によるとしても、病の治る眞の原因としては、この病の能作力換言すれば自然療能の作用に外ならぬのである。

順性療法の原理

順性療法は最も必然なる人間醫學で、それには何等の技工もなく、人間本來の必然性である生命の根本の作用を利用したもので、この作用こそ取りも直さず自然療能なのである。して一般に醫療を始め他の療法では、間接にこの作用を起さしめることを主眼としてゐる間、この療法は直接にそれを使用するのが眼目である。又一般の治病法で自然療能を發作し得る最大量は、患者の體内に存在してゐるだけの量から導き得るに過ぎぬ上、而も患者の自然療能は健康の時よりも、甚だしく減少してゐる不利があるため、一般の療法で病が治るためには、自然療能を直接應用する方法に依るよりも多くの日子を要し、且つ慢性病の如きは容易に治り惡いことになるのである。尚比較的慢性病にも良く奏功する一般の精神療法でも、今日までの學者の研究によれば、精神療法は精神作用から起つた病には奏功するも、肉體病には効力がないといふことになつてゐる。だが讀者は外觀上肉體病の樣に見えても、精神作用から起つてゐる病も相當に多いことを知らねばならぬ。

順性療法は現今のあらゆる療法の缺點を補ふため、第一に施法者の自然療能の全能力を、第二に患者のそれを巧みに利用する方法であるから、その治病能力はこの兩者の總和で、而もそれを直接に利用するため、急性慢性或は精神的肉體的の病の如何をも問ふことなく、僅かの回數で而も適確に奏功するから、確かに優越した療法といひ得るのである。

本療法の原理の大要は如上の說明で略ぼ窺はれると思ふが、本格的に說明するには先づ生命問題を解決し、自然療能の本質その他を科學的に說明する必要がある（同氏著、生命の解決と治病の祕訣參照）併し今は省略するけれども、兎に角同氏の創始にかかる特別の方法で修養鍛錬を受ければ、誰でも體が改造されて、療病の能力卽ちその人の自然療能のポテンシャルが、驚くほど強大になる。この自然療能が強大に發作してゐる手を、患者の自然療能力の不足してゐる患部に接觸すれば、自然療能には銳敏な滲透性及び感應性を具へてゐるから、患部を始め患者の全身に强い自然療能が誘

順性療法の實修

本療法の內容は相當廣汎で、細かいことは紙數が許さないため、要點だけを次に說明する。

順性療法實修の要目 順性保健長生法、精興修法、特別精興修法、活元治病法（整腹法、全身集血法、能動始發法、能動促進法、活元能動法、能動調律法）。活元自己療法。療能治病法（解熱法、通便法、止咳法、循血法、淨血法、患部觸知能力の發生法、特種不問診案法、交感神經による病源探知及治療法、特種觸局法、精叢による病原探知法、病腺探知法、打手法、撫擦法、吹息法、瞬間疼痛停止法、凝視法、遠隔療法、惡癖矯正法、衆人同時治病法）。療能自己療法。

神經衰弱擊滅法の要目　體質更改法。強迫觀念の解消。損傷精神機能の復活、精神の整理法。精神生活の安定法。神經衰弱の解消法。

第一、順性保健長生法　自然的で理想的な無意識運動から導かるゝ能動で、普通の健康法や保健法は何れも意識から導かれる運動であるゆへ、そこに無理があるけれどもこの能動には全然無理が無いのである。

第二、精興修法　この法は強大な自然療能を發作せしめる樣、各人の體質を更改する方法で、それは精神の最高機能部（腦の一點にあり）に衝動を與へることに依つて、その目的を達するのである。

第三、活元治病法　この法は始め全身集血法で、生理的に患者の血液を腹部に集め次に手を患者の眼瞼、腹部、腰椎等必要な部に當てゝ、自然療能の能作力を作用せしむると、患者は自然に能動を起してくる。この能動は以後種々に變化して、自分で自分の惡い處を治療する樣になる。してこの能動は自分の意識では全然制止することは

出來ぬけれども、能動調律法によつてのみ、自由に調節したり止めることが出來るのである。してこの能動は靈動とか想像運動或は催眠術等から導くものと、全く趣きも異ひ原理も異なつた獨特のものなのである。してこの法は患者に對して行ふのであるが、左に讀者諸君が自分で出來る、活元治病法の自己療法を說明することにする。

床の上に仰臥して、兩腕を體の兩側に併行して伸ばして置く、眼を閉ぢて體中の力を抜き、觀念を臍の下に移して沈める。次に精神の緊まる時機を見計らひ、腕の位置をそのまゝとし、二の腕だけを垂直に立てゝ臂で支へる。臂を軸として兩方の二の腕を圓形に動かす、この際腕の運動は種々に變化すべきことを豫想しつゝ、特に二の腕の力を抜きながら、その運動を成るがまゝに任せておくときは、その指端は微かに自己の胸前を掠めつゝ、圓運動を繼續するものである。暫らくするとこの運動は次第に變化する傾向を辿つてくるから、意識で抵抗せずに置けば、終に種々の形を探つて、自己の疾病を治療するに至るものである。

患者に行ふ活元治病法は、最初から全くの無意識的能動であるけれども、この自己療法の方は始めは、半意識半無意識的の狀態から起り、能動が進めば終に無意識的能動が完成するものである。なほ活元治病法の大體の原理は次の様なものである。

一、腹部に血液の集中　血液が集中するため、その附近の臟器の自然療能が活動してくる。

二、交感神經の興奮　この神經は臟器を支配するゆへ、自然その活動が盛んになつてくる。

三、腦神經系の貧血　血液が腹部に血中するため、腦は貧血して隨意運動の機能が鈍くなる。

四、觸局に自然療能々作力の感應　患者の身體の要點に對し、自然療能を作用させる。

五、隨意筋の興奮　感應させた能作力は隨意筋を活動に導びく。

六、交感神經と隨意筋との連絡　交感神經系と隨意筋とに發作した能作力は互に連絡を保つことになる。

七、活元能動の發生　意識運動を超越して、無意識的運動が起つてくる。

八、精神の最高府と交感神經と隨意筋との連絡　この連絡が保たれて自然療能は腦神經系統の製作力を減じて、主に交感神經系の能作力が強くなる。

九、能動の完成　右の階梯を經て始めて能動が完成する。

第四、療能治療法　本法は順性療法の根幹をなすもので、他の諸法は補助法なのである。して活元治病法は施法者の能作力が弱くつても成り立つも、この法は強い能作力を要するのと、前者は單一なものであるけれども、療能治療法は一見簡單で、その實内容は深いものである。今その主な方法の輪廓を述ぶれば次の樣である。

一、按手法　手掌又は指頭を患部に輕く置いて治す方法。

二、間隔按手法　手掌又は指頭を患部に翳して病を治す方法。

三、撫擦法、壓擦法、輕打法、何れも要領があるので、ほんの二三回短時間必要な場合に行ふのである。

四、解熱法、通便法、止咳法、循血法、淨血法、皆口傳によるより外說明の方法がないので淨血法の如きは毒を下す方法である。

五、患部觸知能力の發生　短日時の講習でこの能力が具はるは、本療法の誇りである。

六、特種不問診斷法　この方法に達すれば、理化學的方法でも分り惡い、病源を發見し得る妙法である。

七、交感神經による病源探知及治療法　精藪による病源探知法、特別精與修法、これ等の諸法も實際に依るより外致し方がない。

八、觸局　自然療能を作用せしむべき要點で、この研究が十分でないと効力が少ない。本療法では二百數十種の病に對する適確な觸局を、治病提要に收錄して講習

一〇四

員に頒つてゐる。觸局の一例として神經衰弱症に對するものを示せば、前額及後頭部、兩顳顬部、前額及第五胸椎、後頭部及腸部、第五胸椎及下腹部、胃部、左右膝關節部、循血法。

第五、觀念法　無催眠の暗示法で、主要療法の補助法として用ゐてゐるが、感情の壓迫等から導かれてゐる病に限り應用するので、この法だけは言語的暗示を主として利用するのであり、してその心理的階梯としては次の樣なものである。

一、想像觀念の誘發　想像觀念の發生に從つて、對立觀念たる無意識は興奮を起しそれがため交感神經の活動は盛んになる。

二、意志觀念の萎縮　交感神經の興奮の結果、腦神經系は貧血するため、意識の發生が弱くなる。

三、意志運動の制壓　意志は想像觀念に制壓されて、隨意運動を行ふことが不可能になる。

四、想像運動の發生　意志觀念が制壓された隙に乘じて、想像觀念は隨意筋を支配するから、想像運動が起る。

五、不隨意筋の運動及支配　想像觀念に依つて起つた隨意筋の運動は逐次に不隨意筋の活動を促進する樣になる。

六、感覺の制壓　想像觀念は益すその威力を逞ふして、遂に感覺をも制壓する。

七、精神最高府の記憶　交感神經の興奮と腦神經萎靡の結果とは精神の最高の府卽ち純識を興奮せしむるから、想像したことが根本的に、記憶に刻み込まれて仕舞ふ。

第六、神經衰弱の擊滅法

藥物や物理的の療法では全く治癒の見込みのない神經衰弱症は文化の進むと共にその數を增して來て、而もその罹病者の多くは、前途有爲の青年男女を冒し易いのであるから、肺病と共に一種の亡國病であるともいへるのである。この病は昔から奇病といはれ、その症狀は千變萬化で、殊に强迫觀念が作用して

くると、常識では到底理解の出來ない心理狀態が現はれるため、この病の本體正體といふものは、今日の進步した心理學や醫學でも、まだその牙城が明らかにされてゐないのである。從つてこの病に對する治病法といふものは、至つて幼稚な程度にあることを免かれない。で偶ま藥物や物理的の療法以外の方法で成功するものがあるとしても、相當の日時を要するといふ不利があり、また强迫觀念の如きものは、その觀念が如何にして起るのであるかといふ根本の作用を、患者に理解させることなく、或る方法で一時押へても、何時かはまた再發するものであることを豫期せねばならぬのである。

本會で研究した神經衰弱の治療法は、從來の方法とは異なつて、先づ體質更改法で患者の體質を改造すると、その人の自然療能が强大になつて、體質が全く一變してくる。而して一方この病の病源に就て獨特の原理で徹底的に、本病の正體を解剖して說明すれば、患者は判然りとそれを認識する。その認識が判然とすれば、そこで精神整

一〇七

理の方法を理解せしめ、續いて日常精神生活の種々相を比較して、精神生活の基準を與へることに依つて、この病の撃滅は完全に成功するのである。而してこの方法に依つて目的を達し得る日數は僅かに五日乃至七日間で、而もこの方法によるときは、全然再發することのないのは、本療法の最も誇りとする處で、今日最も進步した本病の治病法でも、尚四十日以上五六十日を費してゐるのに較べた時は、そこに天地も唯ならぬ差の存在することを知らねばならぬ。

＊　　＊　　＊　　＊

順性學並びに順性療法に關して、深く研究したい方は、伊東凔嶐著「生命の解決と治病の祕訣」（定價貳圓七十錢）を參照せらるゝこと。また直接指導を受けたい人のために、講習の種類や會費等を次に記載する。

通信敎授（敎科書による）　　會費金拾五圓（但シ當分金八圓二割引）

丙種直接敎授（健體法及び活元治病法）　　會費金拾五圓……三日間

乙種直接教授(同右及病能治病法の初等)　會費金參拾五圓……五日間
甲種直接教授(同右深義)　會費金六拾五圓……七日間
神經衰弱擊滅の講習　會費金參拾五圓……五日乃至七日間
右の外、短期保健實習は二日間五圓及胎兒優生教育實習の講習は三日間會費五圓で普通この二科は多人數集合の場合に限り開講さるゝとのことである。
會場………大阪市天王寺區大道三ノ七八　順性學研究會本部

五、全能精氣療法

最近無藥療法界は著しき革新の跡を示してゐる。即ち從來精神療法を以て立つてゐたものが、生理療法や理學療法を加味するが如き、又生理療法家が精神療法を併用するが如き、漸次精神療法と理學療法は綜合されつゝある。之れは理學療法の缺陷を精神療法で補ひ、精神療法の不適應症へ生理療法を應用すると云ふ點に於て、將又無藥療法の完璧を期する爲めに最も喜ぶべき現象である。

皇國修靈會長 大教正溝田象堂氏の全能療法は其の代表的なものであつて、精氣療法と指壓療法と整體療法とを綜合した頗る合理的な治療法であり、一言にて之れを說明すれば、人間本具の精氣作用と、手掌の技術に依つて自他の疾患を治療し、人間の健康を增進せんとするのである。即ち其の方法は精氣を充實せしめて、衰頽せる自然治癒能力を旺盛にし、骨格の不正及び內臟の轉位を整腹し、神經系統の障害を除去し、

血液の循環を良好とし、淋巴腺の異狀、筋肉、腱靱帶等の緊縮を調整し、細胞の新陳代謝を盛んにして療病保健の實を擧げるのである。

斯の如く全能療法は其の內容多岐複雜であつて、其の全般を紹介することは到底限りある紙面の能くし得ぬ處であるから、溝田氏著「全能療法極意書」の中より特に精神療法と關係のある精氣療法の一端を紹介する。

精氣療法の原理

精氣の誘引作用 精氣の應用にて病氣を治す事の出來る理由を說明する。

精氣は宇宙に遍滿してゐる。吾々は每日の飮食物からも、一時も休まない呼吸からも無限に精氣を吸收することが出來る。然らば吾々は此の呼吸作用と消化吸收作用でなければ、精氣を吸收することが出來ないかと云ふに、否々決してさうではない。そ れは何故かと云ふに精氣には誘引作用があつて、精氣同志で互ひに引き合ふ作用があ

る。之は地球に引力があり、電氣に引力があり、磁氣に引力がある様に精氣の作用中最も大切なものである。故に人體に宿つてゐる精氣は必要に應じて、直接宇宙の精氣を誘引して人體内に引き入れることが出來るのである。人が病氣になつた時自然癒能力が働くと云ふが、此の自然癒能力の本體は卽ち此の精氣の誘引作用である。

私の精氣說から云ふと、人間は誰でも精氣を所有してゐる。そして吾々の精神作用や生理作用は皆精氣の活動である。然るに人間に強壯病弱の別あるのは、此の精氣の量に多少があるからである。卽ち強壯な者の身體には精氣が充實してゐるし、病弱なものゝ身體には精氣が不足してゐるのである。また同一の人でも身體の或る部分に著るしく精氣の欠乏してゐることがある。此の精氣が缺乏してゐる所には生理障害又は心理障害を起してゐるのである。凡て精氣の豐富に充實してゐる所は健全であるが缺乏してゐる所は病氣である。此の根本的病理に基いて、人體に缺乏せる精氣を補つて、治療の目的を達し、人間を健康に導くのが精氣療法である。

飲食物 人間が病氣になつた時飲食物を注意することは尤も結構な事である。此れは前にも述べた通り、吾々は飲食物から精氣を吸收するからである。飲食物は成るべく自然に近いものゝ方が効果がある。精氣は人工を加へたものよりも自然に近いものに多く含まれてゐるからである。湯茶やコーヒーを飲むよりも水がよい。白米よりも玄米がよい。肉類よりも野菜がよい。よく煮たものより生か半煮えの方がよい。凡べて飲食物は此の方式で行けばよいのである。

呼吸 吾々は空氣からも澤山の精氣を吸收してゐる。だから病氣の時深い呼吸法をすることは非常に有効である。私の唱導する修靈法が治病に効果のあるのも此の呼吸に負ふ所が多いのである。

誘引作用 精氣の誘引作用を働かすことである。此の作用を働かすには努めて心理機能、生理機能の自然の狀態に置き、潛在精神を働かすのである。此の意味に於いて修靈法は尤も理想的な自己治病法である。又身體細胞に一定の律動を與へることも、

誘引作用を呼び起す手段である。此の意味に於て律動法は尤も適切な治病法である。

精氣の感應作用

上述の外には精氣を補充する方法はないか？否々！まだある精氣には今一つ感應作用がある。丁度電磁石をコイルの中へ入れると、其のコイルへ感應電氣の起きる様に、精氣の旺盛な人が、精氣の缺乏してゐる人の所へ近付くと、期せずして旺盛な精氣は缺乏してゐる人に感應して、缺乏してゐる人の精氣は旺盛になるのである。此れが精氣の感應作用である。吾々が常に元氣のよいニコニコ笑つてゐる人に近付くと、何んとなく氣分が爽快となり、自然に之に感化されて、ニコニコ笑ひ度くなつてくるのは、此の精氣の感應作用があるからである。
だから吾々が常に自分の身體へ精氣を充實して置いて、病人に接する時は精氣の感應作用に依つて、病人の身體の精氣が旺盛になつて、期せずして病氣は治るものである。

精氣療法の效果

普通の精神療法は機能的疾患には效果があるけれども、器質的疾

患には効果がないと云ふ者もあるが、精氣療法は如何なる病氣にも必ず効果がある。そして器械や藥物を用ふるのでなく、頗る自然的な精氣の作用に依るのであるから副作用は決してない病氣と云ふ病氣は如何なるものに治療してもよいが法定傳染病丈けは、法律に從つて直接治療は遠慮した方がよい。

精氣療法の治療方式

精氣充實法式　Ａ十分間行　精氣療法を行ふには術者の身體へ精氣を充實せしめなければならぬ。全身的に之を行ふには前章の修靈法又は後章の律動法を行へばよいが是を治療に應用するには、術者の手掌へ特別旺盛に精氣を充實して、之を病者の疾患部へ當てなければならぬ。

此の十分間行は精氣を手掌へ充實する方法である。足の大指は左を下に、右を上に重ねる。足の上姿勢は膝を三寸位開いて端座する。

へ臀を据へる。脊柱を眞直にして腰を立てる。手を前胸部にて組む。成るべく兩肘を上へ擧げる。此の姿勢で十分間我慢してゐると、指先がビリくくとむづがゆい様な感じがする。其の時は兩手に精氣が充實した時である。此の行は他に祕訣はない。同じ姿勢で十分間居ればよいのである。最初の人は腕や肩が痛くなるが、それでも十分間は繼續するのである。此の十分間行は一日に一回やればよい。朝一回やつて置けば其の日一日はやらなくてもよいのである。

B 瞬間充實法 是は治療にかゝる前には必ず行はなくてはならぬ。瞬間充實法を行ふと、精氣の誘引作用が盛んになり、感應作用も強くなる。此れには左の二法がある。

擦手充實法 兩手掌を向き合はして、之を上下に摩擦するのである。此れを三十秒乃至一分間行ふ時は精氣が瞬間に手掌へ充實する。

震手充實法 手首から先きの力を抜いて、細く速やかに震動するのである。是も三

十秒間やれば必ず手掌に精氣が充實するのである。

精氣作用の實驗
精氣の誘引作用に就いては前に説明したから分つてゐる筈である接手の實驗　先づ端座して閉目する。兩手に瞬間充實法を施して後、兩手の掌を向き合して前に擧げる。兩手は次第に接近して來る。此の時寄る〱と觀念してはならぬ。觀念しなくても寄るものである。最後には兩掌が前で密着する。此れは精氣に誘引作用があるからである。

引身法　術者の前に他の人を座らせて置く、勿論閉目させて、全身の力を拔き自然に任せた心持ちでゐる。術者は自分の手掌に精氣を充實して、被術者の後面へ廻り、其の後頭部の五寸位離れた所へ術手を持ち行き、此れを後方へ引くのである。さうすると被術者は頭部を後へ引かれて倒れる。是が引身法の一例である。凡べて此の要領で實驗すれば種々實驗が出來る。本會の實地教授では隨分種々な實驗を行ふが、此の方面に知識のないものは不思議に思ふものである。

動作感應の實驗　術者の三尺位前方へ被術者を向ふ向きに座らせる。勿論閉目させて全身の力を拔かせる。術者は徐ろに自分の頭部を左右へ動かす、暫らく是を行ってゐると被術者に感應して、術者と同じ樣に頭部を動かすのである。次ぎは頭部を前後へ動かす、やはり被術者も同樣に動かすのである。今度は上體を左右前後に動かすやはり同樣に感應するのてある。段々上手になると餘程距離があっても同樣に感應するものである。此の動作感應も隨分種々實驗が出來るから、諸君は考案して實驗するがよい。

精神感應の實驗　此れはテレパシィと云って現今歐米でも盛んに實驗されてゐる。精氣の感應作用に依って、術者の思ってゐることが、被術者の精神へ感應したり、動作へ感應したりするのである。俗に云ふ「虫の知らせ」と云ふのは此の現象である。近親、親友の身の上に異變がある時、不意に自分へ或る知らせがある。是は世間に澤山實例があるから諸君も知ってゐるに違いない。之を實驗するのである。

精神が動作に感應する實驗　術者と被術者は一間位距離を置いて對座する。双方共修靈法を行つて全身に精神の充實をなす。然る後被術者は閉目を命じ、術者は「被術者の上體が前屈する」と思念する暫くすると術者の思念は必ず被術者に感應して上體が自然に前屈する。此の思念は「右手を上に擧げよ」でも「立つて歩け」でもよい。兎に角初めは簡單な實驗をやつて、上手になれば隨分複雑な實驗も出來る。

精神が精神に感應する實驗　前の通り術者と被術者は對座して精氣の充實を圖る。被術者に閉目を命じて、術者は心中に1とか2とか3とか云ふ數字又は丸、三角、四角と云ふ樣な事の中、簡單なことを一つ思念する。此の時決して他の事を考へずに唯一つの事項を専念してゐると、被術者の心へ其の事項が感應するのである。是は初め極簡單な實驗から次第に複雑なことへ移るのである。

兹に述べた實驗は左程病氣治療には關係はないが、諸君に治病能力の自信を付ける爲めに掲げたのである。

精氣療法の術式

1、接掌法　精氣の充實せる手掌を患部へ輕く接して、精氣感應を起し、病氣を治す方法である。皮膚へ直接に行へば良いが、衣類の上からでもよい此れは腹部、胸部、腰部、脊部等患部の廣い所へ用ふる。

2、接指法　小指、藥指、拇指は握り、示指と中指を伸ばし、其の指頭を患部へ當てる方法である。患部の狹い時應用する。

3、翳掌法　精氣の充實した手掌を患部へ翳す方法である。患部との距離は五分乃至三寸位。

4、翳指法　手は接指法の時と同樣に握る。示指と中指の指頭へ精氣を充實して之を患部へ翳すのである。距離は同前。

5、震動法　指掌を患部へ當てゝ震動する法。

6、凝視法　眼を患部へ注ぎ、治病思念と共に見詰める。

7、吹息法　術者の丹田に精氣を充實して、患部へ強く短き息を吹き懸けるのであ

る。患部との距離は二三寸乃至一二尺位。

8、バッス法　手掌に精氣を充實して、患者の皮膚より五分乃至三寸位距離を置いて、撫でる。衣類の上にてよし。

9、遠隔療法　精氣感應の原理に基き遠方の患者に治療をするのである。其の方法は實地教授にて傳授する。

治療術應用上の注意　患者　病症に應じて仰臥、伏臥、端座、腰掛等の位置に置き施術中は全身の力を拔いて、自然に樂な姿勢を執り、閉目せしめること。

術者　治療前に瞬間充實法を行ひ、氣分を落ち付け泰然自若たる態度にて行ふこと

術手　治療前に消毒するか又は洗滌すること、直接患部へ當てる方がよい、けれども場合に依り當てなくてもよい。

術式　術式は病氣の容體に依り、前項の中適當な方法を撰ぶこと。

時間　一ケ所の治療時間は一分乃至十分間、一局所へ餘り長時間を施すより回數を

増した方がよい。

回數　一日に一回乃至二回、慢性病は一日置き位にし、可成り長期間治療すること輕症及急性病は一二回にて全治する。

患部鑑識法　此れは患者の病氣が何れの箇所にあるかを知る方法である、醫者で云へば診察であるが、精氣療法の鑑識法は醫者の診察法とは全然違ふ。醫者は患者の身體を調べて、此れは何病だと云ふが、精氣療法では病名は知らなくてもよい。唯病氣のある場所が分ればよい。だから最初は患者に何所が痛いとか、何所が苦しいとか聞くが、此の鑑識法を行へば聞かなくても自然に惡い所が分るのである。

先づ患者を仰臥させるのである。術者は患者の腹部（臍の左上方）へ右手掌を當て、自分の腹部へ左手掌を當て、患者に深い呼吸を三回行はせ、術者も之に合せて深い呼吸を三回行ふのである。それが濟むと直ちに、術者は右手で患者の頭部から足の先まで靜かにパッス法を行ふのである。此れを二三回行ふと、術者の手は患者の身體の中

ある局部へ引き付けられるのである。術手が吸ひつけられる様な氣分のする所が病患部であるから、其の場所へ治療すればよいのである。

他人治療法式 他人の治療にかゝる時、自己の術力に依り必ず此の病氣を治すと云ふ確固不動の信念の下に行はなければならぬ。治療法式は決して一定してゐるのではないが、茲に一般的の方法を説明する。

先づ患者を仰臥せしめ、患部鑑識法を行ふ。

鎭心法 次に鎭心法を行ふのである。是は患者の心を鎭める法である。人の心を鎭めるには、足先へ心を集注せしむればよい。其れには、術者の兩手の拇指と示指で、患者の兩足の大指を摑み、震動法を行ふのである。是を五分間行へばどんな人でも鎭心するのである。

局所治療 鎭心法が濟めば次は局所治療を行ふのである、患者の苦痛を訴へる所や術者の鑑識した患部へ適當の術式を施すのである。卽ち胃腸の惡い者には腹部へ接掌

法を施し。腦の惡いものは頭部へ接指法及翳指法を施すと云ふ樣に、各々病症に適當した術式を行ふのである。

＊　　　＊　　　＊

序に溝田象堂氏の著書を紹介して置く。

純心靈研究と現代靈術の正體　　定價金壹圓五十錢

修靈法講義（全二卷）　　非賣品

修靈道傳授敎典（全五卷）　　定價金五圓

神手三法秘傳（絶版）　　定價金五圓

特種診斷法（絶版）　　定價金四圓

占名學講義（全五卷）　　定價金八圓

全能療法極意書　　定價金三圓八十錢

修靈の栞　　非賣品

一二四

心靈占斷法秘書
全能自家療法

非　賣　品

定價金七十錢

一、教授料
　普通料（一週間）　金五拾圓也
　高等科（一週間）　金壹百圓也
　奥傳（一週間）　　金參百圓也

一、入門資格
　中等學校卒業者にして、特に會長の人物考査に及第した人格者に限り入門を許すとのこと。

會場………東京市淀橋區柏木三ノ三四四皇國修靈會本部

六、高木式斷食靈療術

中國地方に於ける靈療術界の巨匠、元靈道救世會長高木秀輔氏は今は自然の道教會長高木斷食寮主となつてゐる。本療術は氏が多年研究の結果、考案せる靈的療法にして、被術者を或る期間斷食せしむることによりて、心理的にも暗示感受性を高め、生理的には靈氣の感應力を强め、以て極めて容易に且つ迅速に病者の心身を健康に指導し得ることを主張し實證しつゝあるものである。

處で、普通の病人は滋養物を攝り藥を服むことを以て、治病の要道と心得てゐるが其の心持を全く顚倒せしめて、たとへ數日間にしろ滋養物は愚か普通の食物さへ攝らず、藥も服まず、たゞ冷水を飲む丈けで、專ら精神的に指導さるゝことによつて、心身の病苦煩悶の根治解決が出來ることを信ぜしめ、さうして安んじて其の生命を指導者に任せるまでの信任を得ることは蓋し容易なことではなからう。

一二六

だが、高木氏は今日まで幾多の難關を突破しつゝ、現に十五ケ年の長き間兎も角も續けてゐる。若し此の斷食靈療術が世間一般に行はるゝことゝなれば「人間の病氣は數日乃至十數日間只水を飲んで居て、精神的に自然療能力促進の指導を受ける丈けで完全に治癒すべきものである」との結論に到達するわけであるから、流石に全盛を極めて來た藥物及び器械的療法の應用範圍が、著しく狹ばめられて行き、同時に藥物中毒、副作用等の弊害の甚しく減少するであらうことも想像するに難くない。

今茲に氏が發表唱道せられつゝある其の概要を揭出することゝした。

斷食は最善の靈能開發法

人間に不可思議なる靈能の潛在することは誰でも知つてゐることである。就中、人類苦惱の最大なる一たる病氣を癒す不可思議なる力、卽ち自然癒能力と云ふ靈能のあることは、最も感謝すべき自然の大恩惠である。

擬然らば其の天賦の自然治癒力を最も容易に、且つ迅速に活動せしめて、病苦から完全に徹底的に脱する法は、如何なる手段が最もよいかと云へば、余は躊躇なく断言する「断食すべし」と。

併し此の断食をするといふことは仲々難かしいことである。普通の場合二三回食事をぬかすことがあつた時、心身共に衰弱して歩行さへ確かでなくなる。それを七日間も十日間もやるといふことになると、一寸思ひ立つ人が無いのも無理はない。けれども之を精神的に指導するものがあつて、断食者は其の指導者についてやれば、一見餘程衰弱してゐる様な病人でも、案外容易に大した苦しみもなく、七日や十日の断食を決行し得るものである。

つまり断食して弱るのは、必然的生理作用では無くして「自分はモウ何日間食物をとらぬから、衰弱するに違ひない」と云ふ不安、恐怖の観念の作用でヘトヘトになるのである。コンナ自己暗示を持たぬ者ならば、水さへ飲んでゐれば普通の體力のある

者ならば七八十日位平氣で飢餓に堪え得るものである。
全く精神的指導法を行はぬ純生理的實驗によつて作られた記錄でも、四十日以上や
つて無難であることは醫學的に認められてゐるところである。況んや確乎たる覺悟と
信念をもつた者が、百日以上の斷食してゐる記錄は古來宗教界の偉人を始め、各方面
に傑出した人の修行時代には珍らしくない事實である。
だから如何なる凡夫俗人でも、充分自信のある指導者から適切な精神的指導を受く
る時は、全然斷食に對する不安、恐怖、疑惑等の觀念はなくなり、却つて斷食の結果
から、來る種々の病氣に對する色々の反應の起るのを樂しみ、其度毎に根本的に癒さ
れて行くのを感謝する程になるのだから、僅か數日乃至十數日位の斷食は殆んど愉快
に過すやうになるのが當然である。

斷食者に施す靈療術は極めて有効

上述の如く断食を精神的に指導してゐる間に、自然に發動する自然治癒能力丈でさへあらゆる病に對して根本的治癒を齎らすのに、それに加ふるに、最も有効な霊的療法を以てすれば、最良の自動車に飛行機のプロペラーと翼を装備して走ると同じく、其の奏効の迅速なることはいふまでもないことである。

又、霊療術が断食の遂行を容易ならしめることは、頗る顯著な成績を挙げ得ることによつて認めることが出來るのである。例へば断食三日目四日目頃からボツ〳〵起きてくる胃腸病の反應の處置には、暗示法其他の精神的指導法と相俟つて、胃腸に對し衣服の上から霊動的掌壓法を行ふと、断食者の快感裡に自然治癒能力の活動を最高度に促進するが爲め、宿便排泄部の脊椎の兩側に霊動的指壓法を加へ、次で、胃の時機を早め、蛔虫其他の寄生虫の排泄力を助け、胃下垂又は胃擴張、其他の内臓一般の弛緩轉位等の原體原位に恢復を強めると云ふ風に、殆んど他の如何なる方法を以てするも、到底不可能と信じられてゐる治癒成績を驚くべき短期間に挙げ得る様なこ

一三〇

とである。

斷食の指導法

斷食をさせるには其場所を撰ぶことが大切である。自宅でやる人は成功者よりも失敗者が多い。なぜかと云へば、（一）我儘が出るから、自分の處置を誤るから、（三）自分は覺悟してゐても家族のものが不安に思ふて意志を挫くから、（四）斷食後の反動的食慾に打勝ち難いから、（五）斷食後の反應と養生の不合理とから來る容態の變化を識別しかねて、適法の手當を誤るから、等である。

だから、斷食は其の專門の道場指導所に入り込んで、他の斷食者と一緒にやるのが一番よいのである。さうすれば（イ）自分より弱さうな者が平氣でやつて居るのを見て本氣になるから、（ロ）指導者に任せて安心してやれるから、（ハ）反應の起きた時合法的の處置が行はれるから、（ニ）斷食後の反動的食慾も暗示によつて調節されるから、

（ホ）断食後の反應に對しては、養生法の誤りにあらざるかを疑ふことがいらぬから等である。

拟、断食者を指導する第一條件は、其體力と精神力とを見て、果して何日位の断食に堪へ得るかを鑑定する必要がある。

又、断食に對する不安、恐怖、疑惑の觀念を持つてゐる者に對しては、左記の暗示法によつて徹底的に之を除去して置かねばならぬ。

「暗示法」先づ被術者を瞑目合掌せしめる。さうして、術者の片手を其額に當てゝ「貴下の心は誠によく靜まりました。私が今からいふことが貴下の心の底に泌み込んで、私の言ふた通りに貴下の心が變ります。又心が暗示された通りになれば身體もそれにつれて變つて來ます。貴下は之から断食にかゝります。断食は決して豫想してゐる程恐いものではありません。心にさへ不安と恐怖が無ければ、水さへあれば九十日や百日位の断食には平氣で堪へられます。

病氣は斷食中に起る反應のある度毎に、一ツ一ツ癒つて行くから、斷食の日の重なる苦痛よりも、病苦が日を逐ふて減じて行く喜びと樂しみの方が強いから、斷食を長くするといふことは決して苦にはなりません。
貴下は今日から絶對に安心して斷食にかゝることが出來ます、斷食に對する不安と恐怖の心は全く去りました。そして貴下の身體も平氣で斷食に耐へる潜在能力を發揮することを確信することが出來ます」といふやうな言葉を極めてゆつくりと腹の底に力を罩めていひかすのである。

此の暗示が徹底すれば後はたゞ、斷食者に一定の室を與へて讀書（餘り頭を使はぬ）談話、靜かな距離の散歩等は任意にして、午前午後二回は靈療術を施せばよいのである。

但し、食物は入場の日は半搗米又は三分搗の米の粥一回と、次は玄米の重湯一回とを與へてから本斷食にかけるのである。そして斷食の終了した日は玄米の重湯二回、

其の翌日は前の様な粥を二回とらせてから、半搗米又は三分搗の常食を野菜、海草類を主とした副食物で食べさせるのである。

若し、十日以上の斷食した場合は重湯、粥の回數を増して、常食にするのを遲くする必要がある。分量は始めは少なく、だんだん殖して行かねばならぬ。

靈療術の體得法

最も優秀なる靈的療術者になるには、何といつても心身の修養鍛鍊と、徹底した宗教的信念が必要である。此の二つを缺いて、唯だ形式的な方法術式を如何に巧みにやつても、或は學問的に如何に深く廣く知識を持つて居て、口先の説明が上手でも、決してよい治療成績が擧るものではない。

だから、僅かに限られた紙面に、靈療術の完全な體得法を、述べることは到底不可能事であるが、極めて簡單に眞髓を摑んでいへば、「自己の全身に自由自在に、超意

識的な靈動を起すことが出來るやうになることが第一である。それから全身に起る靈動を手に集中して、其微妙な作用の起る指頭及び手掌を以て、病人の身體に觸れんとする時、靈感的に其の最も必要なる療點に、手が自然に吸ひよせられて止まる様になる迄、鍊磨悟得することが第二である」だが仲々此の理想境に達するには容易でないから、左にそこまで到る道程となるの修養法を説明しておかう。

「第一法」　自分の信ずる神樣を祭つた御神前に端座し、先づ兩手をX形に掌を組み合せる。右手の掌を左手の掌の上に斜めに合せ、兩手の掌を握りしめ、下腹をつき出し、肩とミヅオチに力を入れず、たゞ下腹丈に力を入れて、其腹の前で握り合せた手を震動させ乍ら、其信ずる神樣の御名を、腹の底から聲を出して稱へつゞけるのである。

例へば、「天御中主太神々々々々〲〲〲」とか、「大祓戸神々々々々〲〲〲」とか、「天照皇大神々々々々々〲〲」とかいふ如きである。

「第二法」別に定まつた神樣を信じてゐないものは、たゞ何神樣、何佛樣でもよろしいから、其御靈前に端座して、普通の合掌法で合掌し、姿勢は前と同じくし、合掌の手の指先を斜に下へ向け、ミヅオチの處から膝頭の方へ向つて震動させながら、下腹に力を入れて『洗心淨體靈能發現々々々々々々々々』と稱へつゞけるのである。

「第一法」「第二法」何れにしても時刻は朝が一番よく、洗面、水行後直ちに行ふに限る。

繼續時間は三十分乃至一時間位行へば、大抵心身の統一調和の結果、靈能が顯現して、震動する手が始めは意識的であるが、漸次半意識的となり、遂に超意識的となつて、眞の靈動現象となるのである。

此の基礎修養が段々積んでくるにつれて、實地に患者に手を觸るれば、靈氣（人體から放射する靈的雰圍氣＝＝オウラ）の感應力は强くなり、微妙な靈動も伴ふて起るやうになるが・自然に必要療點に吸ひ付けられるまでにならぬうちは次のやうにするのである。

先づ患者を伏せしめ（伏せられぬ人は座らせるか横臥させる）其脊柱の兩側を兩拇指で上の方から指壓を加へつゝ下つて腰椎骨の末端に到る。だが指頭がよく靈動し、靈動の放射が強くなれば、別に指壓を加へなくとも、たゞ觸はつてゐる程度でよろしい。そして平常より少し長い息を三回する位づゝ一箇所に施術するのである。（以下何れのところの施術も約三息の間である）。

次に患者を仰臥せしめ、術者は頭上に座し、左手を頸部に右手を額にあて、左手で少し首を引伸ばす加減に力を入れ、次に術者の兩手掌の間に患者の頭を挾み、兩中指の先は後頭部下端にかけて施術する。

其次には、術者は患者の右或は左の體側に位置を變へ、兩手掌で患者の胸、腹、兩脚の外側から足關節まで靈動を傳へ、それから患者の足首を片足づゝ兩手に持ち、足端より頭の頂天まで響くやうに、靈動を傳ふること暫時にしてやむ。

最後に術者は右手を患者の下腹部へ衣服の上よりあて、腹式呼吸を誘導的に行はし

むること、數回乃至十數回の後、其時に最も必要と信ずる暗示を與ふるのである。

斷食の反應と靈療術

余は最後に斷食の反應現象を記して、人體天賦の生理的及び心理的靈能の不思議さを説き、直ちにそれに應ずる靈療術の施法を傳授しておかう。

腦の反應 は單獨に起ることもあれば、胃腸又は子宮等の反應に伴つて起ることも甚だしき衰弱感、其他種々の狀態が現はれる。多く斷食四五日目頃である。不眠、寢すぎ、頭痛、頭重、捲怠、體力はあれど手當は頭部、頸部へ掌壓指壓を加へ、腹部へ手掌靈動を傳へつゝ、腹式呼吸を行はしむれば、大抵氣分爽快となるものである。

眼の反應 諸種の眼病、近視、遠視、亂視等で反應の現象が異るが、何れにしても頸椎上端に指壓的靈動を傳へるのである。充血、疼痛、メヤニ等の甚しい時は、補助

法として食鹽湯で温めさせるがよい。

鼻の反應　鼻の病氣によつて異るが、特に蓄膿症などは、斷食五日目か七日目から反應を起し、自然に膿汁がドロ／＼と咽喉の方へ流れ出す。而かもそれが二三日位つゞくことがある。神經質のものはそれを氣にして、一々吐き出さうとするが其必要はない。又一々吐き出し得るものでもない。

手當としてはたゞ眉間のところと、鼻の兩側に指壓的靈動を一日二回位つたへておけばよい。

口の反應　斷食二日目頃から口中が不快になり、苦い樣な澁い樣な味覺と、齒をかみ合せるとギチ／＼と飴を嚙んだ樣に粘ばりつく。舌苔は白、黃、黑等の色々のが、內臟の病氣によつて堆積する。

漸次吐く息が刺す樣な臭氣を持ち、又人によると、唾液が茶色に變じ、或は甚だ不快な臭氣のあるドロ／＼の牛のよだれの樣なものが出るものもある。

これ等は何れも全身の病氣、體質の惡い現象が口に現はるゝのだから、斷食の順調な經過によって、漸次かゝる不快な狀態は去り、全身に一點の病氣なく、體質も淨化さるゝに至って、口中も自然に爽快となるものであるから、それまで辛抱しなければならぬ。但し屢々曹達水の樣なものでウガヒすれば凌ぎよいものである。

咽喉の反應 或は疼痛を覺へ、或は腫れることもある。何れ潜伏病のあつた證據だが、大抵放任しておいても、二日間位で解消するものである。だが、掌を以て首を包む樣にして、靈氣を傳へておけば、自然癒能を助けて放任しておくよりも早く症狀がなくなるのは勿論である。

胸の反應 心臟の潜伏病が出てくると一時動悸が亢ぶる。其時は安靜にさせて置いて、胸椎の兩側特に左側に指壓靈動をつとふることが大切で、補助法としては冷水をタオルで浸して、心臟部を冷やすがよい。

氣管支カタル、喘息、其他のものの反應 の時も胸椎の兩側と腹部に靈療を行ふ。

肺尖カタルや肺門淋巴腺炎等のある人の斷食は、間歇斷食法といつて、體力と精神狀態を深く考慮して、最も適切な指導をすれば大變有效であるが、之は熟練せぬうちはやらぬが安全である。

胃の反應　胃の反應は種々あるが、就中胃潰瘍は人によつて吐血することがある。だが決して氣を落さしめず數日安靜にして、胸椎の兩側と下腹に輕い靈動を傳へて居れば全快する。此場合胃部には絶對に施術してはならぬ。

腸の反應　斷食四日目頃から瓦斯が多く發生して、放屁の增すのが一般的の反應である。此際腹が張り、便を催しても便が出ぬ時は、賣藥店にある子供でも飮み易くしてあるヒマシ油を飮めば、大抵二三回に宿便が快通して、氣分が大變よくなるものである。

だがたまには特別な人があつて、賣藥のヒマシ油位では出ぬ場合がある。さういふ人は專門醫に診てもらつて徹底的に便を排泄するがよい。但し何回も行へばリスリン

一四一

灌腸、食鹽の微温洗腸等も有効である。

胃や子宮の痙攣を起した時 は、胸椎、腰椎、兩側の靈療がよいが、補助法としてはユンニャクや懷中ユタンポ等で温めるがよい。但し疼痛が甚だしくして、斷食者が其反應に堪えかねる時は、專門醫の手當で一時其疼痛を緩和せしめつゝ、徐々に自然癒能力の效果による根治を計るがよい。

子宮の反應 として特に著しい現象は、月經時でないのに出血がはじまることである。其血が又黑色を帶びた汚い血であることゝ、普通の月經なら三日位で止まる人でも、斷食の反應出血は四日も五日もつゞくこともあり、又反對に一日か二日で止むこともある。

此の反應出血があると大抵の子宮病は皆癒り、前後屈又は下垂等まで、自然矯正が行はれてゐることの多いのは、斷食後婦人科醫に內診して貰つた婦人が驚嘆歡喜するのを見てもわかる。

一四二

隨つて不姙症、○感症等で、全くあきらめてゐた様なものに、斷食數ヶ月ならずして子寶が授かつたり、再生の歡喜に充ちた生活に入つたりする實例の多いのも、奇蹟のやうな事實である。

病原菌の撲滅 淋病、梅毒、其他あらゆる病原菌による諸病は、斷食十日前後より十四五日までの間に、白血球の增殖、其活動の最高能率を發揮するため、是等の諸病が根本的に快癒するものである。

但し前述の結核患者以外は、同じ結核菌による病氣でも、脊髓カリエス其他のものは、やはり普通の病原菌退治の斷食をやつてもさしつかへない。

骨骼筋肉の自然矯正 脊椎不全脫臼、骨盤の傾斜、肩胛骨の高低、腰椎の後方又は左右彎曲、頸椎の不全脫臼、首、背部等の左右筋肉の不同緊張などが、諸種の內部的神經的疾患の原因になることは周知の事實である。

だから之を人工的に矯正する術が色々考案され行はれてゐるが、斷食者に靈療術を

施してゐると、之等の不自然な姿勢、不正體の箇所が、或は張り或は痛みを起して反應作用を現はすが、其苦痛が去つた時は、立派に自然體になつてゐることがあるのが不思議である。かういふ時は折角の正體術も施す必要がないことになる。此の自然矯正作用で直されたのなら、人工的に押し込んだり、器械的に曲げ直したりしたのとちがつて、少しも無理がないから最も安全であり確かである。

煩悶苦惱の自然解決

精神的の種々の煩悶苦惱が神經衰弱や、自暴自棄的行爲や、思想惡化や、不良性、變態心理、精神病等の原因となるのであるが、之等も徹底した信念のある指導者に就いて斷食をしたり、講話を聞いたり暗示を受けたりするうちに實際行詰つてゐたやうな問題は、何時の間にか無くなつてしまふものである。其他斷食と斷食に伴ふ靈能作用によれば、全く他の方法では根治の道なしとせられてゐる。慢性の腎臟病、糖尿病、血壓亢進、神經痛、リューマチス其他の難症痼痛が極めて短期間に、夢の樣に解消した實例が尠からずあるので、余は此の斷食と靈療術

が少しも早く廣く世に行はれんことを希望してやまぬ次第である。（をはり）

＊　　＊　　＊　　＊

若し以上の解說だけで滿足の出來ぬ讀者があつて、直接敎授を望まば、先づ「高木式斷食法」（定價金參拾錢）「高木式斷食體驗錄」（定價金壹圓貳拾錢）を讀み、左記の講習を受くるがよい。

速成科

特別部 ｛ 靈療術傳授（公衆用）七日間　會費金五拾圓也
　　　　斷食靈能開發――七日間以上

普通部 ｛ 靈療術傳授（家庭用）三日間　會費金貳拾五圓也
　　　　斷食靈能開發――五日間以上

本科

最初見習生、次に研究生となり、三ケ年以上內弟子として入り込み修行を爲す者。

入門金壹百圓の外、毎月食費雜費として金拾五圓を納むる事。
會場………山口縣吉敷郡小郡町倉敷一〇七一番地高木斷食寮

七、大氣養法

心靈界の長者であつて、筆も立ち、辯舌にも長じ、加ふるに天才家として知られた帝國自覺會長權大敎正三田善靖氏といふ「超人」をこゝに紹介する。氏は幼少から鄕黨の間に專ら魔法使ひと噂され、靑年期に及んで鄕を飛び出し全國各地から、遂に印度、支那にも遊歷したこともあつた。今を距る二十餘年前から、關西地方にて屢々透視實驗を公開して世人を驚嘆せしめ、或る一部からは偉大なる能力者として尊崇されて居るにも拘はらず、其の大多數よりは純然たる詐術なり一種の手品なりとして排斥されたことは、學界の爲め甚だ慨嘆に堪へない次第であつた。が、併し其當時は斯くの如き問題に對して全く無理解であり、且つ氏の實驗法にも未だ多少の缺點があつたが、爾來幾星霜熱心硏究の結果、氏の實驗法も著しく向上進步し、多人數の前で公開的に實驗を行ひ、文字は勿論の事、肖像でも、景色でも、自由に念寫し得るに至り、

同時に世の思想も變化し知識階級にその學術的價値を認識されるに至つたことは、眞に學界の幸福とすべきである。氏の公開實驗に親しく立會し數回に亘つて實驗を實際に目撃した大日本心靈研究所長福來友吉博士は「當代無比の大神通力者」と、神國之日本社主幹清水大教正は「燦として輝く皇國精神界の國寶である」と幾多の實例を擧げて推獎し三田氏の念寫の眞實正確なることを立證されて居る。

透視や念寫は決して一派の人の攻撃するやうな手品でもなければ、詐術でもない。若し相當に學術上の素養を有し、熱心に修養と研究とを積み其の應用方法を誤らなかつたならば、人に依り天分の厚薄こそあるが、獨り三田氏に限らず何人にも可能であると言ひ得るのである。

斯の如く三田氏が透視念寫の大能力を發現し天下に名聲を博するに至つた大氣養法の實習方法を左に採錄して以て讀者の參考に資せん。

調　身　法

大氣養法を實習するに當つて、第一に必要とする事は姿勢の整定である。姿勢の整定は「踞座、半跏趺座、椅座、直立、行步、仰臥」の六方法に據りて實習するものである。

一、踞座　踞座とは普通の座り方と略々同樣であるが、唯雙方の膝頭を密着せしめず、男子は（膝頭と膝頭との間に左右の握り拳を二つ橫に挾め得る程度）約五寸位の間隔を保たせるのである。兩足は甲を重ねても可し、又拇指のみを重ぬるも差支なく、各自の都合よき方法にて臀部の下に敷き、兩手は輕く組んで膝の上に置き、脊柱骨は、屈曲せず眞直に成し、首は四方に傾けず正面を向き、肩は垂れて怒らさず、眼は輕く閉ぢ、口は輕く結び、喉は絕對に塞がず、鳩尾下を凹まして下腹部に氣力を充實せしめ、而して上體を腰に落着かすのである。

一四九

二、半跏趺座　半跏趺座とは、左の足を右股の上に載せて足座を組み、其の他は總て踞座と同樣の方法である。

三、椅座　椅座とは、椅子に腰を掛け（踞座と同樣に兩膝頭の間隔を相當に保たして兩足を下座に着かせ）その他は悉く踞座と同一の方法である。

四、直立　直立とは、正しく立つて兩足の先を適度に開かせ、兩手を輕く組んで下腹部のところに下げ、其の他は殆ど踞座と同樣の方法である。

五、行歩　行歩とは、下腹部に氣力を充實せしめて步むのである。詰り下腹に力を入れて步む氣分になるのである。左すれば足の運びは輕く、隨つて物に躓きもせず、安全に步行が出來るのである。

六、仰臥　仰臥とは、仰向きに寢て兩足を延ばし、雙方の踵を接觸せしめず、約一尺餘の間隔を置き（此く兩足を開かせる事は、腰に力を集中せしめざる爲めである）兩手も矢張り延ばして左右共に、腰のところより約七八寸づゝを離し（腰と手との間隔

一五〇

を保たせる事は、肩に力を集中せしめぬが爲めである）丁度二三歳位の無邪氣なる子供が手足を投出して晝寢して居る、その自然に等しき狀態を爲し、而して頭、眼、口、喉、鳩尾下、下腹部等凡て踞座と同一の方法である。

以上、各自任意の方法に據つて熱心に實習を爲せば、常時、隨時、行住、座臥等孰れも自由に實行し得らるべきものである。

調　息　法

人類の生活機能上に最も大切なるものは呼吸である。調息法は自然呼吸を求むる上に於て先づ、下腹部に氣力を充實せしむるものである。故に吾人は調息法を實習して下腹部に氣力を充實せしめ、生理的自然呼吸の習慣を生み成して從來の不自然であり且つ又、不規則である呼吸の惡癖を矯正する事が必要である。

一、吸氣　　肺內に外氣を充分（靜に）吸ひ入れる事が卽ち完全なる吸氣である。

吸氣の場合に態々肩を怒らして行ふ事は可くない。口を輕く閉ぢて鼻から息を徐々に（充分）吸入するのである。左すれば胸部は波狀を呈して上部に膨脹すると同時に、左右に擴張して空氣は心地良く肺部に充たされ、鳩尾下は凹み、腹部は多少の收縮を覺えるのである。此くして胸部の膨らみたるを吸氣の胸滿と稱する。

二、定氣　呼吸の完全を期するには、一呼吸中の吸氣と呼氣との中間に於て、下腹部に氣力を充實せしめなければならぬといふ事を、既に申し述べて置いたのであるが卽ちそれが此の定氣である。

定氣は呼氣にも吸氣にも屬して居らぬ、といふて呼吸に無關係ではない。詰り呼出吸入の中間に於て重要事を司どるものである。

吸氣に依つて肺內に充たされたる空氣をば其の儘にして、下腹部へ徐々に氣力を充實せしめつゝ腹部を膨脹さすのである。但し此の際に務めて鼻から息を排出してはならぬ。若し強ひて之れを長時間に亙つて行ふ時は、心臟を疲勞せしむる事が多いので

ある。故に定氣は呼氣にも吸氣にも何等の意志をも止めず咽喉を開いて、收縮して居る下腹部へ徐々に力を入れて押し出すのである。斯くして下腹部の膨らみたるを定氣の腹滿と稱する。

三、押氣　丹田修養と言へば、單に腹部を膨らます事のみに努めたる結果、腹部の膨脹すると共に胃擴張を病み、而して丹田の修養を實行すれば、必ず胃を侵さるゝものゝ如く誤信して、折角の修養を更に顧みざる人々が尠くないのである。

如何に腹部か膨脹するも、鳩尾下（胃部）の絶對に擴張せざる方法を爲すのが押氣の任務である。其の方法は定氣の腹滿卽ち氣力が充實して十二分に膨脹したる下腹部へ更に今一氣力を強めて下腹部を押し出すと同時に、鳩尾下（胃部）の處を引込ますのである。左すれば鳩尾下の凹むに連れて下腹部は上の方に捲くり揚がり、そして鳩尾下（胃部）の處は收縮して柔かく凹み、それと同時に下腹部は氣力一層充實し、膨脹して

（臍が天上を向く様に成り）全く健康なる體軀を形造るに至るのである。此の方法を押氣と稱する。

四、漏氣　定氣及び押氣を行ふ際に、下腹部へ徐々に氣力を充實し、下腹部の膨脹するに連れて、鼻より和かな息が自然に漏れるのである、之れを漏氣と稱する。

五、耐氣　押氣に依つて下腹部（丹田）に氣力の充實したる儘、暫く（約五秒時間以上十秒時間まで）その狀態を保たしむるのである。之れを耐氣と稱する。

六、呼氣　耐氣の後ち、下腹部（丹田）の氣力を失はせずに、鼻より息を徐々に排出するのである。之れを呼氣と稱する。呼氣の場合に、腹部を殊更に凹ましつゝ息を吐き出してはならぬ。腹部には何等の意も注がず、唯徐々に呼出を繼續すれば其れで可いのである。

此く鼻より息を吐き出すに伴ふて、腹部は自然に收縮するものである。之れを呼氣の緊縮と稱する。

七、二段呼氣　若し呼吸器或は心臓等に疾患ある人にして、次ぎの吸氣に移るまで呼氣の繼續が苦しき時は呼氣を行つておるその途中に於て、最も短く吸氣を（唯一回だけ）爲すのである。之れは單に呼氣の苦痛を補佐するのみのものであるに依つて、下腹部を膨脹させたり、又は收縮せしめたりしてはならない。要は鼻から息を徐々に吐き出しつゝある途中、即ち呼氣中（腹部は其の儘に）胸部に於て約二三秒時間の吸氣を行ひ、直に又以前の呼氣に移り、而して苦痛なく其の呼氣を繼續し終るのである。之れを二段呼氣と稱する。

八、次氣　呼氣が終つて後、次ぎの吸氣に移るまで、其の儘暫く（約二三秒時間）休息するのである。之れを次氣と稱する。

九、橫隔膜運動　總て腹式の呼吸は、主として橫隔膜の伸縮に依るものである。故に橫隔膜の伸張上昇と、收縮下降の運動を完全ならしむる事は、呼吸上最も重要なる事柄である。

一五五

先づ、眼を軽く閉ぢ、口を軽く結び、而して鼻より息を速かに吸入して胸部を膨脹さすと同時に腹部を収縮せしめ、一二秒時間を経て直ちに又、鼻より息を強く且急速に排出して（今吸入して膨らましたる）腹部を平常に復すと同時に（同じく吸入して収縮したる）腹部をウンと力んで前に押し出して、十二分に膨脹させるのである。之れを一分時間に約二十回位の程度にて約二分時間位（約四十回）繰返して続行するのである。之れを横隔膜運動と称する

以上の方法が横隔膜上下運動の一回であるが、之れを一分時間に約二十回位の程度

膽錬吸収の実習方法

従来、毎朝起床する時刻よりも、実習する時間だけ早く床を離れて、先づ用便と洗面をすまして実習を始めるのである。絶対といふわけではないが、願はくば実習する部屋の戸障子を開放して、空気の流通を良くして行ふのが理想である。若し多数の人が同一場所に集合して実習する場合には、相互の座席と座席との間隔を相当に保たし

一、雙方の膝頭を密着せしめず（男子は約四寸、女子は約二寸位の）間隔を保たせ、兩足は（甲を重ねても可し、又拇指のみを重ぬるも差支なく、各自任意の方法にて）臀部の下に敷き脊椎骨を屈曲せず眞直にし、首を四方に傾けず正面を向き、兩手は輕く組んで膝の上に載せ、全身を寬に動かして座の座りを能くし、眼を輕く閉ぢ、口を輕く結び、肩を怒らさず、鳩尾下を凹ませ、下腹に氣力を充たし、上體を腰に落着かして心地良く座る（調身法の踞座）

二、鼻より息を急速に吸入れて、胸を膨らますと同時に腹を凹ませ、一二秒間を經て直に又、鼻より息を太く且つ強く、急激に出すと共に下腹を「ウン」といふて烈しく押し出して膨らますのである。下腹を捕し出して膨らますと同時に、前に膨らまして居った胸は平常に復すること勿論である。以上を繰り返して約二分間、

（四十回內外）行ふ（橫隔膜運動）

三、横隔膜運動を行つて後、肩を怒らさずに鼻より空氣を徐々に吸入れる。（吸氣）

此くすれば腹部が自然に収縮して、胸部は膨らむ。（吸氣の胸滿）

四、吸氣の胸滿に依つて収縮したる腹部へ力を罩めて、徐々に下腹を押し出す（定氣）

此くすれば吸氣に依つて膨らみたる胸部（胸滿）が平狀に復するに伴ふて下腹が膨らむ（腹滿）

五、膨らみたる下腹へ更に今一氣力を罩めて（下腹を杓り上ぐる氣持にて）押し出すと同時に、鳩尾下（胃の所）を凹ますのである。左すれば鳩尾下の凹むに連れて、下腹が捲り上り、而して丹田の氣力は一層の充實を來す（押氣）

注意 定氣と押氣の際には必ず鼻から和らかな息が自然に漏れる（漏氣）其れを態と喉を塞いだり、或は又力んだりして防止してはならぬ。

六、押氣に依つて氣力の充實したる下腹を（約五六秒間乃至十秒間）その儘（耐氣）

七、耐氣の後、下腹の氣力を失はぬやうに、約十秒間位を要して、鼻より息を靜かに排出すれば、胸の平常は其の儘にて、下腹が緊縮する（呼氣）
若し疾患などの爲めに、十秒間を要して一呼氣を爲す事が苦しき樣な場合は、呼氣の補足に依つて心理良く呼氣を爲す事を妨げぬ（二段呼氣）

八、呼氣に依つて下腹の緊縮したる儘、約二三秒間を休息する。（次氣）

而して、一、二、を除いて三の吸氣に移るのである。之れを繰返して練習するのが即ち、膽練呼吸の以上三より八までが一呼吸である。實習方法である。

膽錬呼吸實習中の觀念

觀念は、總ての要求力であり、其れを果す力である。事の成し遂ぐる迄而も不變的に繼續的に働くところの絶對の力である。換言すれば、義務と責任を果す上に働く力

心身保健の修養の上に働く力、心身の疾患を回復せしむる治療の上に働く力、人格を向上せしむる上に於て自ら己れに忠實なる働を爲す力等、其の一切を實行する原動力なるものが、卽ち觀念そのものである。

疾病者にして本修養を實習する場合に「本修養に依つて是非疾患を全治せしめたい」といふ樣な意志を働かしてはならぬ。中には「この修養法に依つて、自分の疾病は必ず根治するものである」と、絕對の信仰と堅き信念の下に實習したならば、恐らく疾患は根絕して健康を回復するであらう、と言ふ人々も尠くないのであるが、之れとて矢張り前者の「是非疾患を全治せしめたい」と言ふのと、五十步百步である。

既に疾病を確認したる以後に於て、其れを根絕したいとか、健康者に成りたいとか、希望する意志には兎角「全治するであらうか、詰り未確定なる希望のみの意志に對する疑などの種々なる附隨意志が起るのである。此の意志は（疾病が果して全快するや否やを不安に思ふ）問意志の働きなのである。

單なる疑心に過ぎないのであるが、然し健康を回復せしむる上に於て、大なる弊害となるものである。

本修養法は、自己に如何なる疾患があつても、絶對に其れを確認せず、第一に己れを健康者と確定して實習を爲すのである。例へば自分は慢性の胃擴張であるとか、或は永年の腸加答兒であるとか、又は神經衰弱の爲めに何事も引込み主義であるとか、或は又、先天的に意志が薄弱であるに依つて、生き〴〵とした活動は最早不可能であるなぞと、各其の疾患を自覺する事を絶對に禁物とするのである。

要は、調身方法に依つて各自任意の姿勢を整定し、下腹部に氣力を充實せしめて、己れの意志は強固である、泰然として世に處し、自若として事に當り得るものである、隨つて身體は強健である、此く強健なる自己の心身を保全する爲めに本修養を行ふものであると觀念して、熱心膽錬呼吸を實習するのである。

觀念は、目的を果す力であるといふ事は前に述べたが、今一つ觀念は確定意志を主

一六一

因として、其れに向つて活躍する力である。故に既に心身は健全であると確定した以上、自己の心身は健全である。自分は健全なる心身の所有者であるといふ観念の下に合理的の呼吸方法たる膽錬呼吸を一意專心實習すれば可いのである。

此く心身協力して眞剣に實習する以上、實習する觀念以外の觀念は全く無用のものであり、何等その必要を認むる事が出來ないのである。

神吸呼法

前述の膽錬呼吸方法を熱心に實習したる結果、氣力は常に求めずして丹田に充實し、血液は旺盛に運行し、生理呼吸は完全なる習慣呼吸となり、斯くして實習の愈々向上するに從つて、其の呼吸は單に呼吸器のみの呼吸ではなく、全身の毛穴より宇宙の大氣を呼吸する狀態に至るのである。茲に於て精神を統一すると共に、其れを熾に活躍せしめて、神靈の實在を認識し、神人合一の域に到達して、久遠の自己卽ち靈的生命

を自覺するのである。吾人は之れを神呼吸法と稱する。

一、每朝の實習時間を一時間と定め、始め三十分間は膽錬呼吸の方法を實習し、殘り三十分の內二十五分を左の方法に依つて實習するのである。

一、姿勢は總て調身法（膽錬呼吸實習の場合と同樣）に依つて整定するのである。

一、三十分間の膽錬呼吸實習が終つたならば、膽錬呼吸方法の始めになしたると同樣に、矢張り橫隔膜運動を約一分間（二十回位）行ふのである。

一、橫隔膜運動が終つたならば、徐に氣力を丹田に充實せしめ、而して呼吸は已に膽錬呼吸の實習に依つて、完全なる生理的の自然呼吸を爲すものであると自覺したる上、鳩尾下を凹まして下腹部は氣力を充實させて凹まさず、詰り下腹部は呼吸に依つて特に膨脹又は收縮を行はず（下腹部に氣力の充實したる儘にて）靜かに、和かく、自然に任して呼吸を爲すのである。

一、而して先づ第一に「自分の意志は鞏固である、自分の身體は健康である、自分

は健全なる心身の所有者である」と、此く自己に對して強き暗示を與へ、即ち堅く觀念して其の後は各自任意に次の精神統一法を實行するのである。

精神統一法

注意力の集中方法として吾人の多年唱導し來りたる統一法は、何等の苦痛なく至極單純に練習し易く、而も其の效果に於て著しき成績を收めて居る。

各自が過去の旅行中に於て、神社佛閣の參拜なり、名所舊蹟の歷覽なり、其の他何等かに依りて強き感化なり、感應なりを享け、或は又快感なりを覺えて深く其れが腦裡に印象を止めたる事のある、其の場所へ精神を旅行せしめて當時の潛在觀念を復起せしむるのである。換言すれば各其の當時に潛入して居る意識を呼び起して再度び其れを味ふのである。例へば伊勢參宮をなして內宮外宮の神前に跪き、謹んで皇祖を敬ひ、皇室の安泰を祈願し、併せて國家の安寧を念じたる當時の熱誠溢るゝ敬神愛國の

観念、又は伏見桃山の御陵に參詣して畏くも明治大帝の御偉績を仰ぎ奉り、明治維新の大業、日清日露の大戰等幾多の宸襟を惱まされ給ひし御事を御追憶申し上げると同時に、吾人國民は一層精勤を勵まざるべからざる事を深く感銘せし、其の眞劍なる國民精神等を完全に復起せしむべく、即ち精神旅行に依つて伊勢參宮し、桃山御陵の參拜を爲すのである。

曾て富士に登山し、箱根連峰や伊豆半島の絶景、無邊なる太平洋上等を眼下に見て雄大なる靈氣に同化したる當時の勇壯なる氣分、或ひは熱海の溫泉に足を止め、空に一點の雲もなく海上浪穏かにして遙に眞帆、片帆を眺めつゝ浮世を外に何等の煩悶なく、愉快に且つ安穏に入湯し、保養せし當時の快感等を味ふべく、即ち精神旅行に依つて富士登山、溫泉入浴を爲すのである。

註　右の如く、或ひは精神旅行に、或ひは精神入湯に、その當時を想起し、その當時に於ける自己となり得たならば、精神を爽快にし、昂揚し得るは勿論、疾病をも治

癒し得るのである――（著者）

反省と感謝

以上膽錬呼吸及び神呼吸法の實習を終りたる後、前述の殘り五分間を反省と感謝の時間に用ゐるのである。

一、姿勢は實習のまゝに（調身法に依る）下腹部には矢張り氣力を充實せしめて目を輕く閉ぢ、そして自己の過去に於て行ひ來りたる總ての事柄をば、徐に熟慮反省を爲すのである。

一、心の奥底より反省したる後、爾來不滿を一切口にせざる事を堅く己に誓ひ、頭を少しく前に垂れて天地の萬象悉くに對して眞實なる感謝を爲し、而して後頭を元の通りに直して心地良く目を開き、玆に大氣養法の實習を終るのである。

＊　＊　＊　＊

以上は三田氏の近著「靈觀」（定價貳圓）より拔萃したのであつて、讀者はこれを熟讀實行せられることに依つて容易に「大氣養法」の堂奧に入られることゝ信ずるが、更にその奧の奧まで究めんとせられるならば、直接同氏に就いて敎授を受けられるが宜い。

講習期間………壹週間………金五拾圓也。
會場……神戶市須磨區天神町三ノ一九帝國自覺會本部

八、野口法

靈療界の唯一人者たる野口法の創始者野口晴哉氏は、而も本法を以て群雄割據の治療界に起つや、教を乞ひ療を需むる者不斷門前市をなすの活況を呈し、老大家連をして呆然自失たらしめつゝある。

野口法の健康法は一言にて言へば「座して瞑目し我ありと想ふ」ことである。換言すれば、捉はれぬ心を持ち、滯らぬ生命を悟り、健康や疾病などに心を煩さぬこと之れである。それ故に一般の精神療法家の所謂「暗示療法」とはその趣きを異にするのみならず、寧ろ正反對であつて、この點に野口法の獨特無双なる所以が存する。

元來本書の目的とする所は、諸療術大家の實地健康法の紹介であるが、特に本法に限りその哲學的方面を主として紹介することゝした。以下本論は、本書の右目的の爲め野口晴哉氏が特にも

のされたものであるが、同氏の原稿は甚だ大部なる爲め紙數の關係上割愛した個所も存する。記して以て氏並びに讀者諸賢にお詫びする次第である。

（一）はじめ

溺死した人の體は、水に浮んで居るとのことですが、溺死する人は、體が浮ばないで沈むからに相違ありません。死んだ人が浮んで、生て居る人が浮ばない第一の理由は、沈むまい、浮ばうと足搔くからだと、或る水泳の名人が私に語つた事がありましたが、之は面白い言葉です、味ふべきです、浮ばうと焦るからいけない、沈むまいとする努力を捨てれば自ら浮ぶ。人の體は本來浮ぶものだと悟ることが、水泳上達の秘訣であつて、浮袋にたよつて居る中は決して上達しない。沈むつもりで居ては上手には泳げない、とも語りました、確かにさうであります。

然るに、本來、健かであるべき生命に生きてゐる多くの人々は、沈むまい、浮ばうと、もがいて居るのです。

健康にならう、疾病を治さう、丈夫にならうと、努め焦る程に、反て本來の生命のはたらきが發揮されなくなる。生命の合目的性や、適應作用を充分にはたらかせるには、矢張り本來の健康に目醒め、いろ〳〵の浮袋を捨てゝ終はねばならぬ譯です。之が本當の健康に生きる道です。

從つて、私達には養生法も健康法も要らない。本當の養命保健の道は、日々の生活そのもの、一擧手一投足一呼一吸にあるのでした。

養生とは 心を靜かにし體を動かすこと也

然るに、近頃の人、養生とは體を休ませ、心でビクつき、焦々することゝ思ふてか體の安靜や休養を求めて、反て苦惱を多くする人多し、之れ間違ひ也。

形式が安静なりとて、心亂れ調はざれば安静せるには非ず。形式より心が大切也。
断食をするも、之を恐怖するものは衰弱し、終に餓死するに至ると雖も、之を療法と信じ修養と心得る者は、之に依りて反て元氣を増し、頑健になることを得る也。
結果を齎らすはたらきは、形式に在るに非ず、體の爲には形式的なる養生より、心の養生は尚ほ更に々々必要也。而して心の養生とは、心を静かにして騒がざるにありの心を静かにするといふは、ポカンとしてゐる事には非ず。心の騒ぐをヂッと抑へ制することにも非ず。况んや眼を掩ふて居ることに非ざる也。

悲しければ、悲しむ。
嬉しければ、喜ぶ。
困れば悩むもよし。
面白ければ笑ふが可し。
べしもべからずも設けず、自づから心がスラ／\働いて、何處にも引かゝらず、止

どまらざるが、是れ即ち靜かなる也。

（二）健康の實相

私は、嘗て自分に體があるといふ感じを有つたことがない。頭の重さが負擔となつたこともないし、肩が凝つて困つたといふ事もない。幾ら歩いても足はいつも輕い、座つても立つても蹈んでも、足があるといふ足の存在感を自覺したことがない。手は思ふやうにスラ／\動いて、何をしても手があることが氣にならぬ。握つても離しても、摑んでも持つても、字を書いても箸を使つても、滯りなく動いて、心で手を動かしたといふ感じは毫もない。手の存在すら忘れきつてゐる私だから、胃袋、心臟、脾、肝とかいふ內臟や血管、神經など、眼に見えぬ處に引込んでゐるものゝ存在を悟らう筈がない。
體なし

透明

之が私の自分の體から受取つた感じであつて、いつも內臟がある感じも、體があるといふ樣な氣も生じない。いつも、身も心も輕々として、疲れたとか、重くなつたとか、いふことを知らないのです。

肉體解脫といふのは、こんな心境ですかな。

胃病の人は、胃袋ばかりが氣になる。心臟病の人は、心臟が忘れられぬ。神經衰弱の人は、頭の熱のみが氣にかゝる。眼を患つて眼の存在を知る。ふだん氣にならぬ指が怪我すると、その存在が氣に掛る。疲れると重くなつて負擔を感ずる。手が思ふやうに動かないから、手の存在が判る。

結局、體がある。內臟存在が自覺される。

自體存在感は健康人のものではないやうですな。

體や內臟存在感がなくなると、人は健康になる。病氣も不快も焦燥も、自ら消失し

て終ふ。病を忘れゝば、病自ら去るの諺の如く、無礙の心境に達すると、何もなくなる。

頭が不意に柱に打突かつた。痛いツと思つた、撫でた、と、もう頭はない。無に還つた。心はない、白紙の如く、形ももたない。透明、これだ。自由だ。無礙だ。

私は自分の心の在る感じをもつたことがない。頭の中は、いつも空、腹の中はいつも無。

打突かつたときは、痛いと思つた。瞬間、心は去つた、だから痛みは殘らぬ。頭は依然ない。捉はれぬ、滯らぬからだ。いつでも靜かだ。

老眼鏡をかけても、近眼鏡をかけても、どちらでも等しく視ることが出來る。眼鏡にとらはれぬから、かけないと同じに見える。ガラスの玉に心が止ら

ねば、かけてもかけなくても同じだ。
私の心は本當に靜かだ。
働かねば心はない、心が動けば、その時だけ心の存在を自覺する。瞬間去る。
それ故、心はない。
心身脱落の境地、そんなことも考へて見た。考へれば心はある。空腹になれば胃袋もあるらしい。驚けば心臓があり、恥かしければ顔がある。
しかし、滯らぬから直ぐ去る。なしに還る、だから、なしが本當の相かも知れぬ。
だが、すべてがなくなつても、自分があることだけは忘れない。生きてゐる感じはなくならない。

　　　（三）全 生 の 道

食はねばならぬ。

着ねばならぬ。
眠らねばならぬ。
酒や煙草は遠ざけねばならぬ。
夜更し禁物。
お腹を冷やしてはならぬ。
消毒を厳重にせねばいけない。
含嗽は必ず行はねばならぬ、等々。

かく〱せねば健康にはなれぬ。せねば疾病に罹る。斯々すれば治るが、斯々すれば治らぬ、といふやうな事を眞面目に信じて、生くることを眞面目に信じて、生くる事を小むづかしい理窟と形式で固めようとしたがるが、本當の健康は、病理學や醫術の進歩してゐる筈の人間の世界に少くて、反て養生法と解剖學も、生理學すら知らぬ野獣や野鳥の世界に多く存在してゐるのだから、可笑しいではないか。

諸君よ。本當の健康は、形式と智識が造り出したものではなく、反て形式や智識をもたぬ處に存在するのですぞ。

病菌を恐れ、惡い空氣、冷い風を恐がつてゐる人々は、石炭酸の噴水の中にでも、住むが良からう。毒瓦斯よけのマスクも面白い。それから何とかして、お腹の中も掃除し、殺菌する工夫をせねばなりませんぞ。石炭酸の注射か昇汞水でも服用しますかな。かうしなければ、本當の安心はありますまい。うつかり大きな息をして御覽なさい。幾千幾百萬の黴菌、又害物毒素が、鼻からどしどしく侵入しますぞ。飯を食ふにも御用心。漬物には寄生虫の玉子がゐますぞ。刺身は生水で洗つてゐるのです。腸チブスは氣にかゝりませんかな。

かうなると、何をするにも命かけです。

自分で作つた健康の法則に縛られて、かうすると冒される。かうなると狂ふと、働くにも眠るにも、着るにも食ふにも大騒ぎだ。

氣の毒な人々。

お化けが恐くて、暗闇へ行けない人達よりまだ始末が惡い。

科學的迷信のもとに、日々、戰々恟々と不安の裡に日をおくりつゝある人々が、もし不安なき日ありとしたならば、

病菌を忘れ、惡い空氣、寒風、食物等々の害毒を忘れた時だけに相違ない。

諸君よ、

本當の安心は、物や形式で得られないものですぞ。反つて物や形式を忘れた時に不安がなくなる。

だから、本當の安心は、物や形式から心が離れた時にのみ、存在するのです。それ

故、本當の安心と健康を求むるなら、先づ形式や物をすてゝしまふことです。形式も智識もない野獸、野鳥の世界に本當の健康があるといふ事は、決して不合理なことではなかつたのです。

要するに、病理學や衛生的智識にこだはつて、自分で自分のいのちの作用を縛つてしまふといふ様な事をしなかつたからです。

人はいろ〳〵に健康の法則を定めて、之にこだはり、醫學と病氣とが相對的な存在でなくなり同じものになつて終つたほど、これらに捉はれてゐたのです。

然しながら人のいのちは、健康以外の作用を營まぬものです。自分で疑りさへ作らねば、人はそのまゝ金剛不壞であり、絶對無限なのです。いろ〳〵の健康のために規則に依らなくとも、人はいつも健康であるといふことに目覺めさへすれば、そのまゝ無礙の心境に達するのです。

心が無礙なら病氣もない。不快もない。胃すもの胃さるゝこともない。そのまゝで

一七九

絶對の健康なのです。全生の大道に至るのです。
それには、眼玉を捨てゝしまふことです。五官をすつかり捨てると存在の實相が悟れる。存在の總てを否定しきると、自ら絶對の肯定に達する。
之が本當の安心と健康の境地なのです。

私達は生きてゐる。私ら自身がいのちである。だから、いのちに就て一番よく知つて居るのは、私ら自身でなければならぬ。この簡單な眞理を辨へないで、いのちに關はると言へば、慌てゝお醫者様の門をくゞり、死に關ることだと、葬儀屋と僧侶とに任せる習慣をもつてゐます。滑稽でもあり、憫れでもあります。
人間を診るのに、脈搏を數へたり、聽診器で内臓の音を聽いたり、檢溫器で體溫を測つたり、又、ある時はレントゲンで透して見たり、メスで解剖したりする、それでいのちの實體が解るかと言ふと、一向に解らないのです。

成程、いのちの現してゐるはたらきが、何んな形に現れてゐるかは、一應の見當はつきませう。けれども、何がさういふ形式を顯現してゐるのかは、斷じて解らないのです。

一粒の朝顔の種子をとつて、それを顯微鏡下に置き、細胞や構造や組織や、いろいろ覗いてみても、何處にあの白や紫や紅の美しい花を咲かす力が潛んでゐるかは實に不可解なのです。

それは無理からぬ事で、細胞や組織といふものは、いのちそのものではなく、即ち生くる力が顯したところの影にすぎない。本當の自分は、形でもなく體でもなく、從つてエーテルの波動によつて生じたものではありません、それ故、體の在る前からいのちは在り、頭のある前から心はあつたのです。

トルストイは「神が永遠不滅であるやうに、その陰影なる目に見えるこの世界も永

遠であるが、併し目に見えるこの世界は、要するに彼の陰影に過ぎない、眞に存在するのは目に見えぬ悠久の力、卽ち神のみである」と言つた。又、「吾々は屢々吾々が手によつて觸知することの出來るもののみが存在するのだといふ風に考へるが、その正反對で、吾々の見たり聞いたり觸れたりする事の出來ないものだけが、卽ち吾々が各自に「私」と呼んでゐるもの、自己の靈と呼んでゐるものだけが、眞實に存在するのである」

と言つたのも、この事を知つたからに相違ありません。

もしも、私達が自己の周圍に目堵する凡ての物象を、無限無窮のこの世界を、自分が眺めた通りのものだと思ふなら、私達は大いに誤つてゐるのです。

私達が形體を有する凡ての物象を知つてゐるのは、さう云ふ認識に到達させる視覺聽覺、觸覺をもつてゐる結果に外なりません。

もしも、それらの感覺が違つてあつたなら、この世界が別個のものになつたでせう

一八二

従って、私らは、私らの望んでゐる外的世界が、如何なるものかを本當に知つてゐないのです。否、知り得ないのです。それを正確に知つてゐるのは、獨り私らの靈のみなのです。

私達は、今までの五官の働きに信頼を置きすぎて、いのちの眞相を見ることを拒んでゐたのでした。

物質を見て靈を見ず、影を見ていのちを見ず、肉を見て本當の人間を見なかつたのです。

私らのいのちは、肉體から發する化學作用のやうに思つてゐましたが、腦髓のある前に心があつたのです。肉體がある前にいのちはあつたのでした。

生物學者が心の根原であると認めてゐる腦髓細胞でも、物質分子が偶然に一定の並び方をして腦細胞になつたのではないのです。

生物學者や醫學者や物理化學者が幾百萬回、いかに諸種の物質を配合調合して見ても、腦髓細胞といふものは、造れるものではありません。腦髓細胞と同じものが造れても、心は出來ない、物を考へない。ですから本當の腦髓細胞は、物質を幾ら外から寄せ集めても、出來上らないのです。けれ共、眼に見えない不思議な力が働くときは腦髓細胞でも、心臟の細胞でも、肺臟の細胞でも自由に出來るのであります。この完成は、無形の力によつて爲され、この無形の内から動く力は、どの物質分子をどういふ風に、有機的に化合させ、どういふ工合に配列したなら、腦髓細胞が出來るかといふ事をちやんと知つて居り、それをその通り腦髓細胞に造り上げて、物を考へる物質（腦髓）といふものに造り上げたのです。

この無形のうちから働く力こそ、私らのいのちであり、本當のこゝろであります。腦髓の作用として出る精神作用などは、この本當の心の幾千幾萬分の一の反映にしか過ぎない、どんな大醫學者の腦髓から出た精神が、如何に刻苦勉強したからとて、

一八四

一片の脳髄細胞すら造り得ない。

之に反してどんな無學者の胎内にでも、その内なる力が働くときは精妙なる脳髄細胞をも自由に造り上げることが出來る。

醫學者の頭が色々考へて工夫してみても、無學者のこの内から働く無形の力が肉體を造る力に及ばぬ事を知つたなら、肉體に故障が出來たとて、外から補ふ工夫をするものと決めないで、この内から働く無形の力に頼ることが、一番合理的なことであるといふことが理解される筈です。

本當を云ふと、この裡から働く無形の力こそ本當の自分──いのち──なのです。

このいのちこそ肉體を超越して存在し、私達の肉體がこの世に現れるまでに、すでに存在して居て、肉體を設計し創造した靈妙不可思議なる存在であつたのです。

このいのちの力が、本當の自分であるといふことが解ると、今まで私ら自身だと思つてゐたこの身體は、このいのちの設計によつて、いのちの働きで創造されたロボツ

トに他ならなかった。換言すれば、本當の自分が想念を起したその想念の反影が、私らの肉體なのでした。

形のあるすべてのものは、いのちの影ですから、目に見える總てのものを燒き捨ゝも、目に見えない力がある限り、又、この世界はいろ〴〵の生物が生れて來ます。

ずつと以前には、色々の生物は、自然の生命力で自然に湧いて來るのだと思はれてゐたのでしたが、或る西洋の學者が、密閉した試驗管の液體を熱氣消毒して完全に試驗管內の生物を殺してしまつた後、そこにはどんな生物も發生しなかつたと云つて、生物といふものは、決して自然に湧いて出るものではない。必ず胞子とか種子とか卵とか、目に見えなくともタネになるものがあつてこそ、生物が生れて來るのだといふ結論をするに至りました。かうして、生物學者は、生命のみ、生命を產む、生物のみ生物を產む、といふ結論を得たのでした。

それは結構なことに相違ありません、が、生物學者は生命とか生物とかいふものは

試驗管內へ入れて、熱氣消毒をすればところの一種特別な物質だと考へて居り、生命は物質だから高熱を加へれば破壊する。之が生物學者の結論でした。

ところが、天文學者の研究によれば、この地球といふものは、曾ては攝氏何千何萬度の高熱の死斯體時代があつたので、それは試驗管の中で熱氣消毒する時の比ではないから、あらゆる生物、あらゆる生命は完全に熱氣消毒されて、無の狀態になつてゐた時代があつたのです。

しかし、この樣に完全に、高熱度で生物全部を破壊された時代、即ち生物なしの時代を通過しても、依然生物が生れて今日のやうな狀態を現出して、生物が有り過ぎて人口問題、就職難といふやうな問題まで起つて居る時代に到着してゐるのです。

生命は高熱を以て殺し得る一種特殊な物質で、その物質からのみ生物が生れて來るといふ生物學者の結論は、至極疑はしいものとなつて來たのです。

攝氏何千度、何萬度の高熱狀態を通過しても、依然として破壞しない。熱といふものは分子の激しい震動であつて、此の樣な高熱に曝されたら、どんな物質でも破壞される。生命はその分子の特殊の結合狀態から生ずるのだといふなら、この高熱したこの地上には生物はゐない筈ですのに生物はこの地上にいつぱい居るのです。どうしてもいのちといふものは、物質の塊りがあつて、いのちといふ作用が發現したのではなく、いのちといふ目に見えない實在があつて、そのいのちの産物として肉體が發生したといふ事になるのであります。
いのちが元であつて體は所作であるのです。いのちといふ光が念といふフイルムを用ひて、寫した影が肉體といふことになります。今まで肉體あつてのいのちだと思ひ、肉體に物質的故障があつては、いのちは十分發現されぬやうに思はれ體が病むと物質的に外から藥を服ませるとか、手術をするとかして繕はねばならぬ樣に、私らは思つてゐたのでしたが、肉體といふものが、自分のいのちの光によつて映じだされた念の

影、鏡に映つた顔のやうなものだといふ事が、よく解ると、肉體が病んだからとて、外から物質で修繕せねばならぬといふことはないのです。鏡に映つた顔が醜いからとて、鏡に紅や白粉を塗つたとて、本當の顔が綺麗にならぬうちは、依然として醜い、否、反て汚いに相違ありません。自分で本當の自分を悟れば、自ら改まる譯です。本當の自分とは、火に燒かれず、水に溺れず、何ものにも冒さるゝことのない「全きいのち」です。鐵は石よりも堅く、石は木よりも、そして水は空氣よりも硬いが、併し觸るゝことの出來ないもの、見たり聞いたりすることの出來ないものが一番硬いのであります。之れのみが、過去、現在、未來を通じて遍在し、永遠に滅びる事がない。

それは一體、何であるかと言へば、即ち本當の自分なのです。圓滿完全にして金剛不壞の自分が、無窮無限の本質世界の唯一實在だといふことを

悟ると、無礙自在の境地に入ることになります。

トルストイは「吾人は肉體によつて生くるに非ず。靈によつて生くるのである、もしも、吾人がこの事實を知つて自己の生命を肉體ではなく、靈に托するなら、吾人は鎖で縛られても、鐵の扉の中に閉ぢ込められても、尚ほ自由である」と云ふてゐますが、本當の自分を見出したものと見えます。本當の自分は、形でなく體でなく、從つてエーテルの波動によつて生じたものではありません。それ故に、體のある前からあり、頭のある前から心はあつたのです。自分は永久の過去から永遠の未來を貫いて、生き通し、生きてゐる存在であります。

佛教の或る宗派では、死んでから私達は極樂世界に救ひとられて、如來と同體になると言ひます。けれ共、死な〻くとも死んでも生きても、私らは今この儘で如來なのです。佛なのです。如來でないもの、佛でもないものは一人もない、即身成佛です死なねば如來になれないとか、佛になれないとか云ふのではない。死ぬ生くるとか

いふこの肉體は、私達の念の影に過ぎない。影が消えるか現れるか、によって、本當の世界に於ける本當の自分の價値が下つたり、上つたりする譯がない。死んで始めて成佛するといふ一派の佛教では、之では影の世界と、本當の世界とを對立させてゐる。ところが、影の世界は非存在なのですから、本當の世界に對して對立せしめやうがない。こゝが肝腎なところで、本當の世界のみが、唯一の存在で、物質世界は念の影の世界であるから、本來は無い。無いものをいくらもつて來て、其處に並べて見ても對立しやうがない。けれども、感覺の惑はしに捉はれて、この肉體世界物質世界が矢張り存在してゐる世界だと思つてゐる人には、どうしても物質の世界を去つた時、始めて本當の世界に入ると、さういふ人に解り易いやうに、死んで肉體から離れより外に道はない。それで釋迦は、説明するれたとき、極樂世界に救ひとられると説明されたのだと思ふ。

涅槃經の中で、釋迦が弟子の迦葉に、
「如來身とは是れ常住ある體、崩れぬ、冒されぬ、狂はぬ體、飯によつて生かされて居らぬ體、卽ち法身である」と申されてゐます。
と、釋迦が迦葉に答へてさとされた事に迦葉が曰く、
「世尊、あなたのお説の如き靈妙な身を、私は少しもあなたに見ませぬ。たゞ崩れ汚れてゐて、しかも今、涅槃といふて滅びかゝつてゐる身を見るばかりです」
「迦葉よ、いま私の肉體が死ぬにしても、本もの、私、卽ち如來の身を汚れ崩れる人の身だと思つてはならぬ。お前は如來の身が、無量億劫、無始無終に堅固であつて破壞しないものであるといふ事を知らねばならぬ」
と、之はキリストが、
「アブラハムの生れぬ前より私はあつた」

と、言はれたのと同じ意味で、誰でも本當の自分が解ると、この事もまた解つて參ります。

月が現れぬと、人は沒したと思ふが、併し、月の本來の相は沒することがないのです。沒した筈の月も他の方面では、月出で現れたといふ。山のかげに隱れたとか、月が遮られたとか、考へる人がありますが、月は隱れ遮られるものではない。月の性には出づるとか現れるとかいふことはないのです。月の本性に出沒なし。月が三日月になつたと思ふのは影を見たからで、月は缺くることがない。

如來の性に涅槃はない。だのに、人々は如來涅槃に入るといひますが、之は月が沒するといふ樣なものです。

諸君よ、本當の人間は生滅がないのだ、と釋迦は說明しました。

本當の自分は、月のやうに、この世界から沒して往つて後、極樂に救ひとられる、

と言ふやうな不完全なものではない。山のこちらから、月を見るからこそ、月が遮ぎられて暗いので、さへぎられてゐるのは、月ではなくて眼なのです。
山の向ふでは月が出て明るく見える。
月は山の上に出ようと出まいと、常に明るいのです。
月の影を見て、月が缺けた。三日月になつたと思ふやうでは、本當の月相にふれたのではないのです。
本當の自分を悟ると、人はその瞬間から金剛不壞の體となる。何となれば、體は念の影、念が變れば自ら體が變るからです。
この本ものゝ自分を悟ると、私の平素言ふ「ウーム、大丈夫」の境地に入れるのです。
眞の元氣はこゝから出てくるのです。
いのちは全し。

冒されず、狂はず、缺けず、破ることなし。之が本當のいのちです。いのちの眞の相を悟ると、人はその時から絶對の健康となるのです。

(四) むすび

結局、私の健康法は、捉はれぬ心を持ち續けて、滯らないいのちを悟つて、健康や疾病に心を勞さない、體や心のことを曾て氣にしたことのないといふ事になるらしい熱が出たとて、下痢したとて、胸が痛いとて、之で必ず良くなると信じて、苦にしない人は、何時でも健康だ。私はいのちは健康になる以外のはたらきを營まぬと思込んで、眠れることも眠れぬことも、飯のこと、間食のこと、寒さ暑さ、冷熱にも一向滯らない。

かつて、健康でありたいと希望したこともなく、祈念しても無病を願つたこともはない。

いのちのことなら、私の方が神さまより、佛さまより精しく、確かだと信じてゐるからであるらしい。

ともあれ、體のことを氣にしたことも、物の動きを苦にしたこともない。

花が咲いた、良し。風が吹いた、良し。

雨よし、晴よし、雷がなつた、良し。疲れた、今夜は睡つて見ようかな、と云つた心境。

無礙自在。可しも可からずも私の日課にはない。せねばならぬ、そんなものはない人は眠らねばならぬ。着ねばならぬ、食はねばならぬ、働かねばならぬ、休まねばならぬ、死なねばならぬ。等々。

ならぬならぬ、ねばならぬを澤山並べる。しかし、私らの人世はそんなものではない。欲するから行ひ、求めるから生じたのだ。したいからしたのだ。したくないからしなかつたのだ。「ねばならぬ」そんなもので

はない。断じて私はいのちの欲するがまゝに生きて、自然と調和し、世に適應し、求むるまゝに生きて、道を外づさない。

たゞ樂だ、嬉しい。

断食療法の話を聞くと、飯を食ふことが氣にかゝる、恰かも食ふといふ事が惡いことのやうに。玄米食普及の聲を聞くと、白米を食ふのに氣がひける。肉食が惡いといふ話を聞くと、當分肉食することが怖い。病毒を食つてゐるやうに思はれる。

元來、惡いものならば、他のものを食する時よりも、胃袋に餘計働いて貰はねばならぬのに、おどしつけられたのでは、その反對に胃袋の働きはより鈍らざるを得まい食ひ過ぎたと心配することも同じ様な間違ひで、心配して胃袋が働くなら宜しいが、心配や恐怖は胃袋を鈍らせるのだから、食ひ過ぎたなら逆に愉快になるべきではないか。諸君よ。食べ過ぎて心配したら損害の二重負擔だ。

開け放しが良いと信じた人が、閉めきつた室へ通されたら息苦しかつた。薄着のよ

いことを教へられたから止むなく厚着をしたら、その日は飯が不味かつた。胚芽米のよいことを承知した人が、他家へ行つて白米の御馳走を出されたら食へなかつた。無理に食つたら腹をこわした。

小食主義の人が大食したあとに、ビクついてゐることは、澤山食はぬと營養が足りなくなると、お茶の少いことにブツ／＼言ふて居る人と同じ行爲と見做すべきだ。水の效能を信じて茶も飲まぬ人が少くないが、之は果して水を飲むことに徹底したのであらうか。

もつと精神養生に徹底すべきだ、精神養生は形式ではない。

一日働いてゐた人が、働きが今日は足りなかつたせいか飯が食へぬと、こぼしたなら罹病して寢てゐるから飯が食へぬ、動かぬから腹が減らぬといふ人も、飯が美味くなかつたから働けぬと言ふ人も、決局同様ではないか。

眠りは量より質の問題だと教へられて眠り過ぎたことに氣を腐らしてゐる人があれ

ば、同じ時間、同じ深さに眠つて寝足りないと、こぼしてゐる人と同断。悟つたのではない。

捉はれてゐることは同じ。

無礙であらねばならぬ。べし、べからず、は捨てゝしまひなさい。

不潔が氣にならなくなつたら、清潔にすることが惡いことのやうに思ひ込む人は、清潔でないと惡いやうに思ひ込んでゐる人と變りはない。

五官に捉はれることも良くないが、五官を捨てたことに捉れてゐるのも良くない。

生悟りはいづれにしても困る。

坦山和尚は旅中で或る時、一婦人を背負ふて川を渡した。宿に著いてから同伴の僧の曰く。貴僧は、身の僧籍にあることも忘れて婦人を負ふなどは怪しからぬではないか。

坦山、笑ふて答へたのに「君はまだ女をお負つてゐたのか。わしは疾つくにあすこ

「へおろして來たのに」
それで良いのだ。
心に滯り捉はれがなくなると、いのちの働きは無礙となつて、人は自ら健かとなり康らかとなる。健康になると、自ら食慾も性慾も正しくなり、動作も活溌、頭腦も銳敏となる。大酒の癖も自ら改り、少し飲んでも快く醉ふ。煙草も自ら少くなるし、偏食もいつの間にか矯正され、姿勢は正しくなる。寒きもなく、暑きもなく、眠りも次第に少くなり、努めずして慾が適當に調節され、自然の生くる道に叶ひ、無阻成長のより良くなる道に達する。生活も從つて滯りなく、すらすら進んで止ることがない。本當に樂々悠々、樂しみ喜び乍ら愉快な人世に生くることが出來る。幸福も繁榮も自ら來り、何をしても易々と行へる。

講習………四日間………金五拾圓也。

二〇〇

野口法講話會

毎月七日。會費不要

その他、座談會。研究會。講習會を開催す。

會場……東京市淀橋區下落合三丁目一四一九番地自然健康保持會

九、太靈道靈子術

太靈道靈子術は故人田中守平氏の創始せられた精神療法であつて、その全盛期に於ては全精神界を席捲したことは、讀者の記憶に今尚ほ新なるものがあらう。田中氏は、宗教、道德、哲學を既に舊時代の遺物として却け、太靈道こそ、宗教の如く信仰を強ひず、哲學の如く空理を說かず、道德の如く思想を束縛せず、太靈自然の大道なりと主張し、多數の共鳴者を其の傘下に集めたのであつた。

太靈道は其の內容極めて廣汎にして、教部、想部、學部、術部、律部の五部門に分たれ、各部は夫れ〴〵相連關して一體を爲してゐるが、本項では、特に技術的方面、實習方面に關係ある術部門のみを紹介するに止める。

玆で一言して置かねばならぬことは、太靈道本院の現況である。同院は前述の如く一時隆昌を極めたが、田中氏沒後は漸く衰運に向ひ、多數の門下も四分五散の形とな

つた。この間に在つて、太靈道を孤守し、それを全盛の昔に盛り返さんと努力した人々に福岡別院主司吉松宏城、廣島本部主司畠山是眞、小倉別院主司中川喜久馬、岡山別院主司福岡熊次郎の諸氏があつた。然るに吉松氏は田中主元の一周忌に際して逝き中川氏その跡を襲つて福岡別院を繼承し、福岡氏は看板の塗替へを爲し、現存せるは畠山、中川の兩氏のみであつて、終始一貫太靈道の弘通、復興に專念して居られる。
本項は特に中川喜久馬氏の御援助に負ふ所が多いことを記して置く。

太靈道靈子術

太靈道は田中守平氏の創設によるものにして、其內容は極めて廣汎にして左の五部門より成立つてゐるも（敎部、想部、學部、術部、律部）茲には術部門卽ち靈子術のみを揭ぐる事とし、先づ以て斯道の主張とする左の一文を紹介して參考に資せん。

精神の安立と肉體の健康

凡そ人の世に處する先づ精神の安立を獲なければならぬ。又肉體の健康を得なければならぬ。而も此精神の安立と肉體の健康とは如何にせば獲得する事が可能るであらうか。先づ精神の安立を得るに於て舊時代には宗教なるものあり、道德なるものあり、哲學なるものあり、以て人類の思想を導いて精神的安立を得せしめようとしたのであるが、時代は進步してゐる。進步したる時代には進步したる修養法が必要である。最早や現代人には舊時代の遺物たる宗教、道德、哲學と云ふものでは餘りに時代後れであつて到底滿足することが出來ぬ。人々は今や古き思想の衣を棄てゝ新しき思想の衣を着けなければならぬ時代となつてゐる。此機に際し勃然として興起し來れる太靈道が今や靡然として堅實なる思想階級に向つて發展し、到る處に太靈道贊仰研究の聲高きは是れ全く太靈道の主張が時代の要求に合致せるが故である。太靈道に於ては徒

二〇四

らに宗教の如く信仰を強ゆることなく又哲學の如く空理を説かず、道德の如く濫りに思想を束縛せず全く太靈自然の太道であつて宗教、哲學、道德を超越してゐるのである。而して太靈道に叙ぶる所の思想は直ちに人類實生活の上に實現することが出來得るのであつて、個人として一家に對しても國家に對しても、社會に對しても、宇宙に對しても、將たまた太靈に對しても全く安立したる精神を以て處することが可能得るのである。是れ實に時代の光明、人類の先導、社會の救聲たる所以である、人々須く先づ此光明に浴し此先導に從ひ此救聲に應じて以て靈化安住の境地に到達しなければならぬ。

而して之れと同時に肉體の健康を得なければならぬ。然るに現代人は多く不健康であつて之を濟ふには單に醫術あるのみである。併し世上醫術に依つても治癒し難き數多の疾病あるはこれ抑も何が故であらうか。こは畢竟人間の生命を物質的にのみ解釋してゐて、單に藥品や器械の物質力に依つて治癒せしめやうとするからであるが、而

病氣そのものが物質的のものでなく、全く生命現象に即して居る以上到底完全なる奏効を期することは不可能である。茲に於てか近來は物質的療法たる醫術に對して精神的療法が盛に行はるゝ樣になつた。然るに是等の精神的療法の中には患者の信仰を基礎として居るものもあつて、若し信仰せざるに於ては効果を奏し難いことゝなつてゐる。斯の如く信仰して治癒るといふ時は夫は患者自身の心理狀態に依る者であつて特に療法を施して効果が有つたと云ふことが出來なくなる卽ち施術を受くるも受けざるも唯單に信仰さへあらば無病といふことになる。併し疾病は物質的のみでないと同樣にまた精神的のみの現象でもないのである。之を以て精神的信仰に依る治療法は矢張り効果の完全を望み難く不得要領に終ることが多い。

然るに茲に言ふ靈子作用に依る療法は、全然藥物器械を用ゐざるは勿論であると同時に更に患者に信仰心を要することがないのである。卽ち物質力にも依らず又精神力にも依らざるものであつて、全く超絶したる靈的方法である。そして此作用は誰人に

も極めて簡易に體得し得らるゝのであつて、修得の上にも、矢張り信念の必要はなく唯一定の型式に依るのみである。また精神統一呼吸法、靜座法を行ふことも全然其必要がない。卽ち何等心身を特に修練することなくして、的確完全に此靈能力を體得することが出來るのである。一旦之を體得せば隨時隨處に活現應用すること眞に自在である。

世衆は須らく先づ太靈道に依つて精神の安立を圖り靈子術に依つて肉體の健康を持し、斯くして自己の心身を圓滿に發達せしむると同時に、更に進んでは他を導きて以て人類をして主全至眞を享受せしむべきである。

靈子術の學理

太靈道の學部門は、論證學、宇宙學、生命學、靈理學、靈醫學、神學等の各科目を構成してありますが、その全部は到底茲に記載はできません故に、是等諸學の基礎と

なり、根柢となり、骨子となつて居ります所の靈子一元論の梗概を略記して置くことに致ます、そして此靈子一元論に精通しますれば、學部門のすべてに對して容易に理解し得ることになります。

靈子 太靈道では宇宙並に宇宙間の一切現象は、悉く盡き神たる「太靈」の全眞具現によつて創化されつゝある靈子の一元から構成さるゝものであることを說てあります、靈子とは精神にあらず、物質にあらず、精神、物質を超越して、しかも、精神と物質との根本を爲し、時間と空間とに制限されずして、しかも有形無形を超越して、しかも、時間と空間との源泉を爲す所のものでありまして有形ならず、無形ならず、有らゆる有形無形を發出し來る原因であります、されば精神も、物質も、時間も空間も、有形も無形もすべてが靈子の一元から成り立つて居りまして、この靈子を離れては如何なるものも直ちに盡き神たる「太靈」と離るゝの結果となり、斯の如きものは卽ち滅亡の外なきに至ると共に、靈子の發動が旺んであればあるほど、能く盡き神た

る「太霊」と融合することを得まして、斯の如きものは即ち益々發達することゝなるのであります、此故に靈子の作用をして旺盛ならしむるはまことに一切現象が盡き神たる「太霊」に通達し、直觸し、融合する上に於ての唯一の神法であることを知り得るのであります。

靈子と精神 靈子は創化の作用を固有して居りまして、その創化作用に積極發動と消極發動との別があり、積極發動は有機發動となりまして、茲に精神を現出致しますこの精神は無形でありますが、自由自在の性能を具有して宇宙間に遍滿し、隨時隨處に有機作用を營むことになつて居ります、人類に精神があると申しますのも、それは畢竟するに宇宙に遍滿せる精神を受入し之れに感應して始めて我れに精神の發動を見るに至るものでありまして、我自身のみの精神といふものがある譯ではありません。

たゞ腦髓其他の機關の上に顯はるゝ靈子作用の程度によりまして、精神受入及び感應の優劣を生じ來るに外ならぬまでゞあります。されば靈子作用の發動を旺盛敏活なら

しむることによって、精神の發動をして敏活旺盛ならしむることを得るに至るのであります、而してそれには太霊道の修法行事が最も能く此目的を達し得ることになります。

靈子と物質 靈子作用の消極發動は直ちに無機發動となるものでありまして、この無機發動が物質を現出致します、物質は有形でありまして、有形と申しましても必ずしも人間の肉眼に映ずることのみ標準とはしないのでありまして、たとへ肉眼には視ること能はざる程度になつて居りましても、矢張り物質は有形であります、而してこの有形なる物質は自由自在の消極性能を具有して宇宙間に遍滿し、隨時隨處に無機作用を營むことになつて居ります、人類に肉體があると申しますのも、それは畢竟宇宙に遍滿せる物質を受入し、之れに同化して始めて我れ肉體の構成を見るに至るものでありまして、我自身のみの肉體といふものがある譯ではありません、たゞ肉體の諸機關の上に顯はるゝ靈子作用の程度によりまして、物質受入及び同化の優劣を

現し來るに外ならぬまでゝあります、されば靈子作用の發動を旺盛敏活ならしむることによつて、肉體の發達をして敏活旺盛ならしむることを得るに至るのであります、而してそれには太靈道の修法行事が最も能く此目的を達し得ることになります。

生命現象　生命とは「太靈全神」の攝理によつて靈子の積極消極兩作用交乘融合せられて玆に靈格を生じ、その靈格を中心として靈子作用が不斷に積極消極の兩活動を爲し、その積極活動が宇宙精神を受入し、これに感應し、また、その消極活動が宇宙物質を受入し、之れに同化して始めて構成せらるゝ現象でありまして、隨て靈子作用を敏活旺盛に發動せしむる以て生命をして全眞ならしむるに至るのであります。

現代の科學は著しき進步を遂げては居りますが、しかし、其根柢が唯物主義に在ります爲めに、未だ生命の本質を明にするまでには至つて居りません。元素より原子へ原子より電子へと進みましても、元素の本質、原子の本質、電子の本質共に明かでな

く、況んや生命の本質に至りましては、之を明かにすること到底科學の企て及ぶ所にあらざる實狀になつて居ります、勿論物質から精神が生ずるものとは斷定し得ない所でありますが、また唯心論者がいふが如くに生命は精神のみによつて發現し來るものでなく、全く物質と精神との根源たる靈子の一元によつて發現し、靈子は「太靈全神」より不斷に創化され、攝理されて居るのでありまして、人類の生命は常に太靈全神と直觸の關係になつて居ることも知らなければなりません。

太靈道では獨り人類の生命を認むるばかりでなく、動植物の如きは勿論生命現象でありますが、更に進むで鑛物の如きも、地球、天體の如きも、宇宙全體も共に生命現象なることを認めて居ります、たゞその生命現象としての狀態なり、程度なりを異にするに過ぎないものでありまして、究極一切現象悉く是れ生命なりといふことになつて居ります。

若し宇宙並に宇宙間の萬象が生命でなくして、獨りこの地球上の人類、動物、植物

類だけが生命であるとしますならば是等の生命現象が無生命現象に寄生して居ることになり若くは無生命現象が生じたことにならなければなりません無生命現象に寄生するとしてはその寄生すべき生命現象の原因が明らかになりませんと同時に無生命現象から生命現象が生じ來る道理はないのでありまして、必ずや生命より生じなければならぬことになります。殊に人類の如き生命より生じ來ることは到底考ふる能はざる所であります、而して生命の根本實體は實に「太靈全神」でありまして、人類はもとより、萬有中特に人類は我慾に囚はれて往々に『太靈全神』を離るゝことは出來ません、しかも、萬有すべてみな瞬間刹那と雖も「太靈全神」から遠ざかり離るゝに至るのであります、故に常に修法行事によりまして靈子の作用の活動を敏活旺盛ならしめて「太靈全神」との直觸融合を期することに心懸けることが最も肝要であります。

靈子顯動作用

靈子顯動作用修得上の心身の準備

靈子顯動作用は凡そ靈界に入り靈的研究を爲さむとするものゝ最初の關門である。世には靈的研究と稱して其實何等靈的作用の伴はざるものが多いのであるが、太靈道に在つては其靈理學を具現する所の靈子作用があつて、而して顯動作用は其修得すべき第一課程となつて居るのである、世に言ふ所謂靈的研究の如く唯だ單に精神を統一し集中する程度のものは敢て之れを靈的研究と稱することは不可能であつて、無論暗示とか催眠とか云ふに至つては全然靈界の問題ではないのである。たとへ精神の統一集中又は暗示催眠等に依つて靈的現象を生じ來ることありとするも、そは畢竟偶然的の現象に過ぎぬのであつて、之れを直ちに純靈的の現象とは稱し得ざるものである。

霊的研究には須らく先づ物心を超越せる霊的作用が伴はなくてはならぬ。即ち霊子顕動作用は霊界に志すものゝ必然修得せざるべからざる緊要條件である、然らば此霊子顕動作用なるものは如何にして修得體現し得べきかといふに、此霊理學に於ける霊子顕動作用なるものは在來の精神又は心霊と稱する方面の研究と全然其根底を異にせるが爲めに、之れが修得體現に際しても其心身上の準備方式に自ら異なるものがある、以下節を分ちて説く所に依り豫め意を用ふべきである。

精神の準備

霊子顕動作用を修得體現する上に於て精神上の準備は如何にすべきかといふに、先づ、精神の統一、精神の集中、默想、自己暗示、自己催眠、無我の境界等是等の事は絶對の禁條である、元來精神の統一と云ふ事は短期間の修養のみに依つては容易に成し遂げ得べからざるもので、假へ長期間の修養を積むと雖、之れが實現は決して容易と稱すること能はざるものである、假りに容易に爲し得るとするも兹

に云ふ靈子顯動作用の修得體現には全然不要なるのみならず却て障害となる場合が多いのである、唯だ靈子顯動作用を修行中自ら精神の統一せらるゝに至ることはあるもこは全く自然の結果であつて、強て不自然に精神を統一せんと欲することゝ、全然異るのである。即ち靈子顯動作用の發動に依り自然に精神統一といふ結果の隨伴することゝ、強て不自然に精神を統一せんと欲して遂に得難きに至るものと其間非常の逕廷があるのである。精神統一に腐心するの人は寧ろ靈子顯動作用を修行せば、其敢て豫期せざるに精神統一の結果を得ることゝなるのである、勿論靈子顯動作用の場合に其結果として必然的に精神が統一せらるゝことは敢て之れを禁條として排斥するのではない、唯だ顯動作用を發動せしめんが爲めに強て不自然に精神を統一することを却て障礙ありとして禁ずるのである。

次ぎに靈子顯動作用を發動せしむる爲めに特に精神を集中することも亦た等しく障礙となるものである、彼の精神一到何事か成らざらんやといふことを、唯だ單に精神

を一事に集中して熱心となるべき意味に解して、徒らに熱中する時は却て顯動の起らぬものである、極めて虛心平氣にして熱せず冷せず、唯だ一定の示せる型式を取りて順序正しく執り行ふべきである、普通の事柄は大抵は熱心になれば爲し遂げ得るものであるけれども、此靈子顯動作用修得には徒らに熱心なることは却て妨げとなる、尤も修得せようとの考へは云ふまでもなく必要であり、また相應に熱心でなければ成功するものではないのであるけれども、熱心過ぎて精神を集中する時は不成功に終る事が多い、されば餘りに熱中することなく當初の間は精神の平調を失はぬ樣にしなければならぬ。併しまた特に精神の平調を失はぬ樣にとの觀念を强く起して、それのみ注意を拂ひ熱中しても無論宜しくない、要するに顯動作用發現修得といふことに就ては單に一定の型式を執る以外には、殊更らに精神を勞せざることを必要とするのである

其次ぎには默想である、精神の修養等には力めて雜念を離れて默想することを必要とありとする場合が多いのであるけれども、靈子顯動作用修得には此默想は尤も多くの

障礙を生じ來るのである、默想は自然に精神の統一を伴ひ、精神の統一は遂には精神の集中となり、却つて顯動を抑制するの結果を生ずるのである。顯動作用は極めて劇烈活潑に發動し來るものであつて、即ち陰鬱なる默想に耽るといふの類でなく、又た單に身體を運動せしむるといふのでもなく、又たそれが精神的でなく、冷靜に默想して居るといふ樣な性質のものではないのである、而かもそれが精神的でなく、内面より自然に發動し來る靈子の作用の爲めに、身體自ら靈的に活動を餘儀なくせられるに至るものであるので、到底默想を爲し得る如き穩かなるものではなく、床を鳴らし、室内を飛び廻り全くの靈的運動を爲すものである、されば默想等とは其内容形式共に異れるもので、隨て默想は却て顯動の障礙となるのである。此點は深く了解し置くことを要する、然れども靈子顯動作用の場合に在りても尙ほ且つ默想を排すると いふのではない、唯だ顯動作用修得以外の場合に於ては默想は障礙となるといふのみで、其以外の場合には默想も亦た修養上效果あり必要なることを認むるのである。

二一八

その次ぎには彼の自己暗示である、自己暗示といふことも必ずしも其事實を非定するにあらざるも、唯だ靈子顯動の場合には却て障礙となるものである、且つ自己暗示に依つて何等か靈的の現象を生じ又は實際の上に効果ありとせば、そは暗示そのものゝ結果ではなくして、實に自己暗示に依つて不知不識の間に靈的作用の發動を來たすものであつて、此場合自己暗示は單に動機となるに過ぎざるものである。されば靈的作用の顯現發動は敢て暗示に依らずとも之れを爲し得べく畢竟自己暗示そのものが直ちに靈的作用を生じ來るのではなくして、それに伴隨する所の現象狀態たるに過ぎぬものである、されば暗示を爲したるが故に必然的に靈的現象を生じ來るのではなく、何れも偶然的であつてまた暗示を施すことなくとも靈理學の敎ふる方法に從ふ時は必然的に靈的狀態となり得るものである、而已ならず暗示に依りて却て自己の靈的發動を妨害さるゝこともあるを以て充分の注意を必要とする。

其次ぎは自己催眠である、自己催眠も亦た自己暗示に外ならぬのであるが兹に言ふ

催眠とは即ち眠を催ふすことを要件として之れを述ぶるのである、催眠術には無催眠の催眠と言ふことあれど、元來眠を催ふすことなくして眠を催ふすといふが如きは殆んど何の意味たるやを解し難く又た事實に於て眠らずに眠るといふが如きは絕對に不可能である、即ち諸種なる靈的現象に對して催眠術にては解釋し難き事をも、尚ほ且つ催眠術として說明せんと欲するが故に遂に斯る用語を爲すのであつて、若し無催眠の催眠なる事實があるとすればそれは實は催眠術ではなく、全然催眠以外のものと認むべきである、或は普通の催眠術が原因して此結果を生ずるに至るとするも、それは催眠術に依らずして爲し得る場合もあると同時に、原因が催眠であつたから其豫期せざりし偶然的の結果迄が等しく催眠術の部類に屬すべきものであるとは稱し難ひのである、隨つて催眠とは全く眠を催ふす程度を限つて催眠とすべきであつて、彼の無催眠の催眠などゝ稱することは嚴密なる意義に於て、其用語も事實も共に認むべからざるものである、而して靈子顯動作用の場合に在りてはこの眞實の意義に於ける催眠、即ち

ち眠を催ふす所の催眠は非常の障礙となるものであることを知らなければならぬ、靈子顯動作用は眠を催ふすと云ふが如き性質のものではなく、頗る活潑劇烈に身體が靈動するのであるから、若し催眠の習慣ある人が催眠しつゝ顯動を爲すといふことは不可能である、尤も偶然的に催眠中顯動を生じ來る等の場合もあれど、そは催眠其ものゝ直接の効果に依つて顯動し來るものではなく、夫等の人は催眠せずとも顯動を發現せしむることを得るのであるから、之を以て平素他人に催眠を施し又は自己催眠等の習慣ある人が靈子顯動作用を修得せんと欲する場合には、全然在來の習慣に捉はれざる樣にすることが肝要である。

其次ぎは無我の境と稱する一種の精神狀態である、元來無我とは我が心を外界の事物に捉はれざる樣に、外界の爲めに我が心を勞することなき樣に努むるの謂であるが靈子顯動作用の場合には此所謂無我の境なるものが尤も著しき障礙となることが多いのである、殊に強て無我たらんと欲するが如きことあらんか到底此作用は發現し來る

ものではない、即ち無我たらんとする意思の加はるは宜しからざると共に、無我となり了することも亦た等しく障害となるのである、尤も單に精神上の修養を爲す等の上よりすれば所謂無我の境に入らんと欲することは固より必要あり、且つ極めて尊重すべき事柄たるは論なき所なれども、靈子顯動作用は單純なる修養にあらず又た作用を自己自身に體得發現せしむるの要あるが故に無我の境に入らんと欲するが如き努力は却て此作用の發動を抑制するの結果となるに至るのである、彼の禪を修めたる人々は往々にして靈子顯動作用の發動を缺く事がある、顯動發動の際殊更らに無我となり、爲めに作用の發動の修得を無我的修養法の一と考へて、禪は確かに高等修養法の一たることは認め得べきも、靈子顯動作用自ら敏活を缺く事がある、顯動發動を直ちに禪的乃至無我的と解することは非常に誤つて居る、されば禪の修行を爲したる人が此靈子の顯動作用を修得せんと欲する場合には力めて其在來の禪的慣性を改めて虛心平氣となる樣に心懸けなければならぬのである。

以上叙べ來れる如く靈子顯動作用の修得には先づ精神統一、精神集中、默想、自己暗示、自己催眠、無我の境界等共に障礙となることが多いのであるから、此等の點に注意をしなければならぬ、然らば精神を如何なる狀態に置けば最も適當であるかといふに、卽ち超我の境に入ることを以て理想的の精神狀態とするのである、超我とは自我を超越したる意味であつて、敢て精神を統一集中することもなく、又た默想することもなく、自己暗示、自己催眠は勿論、無我の境に入る等の事柄とは全然異り何等自我に拘泥せず、周圍に拘泥せず雜念起らば起る儘に、妄想生せば生ずる儘に而も雜念を起さんともせずまた之れを止めんともせず妄想を生せんともせずまた之れを止めんともせず謂はゞ自己精神の發動は全然自然に任して眞の超越的態度を持するに在るのである、尤も超我の眞意義を詳細に逑ぶる時は唯だ單に自己精神の發動に抱泥せず、外界周圍に拘泥せずといふのみではなく、最も深き意義を有するものなれども、玆に靈

子の顯動作用を修得する上に於ての自我超越の態度は必ずしも其深甚の意義に徹底するの要を見ないのみならず、超我に徹底せんと欲して却て超我に徹底せんと欲する念慮の爲めに捉はるゝに至ることがあるから、唯だ內外一切に拘泥せざることを程度すればよいのである、併し強て內外一切に拘泥せずと考ふることは固より超我ではないのであつて、全く自然に內外一切に拘泥せざる樣にならなければならぬ、殊に強て超我にならうと力むるのは却て超我でないから此點を充分了解することを要する、畢竟自我及び周圍に拘泥せず又た強て超我たらんとも爲さざる狀態にあれば、以て靈子顯動作用を修得する上に就ての精神上の準備完たしといふことを得るのである。

肉體の準備

既に靈子顯動作用修得上精神に就ての準備は超我の境に入るを必要とする、之れと同時に肉體上の準備は如何にすればよいかといふに、先づ正座し又は正立して一定の

型式を取るのであるが、此時姿勢が型式に適はず、又は不自然に力を罩めたりなどする時は却て作用の發動を抑壓するの憂があるから、力めて自然に任せ以下の圖解通りの態度を持することが肝要である、尤も正座と言ひ正立と稱するのは之を静座静立の意義に解してはならぬ。静座静立は唯だ單に静かに座し又は静かに立つといふのみであつて何等の深き意味を有するものではないのであるけれども、爰に正座と云ひ正立と云ふのは前節に叙べたる如く其精神を超我の境に置て最も正しき状態を保ち、其肉體をも亦た最も自然に任して些の窮屈なく正しき状態にしなければならぬのである

總て靈子作用の修得には精神上に在つても肉體上に在つても共に不自然なる状態を正しからぬものとして排斥するのである、安に肉體上の注意としては假へば腹部に力を罩むるにしても、強て不自然に力を罩むるのは宜しくない。而已ならず却て顯動の發動を抑壓することゝなる、無論腹力は平素に在つても必要であるけれども、それが自然の腹力でなければ寧ろ害あつて效なきものとなるのである、されば特に靈子顯動の

二三五

際には強て殊更らに腹力を充實せしむることをせず、自然の腹力充實を程度として居ることが最も必要である、又た靈子顯動作用の發動には最初に於て眞點と稱するものがあるが、其眞點に餘りに強き力を罩むる時は却て障礙となることが多いのである、總て何れの場合に在つても不自然に力を罩め過ぎるのは宜しくない、斯くの如く總て自然に任するを最も適當とするのであるが、尤も靈子顯動作用の體得は本來ならば或る期間絕食を試みて、其絕食中に發現體得するに至るを順則とするものであるが、併し茲には是等絕食等の事柄を要件とせずして體得することを得るやうにして居る、されど靈的に何等の素養もなく、其當初に於て多少の生理作用の加はることあるは時に依つて突如此作用を體得するには、又た殊更ら修養の方法をも講ずることなくして止むを得ぬ場合がある、否な寧ろ幾分の生理作用を以て誘發することを必要とすることもある、卽ち筋肉を緊張せしめ、血液を充迫せしむる等の關係は自然免れ難き場合もある、唯だ併し之れには相應の程度があるので徒らに力を罩めて筋肉の緊張、血液の

充迫を爲すことにのみ心懸けては却て作用の發動を抑壓するの結果となる、されば前にも説ける如く普通以上不自然に強大なる體力を加ふるの必要はなく、單に合掌、叉掌等の場合に於て其合掌なり又は叉掌なりが充分に保たるゝ程度に依り、唯だ眞點に少しく力を罩むれば足るのである。

而して此筋肉の緊張とか、又は血液の充迫とか云ふことは唯だ單に作用發現の當初だけのことであつて、一旦此作用が發動することゝなる以後は何等寸毫も筋肉を緊張せしむる必要もなく、また血液を充迫せしむる等の事柄も無論不要となるのである即ち單純に顯動作用を發動せしめ様とする意思を持ちさへすれば、隨意隨所に顯動し來るものである、但し自由自在に發動するに至るも特に此作用の神聖を保持する爲め徒らに他人の眼前に於て試むることは門規の絶對に禁ずる處であつて、之等は充分の注意戒心を要する、畢竟單獨に一室に在つて之れを行ふか、又は森林、海邊、原野孰れに在つて行ふも敢て支障なきも、唯だ他人に此作用を示すは全然禁條と心得なけれ

二二七

ばならぬ。

時刻の注意

以上述ぶる處の精神上の準備と而して肉體上の準備とが全きを得たならば、以下に講授する圖解の順序に從ひ一々實行する時は極めて容易に此絶妙なる靈子顯動作用を體得顯現するに至るのである、然れ共尙ほ茲に注意を要するは實行時刻の問題である。

卽ち靈子顯動作用體得發現には如何なる時刻が最も適するかといふに、それは夜間午前零時より同二時迄の間が極めて絶好の時刻である、固より晝間と雖顯動作用の發動に敢て支障なきが故に、若し夜間の時刻を選み難き人は隨意晝間に行ふべきであるが唯だ最初體得するのは前記の時刻が至極好いのである、四隣闇寂地上の萬物咸な悉く眠りに入れるの深夜、獨り端然として心を正し身を正し、正座して瞑目し、一定の型式を取りて、

全眞太靈！　々々々々！　々々々々！

と默唱靈禱するの時、先づ合掌せる指頭に微動を生じ、軈て稍々急に……盆々急に……忽ちにして烈しく……愈々烈しく、遂に全身靈動し來り、座したるまゝ飛び揚るに至る……此刹那の快感！蓋し何物も之れに譬ふべきでない、之れと同じく正立したる時も等しき顯動を生發し來るの瞬間全く我を忘れ、周圍を忘れ、乾坤一致、神人合體眞に太靈と自己と融會せるの絶妙感！洵に靈子作用の深玄不可思議なるを思はしむ。（二三五頁以下に圖解云々とあるも其の圖解を脱落せしことを、讀者諒せよ）

以下、座式顯動作用及び型式を詳細に教授せんと欲す。諸士須らく體得修練以て靈我一如の絶妙靈感の境に入るべし矣。

座式顯動作用

正座　座式顯動作用を修するに當りては、先づ正座して姿勢を整ふるを要す。正座

とは單に靜に座するといふ意味でなく、心と體と共に正しく座さなければならぬ。其の座り方は前は膝頭を廣く、後は足の重なりを淺く右掌は左掌の上に置き、瞑目し、「全眞太靈」々々々々と謹んで默唱するのである。

座式の型式

兩腕前伸 正座して姿勢を整へたならば、次には左右兩腕の筋肉を緊張せしめ、手指を互に密着せしめ、手掌に充分に力を加へ前に伸すのである。此際手掌に滿身の力を罩む。特に注意すべきは帶及び褌の類を餘り强く締めぬ樣に又た服裝は窮屈ならぬ樣成るべく寬かにするを要する。

合掌 兩腕の筋肉を緊張せしめて充分に之れを前伸して後には兩臂を水平に張って合掌するのである。合掌の際には左右手掌の中指の下部を中心として力を罩め、兩臂は横に眞直に、拇指を胸部より約一寸程離して居る。斯くの如くして瞑目し「全眞太

「靈」々々々々と默唱を繰り返すのである。

　横動、顯動の修法には眞點といふものがある。それは力を罩むる箇所を云ふので、座式の時には左右手掌中指の五分程の下部である、即ち正座、合掌、瞑目して此の眞點に輕き力を罩め默唱を繰り返すこと短きは數秒間、長きは數分間にして忽ち此橫顯動を生じ來る、橫顯動とは合掌が前後に橫動することである。

　縱動　既に橫顯動を生じ來る時は、それを繼續して居ると自然に縱顯動即ち合掌が上下に縱動して來るのである。之れに意思を加へると前後上下橫動縱動自由である。又橫顯動も縱顯動も少しも起らぬといふ時は意思を用ゐて顯動を誘發する動機を與へても差支は無い、同時に意思に依つて顯動を烈しくしてもよいのである。

　飛動　橫顯動が縱顯動になり其の縱顯動が旺盛になつて來ると單に手掌兩臂のみでなく全身が縱顯動する樣になつて來る、此全身縱顯動は遂に座したる儘で座を離れて飛び揚る樣になる。即ち飛動して來るのである。飛動の度が激しくなると共に室內を

座したる儘飛び廻るに至る此の飛び揚り飛び廻る時には眼を開いて宜しい。

又掌　顯動は、横動、縱動、飛動迄進めば先づ以て其要を得たるものといふことが出來得る。そして此顯動は前に述べた合掌の型式に依らずして、左右の指を交叉し手掌を合して行ふことも出來得る。之を叉掌と稱するのであるが、合掌と叉掌とは孰れを用ひても差支はないのである、勿論叉掌にも横動、縱動、飛動を生ずる。

曲臂凝掌　曲臂凝掌とは左右の兩臂を屈曲せしめ、手掌に充分の力を凝らして顯動を起すのである。これも初めは前後に横動し、次ぎに上下に縱動し其次に全身飛動するに至るのである。上下動し飛動するに至れば其の飛動を強て抑制することなく、自然に任して置くは尤も必要である。抑制すると發達しないから注意を要する。

曲臂握掌　曲臂握掌は、兩臂を強く屈曲せしめて、手掌を固く力を入れて握るのである、合掌、叉掌、曲臂凝掌、曲臂握掌共に拇指が胸部より約一寸程を離れて居る必要がある。而して以上の顯動の場合には自ら筋肉緊張といふ生理作用が加つて來る

が、これは唯だ顯動發動の當初のみであつて、後には斯の如き生理作用は加はらぬ。

伸臂　伸臂は臂を前に伸ばして顯動を起すのであるが、片臂にても兩臂にても自由である且つ伸臂に至りては最早や筋肉を強く緊張せしむるといふ生理作用は全く必要がない、唯だ單に臂を眞直に前伸せしむればよいのである。尤もそれのみにて顯動し來らざる時は手掌に力を凝らし臂を少しく內に曲げるも差支はない。

垂臂　垂臂に至りては唯だ輕く臂を下に垂れ何等の力をも加ふることなく單に顯動作用を發動せしめんと欲するのみにて、自由自在猛烈旺盛に顯動し來るものである。されど若し容易に顯動を來さざる時は、強く手掌に力を罩むるか、又は意識を用ひて臂を動かし以て顯動を誘發することは差支ないのである。

顯動修法は修養及び健康の第一義、靈化に入るの第一步にして、
萬人が萬人必ず體得の出來るものである!!

靈子力は、常時不斷我等人類の身に應現し、發動してゐる。これを檢する方法は、本書「坐式顯動修法敎授

書］第二型式によりて合掌し、手掌の眞點に力を加へ、その中指の先に、鳥の羽毛の極めてしなやかなものを挿む。さうすると、顯動は未だ十分に發動するに至らざるも、その羽毛の先には、自ら顯動が起つて、風なきに微細にふるゝやうになるものである。これは、今いふ靈子力の發動なので、これを認めた上は、更らに顯動修法の各項條を注意して、實修するときは、手臂の上に各種の靈動が起つて、遂に全身の飛動に達するされば、多くの人々のうちには、顯動が發動しないといつて、半途にして放棄する人もないとはいへないが、顯動修法は發動するのが本來であつて、發動せざるが寧ろ不思議とすべきである。今いふ羽毛を指頭に挿んで、それが動かなかつたなら放棄しても已むを得ないが、その人が生きて居たなら必ず動く筈であり、動いたなら必ず顯動となるのであつて、數回（毎回十分か二十分）の辛抱であるから、切に動くまで實修されたいのである。

若し羽毛がなかつたならば紙片を兩手掌の間に挿みて指頭より二三寸位外部に現はし、合掌を續けて居ると紙片先づ動き、次に手指動き腕臂動き、全身動くに至るものである。

＊　　　＊　　　＊　　　＊

尚ほ太靈道靈子術に就て蘊奧を究めんと欲せば「太靈道靈子術講授錄」（入會費拾五

圓也）の配付を受け獨習せらるべく、又は田中氏沒後唯一の後繼者たる中川喜久馬氏に直接指導を受くれば斯術に通曉するは疑ひなし。

講授期間 ……（特別講授十日間）……會費金廿五圓也

普通講授 ……五日間……會費金拾五圓也

會場………福岡市西公園下太靈道福岡別院

一〇、洗心流靈氣療法

靈療術界に燦として異彩を放つ驚異的存在は洗心會々長權大教正松原皎月氏である氏の唱道せる「洗心流心靈治療術」の特徵は生心靈三理綜合式完全療法である。其の說く所によれば、從來幾萬通りの治病法が世に行はれたるにも拘はらず其の效績の餘りにも微々たる所以は、從來の治療法なるものが一方にのみ偏し過ぎてゐたことに起因するものであるとなし、疾病の因つて起る眞源を肉體、精神、靈魂の三者に認め從つて治療に當つては此の三者の何れに起因する疾病であるかを見究め、然る後に於て其の最も適應せる治療法を施すのである。斯くすれば如何なる難症痼疾も必らず治すべきことを斷言してゐる。

先づ其の生理的療法としては主として靈壓法、自然療法を鼓吹してゐるが、之によつて骨格の異狀、筋肉の異狀、血液及淋巴液の循環障礙、神經機能の障礙、內臟の

轉位、等を矯正するのであるといふ。

心理的療法としては、催眠術療法、精神解發療法等を施行し、これによつて作病的精神の休止、迷妄的潜在觀念の消滅、全快への信念確立、體內諸器關の機能促進等を實現し、以て疾病治癒の機轉を與ふるものであるといふ。

更に靈能療法としては、靈氣放射療法、交靈療法、禁厭療法、神傳瞬間療法等を施行し、これによつて、神經及神經中樞の鎭靜、血行の促進、炎症の抑制、病竈の排除、尿酸の分解、酸酵素の活働、新陳代謝作用の促進、細胞力の振起、神靈の冥護による神秘作用、憑依靈の退散、靈的惡因果の解除等の諸作用を實現し、超理論的に難症痼疾を救治するものであるといふ。

以上の如く洗心流心靈治療術は其の收むる處極めて廣汎であつて到底其の全般を紹介することは不可能である、依つて左に靈能療法の一分野たる靈氣療法の一節を拔記して讀者の參考に供することゝした。

靈氣の治療的活能

靈氣の治病的活能について概論すれば、先づ第一に神經及神經中樞の鎭靜である。故に心悸亢進などの患者に放射すれば忽ち鎭靜し、又喜怒哀樂などの情緒の激昂した者に對しても頓に平靜ならしめ、腹部交感神經の興奮たる胃痙攣や吃逆など凡て神經の興奮に基く病患に對して驚くべき奏效を示す。

次に血行促進に對しても大なる力を有し、同時に體溫をも增すのである。（之れ熱の發する所以だ）其他炎症を抑制し、病竈を排除し、尿酸を分解し、醱酵素を活動せしめて新陳代謝の作用を促進し、細胞に活力を與へ、體溫を調節し、腫脹細胞を破壞し、結締織を增殖し黴菌病毒を撲滅する等、其活能は枚擧に遑がないが、之を要するに良能を活潑々地に活動せしむるものと見ればよい。

靈氣能力充實法

吾人は日常呼吸と食物によつて大自然界より靈氣を攝取して居るが、從つて靈氣能力の充實法も亦此の兩者に立脚して居るのである。

一、食養法　食物の點で特に注意すべきは、靈氣は生のものにのみ存するといふことである。自然療法が生食を鼓吹する根本理由も此處に存するのである。生食の出來るものはつとめて生で喰ふやうにし、少しでもエネルギーを多く攝取して戴きたい、生で野菜の如きでも、グタグタになる迄煮詰めて濃厚な味をつけるより、なるべく、生で——若し生食不可能なら鹽でイタメルとかアッサリゆでゝ食するやうにし、肉類の如きも可成く淡白な、新鮮なものを喰ふやうにしたいものである。生のものには、これからズンズン發達してゆく所の活力（卽靈氣）が含まれてゐるのである。たとへば一個の鷄卵にしても、これから雛となり親鷄となる所の大なる活力が其の中に藏されて

ゐるのであつて、之れに火力を加へると活力は全々無くなり、只僅に脂肪だの蛋白だのと云ふやうな二三のものより殘らなくなるのである。それから何人にも最も手輕に實行能きるものは生水の飲用である。湯茶の代りに、つとめて生水を用ゐる習慣をつけていたゞきたい。

二、呼吸法　靈氣を完全に充實せしむる爲には、現在普通人の行つてゐるやうな不完全極まる呼吸法では駄目である。自畫自讚ながら、本會の唱道する靈氣吐納法こそ最も合理的なものと自信する。近來合掌行が此處にも彼處にも流行し、甚だしきは物理學校あたりに於ても、生徒に合掌せしめ、陰陽電氣の交流に依る治病法を傳授しつゝある現狀である。しかし何れも淺薄にして理想的と言ひ難い。我が洗心流では、呼吸の調節と、合掌と、觀念力の誘導の三者合一によつて、最も短日に靈氣充實を完全ならしめてゐる。故に病弱者は本法の實習によつて自己體内に靈氣を充實せしむれば諸病自ら癒え、心身快適となり、更に之を外的に放射すれば他人の疾病を治すこと

元來本會の靈氣吐納法は、先づ正座法に依つて身を調へ、而して胸式吐納法、丹田式吐納法、觀念式吐納法、强息法、陽氣吸收法の五種を行ふのであるが、此處には、靈氣充實及靈氣放射に最も偉効ある觀念式吐納法のみ講述して、諸君の實習を願ふこととゝする。

A、觀念式吐納法の原理　觀念式吐納法とは、規則正しき呼吸をなし、その一呼一吸と共に一の目的觀念を凝らし、それを潜在意識に植つけて實現を企てんとする方法である。隨つて心身の改善に偉大なる効を奏するもので、不肖が幼時九死の大患を一掃したのも實に本法である。

B、觀念法の一例　たとへば觀念式吐納法を健康增進の上に應用するものと假定すれば、靜かに吸息しながら「宇宙に遍滿せる靈氣丹田に集中し、全身各神經に分布され、血管、筋肉、臟器等を刺戟し、其機能旺盛となる」と觀念し、息を吐く時には、

「病弱の原因たる邪氣汚氣は呼息と共にスッカリ抜け去る」と觀念し、二度三度之を繰返し、かくして十分間以上之を行ふのである。

或は又煩悶解決の上に本法を應用するとすれば「一呼一吸我が頭腦を清涼ならしめ悲哀憤怒の念はスッカリ抜け去りつゝある」といふ具合にやり、中風患者ならば「靈氣丹田に集中し、全身の血液筋肉臟器一切に作用し、枯死せる神經活生し手足はズンく動き出す」といふ具合に、其他之に準じて行へばよいのである。

ところで既に疾病を有する人で實行上根氣の續かぬ場合や、又は觀念法未熟の初心の方には、前記の觀念法は一寸六ケしく、呼吸の速度と合致せぬことがあるかも知れぬ。

ソンナ人々のためにモ少し簡單に觀念法をお傳へする。

先づ靈氣が全身に充滿して神經血管臟器等の凡てに作用すると云ふ根本的理解を持ち、愈々着手に際しては、自己の病患部に手を當てながら呼吸をする。手の當て方は手の平をピッタリと患部に當て、指の間を密着することが必要である。そして心身共

にスッカリ力を拔いてボンヤリと構へ、息を吸ふ時に靈氣集中々々々々と二三回づゝ思念し、息を呼く時に「病菌排出」とか「痛苦退散」などの適當の短句を二三回唱へる。

抑々觀念法の極意とするところは、理論的に餘り複雜な文句を用ゐたり、精神を無理に集中したりすることは禁物であつて、且つ常に消極的な思念を排して積極的な思念を持することが大切である。故に前記のやうな、單に靈氣集中とか、治る靈氣集中といふやうな短句を、何回も繰返して觀念することが最も有効なのである。感應の起つた證據として患部に當つた手が非常にアックなつてくるものである。手は可成く皮膚直接に、胃の惡い人なら胃の上に、頭の惡い人なら頭の上に當てるやうにし、一旦接著した手は中途で離してはならぬ。少くとも一回十分以上はつゞけねばならぬ。

かくしてゆけば自己治病ぐらゐは極めて容易である。

C、**靈術の究極點** これ位のことで疾病が治るものかと疑はる方があるかも知れぬが、尠くとも靈氣の作用と觀念の偉力と、呼吸法の効果とを理解された方には何の不

思議もないことゝ思ふ。鰯の頭も信心からと云ふ如く、靈術の極意も結極念の一字に盡きるのである。確信なくして十回行ふよりも確信のもとに斷行する一回の方が遙かに勝つてゐる。靈氣吐納法の如きも、單に血液の循環が良くなるとか、神經が刺戟されるとかいふやうな生理一偏の觀察に止まらず、心身相關の理により、調身は卽ち心理上の作能を完からしめ、かくして洗心淨體以て吾人本具の靈能を發揮せんとの心掛けこそ望ましいのである。

D、**靈氣能力を充實する法**　さていよ〳〵本論に立返り、觀念式吐納法を應用して他人治療の基本となる靈氣能力を充實する方法を說明しやう。

先づ正座法によつて姿勢を整へ、閉目し、靜かに胸先きに於て合掌する。合掌の方法は、神拜の時のやうにすればよろしく、指の間をあけないやうに密着し、手首や臂や肩に不自然な力を入れないやうにユックリと構へる。

次に鼻から吸息しながら、「大宇宙の靈氣、我が手掌を介して丹田に（臍下丹田のこ

と）集注する」と観念し、且つ観念すると共に靈氣が手掌からズヅーッと這入つて丹田に集中する狀を觀想するのである。

次に鼻から息を吐き出しながら「丹田に集注せる靈氣は我が指頭から猛烈に放射すると觀念する。

而して呼息、吸息を繰返すと共に觀念をも繰返す。若し觀念法未熟にして此の念想文が長きに過ぎると思ふ士は、息を吸ふ時に「靈氣充實々々々々」と觀念し、息を吐く時に「靈氣放射々々々々」と觀念する、鼻から呼吸をするのであるが、實はこれ指頭から靈氣が出入してゐるのであるとの觀想に移さねばならぬ。

一回の實習を約二十分間とし、修行後はよく兩手を摩擦し、更によく兩手を振るがよい。スルト兩手はヂンヾして來るものである。

觀念式吐納法に於ける息の出入法は、鼻より息を徐々に吸込みながら、臍下丹田、（臍の下方約一寸五分の處）を八分目程度まで膨脹し力を入れる。次に息を止むること

なく直に、再び鼻より息を吐きながら丹田部の力を抜きやゝ凹ますものとす。決して不自然に力を入れてウムウムと力むべからす。呼息吸息共八分目程度とす。故に病弱者も容易に實行し得。

實行の場合は必ずしも正座とは限らず、椅子又は仰臥の姿勢にて實行するも差支へなし。

E、**靈氣能力試驗法**　さて右のやうにして兩三回も修業するうちにボツボツ靈氣の放射を指頭に自覺するやうになる。

我が洗心會道場では漸次左の實驗を試みて靈氣の放射を確認し、又その強弱を知る一法としてゐる。

(イ)　合掌の指先がムヅムヅしてくること。

(ロ)　手掌が熱くなり特に指端が非常に熱くなつてトックトックと脈がうつてくるこ
と、

（ハ）指頭から一種の涼しい風が出る様に感ずる。

（ニ）暗室内に於て旺に観念式吐納法を修すれば指頭に微光を認め得ること。

（ホ）他人の手掌、顔面等に、指頭を差向けるとやはり自己の場合同様、先方は涼風感を訴へるものである。両者の間をフトンの如きものを以て隔てゝも、それ等の隔障物を透して立派に感應する。

（ヘ）更に遠隔放送とて、一人の者を隣室に直立せしめて襖を閉ぢ、術者は相手の顔とか手とか一部分を思念しつゝその部分へ指頭をかざすか、又はプー〳〵と吹息を與ふれば、先方は必ずその部分に一種異様の感覚を起す。無論、其部分は相手には一切告げてをかぬから、全々暗示作用ではない。此の靈氣の遠隔療法を指して、世上二三の大家連が遠隔感應性を利用すれば遠隔療法も易々たるもので、単なる推感作用であるかの如く説くのは、その人に圓熟せる霊能が無いからである。

（ト）一人の相手を直立せしめ、虚心平氣に住するやう命じ、さて術者は其の前に立ち手掌から靈氣を放射しつゝ相手の眉毛又は咽喉部の何れかに指端をかざし頻りに兩手を引く動作を繰返せば、相手は次第々々に吸引せられて遂に前倒するに至る。反對に押す動作を繰返せば相手は遂に後倒する。決して暗示作用でないことは、一室、二室を隔てた者に何等の豫告をせずしても感應する。

（チ）試みに病患部へ手を當てゝみると、手掌に非常な高熱を發し、患者に非常な好感を與へるものであり、頭へ接手したのみで、足の先まで電氣が通ふやうに感じたり、自然運動を起してくる者などがある。何といつても病氣がズン〳〵治つてくるのが第一の感應である。

（リ）獨り人間に對してのみでなく、鳥や犬猫などに對して立派に治病的能力を有してゐる。

（ヌ）更に花の如きに對しても、靈氣を放射した花は必ず二三日早く開き、又既に

枯死せる花を活生せしむる。

(ル) 水、煙、等に強く放射する時は微に変化を起す。
(オ) 杉、檜等の薄き板(所謂霊子板)に手をかざせば前進する。
(ワ) 角砂糖に数日間霊気を強く放射すれば褐色を呈する。
(カ) 酒のかゝつた衣服に霊気を放射すればシュミを來さない。
(ヨ) 蓄音機の針を包んである紙の一片を掌上にのせ霊気放射を観念すると動く。
霊気力の極めて強い人がやると紙は旺にダンスをやる。

霊気放射法(治療法)

諸君が観念式吐納法によつて養成せられたる霊気能力を如何にして放射するかについて本会に二つの方法がある。曰く唸傳法(眼力、吹息、発声による傳達法)曰く手傳法の二法である。本書では手掌の放熱法を説くのが主眼であるから、手傳法のみを

お傳へすることにしやう。

手傳法では先づ放射せんとする手を數回固く握つて開き、更に兩手掌を強く摩擦し更に手首の力を拔いて手の先を旺に振る。これで發電法はすんだのである。

次に患者を、それぐヽ病氣に應じて、仰臥なり椅子なり都合のよい姿勢をとらせる長時間の施術にも決して苦痛を感ぜぬやう樂な姿勢をとらせることが必要である。術者も患者に充分近寄り、威容を正して按手する。遠方から無理に手を延してゐると、身體や腕が疲勞して放射力をにぶらす虞がある。

靈氣は隔隙物や距離の如何を問はず感應するものであるが、治療の際はなるべく患者を薄着にし按手するか、又差支なき部分ならば皮膚直接に按手することが最も有効である。

次に手のあて方があるが、之れは患部の都合に依つて異るものである。患部が眼だとか耳だとかいふやうな少さい時には指先一二本を使用し（主として食指と中指を使

二五〇

用す）頭だとか腹だとかいふやうな大きな患部に對しては手掌全面をあてるのである（其場合指間は必ず密着すること、手は輕く當てること）更に患部が特別大きな場合や病氣がアチラにもコチラにも澤山ある場合には徐々に手掌を移動してゆく。此場合鳥が餌を拾ふかの如くコツ／\離してゐては駄目で、一旦按手したからには數分間は、（最低限度二分間）手を離さずに充分放射せねば感應は起らない。

患部に按手した後は、治病思念を凝すか、又は靜かに丹田式吐納法（輕い腹式呼吸）でも繰返して居ればよい。

按手後寸時すると、患部に接着してゐる手が次第に暖かくなり、遂には燒ゴテの如く熱くなり、患部は極めて好感を催してくるものである。そして患部の變化が術者の手に色々と感じてくる。之が靈感である。

尚患部によってはピク／\ヂン／\と蟻走感覺を起したり、涼風が出る如く感じたり、稀に夜間など放光しつゝあるを認めたりするが、これ等はいづれも放射が強大完

全に行はれつゝある證據であるから、ズンズン奏効してくるものと見て間違ひない不治の病は此の感應が起らぬことがある。

次は手を當てる部分である。これは患者の悪いといふ處、苦痛を訴へる場所に放射すればよいのである。よし按手の場所が間違つてゐても、靈氣は病患部へ吸集される性質があるから（病患部は靈氣が缺乏せるため）チャンと巧みに移送され治療の目的を達し得るのである。

尚眼や耳などの治療は、その患部に充分靈氣を放射すると共に、併せて頭部へも放射する必要がある。胸腹部の病は、前面から放射すると共に併せて背面からも放射すれば、効果一段と的確である。

＊　　＊　　＊

松原皎月氏著「靈術大講座」は第一卷より第九卷まであり、全九卷一時申込は會費金廿五圓、分冊申込みは各卷三圓である。ハガキで兵庫縣姫路市龍野町洗心會本部宛

に申込めば詳細なる案内書を送呈せらるゝ筈である。

實地教傳…………五日間………會費金五拾圓也

會場………姫路市龍野町洗心會道場

二、病元全療術

曾て精神界社主催の懸賞募集に係る全國精神界人物評傳第三位に當選した斯界の雄である。病元全療院長澤進幸氏獨創の無藥療法であつて、その內容は一種の觀念法に獨特の呼吸法及び觸手療法を加味綜合したものである。此の療法は、他の諸療術に比して比較的簡易であるが、殊にその一法たる正息練丹精神統一法の如きは、最も簡單であつて老幼男女を問はず、誰にも容易に實修し得る絕好な健康法である。
澤田氏著「神經衰弱治療術若返性能旺溢法と保健長生の祕訣」より、茲に其の眞髓を拔萃して初心者硏究の資料としたのである。

腹力の充實は健康の泉

心身の健全を保持するには、絕へず積極的に精神を活動せしめる事を忘れてはなら

蓋し人間の利己心は其の根柢に挑他的の素因を含有し居るが故に、必然不滿の感覺が起つて來る、此れを苦痛と稱し、罪惡の具體化されたものと爲す。故に利己的慾望の強き人程、罪惡の素因が多く苦痛も亦甚しく感ずる道理である。又其の慾望の強き人は、常に恐怖の觀念が伴ふ。是れ即ち人類の疾病の原因である。尚は利己心の強き人は、常に心の不安が絶えない。此の不安觀念こそ、吾人の生活を暗黒ならしめ、且つ活力を鈍くし、病患の起因を作るものである。人間は四百四病の容器なり等と考ふるは根本より大間違ひも甚しい。人類は元來健康であるから、病の肉體より起るものは極めて尠く、多くは心の苦痛より發するのである。以て精神作用の患者に與ふる影響如何に大なるかを知るべし。實に心意は八萬四千の無明煩惱の巢窟にして、亦四百四病の湧き出づる淵源であるが故に、心意の奧底の掃除を懈る者は生涯病の流れを清むる事は出來ないのである。

若し保健長壽の要道を生理學的に言へば、滋養物等を適宜攝取常用して、自然の營

二五五

養素を發生し、以て身體の健全を保持すべきであらうか、本來人間の一生は變化が多いから、苦樂に臨み燥がす動かす、泰然として其の進退を誤まらず、性を顧み理を重んじ、唯々一時の情慾の赴く儘に心身を使役せず、身體と精神とを充分鐵石の如く練磨し、以て心身內外の敵や魔に打ち勝たねばならぬ。其れには先づ腹力を養はねばならぬ。腹力は人間精力の根源にして、總ての働き、總ての力も皆腹力に依つて左右せられて居る。是れこそ眞に保健長壽の祕訣である。想ふべし、世の諸業、百藝、心身保健一として腹力を充實せずして超凡脫俗を發揮し得るもの無きを。殊に靈的作用を起し、物我一如の境域に至るには、一層精力が絕倫でなくてはならぬ。而も絕倫なる精力は充實した腹力の所有者でなければ得られない。腹部は眞に精力の中心で、腹部に力が充實して居れば、精力は自ら旺盛となるのみならず、吾人總ての動作も思想も技藝も記憶力も征服力も親和力も剛膽力も、その他一切精力の強弱に關係あるものは、腹力の充實如何によつて左右されることを知るのである。

而して腹力の所在するところは「臍輪」即ち氣海丹田にして、此の全身精力の中心たる場所に常に精力を蓄積して居たならば、自然に細胞は活動し、血精は増殖し、血液は正しく循環し、以て心身の調和、靈力の發揮により、煩悶を解決し、貧乏を驅逐し、病魔を絶滅し、以つて常に健康に、常に幸福に、かくて圓滿なる長壽の生涯を過し得ること毫も疑ひを差し狹む餘地ないのである。

靈性の顯現發揮

吾々人類の意識の奧底には靈力が存在して居る。靈力とは卽ち心靈の作用にして、甚だ偉大なれ共、薄志弱行の輩は常に之れを隱蔽して、其の威力を顯現する事が出來ぬのである。不思議なる諸術を行ひ、且つ自他の難症を癒し、惡癖を矯め、境遇を改善せんと欲せば何人も必らず靈力發揮の修練を積まねばならぬ。假令へば太陽の光線をレンズを以て集むれば、其の焦點には、火を發し物體を燒くの力がある如く、吾人

の靈力に働きも、普通は微弱なれ共、修練の功を累ね、其の力を強烈に集むれば、偉大の現象を顯はす事が出來る。試みに思へ、雨天の日は、太陽は少しも大地を照らさぬ。之れ雨氣が太陽の光線を遮斷するが故なり。人類の靈力も然り、普通は、三毒等煩惱の暗雲に蔽はれて、少しも光輝を發する能はざりしも、若し克く修練積んで妄想雜念を一掃し、思ひを潔くし心を清く、行ひを正しく爲して熱誠に修練を怠らざれば漸次に驚くべき靈的作用を發現する事何の難きことあらん。吾人は須らく心膽を鍛鍊し、物理を超越した靈力に因り、非凡の奇象を顯出せしめ得る程度迄、深く研鑽せねばならぬ。谷虛にして、山、自ら對へ、人一心にして、物能く感ず。芭蕉は耳なくして雷を聞き、磁石、心なくして、鐵を轉ず。況んや吾人本具の心靈か開發し、活躍するに至つてをやだ。

靈能發揮法

靈能發揮せば理想的強健上如何なる利益あるや左に簡單に述べん。

精神上に於ては、腦神經を健全にし記憶力を増進する他、思慮周密、判斷正確、意志強固、膽力剛大となり、特に堅實なる德性と實力とを具ふるに至る。

肉體上に於ては、各內臟諸器管、血液循環系統、腦神經の實質充實並びに其の機能増進、諸筋肉其の他各部の調和された發達。病菌其の他の障害に對する強度の抵抗力増進及び障害に逢ふも回復機能の旺盛等、無病長生の基礎は築かれ、體力は増し、且つ活動性に富み、就中心臟と肺臟とは共に強健となる。又、女子にあつては、姙娠特殊機能も進み、分娩も極めて安全、乳の分泌も豊富となり、誠に無上の理想的強健法と言ふべきである。

正息練丹法

邪氣吐出法

邪氣とは肺胞內を初め體內に充滿して居る炭酸瓦斯や、其他老癈の氣

を總稱して言ふのである。

此の邪氣を吐出する方法としては、胸部を擴張しながら鼻より細く長く、充分に吸氣したならば、此の息を下腹部に送つて全氣力を臍下丹田に充實せしめ、暫時溜息し堪へざるに至つて、口笛を吹く要領にて唇を少し開き緩々と吐息するに隨ひ、上體を前屈して顏を膝頭の邊迄持つて行くのである。其の後心窩を次第に凹縮させ、兩手掌を以て腹部を壓する如くし、全身の老癈物を全部吐出して一回終るのである。此の一回が終つて普通呼吸を一二回程し、又繰返し五六回も行へば、大抵體内の邪氣は吐き盡すものである。尚本法は腹力を充實し、活力を發揮し、腰の力を非常に強くするの大効あり。

氣養精強法

本法の効果は絶大なれ共、一面修術方法も少し複雜な點あり、直接指導に據れば至

つて容易なるも、各自充分の効果を舉げ得る様、議論や理屈は拔いて說明せん。

先づ修行に先き立ち「吾は氣養精強法を行ひ、大宇宙の生氣を吸納し、以て心身共に淸淨にし、全身の活元を旺盛ならしめ（病根ある者は直に治癒する樣に、その他要求に從つてそれぐ〜適當な文句を觀念する）若々しく元氣發溂として、不老長壽の目的は必らず達成せずんば止まぬ」と强く觀念するのである。

總て何事に於ても然りであるが、充分自信を持ち、積極的に邁進する事に依つて、驚くべき大效を奏するものである。是に反して果して病氣が治るであらうかとか無病長生が實現するか等と消極的な弱い觀念を持つことは絕對禁物である。

積極的觀念と消極的觀念——信不信——熱誠と不熱心——熟不熟如何によつて、效果の有無、成否が岐れるのである。本法修行に依つて「我が何々病は必らず快癒し、心身共に強健となり、不老長壽は絕對に出來る、大目的を完全に貫徹せざれば止まぬと強烈なる觀念を凝らしてこそ願望は易々と實現達成する事を繰り返して置く。

氣養精強法の目的は延髓脊髓及腰髓に精氣即ち靈氣を蓄積充滿せしめ、以て氣を養ひ精を盛んにするのである。

脊髓とは反射機能及傳導機能を有し、全身大部分の知覺や運動を支配するのみならず、中樞機能としては血管運動。勃起。射精。分娩。發汗。排尿。脱糞等の作用を掌る重要なる處である。

延髓も亦重要な處であつて、其の中樞は反射中樞として眼瞼閉鎖。嚥下。咀嚼。嘔吐。唾液分泌。涙液中樞等である。自動中樞としては呼吸。血管運動。心臟調節及鼓舞中樞の如き營養運動化の中樞である。又此等に附屬する神經纖維は舌、唾液腺、咽頭、食道管、胃腸、膵臟、氣管、肺、心臟、諸血管等を主宰する處から見ても、如何に延髓が大切な處であるかは論ずる迄もない。此の後頭の延髓に接近して小腦があるから此處に靈氣を蓄積するは最も有効なのである。

實 修 法

正座するも椅子に寄るも自由とし、目及口を輕く閉結して、舌端を以て唇及口中を三四回廻すと、口中に唾液が湧出する。其の唾液を胃にドクリと飲み下す（是れは非常に營養分に富み其の他の利益あり）と同時に、口を細くして旭日昇天に面し、その光線が――曇天雨天の際は大宇宙の生氣が――連綿として吾が胸腹中に吸納さるゝ様な心狀心眼を以て、恰も見ゆるが如き氣持で徐々に吸氣を初める。其の吸氣に依つて臍下丹田を充實（腹厭強高）せしめ、暫時持息して後、其の生氣靈氣が腰髓より逐次脊髓に上昇し、精氣は延髓に止まり蓄積充滿すると信念しつゝ鼻より靜かに綿にと息を吐き竭して一回終るのである。この際注意して置きたいことは、吸氣に際しては、宇宙の生氣丹田に流入し、靈氣となつて充實す。と觀念し、持息の時は、元氣旺盛にして無病長生は必らず實現す。と觀念し、吐息の時は、丹田の靈氣は脊髓より延髓に止

まり活力増進す。と強く観念することである。而して此の場合には、肛門を引き締めて脱腸や痔疾を防ぎ、尚心窩を凹まして胃擴張等を防がねばならぬ。修術回數は毎朝十回位行へば結構であるが、二三十回宛行へば尚更結構である。

正息練丹精神統一法

正息練丹、精神統一法實修に際し、比較的簡單に心を集注させる法は、無意に呼吸を數へる事に依つて、精神散慢や雜念を防止し、精神統一を容易ならしめることである。左に二三の方法を說示し置く故、各自行ひ易い法を選び隨意に實行するのが便利である。

一法　自己の臍又は丹田に精神を集注し、吸息により丹田を充實し、吐息に依つて縮凹してる時、即ち一呼吸を以て一回とし、二十分、三十分と續け、熱心其の宜しきを得ば、呼吸は次第に靜まり、短縮して精神統一は實現し、無我の境に沒入する事容

易である。

二法　一呼吸一回として數へ、逐次百に至り、四百、六百と回を重ぬるに隨ひ、恍惚として統一狀態に沒入する事一法と同樣なり。

三法　柱時計の振子の音に心を傾け、往復一回として數ふる時は、心は時計の振子に集中し統一は易々たるものである。

以上の方法により心を或一點に寄せ、或は何等意味の無い事を數へる事によつて、一切心の動きが靜まり精神統一狀態に沒入する事は、我々多年實驗研究の結果、眞實に出來る事明白なのである。

觀念息

本法に於ける姿勢は正座によるも、椅子に寄るも何れにても良い。先づ鼻の先二三寸の處で輕く合掌し精神を此の合掌內に集注し、指頭より靈氣の出入する事を觀念し

行ふのであつて、靈氣充實法としても、靈能力發揮法としても、最高の方法である。

其の一例を述ぶれば、吸息の時には宇宙の靈氣指頭より流入し來ると觀念し、溜息の時には、流入したる靈氣丹田に充實すと念想し、呼息の時には靈氣指頭より盛んに放射すと信念す。

扨て之れを修行する時は靈氣非常に充實し、暫くにして合掌面に溫熱感を覺へたり又は蠅や蟻等が指頭を匍ふが如く、ムズムズ蟻走感覺を起したり、或は指頭より血の迸る樣にズキンズキンと感じ、又はスーッスーッと風の出入する如く涼味を感ずるものである。此れ卽ち靈氣の充實したる證據である。尙又合掌は精神統一、至誠、調和の三義を含むのである。而して手掌より靈氣放射さるに至れば、他人の顏や掌に三四寸或は以上の間隔を於て翳す時は、壓力を感ぜしめ、又指一本を延ばし、他人の目に接近さす時は、目は非常に涼快を覺へるのみならず、可なりの眼病をも癒し得る。此の程度に至れば、輕病は朝飯前の事、治療に練熟し、強力なる治病觀念を凝らす時は、

可なりの重患者や、醫藥で治らぬ難病痼疾をも容易に癒り得るのである。

顯動と潜動

端座して合掌した手尖に精神を統一する時は、先づ指先がピリ／＼と微動し初め、次で兩手が上下前後左右に自動し、やがて此の自動運動が全身に及んで、自然と身體が飛動して來る。此れが即ち靈動作用である、此の樣に靈動が肉眼で見えるのを顯動と云ひ、肉眼で全く見る事の出來ない微動を潜動と云ふのである。要するに顯動は一つには、初學者の爲めに靈動とは、どんなものであるかを示す爲めであり、一つには、潜動に導く手段である。諸病治療には專ら潜動に依らねばならぬ。靈動の起つて居る手を患部に按手する時は、電氣にでも、かゝつてゐる如く、其の振動を感じ、且つ此の振動が細かい爲めに、患部の最深部に迄充分傳はり、神祕的な力によつて、病細胞を破壞し、如何なる難病をも易々治療する事が出來るのである。此れ即ち中腦を經で植

二六七

物性神經を刺戟し、其の配下にある不隨意筋を微動するが故に、效果偉大且つ的確なのである。此れに反し顯動は振動が粗い爲めに、身體の部まで到達せず表面で消えてしまふ爲めに、治療的效果も極めて尠ない。而して顯動は終腦より動物性神經を刺戟して、隨意筋を働かすのである。

以上述べ來つた妙法を實修研究する時は、靈妙不可思議なる大自然の偉力を體得し其の神祕的なる力によつて、病細胞を破壊し、これを健全なる細胞に同化して組織を一新する所の根本療術を會得したと言ふことが出來るのであつて、これは醫學其の他の治療の及ばざる最も完全なる療術であると余は確信する。即ち本療法は絶對に副作用や危險を伴はず、肉體的疾患は勿論、内部に潛在するあらゆる諸疾病を一掃し、患者の信不信に論なく、完全に癒し得る最も安全且理想的療法である。

又それを實修すれば、知覺神經、交感神經、運動神經等の活動が平衡となる爲め、心臟脈管の活働旺盛となり、血液の循環を良好にし、身體細胞各臟器、諸機關が本能

的働きを起し、白血球の食菌作用、血精の溶菌作用、抗毒作用が充分と行はれ、新陳代謝の機能が旺盛になり、かくて病疫の根治、無病長壽が實現されるのである。

＊　　＊　　＊

澤田氏が十數年來實地經驗上の結果を根底として、之れに學術的説明をも加へてある。同氏著「神經衰弱治療術若返性能旺溢と保健長生の祕訣」（金壹圓八拾錢）は直截簡明で、斯術の實習に取りて甚だ有益なる書である。病元全療術の方式に就て、詳細を知らんと欲するものは此書を參考とせらるべし。

講習期間一週間──會費金三十圓也。
會場………東京市淀橋區上落合二丁目七八六番地病元全療院

二二、生道靈掌術

靈掌術は、生道學會總主大山靈泉氏の發見主唱する一種の觸手療法であつて、「人間天賦の靈能と手掌の技術とによつて自他の疾病を徹底的に根治」するを目的としたものである。元來身心は相關不離のものであり、眞の病氣治療は身心兩面より行ふものでなければ完全なる效果は望めぬに拘らず、所謂無藥療法の多くは、神祕的靈能を標榜するのみで、醫學的科學的には疑問多く、理學的無藥療法の多くは、人間の靈的神祕性を否定して一時的糊塗をなす現狀を慨して大山氏が苦心創始したものであつて、或る場合には理學的療法を主として精神的手段を副とし、又病氣に依つては精神療法を主として理學的手段を副としてゐる。

大山氏に依れば靈掌術の根本原理は「生道」である。生道と言ふのは簡單に說明すれば、宇宙太靈の分身たる人間各個の靈の要求して止まぬ眞、善、美の生活を行ふべ

き道であり、此の生道を自覺して宇宙共同の生活に仲間入りし、共通の生命に生きることが生道學の目的なのである。

靈掌術は、斯くの如き生道の人生觀に立脚して自他共に靈肉兩方面より改造せんとするのであるが、肉的方面換言すれば手掌の技術的方面に於いては、最新の理學的療法、殊にカイロプラクチックに負ふところが少なくない。併しながら本項に於ては、靈掌術の基礎修養法を紹介するのが目的であるから、直接關係なきカイロプラクチックの理論等は割愛することにした。

扨次に靈掌術の創始者大山靈泉氏著「靈掌術敎授全書」中よりその基礎修養法たる修靈療養法、身心統一訓練法、心靈光線發顯法を順を追ふて紹介しよう。

修靈療養法

1 正座調息法

正座とは正しく座すことである。正しく座すとは宇宙の眞理、生道

に適合するやうに座すことである。膝先適度に開き（男子は兩拳の入る程、女子は片拳の入る程）足先を組合せて其上に臀部を置く（足先は稍深く組むのであるが、淺く組む習慣のある人は淺くともよし）下腹部を少し前に出す如き氣持にて、鳩尾下を落す。脊骨を成るべく眞直にし、首は眞直にする。胸を屈めぬ様、又あまり張らないやうにして、右手を上にする。調息とは呼吸を調べることである。呼吸が調ふて始めて心が調ふ。眼を閉ぢ徐々に鼻より吸入れ、口より出す。吸ふ時には下腹が少しふくれるやうな氣持にし、吐く時は反對になる。所謂腹式呼吸である。鳩尾下に力の入らぬことが大切である。時間及回數、最初は五分間から十分間位行ひ、慣れるに從つて二十分から三十分まで行ひ、呼吸と共に自然に精神が鎭つて來る。方法、正座して目を閉ぢ、直ちに目的を觀念する。即ち「自我を空うして宇宙太靈に歸依し、大自然の靈力を自己の身心に受け身心を淨化する」ことである。其後です

ぐ調息法を行ふ。

正座調息ともに無理をしてはならぬ。むづかしく考へずに樂な氣持で行ふて漸次に慣れるのがよい。凡て自己の身體、病氣の狀態を考へて苦痛でない様にしたらよいのである。胸、下腹等に力を入れてはいけない。氣を落付て自然と力が入つて來るのはよいけど、強て力を入れてはいけない。

私共が五尺の肉體を以て宇宙に通じてゐるのは物質的には呼吸のみである。又呼吸に依つて私共は宇宙の靈氣を吸收し、自然の力を受けることを忘れてはならぬ。吸ふ息は靈氣を腹部から全身に吸收し、吐く息で自己の邪念邪氣を吐く氣持で行ふ。

2　合掌交靈法　正座呼吸法によつて身心が落付いたなら直に交靈法に移る。

方法　一、合掌鎭心　（一）目を閉ぢ兩手を肩の通りに眞直ぐに前に出して伸し（二）頭上に伸し、頭上にて密着して合掌する（三）頭上で合掌せる兩手を靜に胸の前に下らして息を吐き鎭心す。

二、念靈　合掌鎭心して宇宙太靈を心中に念ず。「歸命太靈」「歸命太靈」默唱すること一分二分三分四分と經過するに從ひ、刻一刻と宇宙の靈氣は身心に集り來りて、兩手掌より腦部、胸部、腹部と次第に滿ち〴〵自己の靈は宇宙の靈と合一せんとして互に感應道交す。

三、靈道　かくして次第に合掌せる兩手は溫度を感じ、左右兩手はピリ〳〵と輕い電氣に感應するごとく感じ、次第に前後左右或は上下に動き出し、全身靈動するに到り、心氣活然として靈我一如の妙境に入る。かくして身心共に非常に淨化されて病毒は絕滅される。

3、全身押擦法　交靈作用を行ふて靈氣の發動してゐる手掌を以て全身を氣持のよい樣に押へ、擦するのである。
（一）兩手を以て大腦部を押へ、首筋を漸次下にもみ下らす。（二）指先又は手掌を以て顏面を押擦する。特に眉と眉との間の皺を取る樣にし、心で廣くする樣に思ふ。

（三）兩手を胸にあて横に撫擦する。（四）兩手を肩から指先まで交互に撫擦する。（五）腹部は右から左へ廻す樣に圓く撫擦する。（六）脊部から腰部、臀部と撫擦する。（七）兩膝を足先きで押擦する。

修靈療法全般につき注意

時間は全部で十五分乃至三十分位自己の身體相應に行ふのである。

修養の時刻は朝食前と就眠前が一番よろしい。

私は毎朝七時から四十分行ふてゐる。其時實習せられば感應道交作用で一層有效である。

自己療養法は専ら自我を去つて大自然、太靈に抱かれ助けられる方法である。從つて自然は皆自己の一部分である故に、成るべく自然に接近するやうにせられたい。卽ち時々太陽の光線を受けたり、山野の空氣を呼吸したり、草花を眺めて樂しんだり、絕えず自己と自然と生命の根元を同うして交通してゐることを思ひ出すのである。

身心統一訓練法

一、自己觀念療法
正座して瞑目し、兩手を前に擧げて「左右に開く」といふ觀念をする。左右に開いた「時は次第に閉ぢる」といふ觀念をして二三回手を開閉すると次第に早く開閉して來るやうになると共に、身心は一致して自然に統一して來る。次に「此の手は上に擧る」と觀念すると又次第に上に擧る「兩手は膝の上に下りる」と觀念すれば下つてくる。次に「身體が前後に動搖する」と觀念すれば、身體は次第に動搖して盆々心は統一して來る。かくの如く自己で觀念する通りに身體が動いてくるやうになると自然に雜念も滅却して來るから、其の時自己治療の目的を觀念する。其觀念は自己の目的を決定して一定して置くのである。例へば「明朝は六時に起る」「今晩は夢を見ない」「強肺」「健腦」「胃腸健全」等の如き目的觀念は成るべく簡單にして、之を三回程下腹で默唱して其の儘暫時ものである。

静座鎮心するのである。

此の観念療法は最も簡単に睡眠前に應用して、奇効を奏することがある。

二、性相改造法

身心相關、内外一致の理を應用して性相を改造することも出來る性相の改造は又疾病の治療上頗る有効である。かの骨相家などが相を見て心を見るのも此の原理によるものである。精神が肉體に影響を與へると共に、肉體も精神に影響を與へるものである。

催眠術によく掛つてゐる人間に握り拳をさせ、怒りの姿をさせると、やがて眼を瞋らせ、顔を赤くして、口で怒りの言語を發するのを見受ける。之は肉體の精神に與へる影響を示すものである。從つて吾々は性相を改造することによつて精神を轉換し、運命を開轉し疾病に好結果を齎らす事が出來る。

イ、常にニコ〳〵せよ　陰氣にしてゐると、一層精神が卑屈になつて、不愉快となり、悲み易く瞋り易くなる。不愉快、悲哀は共に血液の循環を不良にし、胃腸の働き

を惡くし、呼吸器の作用を微弱にし、神經を萎縮せしめて病氣の治癒を妨げる。特に怒りは一種の毒素を分泌して、身心に非常な害毒を及ぼすものである。從つて病者も健康者も、常にニコ／＼することを修養することが必要である。

ロ、眉の間の皺を除く　眉の間に縱皺の寄つて、眉と眉との間の著しく接近してゐるのは、心の狹きと、精神の不愉快を示すものである。生れつき眉の狹いのを直ちに廣くは出來ないものであるが、中の皺を除くことによつて、相をよくすることが出來る。之は力めて眉の間を廣くすることを心掛けてゐると、自然に廣くなつて、何時の間にか皺は除かれてくる。一番早道は毎朝顏を洗つて、すぐ鏡に向ひ、眉の間を廣くしたり、ニコ／＼することを二三分間も實行することである。

八、強固な信念を持すること　あらゆる不平不滿や怒り、不愉快は宇宙生命と自己の間に隔を造つてゐるからである。我執を去つて宇宙共通の生命に仲間入りして自然と共に生きれば、此の肉體の儘宇宙大生命と交通することが出來る。肉體は海綿であ

二七八

って、靈は海水である。肉體は五尺の生命に過ぎないのであるが、靈は海綿の水が大海に通じてゐる如く宇宙に通じてゐる。宇宙生命の眞髓を直覺した時、我々は無限の生命を證得するのである。人間ばかり相手にせずに、大宇宙を對照にするのである。

而して朝夕修養の後で觀念するは勿論、常の如き事を觀念するのである。

我生命は悠久無限である。

我精神は圓融無碍である。

我身體は無病健全である。

卽ち斯く強固な信念を以て常にニコ／＼し、眉の間に皺をよせないやうにして、生道の修養をしてゐると、自然に性相共に改善されるのである。人間の肉體は毎日新陳代謝をしてゐて、三年たてば上から底まで一新するのである。此の細胞に常に一定の觀念によつて命令してゐると意の如く改善されるのである。

三、身心一致瞬間鍛錬法　一、仰臥して手足を充分に擴げ伸して所謂大の字になる

（此時自己は大宇宙と一體であるが如き大きな氣持になる）

二、兩足を閉ぢ、兩手を兩膝のところまで伸して付ける。

三、手の先、足の先に力を入れ、肩を下げ充分に緊張させて肩と踵で身體を支ゑるが如き氣持になる。（この間約三十秒）（宇宙の靈力我身體に集り我は無病健全也と觀念する）

四、突然力を拔き身體を柔軟にすると同時に、精神力もゆるめて何も思はない、（此間約三十秒）

此の方法を就眠前、起床の際、疲勞した時、腰を使つた時氣の屈した時行ふと身體を整へ、身體の張力と彈力を強くし、疲勞を恢復すること實に妙である。特に推骨の不全脫臼を矯正することが出來る。

心靈光線發顯及實驗法

心霊光線は生命ある人間は皆發射してゐるのであるが、人は之を自覺しないのと、其力が微弱なる故活用することが出來ないのであります。今此處に私が多年苦心して得たところの方法を漸次述べることに致します。此法を熱心に行ふことによつて、讀者諸氏の運命は益々開展され、健康は益々增進し、人格は次第に完成されて行きます。

心霊光線發顯基礎修養法

外部に心霊光線を放射するには、先づ身體の内部を充實し、自ら健康體となること、精神を安定することが第一である。其がためには修霊療養法と身心統一訓練法の修養を朝夕行ふことである。即ち生道術修養法は、生道の修養となり、自己療養となるのみならず、心霊光線を發顯放射する基礎的修養法となり、自己と宇宙大自然とが一層密接に融合し、霊能開發の第一歩となるから最も必須のものである。

心霊光線直接發顯法（全身振動法）

一、下肢の振動法　直立して兩手を左右に水平に擧げ、左足を六七寸前に出して擧げ、これを自分の力で成るべく早く、こまかく振

二八一

動さすのである。あたかも足に水のついてゐるのを早く振り拂ふやうなことを繰り返すのである。

二、上肢の振動　左足を振動したなら、同じ調子で右足を振動する。直立して兩手掌に動力を加へ、之を前後左右上下に自由自在に成るべく早くこまかく振動する。前の如く水のついたのを速にふるひ落すやうにする。

全身振動法の奇效

此の全身振動法は心靈力心靈光線の發顯法となるのみならず、保健上頗る有效である。特に隨時隨所で無造作に瞬間に行ふことが出來るので一分間強健法としても興味ある方法である。

一、老衰を防ぐ　身體の老衰は血液の循環しがたい抹梢部から起きてきて、一番に抹梢神經の働きが惡くなる。然るに此法を朝夕行へば、抹梢神經を刺戟して其の働きをよびおこし、老衰を防ぐ。

二、脂肪肥滿を除く　脂肪肥滿卽ちぶよぶよの太りすぎは、細胞の破壞と構成の二作用が調和を失し、新陳代謝が不良となるに原因する。此の振動法によつて破壞

作用を旺盛にし、新陳代謝をよくし、肥滿を防ぎ、すでに肥滿してゐる者は筋肉がしまつてくる。

三、血液の循環をよくする　疾病の生理的原因としては、血液循環の不良は重大なことであるのは人のよく口にするところである。特に血液は内臓部に停滞して抹梢部に少なくなるに從つて、血液循環の惡い人は手足が冷える。然るに此法を行ふと内臟にたまつてゐる血液は手足の先に流れ來て、全身の循環がよくなる。一回行つても顏色がよくなり、手足が暖かくなるのを見ても、効顯の偉大なのがわかる。

四、疲勞がとれ肩の凝がとれる　疲勞は身心過勞のため一種の疲勞素が身體の内に出來るからである。肩の凝は惡血の停滯と神經の働がにぶくなるからである。此の法を行ふ時は疲勞素を體外に放散し、神經の働きをよくし、疲勞や肩の凝は早く除がれる。

五、運動不足を補ふ　運動の必要であることはいふまでも無いが、病人は運動と

いふ程のものも出來ず、多忙の人、頭腦を使ふ人、美衣美食の人も運動不足になり易い。此の法は室內と室外とを問はず、相手なしに順序なしに、自由自在に出來るから、運動不足を補ふには大變よいのである。

六、心氣を一轉す　ものごとにあいた時、疲勞した時、氣のすゝまぬ時など行ふと、心身相關の理で心機を一轉するのに有效である。

かく保健上すこぶる有效であるのみならず、一面心靈光線の發顯法となるので興味ある方法である。

心靈光線の實驗法　此法は心靈光線の放射を自覺し且つ實驗する方法である。靈的實在を感覺的に實驗することは頗る困難なことであるが、心靈光線は物質と靈との間法のエーテル的のものである故に、或程度の精神狀態で自覺實驗することが出來る

此の法は私の實に苦心したところのものである。

手掌顫動及溫熱實驗法　全身發動法を修行して直ちに兩手掌を密接し、手掌に靜か

に注意を凝集すると、手掌の間が交靈法の實習の時以上にビリ／＼と顫動して、一種の靈妙な感じを直覺し、次第に溫熱を感ずるであらう。

ビリ／＼と顫動するのは細胞の靈動につれて心靈光線を放射し、左右の兩手掌は陰陽二氣性を現して感應し合ふからである。溫熱を感ずるのは心靈光線の放射と共に一種の電熱を伴ふためである。此の手掌を他人の身體の一箇處に數分間置くときは氣持のよい溫熱を與ふるものである。

次に兩手をくだりに徐々にもとの合掌に閉ぢる。此時兩手掌は吸引されるが如く自然的に閉ぢてくる。開く時と閉ぢる時の速力を比較して見ると、閉ぢる時が早く開く時は輕い抵抗を感ずる。是は兩手掌が陰陽二氣を現し、互に異つた心靈光線を放射す

牽引力の實驗法前と同じく全身振動法を修行し直ちに兩手を合掌する。合掌してゐる兩手掌に注意を凝集しながら兩手掌を極めて徐々に、一尺四五寸まで開く。此時兩手掌は互に感應し合ひ少し離れ難い感じがある。

る故に、相牽引し合ふからである。心靈光線に牽引力のあることは疾病の治療に最も重大な關係を持つものであるから特に注意して戴きたい。

心靈光線　手掌感觸法　全身發動法を修行した後、心を靜め右手を平にして密着し中指の先に心力を集注し、左手掌に向つて五六分離れ、中指の先で徐々に、圓形をかく樣にする。此時左手掌に注意を凝集してゐると、右手の指先に應じてあだかも針先で輕くつく如く、冷風の吹くが如く、圓形を感ずることが出來る。

視覺心靈光線の實驗法　昔から眼光などと言はれてゐるのによりても、視覺からは可成り強い光線の放射するものである。心身を統一して一定の場所を凝視する時、其の視線のとゞく所に強い心靈光線を集注するものである。これは自分の身體に實驗することは困難であるが、他人の身體に實驗することが出來る。

何等の豫期精神なく、眠つてゐる人間に向つて、其皮膚の一點を凝視するときは、

其の表面がピクピクとかすかに動く。尚一層凝視する時は益々明らかに動く。手足などを凝視すると必ず動くし、又眠つてゐるまぶたを凝視するとぱちぱちと知らずに動かすものである。雜念の少い子供などは一層よく感ずるものである。

心靈光線動物實驗法　動物に感應することを實驗するには家內で行ふことの容易な猫に行ふがよい。眠つてゐる猫の後から耳を一心に凝視してゐると、凝視される方の耳を動かす。又正面より閉ぢてゐる目を凝視するとパチパチ動かす、次第に強く凝視してゐると眠りを醒し、或は飛び上ることがある。

心靈光線の物體を通過する實驗　硝子障子の外にゐる猫を、硝子障子の內から凝視する時は、前の場合と同じく感應する。只肝要は術者の心に隔てをつくらぬことである。障子が一枚あるといふ心の隔りがあると感じが惡くなる。

心靈光線による精神感通の實驗　精神の感通することは既に述べたところであつて、一個の生命體である宇宙に於て精神の感通することは靈と靈との感應であつて、

何等不思議のないところである。併し人間の精神の力を五尺の肉體の内に限つて其の神祕性を認めぬ現代科學は、之を認めないのであるが、我々生道修行者は、心靈光線の力に依つて容易に實驗することが出來る。其の實驗法の例を左に示す。

其の一　被術者を一人術者より五六尺乃至二三間離れて瞑目して立たせて、術者は丹田に心を落ちつけ、被術者の後に立ちて其の後頭部を凝視し、後に引くことを強く思念して上體を後に引く時は指一本もあてず、一言も發せずして被術者の體を後に引くことが出來る。

次第に強く思念して益々これを繰返すと、被術者は漸次後に一歩づゝ引かれてくるよしや一歩づゝよつてこないでも、其身體の動くのを見て術者の心靈光線の感應してゐるのを知ることが出來る。

其の二　被術者を向ふむきに瞑目して立たせて兩手を左右に水平にあげさせる。術者は五六尺一方を強く凝視して下ることを思念するときは、思念せられた手の方が段

段々と下がってくる。

其の他段々と修養をつむに従って、色々のことを工夫して實驗すると、隨分靈妙なことまで出來る。これは心靈光線の牽引力と相互の精神の感通作用によるものである

＊　　　＊　　　＊

以上は大山靈泉氏著「靈掌術教授全書」（非賣品）より拔萃したのであるが、本療法の臨床的方面に關しては同書に詳細説明しあれども、元來會員組織の教科書ではあるが、之を得るには何んとか便宜の方法もあらう。

講習期間……一週間……會費金三拾圓也。

會場……神戸市外芦屋（阪急驛一丁東北）生道學會普及本部

　　　　廣島市國泰寺町（縣教育會館前）生道學會本部

二三、森式觸手療法

觸手療法は東京心靈學協會長　森美文氏の多年苦心の結果創始された森式治療法である。森氏は元來法曹家であつたが、性來の宗教的熱情は事毎に法律といふ非人間的非宗教的範疇を排反し、遂に法曹家たるを辭めて、觸手療法を以て廣く世人を救ふべく決心されたのである。彼の大正十二年九月の關東大震火災に際しては、東京全市を隈なく馳せ廻つて、傷者、病者の救治に寧日なかつたことは有名な逸話である。氏は斯くの如く宗教的大乘的信念で固められた眞面目な押しも押されもせぬ療術家であるが故に、その觸手療法に於ても多分に宗教的色調を帶びて居る。「治療則祈禱」「信則應」は氏のモットーであり、その治療法の基礎たる合掌を「神佛禮拜の儀式であり、神人交通の儀式」としてゐるのも畢竟宗教心の現はれに他ならない。

次に氏の著書「觸手療法の理論と實際」其他に據つて觸手療法の全貌を紹介しよう

祈禱と觸手療法

勞働即祈禱、尊い言葉である。

勞働即祈禱の信念の下に孜々として働き得る者は幸である。これこそほんとうに神を識る者の此の世に於ける生き方である。

宇宙目的と人生目的とが一つに合する所、我が仕事は即ち神のわざであると。賀川豊彦氏は言つた。

私は過去に於て治療即藝術と叫んだ。治療即藝術として認識する時なるほど他の模倣勞働よりも尊いものではある、が然しまだほんとうのものではなかつた。もう一步深く突き進んだ治療即祈禱でなければならないのだ。即ち私達の治療行爲、それは宇宙目的と人生目的とが統一されたものでなければならない。それ故に各種の操作技術等は單なる模倣に終つてはならぬ。勞働の尊嚴は單なる模倣の世界には見出されず、

自由な創作的勞作に於てのみ保たれるものであるからである。

或る人は、治療に際しては「祈り」の心を持てと言はれたが、まだスキがある、治療即祈禱だ、治療そのものが祈りでなければならない筈だ。

曾つて醫學博士暉峻義等氏は、醫學は自然科學に基礎を持つと同時に、他方一種の精神科學に基くものである、治療學は科學であると同時に、藝術でいゝ。それ故に醫師に於ては知性に關する教養が大切であると同時に、感情も意志も、否人格的教養もまた醫師たるの要件である。と喝破された。云ふ意味の藝術とは、宇宙意志を表現する唯一の宇宙藝術であり、生命藝術でなければならない。それなればこそ治療は究極宗教と一致するものである。獨り治療行爲のみならず一般の勞働そのものが然るのであつて其處に「勞働は神聖なり」の意義があり、而して又た「醫は仁術なり」と云はるゝ所以である。

恁うした意味に於ける治療法を現代の治療界に求むる時、そこに私は觸手療法の名

觸手療法！　そは人間本具の治病能力を合掌修業によつて一層強力ならしめ、之を他の療病に應用するの方法であつて、他の多くの治療法の如く技術を要しない。それ故萬人何人にも可能である。たゞ合掌修業を要するのみ。合掌！　これこそは神佛禮拜の儀式であり、神人交通（感合）の儀式である。我々が神佛に祈りを捧ぐる時、兩の手掌は自らその掌を合する。我々は又た身に傷痍をうけ或は疾病に苦しむ時自ら手掌をその患部に當て合掌の形式をとる。たゞ多くの人は此の場合祈禱を忘れ懺悔淨化の心を起さぬ。それ故に、「藥より手當て」の效が顯はれぬ。敢て私が「治療即祈禱」と叫ぶ所以は茲にある。されば合掌によつて自他の病疾を癒さんとするならば、患部に手掌を當て（是れ一つの合掌である）ひたすらに神の愛を信じ自己を懺悔淨化し疾病の治癒に向つて熱禱すべきである。斯くすることによつて「信則應」の理が行はれるものと私は堅く信じて疑はない。

實にキリストの言はれた如く、「爾の信仰爾を癒せり」である。友よ！だゞ信ぜよ而して信じて是を實行せよ。たゞに信じて苦惱ある所に手を當てよ。その時君は君の手が何時しか熱かき神の愛の手に置き代へられて居るのに驚くであらう。そして感謝を禁じ得ないであらう。

觸手療法の治療及び診斷

觸手能力の誘導法の實修によつて、果して自分の手掌から放射線が出てゐるかどうかを知る方法、それは至極簡單です。先づ瞑目します。そして左の手を僅かに前方に出します。今度は右の手の指頭を左の手掌に直角に向けます。距離は二三寸位、こうしてゐると左の手掌面に、丁度凉しい風が靜かに吹いて居る樣な一種の感じを覺える筈です。又時によるともつと强く、ビクビクとする樣な應じや、痛がゆいやうな感じを覺えます。若しこうした試驗法でハッキリと感じが判らぬやうなれば、左の手掌に

右の手掌を向き合はせます（距離は二三寸）。そして右の手をスーツと引いて見るのです。そうすると前に言つた感じが、一層ハッキリと判ります。此の方法では右の手を遠くへ引く時に、涼風の吹く感じがあり、近づけるに隨つて溫い感じがします。これは決して手の運動による空氣の振動を感ずるのではなく、又手のぬくもりを感ずるのでもありません。强くなれば直立してゐる人の後頭部に手掌を向けて、强く後ろに引く動作を繰り返すことに依つて、後方に倒すことさへ出來る位であります。

さて此の試驗法を行つて、相當放射線が放射してゐることが判りましたら、愈々治療に取りかゝるのであります。

病患部の判明してゐる場合には、夫々その患部に手掌を當てます。それは成る可く皮膚に直接に觸れさせたいのですが、着衣の上からでも差支はありません。この場合必らず一種の感じを手掌に覺えます。ピクピクと强い脈の樣な、或はチクチク刺す樣な、その他色々な感じを覺えます。そして、此の感じは病氣の輕重に正比例する樣で

す。此の理由は生物電氣の理論から考へると直ぐ肯かれます。

そして治療の回數が重なり、病氣がよくなるにつれて、此の感じは次第に薄らいで行きます。そして長時間手を接觸してゐても、更に何等の感じも起らぬ様になつた時は、則ち病氣の治癒した時であります。ですから熟練すると疾患の部位程度等の診斷が容易に出來るやうになります、が初心の中は病名の確定した、疾患部の不明でないものから、治療にかゝられることをお勸めします。

以下治療の順序を申し述べませう。

先づ患者に適宜の臥位をとらせます。そして瞑目させます。これは患者の精神の沈靜を計るのが目的です。それから術者は患者の前額部に手掌を輕く當てゝ「どうぞ此の方の病氣が治りますやうに」と專心に思念することです。之れは非常に大切なことで、此の思念に依つて治療効果は著しく促進されます。彼の十六世紀のスキスの解剖學者パラセルススが「類似の者は類似のものを治す」と喝破した此の教義に則つて、

創案した處のチャールス、エッチ、ダンカン博士の自動療法(オートテラピー)や、フリードリッヒ、ハーネマン氏の類似療法の標語としてゐる「類は類を治す」と云ふ精神療法も、結局は患者に對し深い同情と理解を持ちて臨み、治療に際しては、此の病者は必らず治せる」と思ひ、患者は術者に對し深い信頼の念があつて「此の人ならば治して貰へる」と思ふ處に感應道交がある。

かくしてこそ初めて治療に効を奏するのであります。されば「手のひら療治」の人々も此の點を非常に強調されてゐますし、平田内藏吉氏も心療法の方で「祈り」と云ふことを説いてゐられます。即ち西勝造氏の所謂心境の一致がある譯で

△施術者は次の如くに祈りて治療を始め、終つて感謝するがよからう。

神よ

心療はあなたが此世を天國となさん爲めに與へ給へる尊き療法であり、私をその爲めの使者となし給へるを感謝します。願はくば之れを正しく親切に行つて、同胞を

喜ばし、あなたの榮光を彰はさしめ給へ。そこに居る兄弟（姉妹）をして、心療の惠みを感謝してよりよき生涯を送るに至らせ給へ。

△被術者の祈り

神様

願はくば、わが罪をゆるして健康を與へ給へ。健康は光、力、希望、歡喜、感謝であります。その健康と比べますなら、何の苦痛が耐へられないことがありませう。健康の爲めにとあなたがお與へ下された心療――この心療を受くることを心から感謝いたします。

被術者が治療中念々此の祈りを絶たぬなら、刺戟は快感に變じ、效果また顯著に現はれるでせう。と鹽谷博士も「療治中は專心になる事が大切である。話しをしながらや、他の事を考へながらでは、效果は薄い。この病氣が是非治るやうに」と專心に念ずる時に、效果

は著しく大となる。患部に當てゝゐる手をとほして、自分の全力を相手に打ち込むと云ふ意氣込みでやるのがよい。と言はれてゐます。

要するに治療者たるものは、人生に對しより敬虔なそしてより謙讓であり、個々の病者に對しては深い同情と理解とを持つて接し、治療に際しては治癒に對して確乎たる信念を持してかゝられることが必要であります。

思念が濟みましたら直ぐに患部に手掌を當てます。然し此の際に決して押壓してはなりません。觸手、接手或は按手の名稱の因つて起る如く、輕く患部に接觸せしむるのであります。そうして治療を開始しますと、炎症性の疾患や火傷切り傷等は、一寸の間却つて疼み出すことが多いのです（火傷などは其の爲め成る可く手掌を觸れずに患部に接近して手掌をかざす位にしてゐてよい位です）卽ち手を當てゝ二三分すると今迄何の苦痛もなかつたものが、痛み出して來るやうな事があります。併しそれは數分で消失して、その後は頓に輕快した樣に感ずるものです。否な實際に輕快するので

す。尚ほ治療中患者は往々にして快い眠りに陥ります。が決して覺醒させる要はありませんから、そのまゝ治療を繼續してよいのです。

又慢性の疾患は――二三回治療した後に、症狀が増惡することも多いのですが、之れは反應であつて一日乃至數日の後には消失します。此の反應が早く現はれる人は、治癒が一層早いやうです。ですから患者には、豫めこの反應の來ることは、知らせて置くことが必要です。

治療の所要時間は大凡二〇――三〇分でいゝやうです。然し初心の中は努めて長時間の觸手を必要とします。それはまだ放射能が弱いからで、熟練の結果相當強力になりましたら、二十分位でも結構ですし、猶それ以下に短縮されます。

手を當てるには右手掌は直接疾患部に、左手掌は他の部に當てます。そうしますと生物電氣の關係から言ひまして、右手掌には一（陰電位）が高まり、左手掌には十（陽電位）が起り、單に片手を使用するよりも一層效果的であります。手のひら療治の方

では、右手…のみ重に使用し、特殊の場合でなければ右左同時に使用しませんが、之れは少し考へへものだと思ひます。

診斷などをする場合は、特に両手を使用した方がいゝ樣です。平田氏は觸手診斷の理論として

心療の診斷を更に丁寧に行ふ時用ひる觸手診斷法は、生物電氣等の示す處によりまして、先づ皮膚にあらはれた電位の變化を觸手によって探る法であります。即ち私等の右方の手を患者の他のある部分に置きまして、右手に注意を集中しまして、右手の觸覺を興奮させます。すると右手手掌は電氣的に一となり、右手手…は反對に電氣的に十となります。それ故、右手手掌が患部の身體の病氣の反應として、電氣的に十となつてゐるところに當れば生物電氣的感應作用が起り、引きつけられるやうな感じがします。同時に暫くするとその感が去り、電位の變化が幾分調節され、患者の氣分が爽快になつて………云々

次に診断法の二三を紹介して置きませう。

頭部と背部の診断の場合

(一) 右手を頭部に左手を背部に置きます。（注意は凡て右手に置くこと以下同じ）
(二) 左手を頭部に右手を背部に置きます。頭部に故障のある場合は(一)のとき、背部に疾病があれば(二)のとき、何れも右手に強く感應します。

胸部と背部の診断

(一) 右手を患者の胸部に當て、左手を患者の背部に當てます。
(二) 右手を患者の背部に當て、左手を胸部に當てます。胸部に悪い處のある場合は(一)に、背部に病ひがあれば(二)に、何れも右手に感じます。

腹部と腰背部の診断

（一）右手を患者の腹部に當て、左手を患者の腰背部に當てます。

（二）右手を患者の腰背部に當てます。左手は患者の腹部に當てます。

此の場合腹部に病氣があれば（一）の場合に、腰背部に病があれば（二）の場合に、何れも右手に感じます。

全身の診断をする場合には、以上の操作をすればよい譯ですが、より簡單に知る場合は、患者の兩手の甲へ（合掌させて置いてもよし）術者の左右の手掌を交互に當てゝ診ること又兩足の甲に同じ操作をして見ると、右手に強く感じたに、その患者の病氣があることが判ります。

但し診斷の場合には、術者は何處までも精神を統一してかゝることです。此の場合雜念があつては往々にして診斷を誤る虞れがありますから、呉々も注意を要します。

＊　＊　＊　＊

森氏の觸手療法は從來ありふれの同法とは全く其方法を異にせる處多し。若し森式治療法の極致を得んと欲せば、宜しく直接指導を受けらるべし。

講習期間………一週間………會費金參拾圓也。

會場………東京市荏原區小山町三二〇番地東京心靈學協會本部

一四、小野式血液循環療法

多士濟々たる男子療術家に伍して寸毫も遜色なく、眞に萬緣叢中の紅一點として活躍してゐる女子療術家に、小野式血液循環療法の創始者、修靈會長小野乃布子女史がある。女史は故夫君の腦溢血症を治癒すべく精神療法を研究すること十餘年、遂に觸靈法に依つて人體の血液循環を旺盛にし、以て各種疾病を治癒し得ることを發見された療術界の新人として、將來を矚目せられて居る。女史はその性格上名利を求めざるが故に、未だ廣く世間に聞えて居らぬが、東都にては女史の血液循環療法に歸依する者も決して少なく無い。

女史にはまだ其の治療法を說明した著書が無いので、本項を草するに當り、特に女史を煩はし、其の精髓を發表して戴いたのが左の通りである。

凡そ「人生最大の幸福は健康に在り」と云ふ諺がありますが、如何に物質的滿足の

地位に在りましても、一朝心身の不健康に陷りましたときは、何等人間たるの意義も價値も無くなつて仕舞ひます。茲に於て此人生最大の不幸を救はんが爲には唯物文明の結晶たる醫術あり、藥學あり、化學あり何れも日進月歩長足の進步研究がされまして、又顯著なる效果を成して居るのでありますが、醫藥ばかりを主觀的にしてはなりませぬ。なぜなれば、人間ばかりではなく、動植物に至るまで宇宙の大自然に依つて其性を享けて居ると云ふ事を直感したとき熟々悟る事が出來るのであります。之れを理論的にしますと、少し熱がある樣であるとすると先づ體溫計を狹んで見る、三十九度ある、それ醫者よ解熱藥よと騷ぎ出して、一室に布團を被つて安靜狀態にさせられて仕舞ふ。翌日は解熱どころか反對に四十度にも昇ると、さあ氷囊となる。ところが、日露戰爭又今度の上海事變にも實例があるが、發熱しても體溫計の用意どころかそんな贅澤な事は言つて居られない。どうせ死に直面して居る體である。寧ろ志願して一刻も早くお國の爲め死んで仕舞ふと、砲煙彈雨の中へ決死隊として飛び出して戰

功を建てゝ、扨て戰鬪が濟んで見るとグラグラする、高熱は何時か無くなつて居たと云ふ實例、又關東の大震災當時、震災の驚きで何時の間にか跛が癒つて居たと云ふ奇蹟的實例を多々耳にして居ります。之れは何故でしやうか。高熱が平熱になつて居たり、跛が癒つてしまつたと云ふ事は、宇宙の大自然に依り與へられたる自然の治癒力に依ると云ふ事ではありますまいか。人間は氣に依つて生きて居るからであります。熱があつて大變々々と思ふ氣と、何糞どうせ死ぬなら病氣で死ぬものか、お國の爲め彈丸で死ぬと云ふ氣とは、氣分に於て非常な差異があるのであります。前者は自殺的行爲で、後者は自活的行爲であります。所謂精神の持ち樣如何に依つて、死活の分岐點となるのであります。最も近い例は、寒いときアヽ、寒いと思へば全身肌に粟だちますが、何寒く無いと力む、卽ち丹田に力を入れた瞬間に寒さを忘れてしまうではありませんか。病氣とは氣を病む、卽ち心が病むと云ふ事になるのではありませんか。
然れば人間には自然の癒能と活力精神作用に依つて、病患何ものぞ恐るゝに足らずと

三〇七

云ふ事が出來るのではありますまいか。生理上斯くの如き結構な作用があると云ふ事は誰しもが認めて居るのでありますが、未だ之れを強力化し活用させて、健康な體の保有者たる事を知らない人が多いのであります。

最近沒せられた東京瀧野川區西ヶ原の禪宗昌林寺の住職鳥栖越山老師は百十四歳で天命を完ふされました。此老師が氣分が勝れないのを見て、醫者が藥を薦めても「天命を知る者に藥は無用」と、斷じて醫藥を攝られず、死の三時間前に自ら引導を渡して瞑目された大悟ぶりは、當時（九、三、二八）の各新聞紙上に掲載されて世人を驚かしたのであります。此老師生前中の百十四年間中には、風も引かれたでせう。又胃腸も患はれたでせう。腰の痛んだ事もありましたでせう。大自然の治癒力は遂に百十四歳の高齢に達せしめたのであります。之れを見ても、大自然の治癒力の偉大を想ひ起す事が出來るのであります。

大自然の療能力とは何か

先づ身體を靈と精神と肉體の三大別にして考へて見る必要があるのであります。肉體の活動は交感神經と運動神經の二種別に依て支配されて居るのであります。而して交感神經とは、神とも大生命とも呼ばるゝ靈より享けるところの活力、即ち心靈なるものを吾々身體の各細胞と器能とへ運ぶものである。故へに心臓の鼓動にせよ、血液の循環にせよ、呼吸、消化、攝取、排泄、分泌其他一切の活動は、皆此交感神經の支配に依つて働いてゐるのであり此神經作用に依つて絶へず體内に化學的心理的の奇蹟が行はれて居る譯でありますから、一朝此神經が鈍るときは運動神經が鈍るから、血液や淋巴液が不循となり、劣惡となり、從つて老癈物病原有毒素が體内に堆積をする故に身體は病菌の釀造所となつたり、或は病菌が浸入をして生きたる細胞の破壊をし遊走細胞即ち白血珠の活動が鈍るのであります。此白血球と申しますのは、血液中に

在りて營養素に養はれて居て、肉體の組織内に異物、殊に病菌の浸入した場合、此菌を喰うて害を未然に防ぎ、又は死滅した體細胞を喰ひ盡して、掃除の役目を爲すものであつて、又血液中のみならず、所謂アメーバ様の運動を起して組織内にまで遊行して肉體の抵抗力を旺盛ならしめる使命を掌るものであるから、肺病の如き此白血球の衰退に依つて犯さるゝ事になるのであります。總て肉體の抵抗力の減退は、病氣に罹り易い體質となり、或は老衰者となるのであります。

自然癒能力とは即ち此白血球の活動力を第一とせねばならないと云ふ事になるのであります。病菌は遍在的性質のものであるが故、空氣中にも飲食物中にも、寄生或は潜在して絶へず吾人等の體内に進入して居るのであるから、到底病菌と無關係になる事は難しい。乍然血液の循環が完全に圓滑になつて、中の白血球の働きに依つて病菌は清掃されてしまい、淋巴液を健全たらしめば、血液老癈物や病的物質は自然的に代謝する。愁いも無くなり、健康體となるのであつて、病菌其物は少しも恐るゝに足ら

ず、又総てに障害の起る筈も無くなるの理であります。假りに指を切ったとしますと、其処に出血をして痛みを感じます。之れは血液の循環が中断阻害されるから痛むのであることは勿論であります。そこで白血球の働きに依つて（自然の治癒力）癒着をするに従つて、痛みが減退するの理を以ても、如何に血液の循環が活力素となるものであるかは誰しも良く御承知の事である。

血液循環療法とは何か

そこで如何にして血液の循環を旺盛ならしめ不治の病を征服せしむるか。

交霊作用 先づ術者は身心一如の統一法所謂気海丹田に力を罩め、即ち精神統一法を行ふのであります。此修養が第一の必要条件であります。精神統一法に就ては諸先生方に依つて御著述になつてあります様ですから、其方法の如何は別として十二分の研究と修養が必要であります。而して此の身心一如の統一法に依つて心霊力を誘起する

のであります。術者の心靈力を以て病者の弱き心靈に對し「病氣は必ず治る、治して見せる」と云ふ偉大なる信念を透徹せしめる、即ち感應作用に依ることは、所謂心理學上の身心相關を基礎とする譯で、心靈を患者の身體に感應せしめて自然の治癒性を誘導するのであります。術者が此妙諦の神境に到達するを得ば、單に此統一法に依るのみでも偉效ありとする譯であります。

私の施法は、多くの場合病者の肌に直接觸れる事を避けて居りますから、着衣の上から施術をすれば夫れで充分なのであります。

觸靈作用　觸靈作用とは現今行はれて居る所謂指壓法と略ぼ似て居る樣ではあるが大部異つて居るのであります。指壓法を以て治療せらるゝ多くの方は、唯單に要點を押壓すれば良い樣に思つて居らるゝかの樣に窺はれますが、夫れでは何々溫灸とか、何々電氣療法と云ふてあります如く、靈力の這入つて居ない、つまり魂の籠つてゐない器物的働きとなつてしまひます。唯單に溫いから氣持ちがよいと云ふに過ぎない事

になるのであります。觸靈法を行ひますには、靈波を指頭から病者に傳へるのであります。此靈波とは所謂動物電氣であります。精神統一法に依つて誘起されたところの靈波を病者の各要點に觸感せしめるのでありまして、人體細胞の活動を喚起旺盛ならしむるので、そこに一層完全なる治療法となるのであります。

何故に此手指頭をスイッチとして使ふのでありませうか。夫は人間の手指程交感神經（靈）の直感をし易い部分は無いのでありまして、肉體中尤も微細な働きをするから所以であります。例へば盲目者の點字を指頭に依つて讀み、或は微細の機械の製作に働く所以であります。偶々統一法に依つて手指頭に發靈を感ずる時、鏡に指を接觸させれば微かな曇りを表すを以て見ても、手指頭よりは一種のエネルギーとでも申しませうか、發散すると云ふ實驗にても立證せらるゝのであります。

觸靈法を施す方法と箇所 先づ觸靈法を行ふには病者を俯臥させ（腹這ひ）病者の兩手は體に添へて長く延ばさせ、足も長く延ばせて極く樂な姿勢をとらせます。術者は

三一三

心身一如の統一法を行ひ、兩手掌を重ねて第一胸椎骨より第五腰椎骨に至る（脊髓骨上）各椎骨上を横に靜かに押壓します。

第一、押壓方は極靜かに徐々力を加へると共に、微震動を與へます。其程度は術者の丹田に充分力の籠つた時を押壓の程度とし、次に緩めるときは鼻孔より徐々に吐き出す呼吸に從つて靜かに緩める。之を第一胸椎骨から第五腰椎骨上を順次靈壓を反復すること四回乃至五回致します。之れは即ち椎骨の歪向亞脫臼の矯正を爲して、神經系統の中樞機能を完全ならしむる爲めであります。例へば讀書に沈けるとか、或は裁縫に忙しいとき「肩がこる」「頭が重くなつた」と云ふ人は、必ず此脊髓骨の何れかに歪向亞脫臼をした部分があるのに原因するのであります。其時に脊椎に靈壓を加へますと「コツツリ」と音がして正位に復するのを實感する事が出來ます。

第二、前述の靈壓を了りましたならば、兩拇指頭（アトノ四指ニテ把リテ）にて第一胸椎骨より第

五腰椎骨の（脊髓骨の）軟骨の部分、つまり椎骨と椎骨の間の凹になつた部分を靈壓します。

靈壓方法は前述に同じくし二回乃至三回とする。

第三、脊髓骨を境として、兩手掌を併置したる兩食指の上部の位置を定め、第二のとき同樣拇指頭を以て胸骨と胸骨の間に靈壓する。此場合に母拇以外の各四指は、常に適宜に病者の體に接觸せしめ、拇指に力を罩めて押壓する場合、其指先きの狂はぬ爲め定規の用に備へる事却つて便利とす。此場合は四指に力を入れぬ樣特に注意を要します。

第四、第三の場合と同樣脊髓骨を境として併置したる手掌の各中指の部分の上部の位置を第二第三と同樣の靈壓を加ふること。

第五、第二第三と同樣として小指の上部の位置に靈壓を加ふること。

第六、臀部下溝の中央に強く靈壓を加ふること。

第七、第一より第五までの順序を終りたるときは、病者を仰向きに臥せしめ、四肢

は俯臥と同じく延ばさせて、胸腹部に靈壓手掌法を行ふ。靈壓手掌法とは術者の兩手掌をば指を伸ばして掌と掌を重ねて、左右の肱はなるべく張らぬ樣にして病者の胸部上に置き、下になりたる手掌の四指頭と手掌ら上方の軟部のところとにより交互に輕く揉むかの樣にしながら、上の掌にて極めて細かき微震動を與へながら、靈壓を加へるのでありまして、之れを行ふこと約三十分間位を適度と致しますが、最初は患部に壓痛を感じ、不快なる如きも、兩三回の後は嗜眠を催して來るを例とします（或人は腹を揉むのかと問ふ人がありますが決して揉むのではありません）本療法中は常に病者の顔面に注意して、其顔色及顔の蹙め加減に依つて斟酌する事が最も安全であります。此心懸けを以て初めは餘り痛みを訴ふる程力を加へず、回數の重ぬるに從ひ漸次に力を加ふる様にするを良とします。

一、第八、次に左右股關節部、下肢前側、外側、内側、後側、に靈壓を加へ、左右上肢内側部に同じく靈壓を加へます。方法は第二、三の要領とします。

第九、頭部は前額部より後頭部に至る中心線を定め（前額部は正中を上間髮際部に眉間の上方約二寸の處とす）前額部より顱項部、延髓を主要點とし、其他右主要點の中間部及前述中心線に左右へ併行線を定め、前述の主要點と同一併行部に靈壓を加ふ方法は、第二、三の要領に依る。

第十、延髓より左右頸靜動の兩脈部、肩胛骨と鎖骨の中間所謂肩の部位を上膊臼骨上部へ向け第二、第三の要領を以て靈壓を加ふ。次で額へ右手掌を當て左拇指を第一頸椎骨部に當て靈壓を加ふと同時に、急に右手掌を以て頭部を反轉させること。

以上の靈壓の各方法に依りまして亢進、鎭靜、誘導等の諸作用を起しますから、血液の循環は勿論身體各部の諸機能を正調し、神經機能より起るところの月經閉止或は利尿便通等の排泄を促進させ、營養機能を喚起亢奮復活をさせるに至り、疼痛（神經痛の如き）痙攣等を緩除し、嘔吐下痢等を鎭靜の作用を爲すが故に、血壓亢進を整調し、諸症の病患に効果あります。

以上は小野式血液循環療法の概略を述べましたものであります。序にこゝに注意し

て置きたい事は、呼吸器病者の胸部と姙婦の腹部に觸るゝ時は、餘り強く靈壓を加へざること、又傳染病者には絕對手を觸れざることを附記して筆を擱きます。

　　　＊　　　　＊　　　　＊　　　　＊

數千人といふ專門家ある東都療術界に在つて小野式療法に歸依するもの益々その多きを加へつゝある傾向は、婦人だけに極めて眞面目に後進を指導する懇切にして、病弱者に接する親切なるの證左であらう。以て其の治療成績の如何も察せらるべし。

講習期間………一週間………會費金貳拾五圓也。

會場………東京市牛込區辨天町百十一番地修靈會本部

一五、靈氣と仁術 富田流手あて療法

誠實熱心なる研究家として知られたる手あつて療法會長富田魁二氏は、其著「靈氣と仁術 富田流手あて療法」に、「人間苦の内で病氣程痛切に感ずる苦勞はない。此の苦勞を醫藥に賴らず時日を費さず經費を要せず完全に自身で治療出來るのは本書の特長である本書は自然の療能を其の儘應用して簡單で平易で一讀すれば誰でも出來る事を説明したものである」といつて手あて療法を禮讚して居られる。讀者の中には單に患部に手をあてた丈けで病氣が治るといふ事が世の中にあり得るか。若しあるとしても果してそれが現在治療界の要求を滿たし得るや否や、等の疑問を生ずる者もあらんが、氏は飽くまで理論に走らず二十星霜に亘る永き體驗を基調として平易簡單に且つ懇切丁寧にその然る所以を闡明立證されて居る。今茲に其の修養の順序と要領を摘録すれば、

修養の順序

一、動物は凡て自然的に療能作用たる靈氣を具有してゐる。二、人の手からは此の靈氣を放出するものである。三、其の手を局所にあてると、病氣の治る作用が起る。四、如何なる病氣でも根治性に有効である。五、此の自然療能作用の發動は人智を以て左右することは絶對に出來ない。以上手あて療法は五原則から生れたのであるが、之を實行するには先づ手掌より原動力たる發靈せしめ之れが自分で判る病氣・個所に當てゝ病氣を治すのが第二である。掌より發靈した手掌をやうになる爲めには、下記五日間繼續修養法を以て一修養となし、之れにて相當の治病能力は得られるのであるが、尚此の修養方法を繰り返しく修練すれば、治病能力は益々熟達する事は言ふ迄も無い。

昔の名僧智僧と言はれた賢哲は、一寸其の手を患部に觸れた丈で、色々な病氣を治

したと傳へられるが、之れは決して一朝一夕に得られたものではなく、不斷に此の手あて療法の根本をなす修養を繼續し、之を蓄積した結果に外ならぬと思ふ。此の程度にまで達するには、我々凡人としては尋常一樣の修養では出來得ないのであらうが、併し、修養を重ねて或る時間を治療に費せば誰人でも病氣を治癒し得るの能力は確實に得られるものである。今其の修得法を順序を逐ふて述べる事にする。

修得の仕方

靜座　此の靈療法を修得するには、先づ靜座をして心身の平靜統一を企るのである が、最初靜座するには靜かな所を選ぶか、或は夜分靜まつた時を利用するのが有利である。

イ、靜座する時には、次の注意を必要とする。

正座でも片膝座禪でも自由であるが丹田を壓迫せないやうに座るが良しい。正座の時は兩膝頭を少し開く事。

ロ、脊椎は成るべく垂直にするのが宜しい、之れは久しき靜座に堪ゆる姿勢である但し無理に垂直にするのは良くない。

ハ、瞑目、開眼は雜念を招き隨つて精神散亂し易きを以て瞑目して之れを防止するのが有利である。

（合掌）靜座したら次に合掌に移るのであるが、此行の目的は心の力所謂靈氣を手掌に集結せしむる手段であるから、大凡次のやうな要領で行ふ。肩と臂に力を入れない樣に兩手を合す、肩は下方に下げる氣持で、臂は輕く兩脇下に接して合掌を支へ、五指は揃へて兩掌を輕く接着せしめ、掌内に眞綿を挾んだ樣な氣持になる。

（淨心法）靜座合掌の姿勢が出來たら、淨心法と言つて、一層精神を淸淨にし、統一する爲めに明治天皇の御製を一首奉讀し（心の中で）此の御製にあらはれた大御心に自分の心を照して直ちに之れを奉體するのである。是れが爲めに御製四五首を次に

謹掲する。

明治天皇御製

いかならん事にあひても撓まぬは
　わがしきしまの大和魂

あさみどり澄渡りたる大空の
　廣きを己が心ともがな

いづかたに心さしてか日盛の
　やけたる道を蟻の行くらん

大空に聳えて見ゆる高嶺にも
　登れば登る道はありけり

雨だりに凹める石を見ても知れ
　かたき業とて思ひ捨てめや

遠くとも人の行くべき道行かば
　危きことはあらじとぞ思ふ
善惡を人の上に言ひながら
　身をかへりみる人なかり鳧

(發靈法) 斯の如くして心身が靜淨になつたら、此の心持を基礎として靜座を繼續する時は、心は自然に清くなり合掌して居る掌に溫熱が湧出して來るが、之れを靈熱と名づけて居る尙心身の調和が得られるに隨つて更に輕く電波樣のものが、ビリ〳〵と、掌に感じて來る樣になる。此の溫熱と（ビリ〳〵感ずるもの――私は之れを靈波と名づけて居る）靈波との合體が此の療法の主體となる靈氣の發動である。
最初は此の感じが薄いが、段々靜座の調子が良くなるに隨つて強く感ずる樣になつて來る。
又心身が調和するに隨つて其の感じも敏感となり、之れと反對に心身の調和が亂れ

るときは自然に消失せられる性質のものである。

靜座は心身の調和を求める手段方法であるから、身體の中央卽ち丹田に心を置かねばならぬ、又何事に遭遇しても亂されない樣に調和の力を求めねばならぬ。心身の調和力が整ふて來れば、合掌の發靈もそれにつれて增加して來るものであるから、此の心身狀態を自分で練るのが靜座の修養である。

一靜座の時間は一時間位が適當であるが、座ることに馴れない人には無理であるから段々馴れるに隨つて、時間を延長して行くのがよい。不連續的に思ひ出した樣に靜座するのは效果が尠ない。

最初此の修養を始めたら五日乃至七日連續するのがよい。

今試みに、五日計畫の修養要領の大略を示すと、次の如くである。

（五日計畫の修養要領）第一日　前に述べた要領で三十分間位靜座する（一時間出來れば有利である）此の時靜座合掌淨心法が終つた頃に數回深呼吸を行ふと心身の調

和が容易である。此の日の靜座の終りには合掌して居る掌に、靈熱を發して來ることに注意して居ればこれが感知出來るものである。

第二日　三十分か四十分位が適當の時間である。御製の奉讀は勿論前記修得の方法を通讀し更に、前日の靜座氣分を喚び起して、夫れに引續いて靜座を重ねるのであるが、此日の靜座の終りには合掌の掌に、靈熱も增加して來るが其外に、ピリ〳〵としたシビレタ樣な感じを感知することが出來る樣になる。

第三日　四十分位が適當である。靜座の意義及び心得を喚起追想して、謹嚴に御製を奉誦するのである。斯の如くにして靜座氣分を增進せしむる時は、靈熱も追々早く出るやうにもなり、ピリ〳〵する靈波も強く感じて來る。此の靈波を體得するには次の方法で練習すると早く體得が出來る。

靜座の終り頃に合掌して居る手を靜座氣分を亂す事なく左右に二三寸位徐々に開くとピリ〳〵する靈波は大きく兩掌に感ずるものである。又靜かに元の合掌に歸る時は

兩手が吸ひ付けられる様な感じがする。此種の練習をする時には、特に靜座氣分を亂さない様に注意せねばならぬ。

右の練習を四五回繰り返して見る、と靈波の感じを體得することが出來易いものである。

第四日　四十分か五十分位が適當。靜座合掌して御製を奉誦すると、前日の心理狀態が心に早く浮んで來る樣になる。隨つて靜座氣分も早く整つて來る。合掌の掌も同じ樣に發靈して來る。二十分間位靜座が進んだ時に、今度は兩手を握り合せて膝の上に置き、靜座を繼續してゐると發靈の調子が合掌の時と同じやうになつて來る、約十分間位過ぎたら再び合掌に移ると一層發靈の調子が整つて來るものである。更に十分間位合掌した後、今度は掌を直角にして右手を左掌內と二三寸位、隔を置いて靜座の氣分で居ると、左掌內に一ヶ所細い風が當る樣に涼しく感ずる所があるが、これは右手の中指を中心として放射してゐる靈氣が左掌內に當る爲めに感ずる感じである。隨

つて右手の方向を左掌内随意の處に換へれば其の感じが移動して行くのは當然である。此等の練習を靜座と交へて行ふ時は、發靈及び靈感を體得するに大變有利である。此の練習を行ふ時最初の内は成るべく閉眼の方がよい。此の練習の終りたる時は再び合掌に歸り、更に御製一首を奉誦して其の日の靜座を終る。

第五日　一時間位が適當である。靜座の要領は前日の通り進めねばならぬ。御製を奉誦して約二十分間靜座合掌してゐると、靈熱も靈波も調子よく發動して來るから、今日も前日と同樣の練習を二十分間位するのもよい。夫れから合掌に移つて又二十分位すると發靈の調子が整つて來るから其の時、肩の凝つてゐる人の肩に右手を當てゝ左手は膝の上に置き今迄と同じ氣分になつて約十五分間位手を動かさず(一ヶ所)に當てた儘居ると、手から出た靈氣が肩の凝つた人に移つて行く爲めに(治療)手を取ると、肩が輕くなつて良い氣持になり、凝りが解けるのである。此時肩に當てゝゐる右手にビリ／＼「シビレ」のやうな感じがするが、之れを病感と名付けて居る。若し其の病

感が判らなかったら右手を肩につけた儘で左手（膝の上の）と其の感じを自分の心の内で比較して見ると、感じが異なるものであるが、其の異なる右手の感じが皆病感である。此の程度まで出來る様になったら初歩としては先づ卒業である。此の基礎を尊重して是れを幾回となく繰り返し繰り返し、數多くすれば立派な治療が出來る様になる。

自己治療法

此の療法を修得して人の病氣は治せるにしても、自分の病氣が自分で治せるかと問ふ人がある。其の答へに自分の病氣が治せない様な事で、他人の病氣は治し得るものでは無いと云はねばならぬ。

併しながら、治療法としては完全に出來るわけだが、手あて療法は自分の身體に、自分の手の屆かない所がある。又屆いても無理があつては、或る時間堪へられぬので、十分には出來ないと云ふことは止むを得ない。

自分の身體に自分の手をあてゝ治るの理由を一寸不思議に思ふ人もあるだらうが、人の治療も自分の治療も効果には實際變らぬ性質を有つて居る。

靜座合掌した時の手（靈氣の放出して居る手）は、身體の健康素を集中せしめたことになる。病氣の個所は、生理組織の缺陷や、其の他種々なる障害の爲めに、健康素（靈氣）の循環が不十分であるから、病所は、此の健康素が缺乏して居ることにある。此の時、靈手を直接病所に當てるときは、病所は手より其の要素を吸收するものであるから、其の結果は他人治療と何等異なる所なく同一効力を奏するのである。隨つて病感の感受も他人診斷と同じである。

自體の靈素を自體が吸收すると云ふ事は、結局同じことになり、其の間何の得る所なき様にも考へらるゝが、治療効果の擧がる處より見れば生理上合理である。

要するに、病所に靈手を當てると、治療効果は擧がるが、自己治療で一番の難關は、自分自身が病氣の爲め、苦痛に堪へ切れざるの時にあつては、發靈作用も實に減退せ

られるので効果が擧がらないのは止むを得ん處であるが局部的打傷とか「ヤケド」の如きものは自體が健康である爲其の效果は他人に施すのと相等しいものである。自己治療法は右の如き性質故、完全に成立して居るが他人治療程充分に行かないのは、止むを得ないのである。毎日の疲勞の恢復、局部的治療等には便利此の上なく、平素暇ある毎に自體の治療を行ふ習慣にすると、豫防醫法上偉大なる結果を求めることが出來る。治療法としては他人治療と同じである。

＊　　　＊　　　＊

治療の要領及び心得に就ては富田魁二氏著「靈氣と仁術富田流手あて療法」（定價金貳圓八拾錢送料十四錢）を通讀すれば、全部詳密なる圖解を入れ說明せられたるを以て、何人にも容易に了解實行し得らるべし。

講習期間……初傳、中傳、奧傳……各五日間

初傳……金拾圓也。　中傳……金五圓也。

斯界權威
十五大家
靈療術聖典 終

奧傳……金五圓也。
皆傳……十五日間……金參拾圓也。
會場………大阪市港區市岡中學校正門前手あて療法會

昭和九年六月三十日印刷
昭和九年七月十日發行

靈療術聖典

非賣品

不許複製

編輯者　靈療術研究團

發行者　東京市京橋區京橋二丁目九番地
　　　　須藤善四郎

印刷者　東京市赤坂區青山北町一ノ四
　　　　猪平正綱

發行所　東京市京橋區京橋二丁目九
　　　　振替東京四五〇九二番
　　　　天玄洞本院

霊療術聖典

昭和九年七月　十　日　初版発行
平成十九年五月二十五日　復刻版初刷発行
令和六年一月二十五日　復刻版第四刷発行

編　者　霊療術研究団

発行所　八幡書店
東京都品川区平塚二―一―十六
KKビル五階
電話　〇三（三七八五）〇八八一
振替　〇〇一八〇―一―四七二七六三

※本書のコピー、スキャン、デジタル化等の無断複製は、たとえ個人や家庭内の利用でも著作権法上認められておりません。

ISBN978-4-89350-646-7 C0014 ¥2800E

八幡書店 DM や出版目録のお申込み（無料）は、左 QR コードから。
DM ご請求フォーム https://inquiry.hachiman.com/inquiry-dm/
にご記入いただく他、直接電話（03-3785-0881）でも OK。

八幡書店 DM（48 ページの A4 判カラー冊子）毎月発送
① 当社刊行書籍（古神道・霊術・占術・古史古伝・東洋医学・武術・仏教）
② 当社取り扱い物販商品（ブレインマシン KASINA・霊符・霊玉・御幣・神扇・火鑽金・天津金木・和紙・各種掛軸 etc.）
③ パワーストーン各種（ブレスレット・勾玉・PT etc.）
④ 特価書籍（他出版社様新刊書籍を特価にて販売）
⑤ 古書（神道・オカルト・古代史・東洋医学・武術・仏教関連）

八幡書店のホームページは、下 QR コードから。

八幡書店 出版目録（124 ページの A5 判冊子）
古神道・霊術・占術・オカルト・古史古伝・東洋医学・武術・仏教関連の珍しい書籍・グッズを紹介！

霊気（精氣）・指圧・整体の総合極意
全能療法極意書

溝田象堂＝著

定価 3,080 円
（本体 2,800 円＋税 10%）
A5 判 並製

健康法であり、治療法であることに特化した本書は、精氣療法、指圧療法、整体療法を三つの柱としており、まさに全能療法の極意書となっている。修霊道伝授教典の姉妹編である。昭和五年刊行。
第１篇・精氣療法〔精聖説、精神論、心身相関の説、修霊法の目的、修霊法の実習法（全身充力法・全身緩和法・修霊強息法・修霊数息法・修霊静息法・修霊坐―修霊印）、精氣療法の原理、精氣療法の治療方式（接掌法・接指法・醫掌法・醫指法・震動法・凝視法・吹息法・パッス法・遠隔療法）、律動法〕／第２篇・指圧療法（指圧療法解説、指圧治療の部位、重要神経の指圧方式、身体各部の指圧法）／第３篇・整体療法（整体療法総論、体格の診査法、整体療法の技術、身体各部調整法）／第４篇・全能療法各論（一般全身治療法、特別治療秘法、神経系統疾患の療法、呼吸器病の療法、消化器病の療法、血行器病の療法、泌尿生殖器病の療法、婦人病の療法、五管器病の療法、全身病の療法）

霊能者・三田光一の霊能開発書
霊　観

三田光一＝著

定価 3,080 円
（本体 2,800 円＋税 10%）
A5 判 並製

月の裏側の念写や、第一次大戦の終結日の予言的中で知られる霊能者・三田光一の霊能開発実践指南書。とくに霊能開発の基本として、大気養法、呼吸法を初歩から奥伝まで写真入りで懇切丁寧に指導。さらに、「なんらの苦痛なく、きわめて単純に練習しやすく、しかもその効果において著しい成績をおさめている」修法として、著者の創案になる精神旅行法の具体的な実習法について詳しく述べている。これは精神統一法であると同時に、縮地法、幽体離脱をもっとも簡単に体験できる修法として貴重である。

ヒーリング・レイキの原点
霊掌術教授全書

大山霊泉＝著

定価 3,080 円
（本体 2,800 円＋税 10%）
A5 判 並製

大山霊泉は戦前の霊術家として一世を風靡した人物である。人間天賦の霊能たる自然療能の発動に着目して研究を重ね、心身の修養によって一種の「心霊光線」が放出されることに気づき、大正六年に広島市で霊的治療を業とするに至る。霊泉はかなり研究熱心な人で、その後、実地の経験を積み重ねるかたわら、わざわざ渡米してシカゴでカイロプラクティックを学んでいる。そうして「工夫に工夫を重ね短を捨て長を取り」霊掌術を発表するに至ったという。本書はその霊掌術を初心者にもわかりやすく体系的に伝授するものである。

JN260364

発話行為的引用論の試み

ひつじ研究叢書〈言語編〉

【第41巻】発話行為的引用論の試み―引用されたダイクシスの考察― 中園篤典 著
【第42巻】現代日本語文法　現象と理論のインタラクション
矢澤真人・橋本修 編

ひつじ研究叢書〈言語編〉第41巻

発話行為的引用論の試み
引用されたダイクシスの考察

(広島修道大学学術選書28)

中園篤典 著

ひつじ書房

実験室でもまた工場でも、なにか有意義な結果を出すためには、いつもある——しかもその場に適した——思い${}^{・}$つ${}^{・}$き${}^{・}$を必要とするのである。

マックス・ウェーバー『職業としての学問』岩波文庫23頁

（尾高邦雄・訳）

まえがき

　本書は修士論文（筑波大学1993年）を勤務校である広島修道大学における研究を元に発展させたものである。その一部は中園（1994）で発表したが、本書の原形が1993年に成ってから今回の出版に到るまで十年以上の月日が流れてしまった。それはいささか自意識過剰の気味である筆者が、修論を完成させた後、虚脱状態（?）から当分の間は現物に触る気にもなれず、そのまま歳月の流れるままにまかせたせいである。また、1996年から修道大学に奉職し、大学生への教授という慣れない仕事にとまどいつつ、まるで竜宮城にいるような状態で日々を過ごすこととなった。

　惰眠をむさぼる筆者の目を覚ましてくれたのは、まず鎌田（2000a）の出版、そして藤田（2000d）の出版である。それぞれ独自の見方から引用を扱っており、得るところも多いのであるが、筆者とは違った見方であるため安心するとともに、筆者独自の見方による引用研究を世に問いたいという気持ちが強くなった。特に筆者が不満に思ったのは、砂川（1987）以来引用における「場の二重性」が意識されているのにも関わらず、これまでの引用研究が発話行為（言語行為）論を正面から捉えることなく行われていることである。

　十年という長い年月を経ても、静かに人を待ち続けている学問の寛容さに感謝しながら、忘れ物を拾い集めるように筆者は本書の再構成に取りかかった。その後いくつかの出版社との交渉を開始し、幸いにしてひつじ書房の協力を得て、ここに本書を上梓することができた。

　言語の機能的分析は、神尾（1990）を読んで目を洗われるような心地を覚えて以来、変わらぬ筆者の研究テーマであり、その有効性を追求する際、本書もその一翼を担うことが出来ると信じている。しかし、本書の原形は筆者が

二十代後半という若い時期にまとめたものであり、不十分な点もまた多い。特に過去の引用研究の集大成という感のある藤田（2000d）が引用の多様な世界に正面から取り組んでいるのに比べ、本書は次のような引用の構文に限定して発話行為的な分析を行った。

　　　太郎は私に［XはY］と言った。
　　　$\begin{cases} 太郎 \cdots 元の話し手 \\ 私 \cdots 伝達者 \end{cases}$

それは広大な森の一区画だけを掘りおこす行為に似ている。確かな鉱脈にまでたどり着けたのかどうかはなはだ自信はない。本書の試みが読者にいささかでも裨益するのであれば、筆者として望外の幸せである。

　　　平成17年4月20日
　　　　　　　　　　　　　　　　　　　　　広島修道大学研究室にて
　　　　　　　　　　　　　　　　　　　　　　　　　　中園 篤典

目次

まえがき　　i

第1章　引用の構文と本書の試み　　1

1　はじめに　　1
2　引用の構文　　1
　2・1　引用とは　　1
　2・2　引用の構造　　4
　2・3　伝達者による間接化　　6
3　引用の分析　　8
　3・1　二つのレベル　　8
　3・2　直接話法分析　　9
　3・3　場の二重性　　12
4　引用の研究　　14
　4・1　日本語の引用研究　　14
　4・2　引用研究の展望　　16
　4・3　本書の位置づけ　　21
5　発話行為的引用論の試み　　22
　5・1　本書の目的　　22
　5・2　本書の言語データ　　23
　5・3　本書の結論　　26
　5・4　本書の構成　　27

　　　　6　まとめ　　　　　　　　　　　　　　　　　　　　　　28
　　　注　　　　　　　　　　　　　　　　　　　　　　　　　　28

第2章　言語使用としての引用　　　　　　　　　　　　　　37

　　1　はじめに　　　　　　　　　　　　　　　　　　　　　37
　　2　語用論の目的　　　　　　　　　　　　　　　　　　　37
　　　　2・1　言語構造の研究　　　　　　　　　　　　　　37
　　　　2・2　言語使用の研究　　　　　　　　　　　　　　40
　　3　理想化の必要性　　　　　　　　　　　　　　　　　45
　　　　3・1　構造の理想化　　　　　　　　　　　　　　　45
　　　　3・2　語用論における理想化　　　　　　　　　　　48
　　　　3・3　本書の語用論　　　　　　　　　　　　　　　54
　　4　言語使用としての引用　　　　　　　　　　　　　　55
　　　　4・1　直接引用と間接引用　　　　　　　　　　　　55
　　　　4・2　ダイクシスの調整と引用　　　　　　　　　　59
　　5　引用されたダイクシス　　　　　　　　　　　　　　65
　　　　5・1　調整できるダイクシス　　　　　　　　　　　65
　　　　5・2　調整できないダイクシス　　　　　　　　　　67
　　　　5・3　引用の普遍性と個別性　　　　　　　　　　　69
　　6　まとめ　　　　　　　　　　　　　　　　　　　　　71
　　　注　　　　　　　　　　　　　　　　　　　　　　　　72

第3章　発話行為論の展開と引用研究　　　　　　　　　　79

　　1　はじめに　　　　　　　　　　　　　　　　　　　　79
　　2　発話行為論の成立　　　　　　　　　　　　　　　　79
　　　　2・1　陳述文と遂行文　　　　　　　　　　　　　　79
　　　　2・2　遂行文への還元　　　　　　　　　　　　　　82

                2・3　発話行為の分類　　　　　　　　　　　　87
        3　発話行為論の展開　　　　　　　　　　　　　　　90
                3・1　サールによる体系化　　　　　　　　　　90
                3・2　発話行為に関わる規則　　　　　　　　　92
        4　発話行為論の課題　　　　　　　　　　　　　　　98
                4・1　コミュニケーションにおける聞き手　　98
                4・2　間接発話行為の問題　　　　　　　　　101
        5　発話行為的引用論の提案　　　　　　　　　　　　109
                5・1　発話行為と引用　　　　　　　　　　　109
                5・2　発話行為的な影響　　　　　　　　　　111
                5・3　発話行為的引用論の貢献　　　　　　　114
        6　まとめ　　　　　　　　　　　　　　　　　　　117
        注　　　　　　　　　　　　　　　　　　　　　　　118

第4章　引用句のダイクシス ―発話行為的な分析―　　125

        1　はじめに　　　　　　　　　　　　　　　　　　125
        2　問題点と方法論　　　　　　　　　　　　　　　126
                2・1　引用の構文　　　　　　　　　　　　　126
                2・2　直接引用と間接引用　　　　　　　　　126
                2・3　間接化のプロセス　　　　　　　　　　127
                2・4　間接化の度合い　　　　　　　　　　　128
                2・5　間接化を解除するプロセス　　　　　　130
        3　統語的な分析　　　　　　　　　　　　　　　　134
                3・1　引用句の視点移動　　　　　　　　　　134
                3・2　引用句の視点制約　　　　　　　　　　136
                3・3　理想化された条件下での判断（1）　　138
                3・4　統語論による説明　　　　　　　　　　141
                3・5　平叙文の引用　　　　　　　　　　　　143

	4	発話行為的な分析	147
		4・1　日本語の引用	147
		4・2　発話行為の引用	149
		4・3　発話行為論への還元	152
	5	発話行為の持続性と一時性	153
		5・1　発話行為の効果	153
		5・2　発話行為の持続性	154
		5・3　発話行為の一時性	155
		5・4　付随する非言語行動	156
		5・5　発話行為的引用論の分析	157
	6	まとめ	160
	注		161

第5章　発話行為の持続性と一時性　　　　167

	1	はじめに	167
	2	発話行為の分類	167
		2・1　発話に関する研究	167
		2・2　発語行為と発語内行為	168
		2・3　発語媒介行為	169
		2・4　三つの行為	171
	3	発語内行為と発語媒介行為	172
		3・1　慣習による区別	172
		3・2　意図による区別	173
		3・3　言語的な証拠	175
		3・4　言語的な証拠の再考	177
		3・5　相対的な区別	179
	4	発話行為の効果	181
		4・1　聞き手に与える効果	181

	4・2	サールの適切性条件	181
	4・3	効果の持続性と一時性	183
	4・4	伝統的見解との関わり	186
5	発話行為的引用論の課題		187
	5・1	発話行為的引用論の枠組み	187
	5・2	引用された遂行動詞	188
	5・3	引用された相互代名詞	191
	5・4	引用されたダイクシス	194
	5・5	発話行為的引用論の展望	197
6	まとめ		197
注			198

第6章　総括―労力の分配―　　　　　　　　　　203

1　はじめに　　　　　　　　　　　　　　　　　　203
2　構造と機能　　　　　　　　　　　　　　　　　203
　2・1　規則と原則　　　　　　　　　　　　　　203
　2・2　規則への還元　　　　　　　　　　　　　205
　2・3　規則と原則の役割分担　　　　　　　　　207
　2・4　照応における「労力の分配」　　　　　　211
3　引用における「労力の分配」　　　　　　　　212
　3・1　視点移動と視点制約　　　　　　　　　　212
　3・2　引用における規則と原則　　　　　　　　214
　3・3　規則と原則の分配　　　　　　　　　　　215
4　結び―本書の概要―　　　　　　　　　　　　217
注　　　　　　　　　　　　　　　　　　　　　　220

あとがき	223
参照文献	231
用例の出典	245
謝辞	249
索引	251

第1章 引用の構文と本書の試み[*1]

キーワード

引用の構造　場の二重性　伝達者の解釈　間接化　発話の力

1 はじめに

本書の目的は、思弁的に傾きがちな発話行為（言語行為）論[*2]に言語データ（統語論）による検証を導入することである。本書の試みを通じて、再現性のある実証的なデータに基づいた新しい知見を発話行為論に提供することが期待できる[*3]。なお、その際の言語データとしては、日本語の引用、特に引用されたダイクシスに焦点を当てる。この章では、その予備的な議論として引用の構文が持っている特殊な構造を概観する。そして、その特殊な構造を利用して何を明らかにしたいかを述べて、本書の全体像を予告したい。

2 引用の構文

2・1 **引用とは**

話し手が他者の発話を伝えることを「引用」と言う[*4]。そして、そのために用いられる言語形式を「引用の構文[*5]」と言う。本書では、引用句[*6]と引用動詞、主格補語（主語）を備えた次のような構文を扱う[*7]。

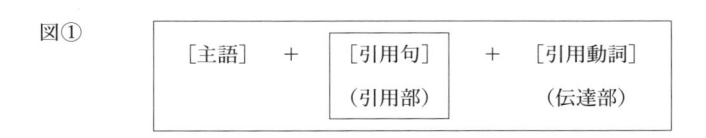

図①

[主語]	＋	[引用句] （引用部）	＋	[引用動詞] （伝達部）

本書が扱う「引用」とは、誰かの発話を引いてなされる次の構文である。例えば、元の発話(1)を引いてなされる現在の発話(2)を言う[8]。
　　(1)　花井先生「お前のアルバムが見たい。」
　　(2)　センセはボクのアルバムが見たいてゆうたけど…。(『チエ14』)
また、元の発話(3)を引いてなされる現在の発話(4)を言う。
　　(3)　お母さん「あの子またきっとこの家遊びに来ますわ。」(『チエ3』)
　　(4)　そのうちコケザルが遊びに来るゆうとったわ。(『チエ3』)
　通常の文は、話し手の経験を言語形式にのっとって発話する。それに対し、引用の構文は、話し手の発話を聞き手が元の発話場面である「第1場(1st field)[9]」で受け取ることがまず前提となる。そして、その聞き手が今度は話し手、すなわち「伝達者[10]」となり、元の話し手の発言内容を現在の発話場面である「第2場(2nd field)[11]」で伝達する。
　元の発話(3)とその引用である現在の発話(4)を例に、その構造を図示すると次の通りである。

図②　第1場　　　　　　　第2場

　時間的に前後する二つの場(field)から構成される引用の構文を、本書では次の通り野球に例えてみた[12]。

図③

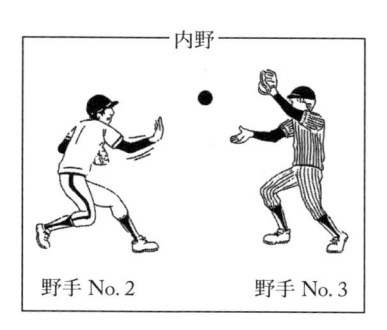

外野	内野
野手 No. 1　野手 No. 2	野手 No. 2　野手 No. 3

　図③は、野手 No.1 から野手 No.2 の中継を経て野手 No.3 へ投げられるボールのリレーを表している[*13]。図③の「外野」は第 1 場、「内野」は第 2 場をそれぞれ比喩的に表す。外野の「○」は野手 No.2 による中継前のボールであり、引用における「元の発話」を表す。内野の「●」は野手 No.2 による中継後のボールであり、引用における「現在の発話」を表す。また、野手は引用における会話の参加者と次のように対応する。

　　野手 No. 1 … 話し手 1[*14]
　　野手 No. 2 … 聞き手 1[*15]、話し手 2[*16]
　　野手 No. 3 … 聞き手 2[*17]

　図②を例にすると、話し手 1 は「お母さん」、伝達者(聞き手 1、話し手 2)は「チエ(少女)」、聞き手 2 は「コケザル(少年)」となる。なお、現在の発話である (2)(4) を引用の構文(言語データ)として扱うときは、次のように主語・目的語等の文法要素を補足、また方言・文体等のスタイルを解除するなど理想化(脱文脈化)して掲げる。

　　(2')　先生は私に　私のアルバムが見たい　と言った。
　　(4')　お母さんは私に　そのうちコケザルが遊びに来る　と言った。

2・2 引用の構造

2・2・1 リレー型の引用

本書が考察の対象とするのは、図③で示したような「リレー型の引用」である[18]。なお、図③はやや煩雑であるので、その「引用の構造」を次のように図式化しておく[19]。なお、ここでいう引用の構造とは、引用の表現を生み出す言語外の要因(話し手、聞き手)の相互関係を言う[20]。

図④

―第1場―	―第2場―
話し手1→聞き手1(i)	話し手2(i)→聞き手2

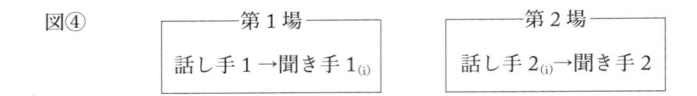

図④の「i」は "identical" であり、「聞き手1」と「話し手2」が同一人物、すなわち「伝達者」であることを意味する。例えば、次のような引用の表現はリレー型に当たろう。

(5) a 太郎は私に「君は何も分かっていない」と言った。
　　b 太郎は私に　私は何も分かっていない　と言った。

これら引用の表現は、次のように公式化できる。

(6) [話し手1] は [伝達者] に [X は Y] と言った。
　　{ 話し手1 … 太郎
　　{ 伝達者 … 私

その引用の構造は、第1場で話し手1の伝達内容を受け取った聞き手1がそれを解釈し、第2場において話し手2(伝達者)として聞き手2に伝えるものである。

補足すると、本書はリレー型の中でも特に元の発話の内容が第2場の参加者(話し手2・聞き手2)に関わっている引用を扱う[21]。例えば、冒頭にあげた元の発話(1)(3)はその内容が次のように第2場の参加者に関わっており、本書の分析対象となる。

(1')　花井先生「お前(話し手2)のアルバムが見たい。」

(3') お母さん「あの子（聞き手2）はきっと遊びに来る。」

これらを分析の対象とする利点は、内省を使った思考実験において、次のような第2場におけるダイクシスの調整を観察できることである。

(7) a 先生は私に　お前のアルバムが見たい　と言った。
　　b 先生は私に　<u>私</u>のアルバムが見たい　と言った。
(8) a お母さんは私に　あの子がきっと遊びに来る　と言った。
　　b お母さんは私に　<u>あなた</u>がきっと遊びに来る　と言った。

本書は、リレー型の引用、特に(7)bや(8)bに見られるような引用句におけるダイクシスの調整に焦点を当てて検討を行う。

2・2・2　様々な引用の構造

もちろん、引用の構造は多様であり、リレー型（図④）の引用だけでなく様々なバラエティがあり得る。例えば、次のような引用はリレー型には当てはまらない。

(9) a 太郎は次郎に「君は何も分かっていない」と言った。
　　b 太郎は次郎に　彼は何も分かっていない　と言った。

これら引用の表現は、次のように公式化できる。

(10) ［話し手1］は［聞き手1］に［XはY］と言った。
　　　 { 話し手1…太郎
　　　 聞き手1…次郎

その引用の構造は、文全体の話し手が単に第2場の話し手2として、第1場の事実を報告するものである。これを次のように図式化しておく[*22]。

図⑤　　　┌──第1場──┐　　　┌──第2場──┐
　　　　　│話し手1→聞き手1│　　　│話し手2→聞き手2│
　　　　　└────────┘　　　└────────┘

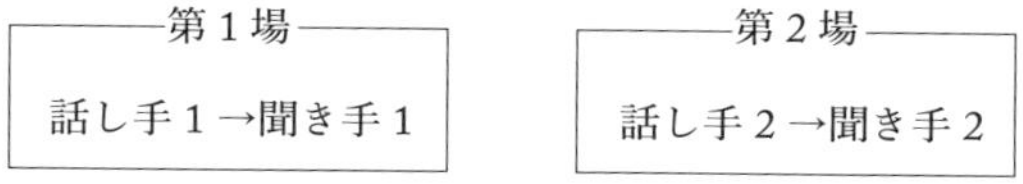

図⑤は、図④から「i」を外した構造である。これは本書が扱うリレー型

の引用ではない。リレー型(図④)と非リレー型(図⑤)の違いは、話し手2による引用が直接経験に基づくか、伝聞に基づくかの違いである。したがって、次のように言語的に区別することも可能である[*23]。

(11) a ＊太郎は私に「君は何も分かっていない」と言ったらしい。
b ＊太郎は私に　私は何も分かっていない　と言ったらしい。
(12) a 　太郎は次郎に「君は何も分かっていない」と言ったらしい。
b 　太郎は次郎に　彼は何も分かっていない　と言ったらしい。

　引用の構造には、他にも様々なバラエティがあり得るが、本書ではこれら引用のバラエティは扱わない。本書では、第1場でコミュニケーションの参加者であった聞き手1が、第2場で今度は伝達者(話し手2)となって元の発話を引用するリレー型の引用(図④)のみを扱う。

　本書は伝達者が「元の発話をどのように解釈するか」という言語外の要素(特に、発話行為の遂行)に着目し、それが現在の発話である引用の構文(特に、引用句のダイクシス)にどのような影響を与えるか、その言語的な影響について考察する。その考察を行うに当たって、リレー型の引用(図④)が最も適しているからである[*24]。

2・3　伝達者による間接化

2・3・1　伝達者の解釈

通常の発話において、話し手は必須だが、聞き手は必ずしも必須ではない。通常は文の成立にコミュニケーションの成否は関わらない[*25]。ところが、伝達者の存在を前提とする引用の構文では、第1場で話し手1と聞き手1の間にコミュニケーションが成立していることが文成立の前提となる。これは引用の構造(図③)において、野手No.1(話し手1)と野手No.2(聞き手1)の間でキャッチボール(コミュニケーション)が成立していなければ、3人の連係プレー(引用)が成立しないのと同じである。

　さて、野手No.2の中継を経ていたとしても、投げられるボール自体は同じであるように、引用される発話も伝達者の中継を経たとしても発言の意味内容は変わりがない[*26]。ただし、投げるボールのスピードや球筋などが野手

によって異なるように、話し手１の発話を受けた伝達者がそれをどう引用するかには、さまざまな言語および言語外の要素が関係してくる[*27]。

次の例をご覧いただきたい。

図⑥

このとき、元の発話は話し手１による次の発話である。

(13) 桑田先生「お嬢さんを妻にください。」

ところが、それをどう引用するかは話し手２（伝達者）の立場、性格等によって次の通り異なる。なお、(14)a が美津子の母による引用、(14)b が美津子の友人による引用である[*28]。

(14) a あの先生は　美津子を嫁にくれ　と言った。
　　　b 桑田は　ミッちゃんを嫁にくれ　と言った。

このとき、伝達者は元の発話の「お嬢さん」を、(14)a では「美津子」、(14)b では「ミッちゃん」と変化させて引用している。また、どちらも元の発話の「妻」を「嫁」、「ください」を「くれ」に変えて引用している。

2・3・2　引用の動的な側面

引用の構文は、第１場という言語外の要素（話し手１と聞き手１のコミュニケーション）を必然的に取り込むことになる[*29]。元の発話における言語外の要素が現在の発話に関与するのが引用の構文の特徴である。結果的に、第１場

におけるコミュニケーションのあり方が、第2場における引用の構文に様々な影響を与えることとなる。図示すると次の通りである。

図⑦　　言語外の要因　　―影響→　　引用の構文
　　　　（伝達者の解釈）　　　　　　　（伝達の場）

　引用の構文は、第1場（元の発話場面）のコミュニケーションを第2場（現在の発話場面）において伝達者がどう伝えるかを表す言語形式である。そこで特徴的なのは、この伝達者（話し手2）の介在である。こうした伝達者による元の発話の解釈を引用における「伝達者の解釈」とする[30]。また、伝達者の解釈の言語的な反映を「間接化」と呼ぶ[31]。
　こうした引用の動的な側面を扱うのに、単なる記述を目的とする国語学の枠組みでは扱えないとするのが本書の立場である[32]。また、統語論の自律をテーゼとする理論言語学の枠組みでも扱えないと考えている。
　鎌田（2000a: 63, 92）は、この動的な側面を「日本語の引用表現は、元々のメッセージを新たな伝達の場においてどのように表現したいかという伝達者の表現意図に応じて決まる」とする。そして、これを「引用句創造説」として議論の中心に据えている。
　本書も、言語に対する機能的な立場から引用の構文を扱いたい。すなわち、言語使用の問題として引用を捉え、話し手の意図、聞き手の解釈、発話行為の遂行など言語外の要因が引用の構文にどう反映されるか、その全体像を明らかにすることを目指したいと思う。

3　引用の分析

3・1　二つのレベル

引用の構文が言語的に特殊な問題を含んでいることは、古くから論じられてきた。例えば、次の(15)は二通りに曖昧である。

　　(15)　太郎は　私は何も分かっていない　と言った。

すなわち、引用句の「私」は、(16)aのように文全体の主語を指すこともあれば、(16)bのように文全体の話し手(伝達者)を指すこともある[*33]。

(16) a 太郎$_t$は 私$_t$は何も分かっていない と言った。(DQ)
　　 b 太郎$_t$は 私$_j$は何も分かっていない と言った。(IQ)

前者はいわゆる「直接引用(DQ)の読み」である。このとき、引用句の「私」と同一指示なのは文全体の主語(太郎)であり、伝達者とは別指示になる。一方、後者はいわゆる「間接引用(IQ)の読み」である。このとき、引用句の「私」と同一指示なのは伝達者であり、文全体の主語とは別指示になる。

この二義性は、時間的に先行する元の発話(17)とそれを引用する現在の発話(16)という二つのレベルを立てることで説明できる。

(17) a 太郎「私$_t$は何も分かっていない。」
　　 b 太郎「君$_j$は何も分かっていない。」

引用の構文は時間的にそれに先行する元の発話とそれを引用する現在の発話から構成されている。図示すると次の通りである。

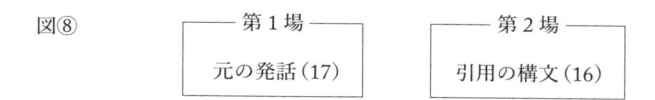

図⑧　　　┌── 第1場 ──┐　　┌── 第2場 ──┐
　　　　　│ 元の発話(17) │　　│ 引用の構文(16) │
　　　　　└──────┘　　└──────┘

このように引用の構文を二つのレベルの合成であるとする見方は我々の言語直観に合致するが、次に問題となるのはこれを言語研究の中でどう位置づけるかである。

3・2 直接話法分析

久野(1973, 1978)の「直接話法分析」は、引用の構文の深層構造に元の発話を仮定することにより、引用に関わるさまざまな統語現象を説明しようとする立場である。ここでは直接話法分析が、引用における二つのレベルをいかに扱うのかを簡単に見ておきたい。

(18) a John expected that he would win.
　　 b John claimed that he would win.

直接話法分析では、(18)の深層に次のような「直接話法表現」を仮定して考える[34]。なお、深層に仮定される直接話法表現は、主節の主語(John)の内部感情を表すという点に特徴がある[35]。

(19) a   John expected, ["I will win."]

　　 b   John claimed, ["I will win."]

久野(1973: 204)は、深層に規定される直接話法表現に対して、次のような規則を仮定し、表層における引用表現を導く。

(20)　このような直接話法的表現に現われる *I* は、主文の主語が第三人称であれば、間接話法化によって *he* 又は *she* となる。この *I* を代名詞化されていない名詞句(主文の主語の名詞句)で置き換えることはできない。

さて、久野(1973: 197-198)は、直接話法分析の「構文法的根拠」として、次のような「受身構文」における(a)と(b)の対比をあげている[36]。

(21) a   That *he* will be elected was <u>expected</u> by *John*.

　　 b   *That *John* will be elected was <u>expected</u> by *him*.

(22) a   That *he* was the best boxer in the world was <u>claimed</u> by *John*.

　　 b   *That *John* was the best boxer in the world was <u>claimed</u> by *him*.

この対比を直接話法分析は、次のように説明する。まず、(21)(22)の能動文と、それぞれの深層に仮定される直接話法表現は次の通りである。

(23) a   *John* expected that *he* would be elected.

　　 b   John expected, ["I will be elected."]

(24) a   *John* claimed that *he* was the best boxer in the world.

　　 b   John claimed, ["I am the best boxer in the world."]

直接話法分析では、引用動詞の目的節は「主節の主語(John)の内部感情を表す」と規定されている。したがって、その目的節を受動化する際、(21)a (22)aのように自分(John)の感情を主題にした受動化は可能である。しかし、(21)b (22)bのように他人の陳述(「Johnが〜である」)を主題にしたような受

動化は許されない。

さらに、久野(1973: 197-198)は、深層構造において直接話法表現を仮定できない deny や forget などでは、同様の手続きで受動化しても、(21)(22)の(a)と(b)ほどの明瞭な対比が表れないことも指摘している[*37]。

(25)　　John denied that *he* was the best boxer in the world.
(26) a　That *he* was the best boxer in the world was denied by *John*.
　　 b　?That *John* was the best boxer in the world was denied by *him*.

(21)b(22)bに比べ(26)bの文法性が高いことも、expect や claim などの引用動詞に直接話法表現を仮定する根拠となる。

また、次のような「不定動詞形の意味上の主語の省略構文」も、引用の構文に対して直接話法表現を仮定する根拠となる[*38]。

(27) a　*John* said to Mary that it was impossible to prepare *himself* for the exam.
　　 b　John said to *Mary* that it was impossible to prepare *herself* for the exam.
　　 c　*John said about *Mary* that it was impossible to prepare *herself* for the exam.

引用句の再帰代名詞(-self)は、(27)a や(27)b のように、第1場(元の発話場面)に指示対象がいるとき、すなわち、その人物が話し手1、聞き手1のときに成立する。それに対し、(27)c のように、その指示対象が第三者であるとき、すなわちその人物が第1場にいなかったときは成立しない[*39]。これは、(27)の深層に次のような直接話法表現が存在するからであり、それを設定できない(27)c は非文になる。

(28) a　"It is impossible to prepare *myself* for the exam."
　　 b　"It is impossible to prepare *yourself* for the exam."
　　 c　*"It is impossible to prepare *herself* for the exam."

このように直接話法分析により、間接引用における人称の使用を統一的に説明することが可能である。久野(1973)は主に英語のデータを使って分析しているが、日本語の間接引用にも同様の分析が可能である。

3・3 場の二重性

久野（1973）の「直接話法分析」は、統語的な立場（談話の文法）から引用における「二つのレベル」にアプローチする。それに対し、砂川（1987）は「場の二重性」という用語を使って分析を試みている。

久野（1973）も砂川（1987）も、引用の構文が一文の中に二つのレベルを持っており、そこに引用の特徴があるとする点では一致している。しかし、砂川（1987）は、主に日本語の引用を扱っている点と、場の二重性という観点からより語用論的に引用を捉えている点で特徴がある。さらに砂川（1989）では引用の構文に対して語用論的な観点から分析を進め、伝達者の解釈が関わる機能的制約の存在を指摘した。

まず、砂川（1987）は、引用の構文を次のように定義し、それが元の発言の場（第1場）と引用の場（第2場）という「二重の場」によって構成されているとする[40]。

(29) 引用文（筆者注・引用の構文）は、もとの文の発言の場と当の引用文（筆者注・引用の構文）の発言の場という二つの場の、前者を後者の中に入れ子型に取り込むという形の二重性によって成り立っている文であると言える。

そして、砂川（1989: 372）はこのような場の二重性を持つ引用の構文に独特の振る舞い（特殊性）があることを指摘する。特に「引用句」は「引用の場とは位相の異なる場を再現させている」要素であり、構文上の特殊性が顕著である。なお、引用に見られる特殊性とは次のようなことをいう。

(30) 彼は「君にこれをあげるよ」と言った。

(30)では第1場（元の発話場面）における「君」が、第2場（引用の場）でも「君」として表現されている。このとき引用句の「君」は現在の話し手のことであるから、本来ならばこれは「私」と表現されるべきものである。むろん、このような分裂を回避するために、次のようにダイクシスを調整して引用することも可能である。

(31)　彼は　私にそれをくれる　と言った。

しかしながら、引用の構文が研究者の興味を引いたのは、引用句において(30)のような分裂的な表現が可能な点にある[*41]。砂川(1989)は引用句に見られるこうした特殊性が場の二重性により引き起こされるとし、次のような議論を展開した。

砂川(1989)は、(30)のような述べ立てや意思表明の文の引用では、人称代名詞、指示詞、時の副詞、ダイクシス動詞などの調整(場の調整)が可能とする。引用における各構成要素が調整可能な例として、砂川(1989: 372)は他に次のような例をあげている。

(32) a　彼は「あした君のうちに行きたいんだ」と言った。
　　　b　彼は　今日　私のうちに来たい　と言った。
(33) a　彼は「この調子で頑張ればあしたは彼女に会いに行くことができる」と思った。
　　　b　彼は　その調子で頑張れば今日　私に会いに来ることができる　と思った。

引用における伝達者の解釈(場の調整)が常に可能であれば、引用の構文における分裂的な表現(引用の特殊性)は、単なる偶発的な事実として扱われたであろう。しかし、引用における各構成要素は、常に伝達者の立場から見た表現に調整できるわけではない。引用句の中で場の調整ができない例として、砂川(1989: 373-374)は次のような例をあげている。

(34) a　父は「あいつに金を送ってやれ」と母に向かって言ったそうだ。
　　　b　父は　俺に金を送ってやれ　と母に向かって言ったそうだ。
　　　c *父は　俺に金を送ってくれ　と母に向かって言ったそうだ。

なお、(34)cは、引用において人称代名詞の調整は可能だが、さらにダイクシス動詞まで調整すると引用がおかしくなる例である。

また、次のような質問文や命令文の引用でも、引用句のダイクシス動詞は元の発話で用いた形式が優先されるとしている。

(35) a　彼は「あしたの午後来られますか」と聞いた。
　　　b　彼は　今日の午後来られるか　と聞いた。

　　　　　c ?彼は　今日の午後行けるか　と聞いた。
　(36) a　彼は「あした来て下さい」と頼んだ。
　　　　　b　彼は　今日　来てくれ　と頼んだ。
　　　　　c ?彼は　今日　行ってくれ　と頼んだ。

　なお、(35)c(36)cの「?」は、(a)と(b)は同義である(引用が成立している)が、(a)と(c)が同義ではない(引用が不成立である)ことを示す。要するに、ここでも時の副詞は調整できるが、さらにダイクシス動詞まで調整すると引用がおかしくなることが分かる。

　砂川(1989: 374)は、(30)〜(36)におけるダイクシス調整の非対称を、次のような「語用論的な制約」によって説明しようとする。

　(37)　述べたてや意思の表明などの文におけるダイクシス動詞が引用者
　　　　の視点による調整を受けられるのに比べると、命令文や質問文な
　　　　どの行為指示型の発言の場に対するダイクシス動詞の結び付きは
　　　　それだけ強固なものであると言うことができるだろう。

　すなわち、(30)〜(33)など「述べ立て」や「意思表明」の文の引用と、(34)〜(36)など「命令」「質問」「依頼」など伝達者の行動を指示するタイプの文(行為指示型の文)の引用では、場の調整が同じではない。これは、元の発話が引用されるとき、引用の構文は伝達者の解釈を受容するケースとそれを拒絶するケースに二分されることを意味する[*42]。

　このように場の二重性という観点から引用の構文を見ることで、単文だけを見ていては気づかない言語現象を捉えることが可能となる[*43]。それゆえに、引用の構文は日本語学の研究テーマとなってきた。

4　引用の研究
4・1　日本語の引用研究
日本語の引用研究は、三上(1953)等に先駆的なものが見られるが、奥津

(1970)から本格化したと見るのが一般的である[*44]。これは生成文法の立場に基づく理論的な研究であった。前節(3節)で概観したように、引用の構文は時間的に前後する二つの場の統合である。引用の研究はこの特殊な構造を扱うことになるが、理論言語学はこれを補文(complement clause)の問題として統語的に処理しようとした。例えば、柴谷(1978: 80)は、引用の構文(38)は深層構造から統語的に派生されるとしている[*45]。

(38) 菊子は上瞼をかげらせて、「お父さま、お疲れなんでせう。」と言った。(川端『山の音』)

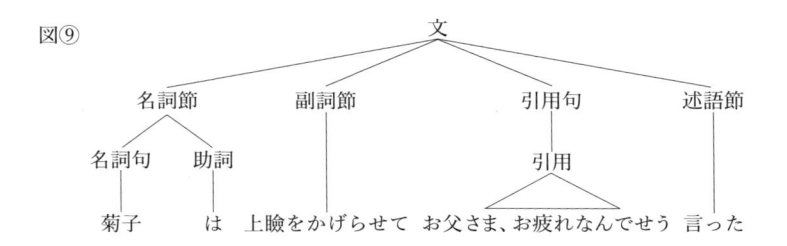

図⑨
```
                        文
        ┌───────┬───────┬───────┐
       名詞節    副詞節   引用句   述語節
      ┌──┴──┐             │
     名詞句  助詞            引用
      │     │     │        │        │
     菊子    は  上瞼をかげらせて お父さま、お疲れなんでせう 言った
```

日本語の引用は、こうした構造的アプローチ(Nakau(1973)、井上(1976)等[*46])の他にも、機能的アプローチ(久野(1978: 266-281)、牧野(1980: 189-194)等)、記述的アプローチ(仁田(1980: 175-192)、寺村(1981: 146-149)等)など、様々な立場から部分的には論じられてきた。しかし、引用の構文を中心に据えた研究は主に八十年代に見られるようになる。

八十年代から本格化した引用の研究は、遠藤(1982)、鎌田(1983)、藤田(1986)、廣瀬(1988b)、砂川(1988b)等、主に意味論・統語論からの記述的・理論的な研究であった[*47]。本書との関わりから言えば、引用の語用論的な側面を重視し、「場の二重性」という観点から考察を進めた砂川(1987, 1988ab, 1989)に注目したい。また、これら意味論・統語論的立場の他に、Maynard(1986, 1997)、Kamada(1990)、山口(1992)、加藤(1998)等による談話分析、日本語教育の立場、またビルマン(1988)、福嶌(1997)、Hirose(2000)、中西(2004)等による対照言語学の立場なども加わり、引用論は現代日本語におけ

る文法研究の中で盛んに研究されている分野の一つである。

4・2 引用研究の展望
4・2・1 構造的引用論と機能的引用論

これら八十年代から現在に至る引用研究の集大成的な意味を持つと思われる二つの研究が、近年公刊された。それは、国語学の伝統に基づく構造的（記述的）な研究である藤田（2000d）と、引用を伝達者による「創造」と機能的に捉える鎌田（2000a）である[*48]。前者を「構造的な引用研究」、後者を「機能的な引用研究」とする。以下で概観しておく。

まず、藤田（2000d）は引用句と引用動詞の文法とその意味の関係を記述していく研究であり、詳細かつ膨大な言語データを扱っている。これは言語事実の記述に専念した実証的な研究である。「大切なのは、事柄がどの分野で論じるべきものかを明確にし、位置づけていくこと」（藤田（2000c: 87））とする藤田（2000d）は、その分析対象を「統語論（文法）」に限定する点に特徴がある[*49]。藤田（2000d: 15）による「引用」の定義をあげておく。

> (39) 所与と見なされるコトバを再現して示そうという意図・姿勢で用いられる引用されたコトバの表現であり、引用されたコトバが、引用（＝再現）されたものという表現性に基づく意味—文法的性格に拠って、文の構成に参与しているもの、それを含む構造。

それに対し、鎌田（2000a）は「引用」を場のコンテキストにおける伝達（創造）と語用論的に捉え、社会言語学的な尺度を駆使して分析を加えている。分析対象について禁欲的であった藤田（2000d）に対し、鎌田（2000a）は引用を「文法論」「語用論」「文体論」の境界線上における言語現象と広く捉える点に特徴がある[*50]。統語論の枠にとどまらず、コードスイッチ、第二言語習得（誤用分析）、文体論にまで広く目配りした理論的な研究である。鎌田（2000a: 17, 60-61）による「引用」の定義をあげておく。

(40) 「引用」とはある発話・思考の場で成立した（あるいは、成立するであろう）発話・思考を新たな発話・思考の場に取り込む行為である。そして、「話法」とはその行為を表現する言語的方法のことである。

そして、その「言語的方法」を言語環境（引用表現とそれを取り巻くコンテキスト）から記述・分析するのが「引用句創造説」である[*51]。

藤田（2000d）が引用を「再現」、鎌田（2000a）がそれを「創造」と捉えるなど専門的な差はあるものの、扱っている言語データに大きな違いはない。「場の二重性」というやっかいな性質を、藤田（2000d）は自らの立場を「統語論」に限定し、文法と意味の関わりを丁寧に記述する中で消化しようとする。それに対し、鎌田（2000a）は伝達の場における発話の生成という理論的立場から、コミュニケーションを視野に入れた広い範囲からの分析を試みている。

4・2・2　話法についての対立
4・2・2・1　藤田（2000d）の話法

藤田（2000d）と鎌田（2000a）は、引用研究における構造論と機能論であり、その主張はさまざまな点で対比的である[*52]。そのすべてについて触れることはできないので、ここでは「話法」に関する対比を取りあげ、簡単に見ておきたい[*53]。

まず、藤田（2000d: 151-152）は、話法について、次のように述べている。

(41) 直接話法の表現とは、伝達のムードを伴う「生きた」文を引いてくる形の表現であり、間接話法の表現とは、「生きた」文が伝達のムードを失って、全文の話し手の立場からの秩序に従い、引用構文全体の中の一部分へと従属させられたものだともいえるだろう。

藤田（2000d）の話法観は、引用されたコトバが感動詞や終助詞など「伝達のムード」を持っているか否かによって、それを峻別できるとする立場であ

る[*54]。したがって、話法は次のように対立的に示される（藤田（1995b, 2000d: 152））。

図⑩　　　　　　　　　〈直接話法〉
「 引用されたコトバ・伝達ムードあり 」ト
⇕
「 引用されたコトバ・伝達ムードなし 」ト
　　　　　　　　　　〈間接話法〉

ここでは、次のような発話を引用する場合を例に考えてみる[*55]。
　（42）　太郎「その鞄がいいな。」
　引用を静的なデータと捉える藤田（2000d: 147-154）は、文法的な範疇として直接話法と間接話法を次のように二分法で区別する。
　（43）　太郎は　その鞄がいい な　　と言った。〈直接話法〉
　（44）　太郎は　この鞄がいい　　と言った。　〈間接話法〉
　なお、ここでは引用の構文における直接話法要素（話し手 1 の視点）を網掛け、間接話法要素（伝達者の視点）を下線で示す。

4・2・2・2　鎌田（2000a）の話法
それに対し、より動的に言語使用として引用を捉える鎌田（2000a）は、その区別は曖昧なものであり段階的なものとしている。そして、直接話法と間接話法の連続性の中から中間的な話法が導かれる[*56]。
　ここでも元の発話（42）を引用する場合について考えることにしよう。まず、直接引用についてであるが、鎌田（2000a）は（45）a だけでなく、（45）b のような引用に注目した[*57]。
　（45）a　太郎は　その鞄がいい な　　と言った。〈直接引用〉
　　　　b　太郎は　その鞄がいい　　と言った。　〈準直接引用〉
　（45）は引用句におけるダイクシスの未調整（「その」）から、どちらも直接引用であることは間違いない。しかし、（45）a に比べると（45）b は書き言葉的

（教科書的）で「劇的効果（Dramatic effect）の欠如」が見られる。鎌田（2000a: 156-164）は、これを「準直接引用（Semi Direct Quotation）」とする。

　また、(42)の間接引用について、鎌田（2000a）は(46)aだけでなく、(46)bのような引用に注目した[*58]。

　(46) a　太郎は　この鞄がいい　と言った。　〈間接引用〉
　　　　b　太郎は　この鞄がいいな　と言った。〈準間接引用〉

　(46)は引用句におけるダイクシスの調整（「この」）から、どちらも間接引用であることは間違いない。しかし、(46)bは引用句の中に伝達者の視点（下線）と話し手1の視点（網掛け）という二つの視点が入り交じる中間的な表現である。だから、(46)aに比べると(46)bは間接化の度合いが低いとし、鎌田（2000a: 117-156）はこれを「準間接引用（Semi Indirect Quotation）」とする[*59]。

4・2・2・3　カテゴリー、プロトタイプ

藤田（2000d）による話法の区別は「カテゴリー的」であるが、鎌田（2000a）のそれは「プロトタイプ的」とも言えるだろう[*60]。それはどういうことか。

　カテゴリーは客観的な意味素性の集まりによって定義され、カテゴリーの成員であるか否かはある意味素性を持つか持たないかによって決まる。話法を二分法的に区別できるとする藤田（2000d）は、「伝達のムード」をその意味素性とし、それを持つか持たないかで話法が明確に区別できるとする。ちょうど「未婚者」の意味素性として［unmarried］があり、その有無からある人が「未婚者」か「既婚者」かを明確に区別できるようにである。カテゴリー的に見る限り区別は一義的になされるから、「未婚者」であり「既婚者」でもあるような中間的な人間は存在しない。

　それに対して、鎌田（2000a）は直接話法に典型と非典型の間で連続性があり、間接話法も同様であるとする。ちょうど「鳥」という概念がコマドリrobinのような典型的なもの（プロトタイプ）からペンギンのようなそうでないものへと連続的に捉えられるようにである。結果的に、直接話法と間接話法はそれぞれの非典型を通じて連続的に捉えられることとなる[*61]。鎌

(2000a)は、これを次のようにまとめている[*62]。

(47) 引用句創造のプロセス

新たな(元)発話の創造	(元)発話の伝達の場への吸収
直接引用 ◀┄┄┄┄┄┄┄┄┄┄┄┄┄┄┄┄┄┄┄┄┄┄▶	間接引用

［直接/準直接　準間接　間接　んだって　そうだ　らしい　ようだ］

そして、(47)の連続性の中から話法、伝聞、様態表現は伝達者よりの視点の強弱から、上のようなスケールで統一的に捉えられることになる。このような議論の帰結として、鎌田(2000a)では、次のような文までが「引用」として分析の対象となる[*63]。

(48) a　美津子の結婚式には背広で出てくれるそうですな。(『日の出』)
　　　b　オレの父さんもけっこうええ奴やったらしいで。(『番外篇』)

鎌田(2000a: 17)は「日本語の場合、引用は助詞「と」を伴って行われることもあれば、そうでないこともある」としており、藤田(2000d)が扱うような「〜ト」で導かれる引用句だけでなく「『〜そうだ』というような伝聞表現や『〜するように言われた』というような表現」も「引用」であるとしている。したがって、藤田(2000d)に比べ鎌田(2000a)の扱う引用の範囲は極めて広い。これは「引用論」の枠組みとしての「〜ト」引用句を飛び越え、分析対象を大きく広げていくことを意味する。

こうした見方に対して、統語論としての「引用論」を追求する藤田(2000d)は、文法的なカテゴリーである話法を(47)のような連続性で捉えることは、レベルの混同であり意味がないとする[*64]。話法はヴォイスにおける「能動」と「受動」のように対立して捉えられるからこそ意味があり、連続したものと捉えることはこの文法的カテゴリー(それを規定する意味素性)を無意味なものとするからである。「未婚者」と「既婚者」がある意味素性によって明確に峻別できたように、直接話法と間接話法も「伝達のムード」によって明確

に区別できるとするのが藤田（2000d）の話法論である。一方、鎌田（2000a）は「未婚者」にもそれらしい人とそうでない人がいるように、直接話法と間接話法の中にそれぞれ典型と非典型で連続性を見る。

　言語観の異なる二人の論争は、どちらも正しいから着地点がない。「未婚者」「既婚者」の区別を例にすれば、峻別できるという見方も正しいが、連続性があるとする見方も正しい。したがって、論争に決着がつくことはないだろう[*65]。扱っている言語データの質、量ともに藤田（2000d）には圧倒されるが、言語学における構造論と機能論が相補的であるように、引用研究においても二つの立場は相補的になっていくであろう。日本語の引用論は、今後この二つの対立軸に収斂しつつ発展していくと思われる[*66]。

4・3 本書の位置づけ

藤田（2000d）、鎌田（2000a）は、それぞれ異なった立場から日本語の引用を扱っており、そこから得られる知見の多いことは言うまでもない。しかし、筆者が不満に思ったのは、砂川（1987）以来引用における「場の二重性」が意識されているのにも関わらず、これまでの引用研究が発話行為を正面から捉えることなく行われていることである。引用の構文が二つのレベルから構成されることを、砂川（1989: 362）は次のように述べている。

> （49）　引用するということは、ある発言の場ないしは思考の場で成立した発言や思考を、それとは別の発言の場において再現するということである。したがって引用文（筆者注・引用の構文）にはその文の発言の場と引用句に表された内容が発言ないしは思考される場といった二つの場がかかわってくることになる。

　本書が試みる「発話行為から見た引用論（以下、発話行為的引用論）」は、この「場の二重性」を前提とし、元の発話の「力」（発話の機能）に配慮しつつ言語データを考察する[*67]。そして、引用の構文の各構成要素に見られる言語的な反映を捉えることを目的としている。

すなわち、第1場における発話の力（機能）と第2場における引用の構文（構造）の相関を扱う。特に第1場における伝達者の解釈が言語形式にどう反映されるかを考察するものである。図示すると次の通り。

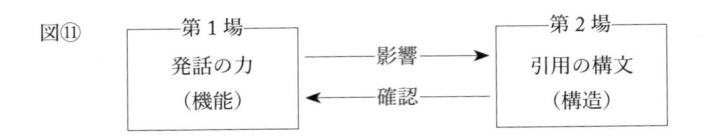

図⑪　［第1場　発話の力（機能）］　←影響→　←確認→　［第2場　引用の構文（構造）］

　発話行為論は語用論の主要な理論の一つであるから、「発話行為的引用論」は、引用を言語使用の問題としてより広い立場から捉えようとする鎌田（2000a）の立場に近い。ただし、鎌田（2000a）が、社会言語学、談話分析、第二言語習得論といった科学的に権威化され、きらびやかな理論的背景を持っているのに対し、本書はやや古色蒼然としたオースチンの発話行為論の立場から分析を行った。しかし、それは言語研究において発話行為の存在が無視できないように、「場の二重性」という特徴を持つ引用の研究においても同じことが主張できると思うからである。

5　発話行為的引用論の試み
5・1　本書の目的
本書の目的は、引用の構文を「発話行為の観点から考える」ことである。山梨（1991a, 2002a: 225）は、発話行為の観点から見た引用論の論点（crucial-issues）を、次のようにまとめている[68]。

　　(50)　発話行為的引用論の論点
　　　　(a) 発話の力が引用部にどのように組み込まれているか？
　　　　(b) 発話の力が伝達部（特に引用動詞）にどう反映されているか？
　　　　(c) 伝達部の機軸となる引用表現としてはどのような動詞が可能か？

(d) 引用部と引用動詞の命題的意味はどのように関わっているか？[*69]

　本書では上の論点を踏襲しつつ、主に日本語の引用を対象としながら「発話の力から見た引用のメカニズム」を明らかにしたいと思う[*70]。便宜的に結論を先に言うと、本書では発話行為を次のように区別して考える。発話行為には、約束、命令、報告などのようにその発話の力が持続的なものと、挨拶、罵り、皮肉のようにそれが一時的なものがある。

　① 持続的な効果を持つ発話行為（SAC [*71]）
　② 一時的な効果を持つ発話行為（SAT [*72]）

　そして、主に引用句のダイクシスに焦点を当て、発話の力から見た引用のメカニズムを考察する。それは(50)a に関わる研究である。だから、本書の試みを(50)に沿って言うと、次のようになるだろう。

　(a') 発話の力（SAC と SAT の区別）が引用部（引用句のダイクシス）にどのように組み込まれているか？

5・2 本書の言語データ
5・2・1 引用句のダイクシス
発話行為を SAC と SAT に区別する根拠として、本書では引用句のダイクシスを言語データとし、おおむね次のような主張を展開した。
　まず、元の発話で遂行された発話行為の効果が持続的（SAC）である場合。例えば、次のような発話がそれに当たる。
　(51)　太郎「君$_i$は風邪だ。」
　このとき、第2場（引用の場）において元の発話の効果が続いている。したがって、伝達者は次のように引用句のダイクシスを調整して伝えることができる[*73]。
　(52)　太郎$_t$は　私$_i$は風邪だ　と言った。　（IQ）

なお、次のように引用動詞を「診断した」と指定した上で、(51)のダイクシスを調整して伝えることもできる。

  (53) 太郎$_t$は 私$_i$は風邪だ と<u>診断した</u>。(IQ)

このように引用句のダイクシスを調整したり、引用動詞を語彙的に指定するなど、「伝達者の解釈」が引用の構文に言語的に反映されることを「間接化」という[*74]。引用の構文に「間接化」が関わるとき、(52)(53)のように下線を引いてそれを示す。

さて、伝達者が元の発話(51)を引用するとき、(52)では中立的な引用動詞(「言った」)を述語として引用句のダイクシスを調整することができた。ところが、元の発話で遂行された発話行為の効果が一時的(SAT)である場合は、状況が異なる。

例えば、次のような発話を引用する場合を考えてみる。

  (54) 太郎「君$_i$はスパイだ。」

この発話は、引用動詞を語彙的に指定すれば、引用することができる。

  (55) 太郎$_t$は 私$_i$はスパイだ と<u>罵った</u>。 (IQ)

しかし、引用動詞を次のように中立的な「言った」にすると、引用句のダイクシスを調整することができない。

  (56) ?太郎$_t$は <u>私$_i$</u>はスパイだ と言った。 (DQ)

元の発話(54)が遂行する発話行為の効果が一時的であるので、第2場(引用の場)において元の発話の効果は消えている。だから、引用動詞を語彙的に指定しないかぎり、伝達者は第2場で引用句のダイクシスを調整することができない。もし、あえてダイクシスを調整して引用しようとすると、(56)のように元の発話と引用句でダイクシスの指示対象が変わってしまう[*75]。

なお、本書では引用が不成立のとき、引用の構文に「?」を付ける。「?」は引用句のダイクシスが間接化によって指示対象が変化し、間接引用では元の発話を引用できないことを示す[*76]。

5・2・2 中立的な引用動詞

本書では、(52)や(56)のように中立的な引用動詞(「言った」)を用いた引用

の構文に注目し、そこに見られる対比を観察する。中立的な引用動詞を持つ引用の構文に注目することは本書の独創であるが、なぜわざわざ引用動詞を中立的な「言った」に限定するのか。これは議論の成否を分ける重要な点であるので、少し補足しておきたい[77]。

　筆者は引用動詞を中立化させることで、引用の構文における言語事実の対比がより鮮明に表れると考えている。例えば、引用動詞を中立化させることにより、引用句のダイクシスに見られる対比が次の通り鮮明になる。

　元の発話(51)を引用するとき、引用の構文において次のように(57)a から(57)b へ遂行動詞を解除しても、(57)b は依然として間接引用の解釈を維持できた。

　　(57) a 　太郎$_t$は　私$_i$は風邪だ　と診断した。　（IQ）
　　　　 b 　太郎$_t$は　私$_i$は風邪だ　と言った。　（IQ）

ところが、元の発話(54)を引用するとき、引用の構文において次のように(58)a から(58)b へ遂行動詞を解除すると、(58)b は間接引用の解釈を維持できず、直接引用として読まれる。

　　(58) a 　太郎$_t$は　私$_i$はスパイだ　と罵った。　（IQ）
　　　　 b ?太郎$_t$は　私$_t$はスパイだ　と言った。　（DQ）

引用動詞を中立化させた(57)b と(58)b の対比から、筆者は次のように考えた。元の発話が(51)のとき、伝達者は引用動詞を語彙的に指定してもしなくても、ダイクシスを調整して引用することができる。しかし、元の発話が(54)のとき、伝達者は中立的な引用動詞を使うと、ダイクシスを調整して引用することができない。

　伝達者がダイクシスを調整して(54)を引用したければ、(58)a のように引用動詞を「罵った」と指定してやらなければならない[78]。そうすれば引用句のダイクシスは語用論的に解釈されるから、文全体の主語「太郎$_t$」と引用句のダイクシス「私$_i$」は別指示となる（間接引用として解釈される）。しかし、引用動詞を中立化したまま(54)を引用するとき、伝達者は間接引用ではなく、次のような直接引用を使うしかない。

　　(59)　太郎$_t$は「君$_i$はスパイだ」と言った。　（DQ）

このように中立的な「言った」を使って引用するとき、引用句のダイクシスを現在の話し手(伝達者)の視点に調整できない発話が存在することに筆者は気づいた。これらの発話を引用するとき、元の話し手(話し手1)の視点からしか引用することができないと思われる[79]。

5・3 本書の結論
本書は二つの発話が引用されるときに見られる次の対比に注目する。例文を再掲して、本書の結論をまとめておこう。
(60) a 　太郎「君$_i$は風邪だ。」
　　 b 　太郎$_t$は　私$_i$は風邪だ　と言った。　(IQ)
(61) a 　太郎「君$_i$はスパイだ。」
　　 b ?太郎$_t$は　私$_t$はスパイだ　と言った。(DQ)
　(60)aを引用した(60)bでは引用句の「私$_i$」が、依然として元の発話の「君$_i$」を指示可能であった。したがって、(60)bは間接引用として読むことができ、引用が成立している。ところが、(61)aを引用した(61)bでは引用句の「私$_t$」が元の発話の「君$_i$」を指示することができない。したがって、(61)bは間接引用として読むことができず、引用が成立していない。本書では、この対比を次のように説明することを試みた。

(62)　発話の力が持続的である場合(SAC)
　　　引用されたときにも元の発話の効果が持続しているから、その発話の力を語彙的な引用動詞(「診断した」)で補う必要がない。したがって、中立的な引用動詞(「言った」)だけで十分に間接引用が成立する。
(63)　発話の力が一時的である場合(SAT)
　　　引用されたときには元の発話の効果が消えているから、その発話の力を語彙的な引用動詞(「罵った」)で補ってやる必要がある。したがって、中立的な引用動詞(「言った」)だけでは間接引用が成立しない。

このように、本書では、引用の構文に見られる「場の二重性」を発話行為の遂行という観点から捉えなおした。そして、引用の構文に関わる統語現象（引用句のダイクシス）を、発話行為の観点から機能的に分析することを試みた。引用の構文に対するこうした分析の方法を「発話行為的引用論」とする。なお、本書の試みを図示すると、次の通りである。

図⑫　　　第1場　　　　　　　　　　　　第2場
　　　　発話行為　　←影響→　　　引用の構文
　　　（SAC／SAT）　←確認→　　（引用句のダイクシス）

5・4　本書の構成

最後に、本書の構成を述べておく[80]。

　　　第1章　引用の構文と本書の試み
　　　第2章　言語使用としての引用
　　　第3章　発話行為論の展開と引用研究
　　　第4章　引用句のダイクシス　―発話行為的な分析―
　　　第5章　発話行為の持続性と一時性
　　　第6章　総括　―労力の分配―

　本書の前半部は、第1章から第3章までである。まず本章（第1章）では、序論として本書が扱う「引用の構文」とはどういう言語事実なのかについて解説し、本書の全体像を予告した。続く第2章では、発話行為論を語用論の一理論と位置づけ、引用句のダイクシスを言語使用の問題として、語用論の立場から扱うことを述べる。さらに第3章では、本書が提案する「発話行為的引用論」を伝統的な発話行為論の中に位置づけるため、発話行為論の展開を概観する。

　本書の後半部は、第4章から第6章までである。まず、第4章では、発話行為的引用論の有効性を明らかにするために、引用句のダイクシスに生じる

視点制約を取りあげる。そして、発話行為の効果を持続的なもの(SAC)と一時的なもの(SAT)に区別することによって、この問題を説明することが可能であると主張する。続く第5章では、これら発話行為の効果に関する区別が、伝統的な発語内行為、発語媒介行為とどこが異なるのかについて論じる。最後に第6章では、引用句のダイクシスに見られる視点制約を説明する際の構造と機能の役割り分担について、英語の引用と比較しながら検討し、日本語の引用の特質について総括を行う。

6 まとめ

本書の目的は、思弁的に傾きがちな発話行為(言語行為)論に言語データ(統語論)による検証を導入することにより、再現性のある実証的なデータに基づいた新しい知見を発話行為論に提供することである。この目的を達成するため、本書では、言語使用の問題として引用句におけるダイクシスの調整を取りあげ、この言語データから発話行為を研究していく可能性を示す。本書では「間接化の度合い」「間接化のプロセス」「視点移動の原則」など言語学の概念を使いながら引用句のダイクシスに対して発話行為的な分析を展開する。そして、元の発話が遂行している発話行為のタイプの違いがシンタクスに対比を生じさせていることを主張したいと思う。

注

1 本章の一部は、中園(2005b)で発表した。
2 言語学では "speech act" を「発話行為」と訳すのが一般的であるので、本書でもこれに従う(毛利(1980)、山梨(1986b)、深谷・田中(1996: 211-242)等)。なお、言語哲学では「言語行為」と訳すのが一般的なので注意が必要である(坂本(1977)、土屋(1983b)、山田(1998)等)。
3 本書が考える「実証的」とは、科学における次の手順を言う(北川・上山(2004: 214-233)参照)。ただし、仮説の構築と修正については母語話者による内省(introspection)

を重視する。
(i) a 観察および一般化
　　b 仮説の構築
　　c 実験デザイン
　　d 実験結果の考察と仮説の修正
したがって、構造言語学的に見れば「日常で使わないような不自然な文ばかり取り上げていて、自然な言語を研究しようとしない」ことになる。本書が目指すものは、人間による言語使用(語用)であり言語能力(文法)ではないが、言語データの扱いについては新言語学(生成文法)の考え方を踏襲したい(詳しくは、第2章(3節)を参照)。

4　なお、引用には次のような「思考」に関する引用(三上(1963: 126))もあるが、本書では扱わないこととする。
(i) お前、わしを生け捕りにしようと思ったであろう。(『北斗』)

5　第三者の発話を伝える文全体は、単に「引用」「引用の表現」とする他に、「引用構造文」(奥津(1970))、「伝達文」(遠藤(1982))、「引用文」(砂川(1988b)、中園(1994))、「引用表現」(鎌田(2000a))、「引用構文」(藤田(2000d))とも呼ばれる。

6　引用される文は、単に「引用節」「引用句」とする他に、「被伝達文(Reported Speech)」(細江(1971))、「被伝達部」(豊田(1993))、「引用成分」(森山(1988))、「引用部(quoted part)」(廣瀬(1988b)、山梨(1991a)、福嶌(1997))、「引用文」(奥津(1970)、仁田(1980)、遠藤(1982)、岩男(2003))とも呼ばれる。

7　引用の構文は、「引用部(quoted part)+伝達部(quoting part)」とも分けられる。「引用部」は「引用句」のこと。また、「伝達部」は、引用の構文から引用句を除いた部分を言う。

8　用例の出典は、本書の最後にまとめて掲げた。また、元の発話が作品中に明示されていない場合は、筆者による類推をあげる。

9　「第1場」は、「発話の場(communication field)、ゼロ次の場(0th field)」(奥津(1970))、「第一の場」(遠藤(1982))、「発言$_1$の場」(砂川(1987))、「元話者を取り巻く場(原発話の場)」(鎌田(2000a: 65))とも呼ばれる。

10　本書では、引用において元の聞き手(聞き手1)を兼ねる現在の話し手(話し手2)を「伝達者」とする。

11　「第2場」は、「地の文の発話の場、別の次元の場(1st field)」(奥津(1970))、「第二の場」(遠藤(1982))、「発言$_2$の場」(砂川(1987))、「伝達者を取り巻く場(伝達の場)」(鎌田(2000a: 65))とも呼ばれる。

12　奥津(1970)では、引用を「ブラウン管に映る映像」に例えている。

13　このような動作を野球の専門用語では「ボール回し」と呼ぶようである。なお、図③のイラストはNICOさんに作画をお願いした。

14 「話し手1」は、「元発言者(First Speaker)」(細江(1971))、「Sp₋₂」(奥津(1970))、「話し手(発話者、思考者、経験者)」(久野(1978))、「第一の話し手」(遠藤(1982))、「元話し手(SP₋₁)」(堀口(1995))、「元話者」(鎌田(2000a))、「原発話者」(藤田(2000d)、岩男(2003))、「原話者」(渡辺(2003b))とも呼ばれる。

15 「聞き手1」は、「元聴者(First Hearer)」(細江(1971))、「H₀」(奥津(1970))、「元聞き手(H₋₁)」(堀口(1995))、「元聞き手」(鎌田(2000a))とも呼ばれる。

16 「話し手2」は、「伝聴者(Reporter)」(細江(1971))、「Sp₋₁」(奥津(1970))、「第二の話し手(伝達者)」(遠藤(1982))、「報告者」(中園(1994))、「現話し手(SP₀)」(堀口(1995))、「全文の話し手(引用者)」(藤田(2000d))、「伝達者」(鎌田(2000a))、「話し手」(岩男(2003))、「引用者」(渡辺(2003b))とも呼ばれる。

17 「聞き手2」は、「被伝達者(Reported Party)」(細江(1971))、「H₁」(奥津(1970))、「第二の聞き手」(遠藤(1982))、「現聞き手(H₀)」(堀口(1995))、「聞き手」(岩男(2003))とも呼ばれる。

18 第1場の参加者が役割を入れ替えて第2場の参加者となる場合も、リレー型の引用と言える。これは野手No.1(話し手1)からボールを受けた野手No.2(聞き手1)がそれを投げ返す構造と理解すればよい。
 (i) a 「よく出てきてくれたな。お前たちもぶち殺してやる。」
   b 僕たちを殺すというのか。僕たちが何をしたというんだい。(『デス』)

19 「引用の構造」の図式化には、奥津(1970)、砂川(1987)、内田(1992: 124)、山口(1992: 292)、藤田(2000d: 72)等がある。

20 ここで言う「引用の構造」は構造言語学的な言語表現の構造(例えば「引用構文の構造」(藤田(2000d: 64))の意味ではないので注意。

21 元の発話の発言内容に第2場の参加者は関わらないが、その引用がリレー型(図④)を形成している用例。
 (i) ずいぶん昔のことになるが、川端康成先生がこんな話をしてくれた。外国旅行をしていると、六歳か七歳の少女が飛行機に乗っていた。(中略)<u>川端先生は、その少女の態度が実に毅然としていて美しかったと言われた</u>。(『礼儀』)

22 図⑤の構造を持つ引用は、新聞等における事実の報告や小説の地の文などに頻出する(話し手1は「おみや」、聞き手1は「野中さま」、話し手2は文全体の発話者である「書き手」、聞き手2はその「読者」である)。
 (i) <u>おみや</u>が、<u>野中さま</u>と云った。どうか止めて下さいまし、どうか兄を止めて下さいましと云いながら、けんめいに六郎兵衛の腕にしがみついていた。(『樅』)

23 リレー型(図④)と非リレー型(図⑤)の違いに関する用例。
 (i) ある時、大場の防衛戦のテレビ放送に、引退した海老原博幸さんがゲスト解説で出演したことがあった。そこで海老原さんは「大場にはあまりパンチがない」と

いうようなことを言ったらしい(図⑤)。後に誰かからその話を聞いた大場が「あの人がやりたいというなら自分はいつだってやってやる」と驚くような激しさで呟いたことがあった(図④)。(『ジム』)
24 非リレー型(図⑤)の構造を持つ引用でも、その発言内容が第2場の参加者に関わる場合は、次のように引用句でダイクシスを調整することができる。なお、(b)は海賊による(a)の発話を陰でこっそり聞いていた村人の発話。
 (i) a 「明日の朝だ。夜明けとともに村を襲え。村の民家も適度に荒らしてあくまで事故を装いカヤお嬢様を殺すんだ。」(『ピース3』)
  b お前はダマされてたんだ。あの執事は海賊だったんだ。そして明日の夜明けに仲間の海賊が押しよせてお前を殺すと言ってた。(『ピース4』)
25 例えば、独白や次のような場合など。
 (i) おれは頭の中で坊やに話しかけた。"ほらぼく見てごらん。おさるさんだぞ。(中略)おじさんだって子供の頃はぼくといっしょで桃みたいな色してたんだけどな。"(『バー』)
26 図③では引用されても意味内容が変わらないことを、外野と内野でボールの円形が変化しないことで表している。
27 図③では引用されることで伝達者の解釈が加わることを、外野と内野でボールの色が○から●へ変化することで表している。
28 正確に言うと(14)bは非リレー型の構造(図⑤)を持つので、次のように言い換えられる。
 (i) 桑田は　ミッちゃんを嫁にくれ　と言ったらしい。
29 引用の構文は、第2場のコミュニケーションを必要としない。例えば、次の例では聞き手2が不在であるが、引用の構文が成立している。

30 藤田(2000a)は、この「伝達者の解釈」を次のように記述している。
 (i) 実際にコトバを引用し、あるいは、そういった形をとった表現を用いるのに際しての話し手(引用者)の理解・解釈などの介在による干渉の問題
31 本書は、奥津(1970)の「間接化(indirectification)」をより語用論的に扱いたい。なお、「語用論的に扱う」とは言語構造のみならず、言語外の要因も考慮に入れるということである。詳しくは、第4章を参照。

32　藤田（1995b, 2000d: 146-178）は、この動的な側面（全文の話し手の解釈の関与）を「話し手投射」と呼び、「引用表現における引用されたコトバの変容－非変容の現象」は語用論の課題としている。

33　例文の「i」「t」は、同じアルファベットがふられている代名詞同士が同一指示であることを示す。また、「DQ」は "direct quotation" であり、それが「直接引用の読み」で解釈されることを示す。また、「IQ」は "indirect quotation" であり、それが「間接引用の読み」で解釈されることを示す。

34　「直接話法分析」は「Direct Discourse Analysis」、「直接話法表現」は「Direct Discourse (or direct feeling) Representations」とも言う（Kuno（1972））。

35　こうした「目的節に直接話法表現をもっている引用動詞」には、(18) の expect「期待する」、claim「主張する」の他に、remember「覚えている」、know「知っている」、ask「訊ねる」などがある（久野（1978: 266））。

36　(21)(22) で問題とするのは「それぞれの文が、he＝John という解釈で文法的であるかどうかということである。」（久野（1973: 198））

37　(21)b (22)b で受動文に「*」がついているのに、(26)b で「?」となっているのは文法性の差を示している（「前者が完全に非文法的であるのに対して、後者は、自然な文ではないものの、前者ほど文法性が低くない」）。

38　久野（1978: 270）による説明は、以下の通り。
　　（i）(a)、(b) は夫々、impossible の後に for me, for you が省略された文である。これらの文は、適格文である。(c) は、impossible の後に for her が省略された文である。この文は、例え、herself が誰を指すかが先行する文脈から明らかな場合でも、不適格文である。

39　久野（1978: 271）による記述は、以下の通り。
　　（i）重要なことは、主文の主語の発話、思考、感情を表す目的節の中で、その発話、思考、感情の「話し手」（発話者、思考者、経験者）と聞き手を指す名詞句が、第三者を指す名詞句とは異なった特徴を示すという認識である。

40　砂川（1987）では引用の構文が整理されており、(i)(ii) は入れ子型の構造（場の二重性）を持つが、(iii) は単層型の構造であるとしている。
　　（i）太郎は　花子に旅行に行こう　と誘いかけたらしい。
　　（ii）私は　旅行に行こう　と思います。
　　（iii）昨晩雨が降った　と見える。

41　藤田（2000d: 49）は、引用におけるこの特殊性を次のようにまとめている。
　　（i）文の表現は、それが生み出されると意識されるある時点・ある地点におけるある発話者の関係把握、すなわちある「場」での表現の秩序に即して統一される。ある一文の発話の場にそれと違う場の秩序がもち込まれることは極めて異例のこと

で、まず「引用」の場合だけの現象であろう。
42 本書はこの指摘を発展させ、なぜそれが二分されるのかについて、発話行為的に分析する。詳しくは、本章 (5 節) ならびに第 4 章を参照。
43 ちなみに、藤田 (2000d: 548-549) は「場の二重性」を引用における単なる事実・特徴とし、「直接話法」を規定する文法用語としての位置づけしか与えていない。したがって、これを引用における説明原理とはしていない点に注意。
44 現代日本語を対象とした引用の研究動向については、奥津 (1993)、藤田 (1995c) にその概略がまとめられている。また、草創期の引用研究については、藤田 (2000b, 2001c, 2002a, 2004) が参考になる。
45 「引用標識挿入規則」(柴谷 (1978: 90))。
46 構造的アプローチについては、Lee (1995) が詳しい。
47 近年では、山崎 (1993)、前田 (1995)、Hirose (1995)、渡辺 (1997, 2003b)、鎌田 (2000a)、藤田 (2000d)、砂川 (2003) 等。なお、藤田 (2000d: 635-646) に詳細な「引用関係研究文献目録」がある。
48 藤田 (2000d) については藤田 (1999b, 2001a) と大島 (2002) に、また鎌田 (2000a) については鎌田 (2000bc) にその概要が整理されている。また、砂川 (2000) では、それぞれの論点が比較検討されており参考になる。
49 藤田 (1998b, 2000d: 180) によれば、「文法論としての引用研究」は、次の二つの領域に区別される。
　(i) 引用されたコトバ・引用句を含むシンタグマティクな構造
　(ii) 引用されたコトバのパラディグマティクな対立
50 「(現代言語学の視点からの日本語の引用研究の) この 30 年ほどの研究成果は、統語論、意味論、語用論、さらに談話分析、社会言語学と言う様々な枠組みのなかで大きな発展を遂げて来たことは事実である。」(鎌田 (1999))
51 鎌田 (2000a: 60-61) による記述は、以下の通り。
　(i) 日本語の引用表現は、元々のメッセージを新たな伝達の場においてどのように表現したいかという伝達者の表現意図に応じて決まる。
52 引用句の位置づけ、引用の定義、話法の区別等に相違点が見られる。詳しくは、藤田 (1996b, 2000ac, 2002c)、鎌田 (1999, 2000a: 13-49, 117-155) を参照。
53 話法に関する本書の立場については、第 2 章 (4 節) で検討した。
54 「『伝達のムード』を担う終助詞・間投助詞などの他、『聞き手』への敬意表現とされる『です』『ます』なども、話法決定に同様の役割を果たせる」(藤田 (1996b, 2001b))。なお、鎌田 (2000a: 159) はこれを「衣掛け (スタイル) のモダリティ」と呼び、それがダイクシス変換など間接化をブロックし、直接引用句を導くとしている。

55 補足すると、(42)は次のような場面における発話である。

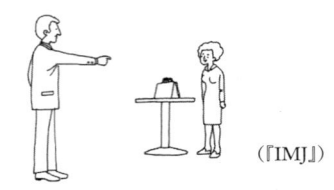

(『IMJ』)

56 なお、遠藤(1982)も話法を連続的なスケールの中で捉え、「完全直接話法」「一般直接話法」「修正直接話法」「一般間接話法」「拡大間接話法」としている。こうした「話法連続観」の問題点については、藤田(1996b, 1999a, 2002b)で検討されている。

57 鎌田(1988)による例は以下の通り(網掛けは筆者による)。
(i) 昨日、スバル座で映画を見た後、ラーナーさんは
a 明日も見に行くだろうねって言ってましたよ。〈直接引用〉
b 明日も見に行くだろうって言ってましたよ。　〈準直接引用〉

58 鎌田(1988)による例は以下の通り(網掛け、下線は筆者による)。
(i) ねえ、ねえ、知子さん、電話で(友達に)相談したらね、賛成してくれてね、この辺りにも顔が広いからお弟子さんを
a (私に)紹介してくれる、って言うのよ。〈間接引用〉
b (私に)紹介してあげる、って言うのよ。〈準間接引用〉

59 Kuno(1988)は、引用句が直接話法要素と間接話法要素から構成される構文を複合話法(Blended discourse)と呼ぶ(網掛け、下線は筆者による)。
(i) a 太郎「オレの家にすぐ来い。」
b 太郎が　ヤツの家にすぐ来い　と電話をかけてきた。

60 「カテゴリー的」「プロトタイプ的」については早瀬(1996: 27-54)等を参照。

61 これは、要するに言語事実を連続性で捉えるということであり、寺村(1982)以後の「日本語記述文法」によく見られる考え方である(野田(他)(1991))。それに対して、藤田(2000d)はやはり国語学的だと言えると思う。

62 (47)は、鎌田(1988, 2000a: 96)を参考に、筆者が一部改変したもの。

63 鎌田(1988)による例は以下の通り。
(i) 母：何だったの？
太郎：明日、花子が帰ってくる　って。／そうだよ。／らしいよ。

64 藤田(2000c)による記述は、以下の通りである。
(i) 規準の設定次第で、物事を連続的なもの・一連のもの(=類)ととらえることは、どのようにも可能だろう。しかし、敢えて右のような表現(筆者注・例えば(48)のような伝聞表現)を間接化の程度の違う「間接話法」だと一括に見たところ

で、それは言語に内在する性質を究明するのではなく、言語事実に用意した枠をおしつけたにすぎないのではあるまいか。

65 その点、人文科学の論争は数学と違って唯一の解など存在しない。なお、物理学における「光」の正体のように、それが粒子であるか波であるかを一義的に決められない場合もあり、どちらも正しい（粒でもあり波でもある）ということが自然科学でもあるようである（パイス（2001: 45-68））。

66 二つの議論は相補的であるから、個人的には藤田（2000d）を通してみることで鎌田（2000a）の主張はより明確になるし、鎌田（2000a）を通すことで藤田（2000d）の主張もより明確になると思った。その意味で、藤田（2000ac, 2002c）は鎌田（2000a）の理解にも非常に有効だった。藤田（2000d）をより理解するためにも、鎌田（2000a）からの再反論を待ちたい。

67 藤田（2000d: 548）は「場の二重性」を意味論・統語論的な概念として扱っているが、本書ではこれをより語用論的に図⑪の枠組みの中で扱う。

68 「発話行為的引用論」は筆者による造語。なお、山梨（1991a, 2002a）の引用論は英語を対象としたものであり、(50)が日本語の引用にどの程度応用できるのかは今後の検討課題である。

69 藤田（2000d: 234-368）に遂行動詞の引用構文が記述的に整理されている。発話行為的引用論の論点(d)に当たると思われる。

70 英語の引用を機能的に扱ったものには、他に牧野（1980: 189-194）、Uchida（1981）、Sternberg（1982）、山口（1992）等。

71 「Speech Act with Continuous Effect」を「SAC（エスエイシイ）」とする。

72 「Speech Act with Temporary Effect」を「SAT（エスエイティ）」とする。

73 むろん、(52)は次のように「直接引用の読み」で解釈することも可能である。
　(i) 太郎$_t$は　私$_t$は風邪だ　と言った。　（DQ）
しかし、(52)を(i)で解釈すると元の発話(51)を伝えていることにならず、引用は不成立となる。引用を成立させるためには、元の発話(51)の「君$_i$」と引用句の「私$_i$」が同一指示の解釈（間接引用）でなければならない。

74 「伝達者の解釈」「間接化」は、本章（2・3節）ならびに第4章を参照。

75 (56)では、引用句の「私$_t$」の指示対象は元の発話の「君$_i$」ではなく、文全体の主語「太郎$_t$」である。しかし、直接引用で読むと、元の発話は(54)ではなく次の(i)となる。このような直接引用の読みでは元の発話(54)を伝えていることにならず、(56)では引用が不成立となる。
　(i) 太郎「私$_t$はスパイだ。」

76 これは、引用の構造（図③）において野手No.1から野球のボールを受けた野手No.2が、野手No.3に対しテニスボールを投げたことに当たろうか。同じ野球のボールを投げ

る（引用を成立させる）ためには、元の発話の「君」と引用句の「私」が同一指示の解釈（間接引用）でなければならない。

77　「遂行動詞の解除」など間接化の度合いを一定に保つための言語学的な手続きについては、第4章（2節）を参照。

78　別の言い方をすると「間接化の度合いを上げないと引用句のダイクシスを調整できない。」（詳しくは第4章を参照）。

79　こうした「引用できないダイクシス」については、第2章（4・4節）に用例をまとめた。

80　蛇足であるが付け加える。言語事実としての引用に興味をお持ちの読者は、本章（第1章）を読んだあと、本書の中核をなす第4章に進むとよい。また、理想化の必要性など第4章が前提としている語用論の概念について知りたい読者は第2章、第4章が前提としている発話行為論と引用論の関わりについて知りたい読者は第3章へ進むとよい。また第4章で提案した発話行為の区別（SAC、SAT）について詳しく知りたい読者は第5章へ進むとよい。

第2章 言語使用としての引用[*1]

キーワード

普遍性と個別性　理想化　語用論　直接引用と間接引用　視点の移動

1 はじめに

言語学はその研究対象を言語記号から意味へと拡大してきたが、近年では言語使用者までをその分析の対象に取り込み始めている。それに応じて統語論と意味論が整備されてきたが、本書で扱う語用論（pragmatics）はその延長線上に位置づけられる[*2]。現在の言語学では、異なる言語を別々に説明するのではなく、統一的に説明することによって、人間言語の普遍性とそこから導かれる個別性を同時に捉えようとしている。統語論の分野では、言語構造の普遍性と個別性に焦点を当てて研究を進めているが、人間の言語使用を扱う語用論の分野でも、同じように言語使用の普遍性と個別性を捉えようとする方向で理論化を進めるべきであると思う。

　この章では、その言語使用の問題として引用句のダイクシスを取りあげ、これを機能的に説明するためにはどのようなやり方があるのかについて考察していきたいと思う。

2 語用論の目的

2・1 言語構造の研究

2・1・1 統語論における二つの指向

言語学の主要な部門の一つである統語論（syntax）の目的は、我々が自分の母

国語をいかに話し理解するのかを表した規則の集合を作ることにある。ただし、世界には分析の対象となる言語の数が二千余から五千余も存在するのであるから、このような作業を行うときに問題となってくるのは、どのようなやり方でその記述を行うのかという点である。

異なる複数の言語を念頭におきながらそれらを説明しようとするとき、興味の持ち方として「個別指向」と「普遍指向」という二つの観点があると思われる。

(1) 言語構造の研究
　　a　個別性の指向
　　b　普遍性の指向

個別指向の観点では、それぞれの言語を独立した存在とみなし、別々の体系として説明しようとする。そこでは研究対象をある特定言語にしぼり、それだけを詳細に記述し形式化することを試みる。国語学という分野は、この観点に立ったものである。

2・1・2 個別性の指向

言語を個別指向で考察する人々の中で、三上(1953: 73-74)は、ある特定言語で設けられた範疇(例えば「主語」)をそのまま別の言語に応用することの危険性を次のように指摘している。

(2) 主語は、主格が或る特別なはたらきをする国語において、その主格に認められる資格、としか考えられないものである。主格に特別なはたらきがあるかないかは国々の言語習慣によることであって、言語一般の性質からアプリオリに演繹できることではない。たゞ、或る特別なはたらきをするのが先進ヨオロッパ諸国の国語であるために、うっかり一般性だと買被りやすいのである。

三上(1953)の主語廃止論[*3]は、主語という概念をヨーロッパ語に特有の概念であると主張する。例えば、次の(3)では"who"が主語となるが、英語ならば一致(agreement)という現象から、どんな述語にも主語を認めることができる。

(3) Who needs lots of money?

しかし、日本語のように主語と述語の間に一致を持たない言語では、「いる」のような状態述語において主語の認定が困難となる。例えば、次の(4)では、英語のように「誰に」を主語と認定するための積極的な証拠は存在しない。

(4) 誰に　沢山のお金が　いるの？

三上(1953: 380)は、英語では主語や目的語といった文法関係が本質であるのに対し、日本語では与格や主格といった格関係が本質であるとしている。この「日本語に主語は存在しない」という主張は、言語の記述は相互不干渉で行われるべきだという個別指向の立場から導かれる結論である[*4]。

2・1・3 普遍性の指向

これに対し、普遍指向の観点では、異なる複数の言語を統一的に説明しようとする。ここでは、たとえ表面的に多様であっても、人間言語には共通性や普遍性が必ずあるという仮定が出発点となっている。このような立場に立つ人々が最も興味深いと感じる現象は、関連のない言語や文化に属する人々の発話が言語学的な細部において類似しているという事実である(Brown & Levinson(1978a: 60))。言語間に見られる差はランダムなものではなく、言語はある決まった範囲内でしか変位しない。そこで、さまざまな個別言語を集めて突き合わせることで、それらが共有している普遍性を抽出しようとするのである[*5]。

統語論の分野でこのような普遍性を追求した例には、日本語の中にも主語という範疇を認めようとする柴谷(1978)の研究がある[*6]。柴谷(1978)は、文の述部を尊敬語化すると敬意の対象が主語に当てられる点に注目した。この現象を(4)の文に当てはめてみると、次のように敬意の対象は与格としてマークされている「誰に」に当たる。

(5) 誰に　沢山のお金が　おいりになるの。

だから、一見すると主語がないように見える (4) の文も、尊敬語化現象によって与格を主語として認めることができる[7]。

その結果、英語にも日本語にも主語・述語という文法関係を認めることができ、二つの言語の間に存在する共通性を捉えることができる。ただし、英語では「主格・対格」の配列であるのに対し、日本語では「与格・主格」の配列となる事実から、格関係に関しては英語と日本語の間に差のあることが分かる。したがって、これは言語間の普遍性を探求すると同時に、個別性までも説明するモデルであると言える。

(6) <u>Who</u> needs <u>lots of money</u> ?
　　 ［主語・主格］［目的語・対格］
(7) <u>誰に</u>　<u>沢山のお金が</u>　いるの？
　　 ［主語・与格］［目的語・主格］

このように、異なる言語を統一的に説明するという普遍指向の観点に立つことによって、人間言語の普遍性とそこから導かれる個別性を体系的に説明することができる。統語論では、言語構造の個別性だけでなく普遍性までも考慮に入れながら研究を進める。

2・2　言語使用の研究
2・2・1　語用論の領域

語用論は、人間による言語使用を研究する分野である。統語論の分析対象は「形式と意味の対応からなる記号系としての日常言語」であり、それは自律的な言語能力から導かれる。これはいわば「閉じた世界のモデル」と言えよう。それに対し、語用論の分析対象はいわば外の世界に開かれている。すなわち、「記号としての日常言語」が「話し手・聞き手、文脈、場面等の言語外の要因」とどう関わるかという研究である（山梨 (2000)）。

Brown & Yule (1983: 225) は「談話において話し手の意図を解釈するプロ

セス」を次の三つに分けている。

(8) 話し手は、発話の伝達的機能をいかに計算するか？
(9) 話し手は、社会・文化的知識[8]をいかに利用するか？
(10) 話し手は、推論をいかに決定するか？

このように語用論における意味は、言語能力（すなわち、閉じた世界）において自律的に導かれる意味を扱わない。そうではなく、談話の中（すなわち、開かれた世界）でその文の意味がどう解釈されるかを扱う。

2・2・2 語用論における二つの指向
前節（2・1節）で、統語論の分野で個別性のみへの指向が否定されることを述べた。語用論の分野でもそれは同様に否定される必要がある。ここでもやはり普遍性を視野に入れつつ分析を進めるべきであると思う。つまり、人間による言語使用（language use）の個別性と普遍性の研究である。

(11) 言語使用の研究
 a 個別性の指向
 b 普遍性の指向

見知らぬ人に時間を聞くとき、合理的な人間（rational agents）ならば(12)のような直接的な聞き方をせず、(13)のような間接的な聞き方をするのが普通である（Brown & Levinson (1978a: 85)）。
(12) Tell me the time.
(13) You couldn't by any chance tell me the time, could you?
では、なぜ話し手は(12)ではなく、わざわざ(13)のようにもってまわった言い方で聞くのだろうか。これを慣習（convention）の問題とすると説明としては簡単である。しかし、それではなぜこの傾向が英語だけでなく日本語など他の言語にも同じように表れるのかという事実を説明できない。

語用論では、そのような慣習の背後に存在する合理的な理由（rational assumption）を考えることによって、複数の言語の間に見られる偶然以上の普遍性を捉えようとする[*9]。そして、表面的な差の背後に存在する普遍的な原理を明らかにしつつ、なおかつ言語間の差もその原理によって関連づけられるようなモデルを作ることが語用論の目的である。

2・2・3 言語使用の普遍性
2・2・3・1 個別性と普遍性
例えば、英語話者が人にクッキーを勧めるとき、(14)のような言い方をするのが普通である（Brown & Levinson (1978a: 62)）。しかし、日本語話者なら(15)のような言い方をするのが普通だと思われる。

  (14) Let's have another cookie then.
  (15) もう一つ食べませんか？

(14)と(15)の差は、(14)が相手との一体感を強調することによってクッキーを勧める表現であるのに対し、(15)はクッキーを取るか取らないかの選択を相手に任せる表現であるという点にある。この差を慣習の問題として片づけてしまうのは、言語を個別指向で研究する人々の考え方である[*10]。

しかし、言語を普遍指向で研究する立場では、その慣習の背後に存在する普遍的で合理的な基礎を捉えようとする。語用論の分野で、このような言語使用の普遍性を探求した例には、Brown & Levinson (1978ab)によるフェイス（face）の研究や、Leech (1983)による丁寧さ（politeness）の研究などがある。

2・2・3・2 フェイスの研究
Brown & Levinson (1978a: 66)は、すべての人間が共通してフェイス（face）と呼ばれる自己認識（self-image）を持っていると仮定することによって、上の事実を統一的に説明しようとしている。彼らは、社会の構成員ならば必ずフェイスを持っているとした上で、これを次のように定義している[*11]。

(16)　フェイス（face）
　　　すべての構成員が自分のために主張したい自己認識のこと。

このフェイスには、次の二つの側面がある。

(17)　否定的なフェイス（negative face）
　　　自分の縄張りを侵害されたくないという主張のこと。
(18)　肯定的なフェイス（positive face）
　　　自分が他人に正しく評価されたいという主張のこと。

　二つのフェイスは二者択一で存在するのではなく、同じ人間に併存しており、お互いに関連し合いつつ存在する。
　まず、(17)の「否定的なフェイス」とは、自分の領域を侵害されたくないという否定的な自己認識のことである。人間には行動の自由や侵害からの自由などに対する欲求（wants）があるから、対人関係において相手の領域に近づかないという言語行動は、相手の否定的なフェイスに配慮した結果である。否定的なフェイスは、このような他者に対する消極的な態度を導くものである。
　それに対し、(18)の「肯定的なフェイス」とは、自分の領域を相手のそれと一致させたいという肯定的な自己認識のことである。人間には世間から孤立するのではなく評価されたいという欲求があるから、対人関係において相手の領域に干渉するという言語行動は、相手の肯定的なフェイスに配慮した結果である。肯定的なフェイスは、このような他者に対する積極的な態度を導くものである。
　このようにフェイスを二種類に分けることによって、丁寧さ（politeness）という概念を、否定的な丁寧さ（negative politeness）と肯定的な丁寧さ（positive politeness）に区別することができる[*12]。
　クッキーを勧めるとき、英語で(14)のように肯定的なフェイスに配慮した表現が多く用いられるのは、英語話者が文化的に肯定的な丁寧さを優先させ

るからである。一方、日本語で(15)のように否定的なフェイスに配慮した表現が好まれるのは、日本人が文化的に否定的な丁寧さを優先させるからである。このように Brown & Levinson (1978ab) は、フェイスという欲求 (want) が人間の中に普遍的に備わっていると仮定した上で、異なる文化に属する人々の間に見られる言語使用の個別性を統一的に説明しようとする。

2・2・3・3 丁寧さの原理

同じように、Leech (1983) の理論も、人間による言語使用の普遍性と個別性を、丁寧さの原理 (politeness principle) を仮定することによって追求しようとしている。Leech (1983: 16) は、この「丁寧さの原理 (PP)」を、グライスの「協調の原理 (CP)」や「アイロニーの原理」とともに、対人関係的な「修辞の原理」の一つと位置づけている。

「丁寧さの原理 (PP)」は、「対人関係の上で相手の感情を害するな」という言語使用における大前提であり、次のように定式化される (Leech (1983: 81))。

(19) 相手に対する無礼な気持ちを表す表現を最小にせよ。
(相手に対する丁寧な気持ちを表す表現を最大にせよ。)

そして、これを実行するために、具体的には次の五つの原則 (maxim) が立てられている (Leech (1983: 104-151))[*13]。

(20) 気配りの原則 (TACT MAXIM)
(21) 寛大性の原則 (GENEROSITY MAXIM)
(22) 是認の原則 (APPROBATION MAXIM)
(23) 謙遜の原則 (MODESTY MAXIM)
(24) 合意の原則 (AGREEMENT MAXIM)
(25) 共感の原則 (SYMPATHY MAXIM)

なお、(20) は、相手の負担が最小になるように配慮するというものである。

(21)は、自分の負担が最大になるように配慮するというものである。(22)は、相手への賞賛を最大にするというものである。(23)は、自分への賞賛を最小にするというものである。(24)は、相手との意見の違いを最小にするというものである。(25)は、相手に対する同情を最大にするというものである。

　Leech (1983) は、これらの原則がどのような文化に属する人々の中にも共通して備わっていると考える。ただし、この中でどの原則を優先するかによって、言語の間に差が生じると考えるのである。例えば、お客にクッキーを勧めるとき、英語話者は (26) のような言い方を好んで用いるのに対し、日本人の場合は (27) のような言い方をするのが普通である。

　　　(26)　　Have as many as you like. (お好きなだけどうぞ…。)
　　　(27) a　おひとつどうぞ…。(Please have one.)
　　　　　 b　何もありませんがどうぞ…。(There is nothing, but please.)

　上のように謙遜の原則と寛大性の原則が競合したとき、英語では寛大性の原則が優先されるため、(26) のような気前のいい表現が好んで用いられる。一方、日本語では謙遜の原則が優先されるため、(27) のような控えめな表現が好まれるのである (Leech (1983: 136-138))。このような Leech (1983) の理論も、言語使用に関する普遍的な原則と同時に個別性も説明しようとする点で、語用論の有効なモデルであると言えるだろう。

3　理想化の必要性

3・1　構造の理想化

3・1・1　生成文法の考え方

言語の形式化を進める統語論や意味論を、ここでは「構造的観点」と呼ぶことにしよう。そして、これら構造的観点によって解明された形式が、具体的にどのように使用されるのかを研究する語用論は、構造的観点に対して「機能的観点」と呼ぶことができるだろう。

　構造的観点と機能的観点は表と裏の関係にあるから、構造的観点 (統語論・意味論) が前提としている仮定は、機能的観点 (語用論) でも前提として

認めることが可能である。ここでは、まず構造的観点に立った研究がどのような前提の下で進められているのかを概観した上で、それが機能的観点とどう関係するのかについて述べたいと思う。

構造的な観点に立って研究を進めている生成文法(generative grammar)[*14]では、言語の研究が次の三分野から構成されるとしている(Chomsky(1986: 3))[*15]。

 (28) 言語に関する知識は何から構成されているか。
 (29) 言語に関する知識はどのような方法で習得されるか。
 (30) 言語に関する知識はどのように使用されるか。

(28)～(30)で言われている「言語に関する知識(knowledge of language)」とは、常識・感覚的な意味における知識ではない。それは、理想上の話し手・聞き手(ideal speaker-listener)[*16]が、自分の母国語について持っている「知識」のことである。この知識は、有限の規則として脳に内的に表示されているとされ、それを元に人間は無限の文を産出できる。したがって、この「言語に関する知識(有限の規則)」の存在を明らかにすることは、脳内の「言語能力」の存在を明らかにすることと同義である[*17]。

3・1・2 文法的能力と語用論的能力

この言語能力は「文法的能力(grammatical competence)」と「語用論的能力(pragmatic competence)」に分けられる(Chomsky(1980: 224))[*18]。言語の文法的規則を明らかにすることは、文法的能力の実在を示すことにつながる。また、言語の語用論的規則を明らかにすることは、語用論的能力の実在を示すことにつながる[*19]。これを次のようにまとめておこう。

 (31) 言語能力(言語に関する知識)
   a 文法的能力(文法的規則)
   b 語用論的能力(語用論的規則)

ここで、次の発話が上の二つの言語能力と、それぞれどのように関わるのかについて考えてみる。

　(32)　Today was a disaster.

まず、文法的能力とは言語構造に関する直観を与える能力であり、(32)のような音声表示から「今日は災難だった」という意味表示を得る能力がこれに当たる。また、(32)の発話者が今日演奏を行ったという予備知識を利用して、「おそらく演奏に失敗したのだろう」と解釈する能力は、聞き手に語用的能力が備わっているからである。

さらにこのことは、一つの発話から得られる「意味」には二種類あることを意味する。一つは文法的能力が想定する意味であり、これは「文字通りの意味(literal meaning)」と呼ばれている。もう一つは語用的能力が想定する意味であり、これは「意図された意味(intended meaning)」と呼ばれている。

構造的観点では、その文自体がどんな意味を持つのか(What does the statement mean?)という問題を考察する。これは、文脈から独立した言語それ自体の意味の研究(a study of meaning within the language itself)である。したがって、構造的観点が扱う言語能力は「文法的能力」の方であり、考察の対象は「文字通りの意味」だけである。さらに、このような文字通りの意味を研究するために、構造的観点では「理想化(idealization)」という概念が重要視されている。それはいったいどんな概念なのか。

3・1・3　文脈の「理想化」

科学の方法として、分析対象の中からある一部のみ取りあげ、他の部分は捨象してしまう「理想化」が用いられる。なぜなら、現実は無限に多様であり、それをそのまま研究すること(the study of everything)は不可能だからである。科学の方法論として、なぜこのような「理想化」が必要不可欠なのか。この点について、小室(1972: 196)は、次のように述べている。

　(33)　科学は、認識方法の特性によって現実認識が規定されるということを自覚することからはじまり、科学とは実体ではなく、研究者

によるフィクション(つまり、・作・ら・れ・た・も・の)であることを自覚することにより成立する。

例えば、物理学において落下運動を考えるとき、物体の位置、質量、重力だけを抽象して、大きさや空気抵抗などの不純物をすべて捨象した理想型を仮定する。言うまでもなく、大きさを持たずに質量と位置だけを持つような物体は地球上には存在しない。しかし、科学者はそういう感覚で捉えられる通常の世界ではなく、抽象的な数学的モデルこそに現実性があるとみなす[*20]。科学者は、このような抽象と捨象の結果を重視し、それにより「表面上の理解を超えた地点に達しうる」と考えるのである。

同様に、完全に等質的な言語社会の理想的な話し手・聞き手を対象とする生成文法でも、核心文法(core grammar)と周辺文法(peripheral grammar)の区別を重視する[*21]。核心文法とはパラメータが決定された直後の無標の個別文法であり、普遍文法に直結する先天的な知識である。一方、周辺文法とは核心文法につけ加えられる有標の規則であり、借用による規則や地域差、年代差など後天的な知識である。生成文法では人間の脳は様々な要素の複合体(モジュール)とするが、そのような脳から核心的な知識だけを研究するためには、不純物(有標部分)を切り捨てなければならない。したがって、地域差や年齢差などの周辺的な知識を取り除いていけば、等質的な文法能力にたどりつけると考える[*22]。

このように「理想化」は、言語の構造を研究する際に前提となる条件である[*23]。これら構造的観点から言語を考えるときの前提は、その使用を考える機能的観点にもそのまま適用できると思われる。

3・2 語用論における理想化
3・2・1 語用論の領域
機能的な観点に立つ語用論では、人間によって観測されて初めてその発話は意味を持つと考える(What do you mean by the statement?)。これは文脈における言語の意味を研究しようとする立場(a study of meaning in relation to

speech situations）であり、言語を人間から切り離された抽象物とした構造的観点に対する問題提起となっている。

　Leech (1983: 12) は、意味論と語用論の間を次のように区別し、文法は意味論を介して語用論と相互に作用しあうとする。

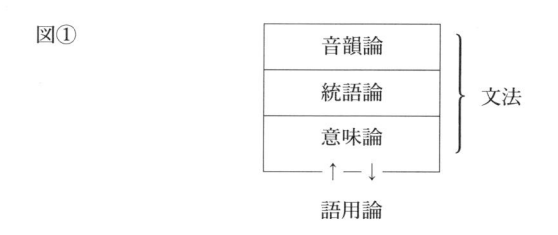

図①

```
        ┌─────────┐
        │  音韻論  │
        ├─────────┤ ┐
        │  統語論  │ ├ 文法
        ├─────────┤ ┘
        │  意味論  │
        └─────────┘
            ↑─↓
           語用論
```

　そして、意味論と語用論が扱う「意味 (meaning)」の違いについて、次のように対比させている。前節 (3・1節) で述べた構造的観点に立つ意味論が扱う「意味」は、"What does X mean?" である。それに対し、機能的観点に立つ語用論の扱う「意味」は、"What do you mean by X?" である。それはいったいどういうことか。

　ここでは、Xを次の発話として考えてみよう。
　　(34)　月が出た。
(34) を解釈して導かれる「意味」には、大きく分けて二つの意味がある。「意味論」の意味は二元的 (dyadic) な関係である。それは "X means Y" として捉えられ、辞書における単語とその定義のような関係である。(34) ならば、例えば「地球の衛星が出た」という意味がそれに当たろう。

　それに対し、「語用論」の意味は三元的 (triadic) な関係である。それは "S means Y by X" として捉えられる。(34) ならば、例えば「夜空を見上げてご覧なさい」という意味がそれに当たろう。このとき、S (話し手) という言語外の要素が新たに意味の決定に関わっている点に注意されたい。

(35) 意味論の意味（構造的意味）
    X means Y.
(36) 語用論の意味（機能的意味）
    S means Y by X.

　構造論と機能論が想定する「意味」の違いは、次の比喩でも捉えることができる。地球上から人類が絶滅してしまったとき、意味論の立場では人間がいようがいまいが、「月」はそれ自体で独立して「意味」を持ち続ける。意味論的意味は"X means Y"であるから、その決定に言語外の要素は関わらない。ところが、語用論の立場では、その「月」を観察する人間が消えると、語用論的意味を決定する三点の一角が消えるのであるから、それと同時に「月」の意味も消えてしまう[*24]。
　このように語用論は言語学に対して言語観の根本的な変更を迫っている。そこでは、構造的観点の枠組みでは問題とならなかった要素が、新たな研究テーマとして浮かび上がってくる。
　言語に対する機能的観点は、人間の語用的能力を扱う。「語用論」において、考察の対象は話し手、聞き手、文脈の知識、背景の知識など言語外のさまざまな要因が関わる[*25]。例えば、次のような発話は構造的な観点だけでは扱いきれない。

(37) a　昨日ここで雨が降った。
    b　私は君が嫌いだ。

(37)aの発話（語用論の意味）を理解するためには、現在の時点や場所など言語外の要素が判明していなければならない。また、(37)bでは話し手や聞き手が誰なのかという情報が必要である。このように、現実的な発話を理解するためには、語用論的な（言語外の）要因を研究に取り込まざるをえないわけである。

3・2・2　機能をどう扱うか
ここで問題になるのは、これら語用論的な要因、すなわち「有って無きが如

き、ぬるぬるとした、捉え難い性格のもの」(久野 (1978: v)) をどのような枠組みで分析するかという点である。

Ross (1970) の遂行仮説 (performative analysis) は、それを統語論の枠組みによって「構造的な観点」から説明しようとした[*26]。これは、言語外の要素が関わる語用を構造的な枠組みに押し込めようとするものである。とりとめのない機能的要因を構造的に形式化しようとする試みは、理論言語学者にはとても魅力のある行き方であり、遂行仮説 (PH) もそのような試みの一つと思われる。以下で、簡単に見ておこう。

Ross (1970) は、話し手 (S) や聞き手 (H) という語用論的な要因を統語的に深層構造に仮定しようとした。遂行仮説の前提は、(38) の (a) 遂行文 (performatives) と (b) 平叙文 (declarative sentences) で遂行される「行為」は同じとするものである。そう考えることで初めて、遂行文と平叙文を同じ枠組みで扱うことが可能となる。

(38) a I tell you that prices slumped.
　　　b Prices slumped.

さらに、Ross (1970: 249) は、(38)b のような平叙文の深層に次のような構造を仮定し、遂行節削除 (Performative deletion) よって (38)a が生成されると考えた。

(39) $[I] \begin{bmatrix} + \text{V} + \text{performative} + \text{communication} \\ + \text{linguistic} + \text{declarative} \end{bmatrix} [you] [(38)b]$

この仮説を次の (40) に適用すれば、深層の遂行文 (a) から、ある種の変形操作によって表層の命令文が生成される。

(40) a I order you to go.
　　　b Go!

また、この考え方を拡大していけば、「約束」「命名」「宣言」等として機能するあらゆる発話が同様の操作で生成できる。

Ross (1970) の結論はオースチンと似て、次のようなものである[*27]。これま

で (41) と (42) は陳述文 (constatives) と遂行文 (performatives) に分けられてきた。

 (41) a Prices slumped.

    b I like you when you giggle.

    c Even Rodney's best friends won't tell him.

 (42) a I promise you that I won't squeal.

    b I sentence you to two weeks in The Bronx.

    c I christen this ship The U.S.S Credibility Gap.

しかし、上で述べたように (41) の深層にはそれぞれが持つ機能に対応した遂行文 (implicit performatives) を仮定できる。したがって、(41) も (42) と同様に遂行文として扱うことが可能である[*28]。

遂行仮説は、コミュニケーション[*29]を構造的に扱うために考え出された、言語に対する非常に強力な仮説である。ただし、この仮説はかつて生成意味論の分野で支持されたものの、現在の言語学ではほとんど採用されていない (Levinson (1983: 251-263))。なぜなら、遂行仮説は「間接発話行為 (Indirect Speech Acts)」の問題を扱えないからである。したがって、現在では、話し手や聞き手などの語用論的な要因とそれに関わる言語使用の問題を、統語論の枠組みで説明することはできないという考え方が主流となっている。そこで、これら語用論的な要因を扱うために、遂行仮説のような構造的観点とは違った様々な枠組みが提案されている[*30]。

3・2・3 理論的な語用論

3・2・3・1 MPの仮定

言語研究は、人間言語の持つ特質とされている規則の体系、すべての人間を通じて不変であるような普遍文法を追求している。そこでは、研究の前提として理想上の話し手・聞き手が仮定される。またその言語がいかに使用されるのかを理論的に考察するのが語用論である。その目的は言語・文化間に共通する言語行動であるから、語用論でも理想上の話し手・聞き手が仮定される必要がある。

このように言語使用の普遍性と個別性を理論的に説明しようとしている研究に Brown & Levinson (1978ab) がある。構造的観点で「理想化」が重視されていることはすでに述べたが、Brown & Levinson (1978ab) では言語使用を研究する語用論でも、同じような「理想化」が必要であるとしている。これは、言語使用においても無標の核心的な使用と有標の周辺的な使用を仮定できることを意味する。無標で核心的な言語使用を分析するためには、文脈を理想化し不純物を切り捨てるなど、周辺的な言語使用を排除しなければならない。その結果として、核心的な「言語使用」が導かれる。

　理想化された環境における言語使用を考察するために、言語の使用者として理想化された人を仮定しておく必要がある。Brown & Levinson (1978a: 63) は、これを MP (Model Person) と呼ぶ。MP とは、その言語が堪能であることはもちろん、さらに「合理性」を備えた人間とされる。

3・2・3・2　合理性の仮定

MP が持っている合理的能力 (rational capacities) は「目的からそれを達成する手段を推論する能力」である[*31]。ここで当然生じる疑問に、現実の対話の参加者が合理的であると本当に仮定してよいのかという問題がある。

　しかし、この点についても Brown & Levinson (1978a: 63) は、Grice (1957, 1975) の例をあげた上で、次のように説明している。

　　(43) A　「今何時かな？」
　　　　 B　「郵便の集配はもう終わったみたいだね。」

A は B の発話から「11 時前である」と推論できるが、それは次の手順で導かれる。まず、A は「会話において B は協調的である」と仮定する。そして、B の目的 (協調) を無駄にしないために、A は B の発話をその目的を完遂するための手段と考える。このような、目的合理的な推論の結果、A は B の発話に何らかの意味があると考える。

　このような合理性の仮定 (rational assumption) が存在するからこそ、上の対話は意味をなすのである。MP のモデルを立てることによって初めて、異なる言語・文化間に共通する言語使用の普遍性を説明することができる。

これが言語使用に対する機能的観点（語用論）の基本的な立場であり、その目的を実行するための仮定とプロセスは、構造的観点（統語論・意味論）と何ら変わるところがない。したがって、語用論は、MPが言語をどのように使用するかを考える分野だと言えよう。

本書では、言語使用が形式に反映されるような現象を分析対象としながら、定義しにくいと言われている言語使用を一般化していくという方向で研究を進めたいと思う。

3・3 本書の語用論

最後に、本書がパラダイム（思考の枠）とする語用論と、それを適用する言語データについて述べておく。「語用論」は研究の方法論から次のように分類することができる（山梨（2000））。

(44) 理論的、言語哲学的な語用論
(45) 関係論的な語用論
(46) 語法的な語用論

(44)はメンタルモデル指向の語用論であり、Grice (1975)、Sperber & Wilson (1986)等がこれに当たる[32]。(45)は社会言語学的な語用論であり、Brown & Levinson (1978ab)、Leech (1983)等がこれに当たる。(46)は記述的な語用論であり、本書では触れなかったが荻野（1983）、井出（他）（1986）等がこれに当たる。

(44)と(45)は研究の方法がトップダウン式、すなわち研究の方向性や問題意識を規定するパラダイムが何らかの形で存在する研究である。一方、(46)は研究の方法がボトムアップ式、すなわち理論的モデルや哲学的言語観を前提とせず、語用論が関わる言語事実を記述・分析していくものである。

本書が議論の下敷きとする語用論は(44)に当たる。その中で発話行為（言語行為）論を研究のパラダイムとしたい。また、本書は言語使用が関わる言語データとして「引用」を取りあげたい。

元の発話を引用するとき、我々は直接引用(direct speech)で引用する場合と間接引用(indirect speech)で引用する場合がある。これは、言語使用が形式に反映されているよい例である。本書では、直接引用と間接引用の使い分けなど、「引用」に関わる言語使用がどのような原理に基づいて行われるのかについて、機能的観点(発話行為論)から考察する。特に、言語使用に見られる普遍性と個別性を念頭に置きながら、語用における理想化を前提として考察していきたいと思う。

4 言語使用としての引用
4・1 直接引用と間接引用
4・1・1 引用符の有無
言語使用としての「引用」を考えるに当たり、まずは直接引用と間接引用の区別をどんな基準に基づいて行うべきかを定義しておきたい。

　よく指摘される事実であるが、英語では主節と従属節の間に時制の一致が見られるため、直接引用と間接引用を容易に区別することができる。また、英語では引用句を導く働きを持つ"that"は間接引用句しか導かないので、これを基準にしても直接引用と間接引用を区別することが可能である。しかし、日本語には主節と従属節の間に時制の一致は存在せず、また日本語で引用句を導く助詞「と」は、直接引用句と間接引用句のどちらも受け入れるので、これも区別のための基準とはならない(井上(1983))[33]。

　そこで、今度は""や「」などの引用符の有無を基準に、直接引用と間接引用を区別してみよう。引用符を基準とした話法の区別は単純であるが、日本語では有効な判定基準となるのだろうか[34]。

4・1・2 引用符のある直接引用(A)
やや煩雑であるが、次に引用符のある直接引用の用例をあげる。なぜこれらが直接引用だと直観されるのか考えてほしい。

(47) 何しろ私はゾウリムシから「お前ほどの単細胞は見たことがない」と言われた男。(『コラム d』)

(48) 例えばものすごく好きな女に「あんたなんか嫌い」っていわれた時、自分にものすごく面白い仕事があるのとないのでは大違いだよ。(『RYU』)

(49) このように安易に「わかっている」と思える学生は、また安易に「先生、説明してください」と言いに来ます。(『バカ』)

(50) 大草原の中で演説するのね。「私は女を選びません。けれども、やがてあなた方が私を選ぶでしょう！」って言うのよ。(『馬鹿』)

(51) 上司とマンションに帰ると酒を買いにやらされ、すぐに「お前の開発したものはぜんぜん売れない。開発課なんて名ばかりじゃないか。五年も六年もいったいなにしてるんだ」と説教が始まります。(『怒り』)

4・1・3 引用符のない間接引用（B）

次に引用符のない間接引用の用例をあげる。同様に、なぜこれらが間接引用だと直観されるのか考えてほしい。

(52) 山岡の旦那、以前の約束を忘れたんじゃないだろうな。俺と栗田さんがうまくいくように、協力してくれるって言っただろう。(『美味 40』)

(53) 前に私はK氏からローマ時代の軍船の設計者であったという前世も教えられた。その当時の私は海で溺れ死んだと言う。(『コラム d』)

(54) 作品のモデルであるあなたに役者が似てないとクレームをつける…あなたが映画をわかってない証拠です。『高校 11』)

(55) ほんまにもお…ジュニアの奴、オレが行ったらワシの出番がないなんてゆうたくせに。(『チエ 13』)

(56) ある時私の娘が向こうに呼ばれて、ぼくも来なさいというので行って一緒に飯を食っていた。(『個人』)

引用符の有無が直接引用と間接引用の区別に対応しているのであればよいのだが、言語使用としての引用を考えるとき、話はそう簡単ではない。

4・1・4 引用符のない直接引用（C）

古くから気づかれているように、英語にも日本語にも引用符を欠く直接引用が存在する。例えば、英語では次のような例がこれに当たる[*35]。

(57) a　He said, *I like it.*
　　　b　He said, *I am happy.*

ただし、現在の英語ではこの形式は廃れ、上のような引用符ぬきの直接引用が用いられるのは、次のように何らかの文体的効果を期待する場合か、心の中の思考や感情を描写する場合に限られる[*36]。

(58)　*Well*, Rowe thought, *I may as well do one good deed before I go away altogether.*

(59)　*Yes*, he thought, *it is a terrible waste of time.*

要するに、英語では、このような引用符ぬきの直接引用は例外的な用法である。ところが、日本語の引用では文体的効果と関係なく、ごく自然に次のような引用符ぬきの直接引用が用いられる。

(60)　あなたは何者か、と聞かれるとする。私は私です、では答えにならないか。（『コラムt』）

(61)　平明体でバカを言えば、あいつは馬鹿だとすぐ判る。それを人前に晒すのが、ものを書く人間の倫理ではないか。（『ゲーム』）

(62)　お前は美男だと言われるのはうんざりです…僕は俳優ではありません、技術屋なんです。（『美味30』）

(63)　米国に行くと、君は国を守ろうと思わないのか、と叱られる。（『ロマン』）

(64)　この本を読んだ何人かの知人から、あんたにはブレジネフが死んだことがそんなに大切なことなのかね、と、からかい半分にたずねられることになった。（『七年』）

引用符がないにも関わらず(60)～(64)は直接引用と判断される。なぜそのような直観が働くのだろうか。このことから、日本語で話法を判定する場合、引用符「」の有無は便利な基準ではあるが、本質的な基準とはならないことが分かる。

4・1・5 引用符のある間接引用（D）
また、きわめてイレギュラーな例であるが、次のような引用符のある間接引用が存在することも指摘しておく。

> (65) また今年七月、インドネシアへ行くことが決まったときには「曽我さんを連れ戻せば、新車や家など望むものは何でも金正日総書記から与えられる」と当局から説得され「(出国すれば)一生刑務所に入れられる」とも脅されたという[37]。(『記事 s』)
> (66) 「姉刺された」叫ぶ妹[38]。(『記事 t』)
> (67) 「コノチーム、イチバンデス」とファンに叫んだ言葉は本心から[39]。(『記事 n』)

なお、引用符を付けてダイクシスが調整される引用（Dの領域）は、理論的に仮定できるにすぎず、(65)～(67)など特殊な場合に限られる。もちろん、間接化を狭義のダイクシスの調整に限らず、次のように語彙の選択まで広く含めるとDの領域は広がるが、本書では扱わない[40]。

> (68) かれは結婚した翌日に、「来そうそうむだづかいをしては困る」と、かれの妻に小言を言った。しかし、それはかれの小言よりも、かれのおばの「言え」という小言だった。(『阿呆』)

4・1・6 引用符の有無と引用
我々が直接引用であると直観するような構文は、引用符の有無とは関係なく、AとCどちらの領域にも存在する。一方、我々が間接引用であると直観する

ような構文も、引用符の有無と関係なく、ＢとＤどちらの領域にも存在する。まとめると次の通りである。

表①

話法\引用符	あり	なし
直接引用	A（47）〜（51）	C（60）〜（64）
間接引用	D（65）〜（67）	B（52）〜（56）

　引用符の有無から直接引用と間接引用を区別する方法は、大体の見当を付けるにはよい方法であるが、厳密には話法を区別する方法にはならない。日本語の話法を区別するためには、引用符とは別の基準を求めなければならない。そこで、本書では、引用の構文中の統語現象に焦点を当てて、直接引用と間接引用の違いを見ていくことにする。具体的には、引用されたダイクシスの調整を基準に直接引用と間接引用を区別する。

4・2　ダイクシスの調整と引用

4・2・1　間接化の方法

引用の構文は、次のように引用部と伝達部に分けられる。

図②

　　　［主語］　＋　　［引用句］　　＋　［引用動詞］
　　　　　　　　　　（引用部）　　　　　（伝達部）

　引用は、現在の話し手（話し手2）だけでなく、元の話し手（話し手1）をも内包する構文である[41]。そして、図②に含まれる様々な構成要素について、話し手2はどちらの話し手（話し手1・話し手2）から見た表現に調整するか選ばなければならない。こうした話し手2による「間接化」の方法には次のようなものが考えられる。

　　（69）a　引用部→ダイクシス、助詞、モダリティなど
　　　　　b　伝達部→補文標識、引用動詞、ヴォイスなど

本書では、これら引用の構文に関わる様々な「間接化の方法」の中から、ダイクシスの調整に焦点を当てて分析を行う[42]。

4・2・2 引用句のダイクシス

ダイクシス（Deixis）とは、言語と現実世界を結ぶ有力な道具である[43]。例えば、「今」というのは「話し手が言葉を口にしている時間」のことであり、「ここ」とは「話し手が言葉を口にしている場所」のことである。このように、ダイクシスの起点には常に話し手がいる。

渡辺（2003a）は、指示を「話し手が言語表現を用いて言語外世界に存在する対象を発話へ取り込む行為」とした上で、ダイクシス[44]を「指示対象の同定が発話場面に依存する指示」と定義し、これを次のように整理している。

(70) 人称ダイクシス：話し手、聞き手が誰かの同定に依存している指示。
(71) 時間ダイクシス：発話時の同定に依存している指示。
(72) 空間ダイクシス：話し手、聞き手が発話時にいる場所の同定に依存している指示。

(70)～(72)の例は、次の通りである。本書の考察の中心は(70')であるが、必要に応じて(71')(72')も扱う。

(70') 人称　（例）私、僕、あなた、君、お前
(71') 時間　（例）今日、明日、今週、来週
(72') 空間　（例）こ・そ・あ・ど

本書では、現在の話し手（話し手2）が元の発話のダイクシスを調整するかしないかという言語使用の観点から話法を区別したいと思う。

引用句において「ダイクシスが調整される」とは、次の①を引用する②のような例を言う。なお、①は第1場における元の発話、②は第2場における引用の構文を表す[45]。

(73)① 「落合がチームに悪影響を与えている。」
② オレがチームに悪影響を与えている、と球団の中にも言うヤツがいる。そう思うなら直接言え。(『Week』)

　また、引用句において「ダイクシスが調整されない」とは、次の①を引用する②のような例を言う。

(74)① 「落合はうちの看板だから出さない。」
② トレードするというなら、どこへでも行ってやる。だけど、球団は、落合はうちの看板だから出さない、と言った。(『Week』)

4・2・3 直接引用と間接引用の区別
　我々が直接引用であると直観するような引用は、引用句の中でダイクシスが元の発話のまま調整されずに用いられる引用の構文である。だから、引用符の有無に関係なく、AとCどちらの領域にも用例が存在する。
　一方、我々が間接引用であると直観するような引用は、引用句の中でダイクシスに調整が施されて用いられる引用の構文である。だから引用符の有無に関係なく、BとDどちらの領域にも用例が存在する。
　このように、引用句のダイクシスに注目することにより、直接引用と間接引用の区別をダイクシスの調整という言語使用に還元できる。以上の議論をまとめると次の通りである。

表②

ダイクシス \ 引用符	あり	なし
調整なし(直接引用)	A (47)～(51)	C (60)～(64)
調整あり(間接引用)	D (65)～(67)	B (52)～(56)

　もちろん、Aは直接引用、Bは間接引用のそれぞれ典型であり、用例数が多い。また、Cは直接引用、Dは間接引用の典型からそれぞれ外れるため、用例数は少ない。しかし、引用符の有無は、直接引用・間接引用の区別に関

わらない*46。本書では、ダイクシスの調整がなければ引用符の有無に関わらず直接引用であり、ダイクシスの調整があれば引用符の有無に関わらず間接引用だと考えることとする。言語使用(ダイクシス調整の有無)から見た話法の区別を、次のようにまとめておく。

(75) a　直接引用：引用句の中で視点の調整がない引用の構文
　　　　　　　　　　(話し手1から見た表現が残存している引用)
　　　 b　間接引用：引用句の中で視点の調整がある引用の構文
　　　　　　　　　　(話し手2から見た表現に変化している引用)

これまで直接引用と考えられていたものは、実はダイクシスの調整が行われていない引用の構文である。また、これまで間接引用と考えられていたものは、ダイクシスの調整が行われている引用の構文である。

4・2・4　直接引用の例

次に、引用句のダイクシスが調整されておらず、直接引用とみなされる用例を簡略化した上で再掲する。本書が考える直接引用は、次のようなものを言う。なお、下線部はダイクシスが調整されていない、すなわち引用句の中に話し手1(元の話し手)から見た表現が残存していることを示す。

(47')　私は「お前ほどの単細胞は見たことがない」と言われた。
(48')　好きな女に「あんたなんか嫌い」って言われた。
(49')　学生は「先生、説明してください」と言いに来ます。
(50')　「あなた方が私を選ぶでしょう！」って言うのよ。
(51')　「お前の開発したものはぜんぜん売れない。」と説教が始まります。
(60')　あなたは何者かと聞かれるとする。
(61')　平明体でバカを言えば、あいつは馬鹿だとすぐ判る。
(62')　お前は美男だと言われるのはうんざりです。
(63')　米国に行くと、君は国を守ろうと思わないのかと叱られる。

(64')　あんたにはブレジネフの死が大切なことかねと尋ねられた。

4・2・5　間接引用の例

次に、引用句のダイクシスが調整されており、間接引用とみなされる用例を簡略化した上で再掲する。本書が考える間接引用とは、次のようなものを言う。なお、下線部はダイクシスが調整されている、すなわち引用句の中が話し手2（現在の話し手）の視点で統一されていることを示す。

(52')　俺と栗田さんがうまくいくように協力するって言っただろう。
(53')　その当時の私は海で溺れ死んだと言う。
(54')　モデルであるあなたに役者が似てないとクレームをつける…。
(55')　オレが行ったらワシの出番がないなんて言ったくせに…。
(56')　ぼくも来なさいと言うので行って飯を食っていた。
(65')　「曽我さんを連れ戻せば何でも与えられる」と説得され…。
(66')　妹は「姉が刺された」と叫んだ。
(67')　監督は「コノチームハ　イチバンデス」とファンに叫んだ。

　上の例では元の発話の人称が引用され、話し手2から見た表現に言い換えられている。もちろん、ダイクシスの調整は多様であるから、次のように引用されるダイクシスは人称に限らない[*47]。

(76)　そうや、今朝、花井のアホが本出来たんで持って来るゆうたからワシここに来たんや。（『チエ 6』）
(77)　ホンマですねん。さっきテッちゃんが来て、ここに屋台出しとけて…。（『チエ 4』）
(78)　あの子あの時はもお家に帰らなあかんゆうて、それで今日宝塚の駅で待ってるからて…。（『チエ 12』）

(76)ではダイクシス動詞が「行く」から「来る」へ、(77)では空間ダイク

シスが「あそこ」から「ここ」へ、(78)では時間ダイクシスが「来週の日曜」から「今日」へ調整されている。

4・2・6 話し言葉の引用

このように、本書ではダイクシスの調整から、言語使用として引用を捉える。その利点は、書き言葉だけでなく、次のような話し言葉の引用までも研究の対象に含めることができることである[48]。

例えば、(79)～(82)は音声資料であるから、話し言葉では引用符の有無を確かめようがない。だから、引用符を基準に設定していては話し言葉における話法の区別を行うことは不可能である。しかし、次のように引用句におけるダイクシスの調整に注目すると、(79)(80)が直接引用、(81)(82)が間接引用であることを確認できる。

(79) その人がとても気さくな人で、絶対あなたならきれいになるからって言われて…。(『暮らし』)

(80) 現在15連敗中の阪神。今日こそは、と昨日大洋に挑んだんですが…。(『Big』)

(81) お兄さんからも何か言ってください。三条さんがウチ辞めたいって言うんです。(『王様5』)

(82) 秘密を守るため事件が片づくまでお前達はこの部屋にいろとの司令官の命令である。(『海底』)

本書では、このような引用句におけるダイクシスの調整を、日本語の話法を区別する基準として設定する。だから、「直接引用と間接引用をどう区別するか」という最初の問いは、「どのような場合にダイクシスを調整して表現し、またどのような場合にそれを行わないか」という問いに言い換えることができるのである。

5 引用されたダイクシス
5·1 調整できるダイクシス
ここでは、引用句におけるダイクシスの調整をいくつか見ておきたい。なお、①は第1場における元の発話、②は第2場におけるその引用である。

(83)① "It tells you the results of every major sports event till the end of this century."(『BTF2』)
「この本だ。これが未来を教えてくれる。今世紀末までの主なスポーツの結果が判る。」

② He says this book will tell me the outcome of every sporting event till the end of the century.(『BTF2』)
するとこの本をくれた。これを見れば今世紀末までのすべてのスポーツの結果が判るといってな。

元の発話が引用されるとき、次のように様々な表現が、現在の話し手(話し手2)によって変換されることが分かる。むろん、第1場から第2場へのダイクシスの変換は、無原則になされるのではない。

表③					
①	It	you	the results	every major sports event	this century
②	this book	me	the outcome	every sporting event	the century

「ダイクシスの起点には常に話し手がいる」から、それぞれの場における話し手から見た表現に調整される。第1場(元の発話場面)において、ダイクシスの起点となるのは話し手1(元の話し手)である。それに対し、第2場(引用の場)では、それが話し手2(現在の話し手)となる。だから、同一人物に対して、話し手1はそれを"you"と表現し、話し手2はそれを"me"と表現する。

次の用例も同様である。ここでも元の発話のダイクシスが、どのように調整されるのかを見ておこう。

(84) ① "(On paper) CLOCK TOWER STRUCK BY LIGHTNING, CLOCK STOPPED AT 10:04" (『BTF』)
「1955年11月12日午後10時4分に雷が時計台に落ちた。」

② It says here, that a bolt of lightning is gonna strike the clock tower at precisely ten-0-four P.M. next Saturday night. (『BTF』)
書いてあるぞ、時計台に雷が落ちたと、次の土曜日の夜10時4分ちょうどに。

元の発話で言及されている日時(1955年11月12日)が、その引用では「次の土曜日」と表現されている。①が話し手1から見た日時であるのに対して、②では同じ日時が話し手2から見た表現に調整されている[*49]。

次の用例も同様に、ダイクシスの表現が、それぞれの場にいる話し手の立場から表現されている。

(85) ① "Apparently your mother is amorously infatuated with you instead of your father." (『BTF』)
「どうも、お袋さんはオヤジさんの代りに君にのぼせ上がってきた。」

② Wa-wait a minute, Doc! Are you tryin' to tell me that my mother has got the hots for me? (『BTF』)
待ってよ、ドク！ 母さんが僕にイカれたって言ってるの？

元の発話のダイクシス「君」は、話し手1の視点から見た表現である。また、それが引用されたときのダイクシス「僕」は、話し手2の視点から見た表現である。ここでも、引用句の中でダイクシスの視点が、話し手1から話し手2に調整されていることが分かる[*50]。

ダイクシスは現在の話し手を起点とする表現であるから、引用において現在の話し手(話し手2)の視点にダイクシスを調整するのは、ある意味で当たり前の言語行動である。したがって、これは日本語に限らず、どんな言語にも見られる現象である。(83)～(85)では、日英語ともに引用句のダイクシスを自然に現在の話し手へ調整できた。引用句におけるダイクシスの調整を、次のように図示しておく[*51]。

(86) ダイクシスの視点移動

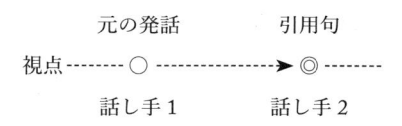

```
                    元の発話          引用句
視点 ········ ○ ················▶ ◎ ········
                    話し手1          話し手2
```

　このような言語使用の普遍性は、あるレベルで捉えなければならないだろう。この原則にのっとり、引用句の中でダイクシスを話し手2の視点で表現している例には、(83)〜(85)の他にも次のような用例がある。

(87) Last night, Darth Vader came down from planet Vulcan and told me that if I didn't take Lorraine out that, he'd melt <u>my</u> brain. (『BTF』)
昨夜、ダース・ベイダーがバルカン星から来て、もしロレーンを連れ出さなければ、<u>僕</u>の脳を溶かすと言った。

(88) You said they'd be left in the city under <u>my</u> supervision. (『SW5』)
彼らは<u>私</u>の管理下におくと言ったじゃないか。

5・2 調整できないダイクシス

　話し手は、その表現を自分に引きつけ、自分の視点から見た表現を使用するのが普通である。引用の構文もその例外ではなく、(86)の原則は、話し手2（現在の話し手）による視点の調整が常に可能であることを予測する。しかし、日本語の引用を詳しく観察していくと、視点移動の制限とでも言うべき現象を数多く観察することができる。

　例えば、次のような引用がそれに当たる。

(89)① 「<u>お前</u>は才能がない。」
　　② でも、もしテープを送ってダメだったら、要するに、<u>お前は才能がない</u>って言われたら。(『BTF』)

ダイクシスは、現在の話し手を起点とする表現である。しかし、上の②では引用句のダイクシスが話し手1（元の話し手）の視点のまま残されていて、話し手2（現在の話し手）の視点に調整されていない。

　このようなダイクシスの未調整は任意に行われている（どちらでもよい）の

ではなく、必然的な言語行動である。なぜなら、もしここでダイクシスを調整して引用したら、次のように不自然になるからである[*52]。

(90) ?要するに　私は才能がない　って言われたら。

このような視点制約は日本語だけに当てはまり、英語などには当てはまらないようである。例えば、(89)の英語版では、次のようにダイクシスを調整して引用がなされている。

(91)① "You are no good."
② But what if, what if I send in the tape and they don't like it? I mean, what if they say, I'm no good?　(『BTF』)

したがって、話し手2による視点の調整が許されないことは、日本語の引用に見られる個別性だと言える。日本語の引用にしばしば見られるこの視点移動の制約を、次のように図示する[*53]。

(92)　ダイクシスの視点制約

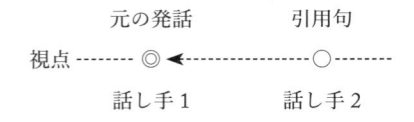

```
            元の発話        引用句
視点 -------- ◎ ◀----------------- ○ --------
            話し手1         話し手2
```

次の例も同様である。英語の引用では、機械的にダイクシスの調整をすることができる。

(93)① "You are a spy."
② I had not done. I was angry, because they said I was a spy.
(『CHENG』)

ところが、日本語の引用は、上のような機械的な調整が常に許されるわけではない。上の②を日本語に訳すとき、引用句のダイクシスは話し手1の視点のまま残し、次のように表現するのが自然である。

(94)①　「お前はスパイだ。」
②　やっていないことをね。彼らがお前はスパイだと言うので、腹が立ちました。

このようなダイクシスの未調整は、必然的な言語行動である。なぜなら、もしダイクシスを調整して引用すると、次のような不自然な引用となるからである[*54]。

(95) ?彼らは 私はスパイだ と言った。

したがって、(94)の①を引用するとき、日本語では次のようにダイクシスを調整せず、直接引用で伝えるしかない[*55]。

(96) 彼らは「お前はスパイだ」と言った。

5・3 引用の普遍性と個別性

5・3・1 引用の普遍性

日本語の引用であっても、ダイクシスの調整は「視点移動の原則」が基本(無標)である[*56]。したがって、(86)の普遍性は、あるレベルで捉えなければならない。筆者は前節(4・2・4節)でダイクシスが未調整のまま伝えられることを直接引用と定義し、その例をいくつかあげた。その中で、次の引用は、ダイクシスを調整して伝えることも可能である[*57]。

(47″) a　太郎は「お前ほどの単細胞は見たことがない」と言った。
　　　 b　太郎は 私ほどの単細胞は見たことがない と言った。
(50″) a　太郎は「あなた方が私を選ぶでしょう」と言った。
　　　 b　太郎は 私たちが彼を選ぶだろう と言った。
(51″) a　太郎は「お前の開発したものはぜんぜん売れない」と言った。
　　　 b　太郎は 私の開発したものはぜんぜん売れない と言った。

(47″)a(50″)a(51″)aは直接引用であるが、ダイクシスを調整して伝えることも可能だから、ダイクシスが「未調整」だとも言える。日本語の引用がすべて機械的に「視点移動の原則」で説明できるのであれば、引用の構文は研究者の興味を引かなかったであろう。

5・3・2 日本語の個別性

しかし、前節(5・2節)で見たように、日本語の引用には、(86)の「視点移動の原則」とは別に、(92)の「視点移動の制約」が存在する。前節(4・2・4節)

で筆者があげた直接引用の例で、ダイクシスを調整して伝えることができない引用は、次の通りである[58]。

(48″) a　太郎は「あなたなんか嫌い」と言った。
　　　 b ?太郎は　私なんか嫌い　と言った。
(49″) a　太郎は「先生、説明してください」と言った。
　　　 b ?太郎は　私、説明してくれ　と言った。
(60″) a　太郎は　あなたは何者か　と言った。
　　　 b ?太郎は　私は何者か　と言った。
(61″) a　太郎は　あいつは馬鹿だ　と言った。
　　　 b ?太郎は　私は馬鹿だ　と言った。
(62″) a　太郎は　お前は美男だ　と言った。
　　　 b ?太郎は　私は美男だ　と言った。
(63″) a　太郎は　君は国を守ろうと思わないのか　と言った。
　　　 b ?太郎は　私は国を守ろうと思わないのか　と言った。
(64″) a　太郎は　あなたにはブレジネフの死がそんなに大切か　と言った。
　　　 b ?太郎は　私にはブレジネフの死がそんなに大切か　と言った。

これらダイクシスの調整に見られる「視点移動の制約」は、日本語の引用に固有の特徴であり、日本語の個別性を示すと思われる。なお、(b)の不適格さは意識しにくいかもしれないので、少し補足しておきたい。

引用したときに視点制約のかかる元の発話は、次の通りである。これらの発話を引用するとき、話し手2はダイクシスを自分に引き付けて表現できない。そのため、これらは(a)のように直接引用で伝えることはできるが、(b)のように間接引用で伝えることはできない。

(48‴)「あなた$_i$なんか嫌い。」
(49‴)「先生$_i$、説明してください。」
(60‴)「あなた$_i$は何者ですか？」
(61‴)「あいつ$_i$は馬鹿だ。」
(62‴)「あなた$_i$は美男だ。」

(63''')「君ᵢは国を守ろうと思わないのか。」
(64''')「あなたᵢにはブレジネフの死がそんなに大切かね？」

　このようなダイクシスの未調整は、任意に行われる（どちらでもよい）のではなく、必然的な言語行動である。それは、次のように代名詞の指示対象を観察することで、より明らかになる。

(48''')b ?太郎ₜは　私ₜなんか嫌い　と言った。
(49''')b ?太郎ₜは　私ₜ、説明してくれ　と言った。
(60''')b ?太郎ₜは　私ₜは何者か　と言った。
(61''')b ?太郎ₜは　私ₜは馬鹿だ　と言った。
(62''')b ?太郎ₜは　私ₜは美男だ　と言った。
(63''')b ?太郎ₜは　私ₜは国を守ろうと思わないのか　と言った。
(64''')b ?太郎ₜは　私ₜにはブレジネフの死がそんなに大切か　と言った。

　このように視点制約のかかる発話は、ダイクシスを調整して引用すると、元の発話を指示する（間接引用で読む）ことができなくなる。なぜなら、(48''')b〜(64''')bで引用句のダイクシス「私ₜ」は、文全体の主語である「太郎ₜ」を指し、引用が不成立となるからである（直接引用で読まれる）[59]。したがって、(48'')a〜(64'')aは、引用句のダイクシスが「未調整」なのではなく「非調整」だと言えるだろう。

　ここで当然生じる疑問は、具体的にどのような発話を引用するときにダイクシスの視点制約が働くのか、ということである。また、それらの発話はなぜ引用句でダイクシスの調整ができないのだろうか。この点について、本書では発話行為の観点から機能的な分析を行うことになるが、具体的な言語データの分析は第4章に譲り、次の第3章では本書の分析手段である発話行為（言語行為）論を概観しておきたい。

6 まとめ

　ダイクシスの調整は、話し手の場所や時間といった言語外の要因を考慮に入

れなければならないという点で、語用論（言語使用）の領域に属する問題である。本書では、語用論の理想化を前提にしつつ、引用句におけるダイクシスの調整に見られる普遍性と個別性を考察する。

　元の発話を引用するとき、引用句の中のダイクシスは伝達者の視点に調整できるのが普通である。これはどのような言語にも見られる現象であり、この普遍性はあるレベルで捉えなければならない。しかし、日本語にはそれが引用されてもダイクシスを調整できない発話が存在する。この制約は日本語だけに当てはまり、英語など他の言語には当てはまらないため、日本語に固有の制約であると言える。

注
1　本章の一部は、中園（2002）で発表した。
2　言語研究における語用論の意義については、安井（1978）、Brown & Yule（1983）、Levinson（1983）、津田・ロボ（1984）、Horn（1988）、田窪（1988）、柴谷（1989）、山梨（1989）、Fasold（1990: 119-179）、小泉（1990）、Mey（1993）、西山（1999）、金水（2000a）、今井（2001）等を参照。
3　「主語抹殺論」とも言う。三上（1953: 2）の記述は以下の通り。
　（i）日本文には主語と名づけるべき成分は決してあらわれない。だから「主語」は日本文法に関する限り全く無益な用語である。無益であるのみならず、正当な問題から注意をそらせる傾向がある点で、有害な用語である。主語という用語が一日も早く廃止されるよう望んでやまない。
4　三上章の全体像については、寺村（1972, 1996）、山口（2001: 209-255）、庵（2003）、益岡（2003）等が参考になる。
5　「普遍性」の概念には、言語類型論が仮定するような範疇的な普遍性と、生成文法が仮定するような心理的実在としての普遍性がある。ここでは、動詞、名詞、主語、直接目的語などの範疇が人間言語に普遍的に見られるという類型論の普遍性を想定している（牧野（1977）参照）。
6　柴谷（1978: 186）による記述は以下の通り。
　（i）主語という文法範疇はどのようなものであるかということは、それは、(a) 尊敬語化現象を誘発する、(b) 再帰代名詞化現象を誘発する、(c) 特定の述語を持つ文以外で、題目化されない文では主格助詞「が」を伴う、そして (d) 存在文でない文

では基本語順に於いて文頭に来る、というような文法的特徴づけによって明らかにされる。

7　金谷(2002)では、久野(1973)、柴谷(1978)など日本語において主語を認める立場が批判的に検討されており、個別指向と普遍指向の対立を整理する上で参考になる。なお、徹底した個別指向に立つ金谷(2004)には、寺村(1982)、仁田(1991)など「日本語学派」が旗幟不鮮明に見えるようである。しかし、生成文法を別にして、実際の日本語記述文法では金谷(2004: 211-235)が言うほど主語を重視していない(その概略は寺村(1989)が参考になる)。

8　Schank & Abelson(1977)等 AI 研究者によるフレーム(frames)、スクリプト(scripts)、シナリオ(scenarios)、スキーマ(schemata)等の概念が含まれる。

9　Brown & Levinson(1978ab)は、英語、Tamil 語、Tzeltal 語を中心としたデータに見られる偶然以上の普遍性を観察する。

10　言語使用を扱ったものではないが、竹内(1997)は人間の行動を慣習に還元し、それを丁寧に記述している。個別性を指向した研究と言える。

11　高司(2000: 96-97)は、それぞれ「面子」(face wants)、「消極的顔」(negative face)、「積極的顔」(positive face)と訳している。

12　正確に言うと「消極的欲求に向けられた消極的配慮のストラテジーの束からなるスーパー・ストラテジー(negative politeness)」と「積極的欲求にむけられた積極的配慮の束からなるスーパー・ストラテジー(positive politeness)」である(井出(1990))。

13　日本語訳は、池上・河上(1987: 190)による。

14　生成文法の考え方については、太田・梶田(1974)、今井(1975)、Cook(1988)、中村(他)(1989)、福井(2001)、北川・上山(2004)等を参照。ほぼ十年ごとに大きな「変革」があり、いろいろと細かい議論がされているようである(筆者の理解は GB 理論まで)。しかし、最新の北川・上山(2004: 189-233)を読む限り、メンタリストとしての根本理念(a mirror of the mind)に変更は見られないようである。

15　なお、これらは次のように敷衍できる(中村(他)(1989: 3))。
　(28′)　我々は、脳の中に何らかの形で日本語の知識を持っているが、その知識はどのようなものであるのか。
　(29′)　幼児は、かなり短期日の間に、しかも限られた日本語の資料に触れるだけで日本語の知識を身につけてしまう。これはどのように説明されるのか。
　(30′)　我々が持っている日本語の知識は、我々が実際に日本語を話し、聞き、書き、読む時に、どのように活用されるのか。

16　Chomsky(1965: 3)による記述は以下の通り。
　(i)　完全に均質な言語共同体に属し、その言語を完全に知っており、その言語を実際に使用する際に、文法とは特に関係を持たない条件、例えば、記憶の制限や、心

理状態の変化、注意や興味の転移、誤りなどによって影響を受けていない者。

17 Chomsky (1980: 224) による記述は以下の通り。
　(i) 理想化された話し手・聞き手は有限の文法を持っており、それはなんらかのかたちで内的に表示されており、その文法が各々特定の特質を持った無限の文からなる言語を生成するのである。そして、そのような話し手・聞き手はその文法により生成される言語を知っているのである。

18 Chomsky (1980: 224) は「前者(文法的能力)は形式と意味についての知識に限って関わる、また後者(語用論的能力)は様々な目的に応じた適切な言語使用の条件と方法についての知識に限って関わる」としている(Chomsky (1965: 3) の「言語能力(competence)」と「言語運用(performance)」)。

19 Chomsky (1980: 225) は、語用論的能力を「意図や目的を使用可能な言語的手段に関係づけ、言語使用に関わる慣習という道具立てのうちに言語を位置づける役割り」を持つとする。また「語用論的能力を構成する規則および原理の体系」として、具体的にはグライスの「会話の公準」を想定している。

20 小室(1972: 196)は、これを「モデル(現実の模型)」と呼び、「現実の一面だけを強調して取り出して単純化し再構成したもの」としている。

21 Chomsky (1980: 8-11) は、言語研究には自然科学における「ガリレオ的スタイル」を適用するべきであり、「ヴィーコ流の見解」を言語研究から排除するとしており興味深い(あとがき参照)。ちなみに、デカルトの批判者として著名なヴィーコ(Giambattista Vico) は、定義不能な経験や歴史の重みを重視する(その位置づけについては、清水(1979)、飯塚(1991)が参考になる)。

22 余談であるが、言語学における生成文法は、自然科学における古典物理学に当たるように思われる(遊佐(1992))。古典物理学は、リンゴの落下から潮の満ち干や天体の動きにいたる複雑な自然界を簡潔な方程式(数学)に還元できるとの前提に立つ。その古典物理学が後に観測問題(人間が見ること)から量子力学の挑戦を受けるのを見るにつけ、構造論と機能論は世界を理解する二大パラダイムであることがよく分かる。

23 「捨象化(abstraction)」「脱文脈化(decontextualization)」とも言う。なお、言語学における理想化(および内省テスト)の功罪については、荻野(1991)、山口(2003)が参考になる。

24 この点、観測問題についてのボーアとアインシュタインによる著名な論争(「神はサイコロを振らない」)にアナロジーが見られ興味深い(パイス(2001: 45-68))。なお、真理が人間的要素から独立して存在するという「客観的実在性」については、アインシュタイン(i)とタゴール(ii)の対話が印象的である(パイス(2001: 152-162))。
　(i) 「日常生活においてさえわれわれの使う対象に、人間から独立な実在をあてはめねばならないように感じます。私たちは感覚的経験を合理的に結び付けるためにそ

うするのです。例えば誰もこの家にいなくても、あのテーブルはそれのある場所に留まっています。」
(ii)「そうです。それは個人の精神の外側に留まります。しかし決して普遍的な精神にではないのです。私が知覚しているテーブルは私の所有する同種の意識によって知覚可能です。」

25 (34)から(35)を導くことは文法書と辞書があれば比較的簡単であるが、(34)から(36)を導くことは難しい。例えば、日本の中高生に人気のある赤川次郎の小説は、その簡潔な会話文から多くの語用論的意味を読み取らねばならないため、外国人留学生にとっては非常に難解とのことである。

26 遂行仮説(PH)はオースチンの発話行為論を言語学に適用したものであり、言語学的な発話行為論の先駆となった。詳細は、今井(1975: 229-254)、今井・中島(1978: 247-296)、Leech(1983: 174-197)、山梨(1986b: 53-86)、Sadock(1988)等を参照。

27 オースチンの議論については、第3章(2節)で検討した。

28 その根拠として、Ross(1970)は遂行文の特徴を統語的に検証している。
(i) 遂行文の主語が一人称であること。
(ii) 遂行文の動詞が(39)の特徴を持っていること。
(iii) 遂行文の間接目的語が二人称であること。
また、Harada(1971)は呼びかけ語(Vocatives)が、遂行文の間接目的語から派生するとしており興味深い。

29 正確に言うと「コミュニケーションにおける行為の遂行 "F(p)"」。

30 間接発話行為(間接言語行為)の問題とそれを扱うための枠組みについては、第3章(4・2節)で検討した。

31 Brown & Levinson(1978a: 69)による記述は以下の通り。
(i) 我々は合理性(rationality)をアリストテレスの実践的推論(practical reasoning)を適用する能力であると定義する。すなわち、あらかじめ目指す目的(ends)を決め、そこから遡って目標を達成するための手段(means)を決定するという推論ができるということである。

32 理論的、言語哲学的な語用論は話し手の意図の研究へと進み、グライス、ストローソンの直系である Sperber & Wilson(1986)による「関連性理論」は言語学との相性もよく盛んである。

33 英語の話法には、Jespersen(1924: 290-300)、細江(1971: 321-359)、木原(1955)、Quirk(1985: 1020-1033)等多くの概説があり全容を理解しやすい。日本語の話法もその概説は、仁田(1981)、藤田(1999)等に見られるが、英語と比べると数が少なく、研究の途上であることが分かる。

34 引用符の使用については「引用されたコトバをリアルなものとして感じ示そうとする

意識」との関わりから、藤田 (1989, 1998a, 2000d: 579-589) で検討されている。
35 木原 (1955: 62) による記述は次の通り。
   (i) ここに筆者が不完全直接話法と呼ぶものは、文法的には完全直接話法と同じであるが、引用符を欠くものである。その意味では句読法の問題にすぎない。聖書は現在でもまったくこの形式で書かれており、また一般に、引用符が用いられるまではこの形式が用いられていた。
36 Jespersen (1924: 299) は、直接話法と間接話法の中間的な表現形式 (Mixture) として次の用例 (Tennyson) をあげている (直接引用が接続詞 that で導かれている)。
   (i) She thought that peradventure he will fight for me.
   また、細江 (1971: 355) も「最初の間接引用が途中から直接引用に変わる例」として、次の用例 (Bunyan) をあげている。
   (ii) They told him that *they were* poor pilgrims going to Zion, but *were* led out of *their* way by a black man, clothed in white, who bid *us*, they said, follow him.
   日本語におけるこのような中間的な表現形式については、山口 (1995)、渡辺 (1998) が参考になる。また、保坂・鈴木 (1993) に詳細な文献目録がある。
37 (65) は記者による解説記事である。インタビューにおける話し手 1 (ジェンキンス氏) の発言は次の通りであるため、引用符のある間接引用と判断した。
   (i) 彼らは妻 (曽我さん) をつれて帰国すれば新しい車や家、衣服、テレビなど望むものは何でも金正日総書記から送られると約束した。(『記事 s』)
38 (66) は新聞の見出しである。なお、他紙には次の見出しが見られるため、引用符のある間接引用と判断した。
   (i) 妹はだしで「助けて」「お姉ちゃんが刺された」(『記事 y』)
39 (67) はプロ野球日本シリーズ (2005 年) で日本一監督となったバレンタイン氏についての解説記事である。なお、テレビ中継された前夜の監督インタビューでは「ソノチームハイチバンデス」と発言していたので、引用符のある間接引用と判断した。
40 鎌田 (2000: 163) はこれを「準直接引用」として、次の用例をあげている。
   (i) 近藤乾之助：…(師匠が)「君、あのね、地頭ってのはシテのように歌っちゃいけない」っておっしゃったんです。
41 引用の構造については、第 1 章 (2 節) で検討した。
42 引用部における命題、ダイクシス、モダリティの関わりについては、鎌田 (2000)、山内 (2002)、砂川 (2003) 等を参照。
43 ダイクシスについては、Fillmore (1975)、Lyons (1977: 636-724)、Levinson (1983: 54-96, 1994)、安藤 (1986: 212-241)、渡辺 (2001, 2003a) 等を参照。なお、Fillmore (1991: 127-145) には、ダイクシスに関する詳細な "BIBLIOGRAPHY" がある。
44 正確には「発話場面同定依存ダイクシス」(渡辺 (2003a))。

45 (73)と(74)の②は、落合選手(当時)自身による発言である。
46 表②で縦線が点線になっているのは、引用符の有無が話法の区別に関わらないことを示す。
47 次の②も引用句における語彙の選択に話し手2の再解釈が見られるから、やはり間接引用だと言える(ただし、本書では扱わない)。
 (i) ①「家来になるか攻撃されるか二つに一つ。ああ言う<u>最新の設備を持った軍艦</u>が相手ではマリネラの軍隊も歯が立たない。」
   ②いやホッホッホッと笑ったのはほかでもない。<u>あんな帆掛け船が最新式だ</u>というからおかしくて。(『パタ6』)
 (ii) ①「俺と栗田さんが親しく見えても、それは<u>あくまで職場の同僚の間柄</u>のことで、<u>特別の感情なんかじゃない</u>。」
   ②それじゃ、あんたは栗田さんを<u>特別</u>にどうとも思っていないし、<u>栗田さんも同じ</u>だと言うんだな。(『美味33』)
48 話し言葉における引用については、国研(1963)が包括的である。また、次のような引用句切れ文(〜ッテ。)に関する研究が盛んである(森山(1995)、堀口(1995)、山崎(1996)、加藤(1998)、岩男(2003)等)。
 (i) これ父からの手紙です。読んでみてください。父はあなたに相談するように<u>って</u>。一人で無理ならあなたの力を借りるように<u>って</u>。(『王様1』)
 (ii) だって新しい大ママはこの私だもん。長谷川会長から突然お話があったんよ。ロダンの大ママが辞めるから私がやれ<u>って</u>。(『黒革』)
49 (84)はSF映画からの用例だから、解説がないと解釈が難しいかもしれない。主人公(Marty)が過去にタイムスリップし、現代の新聞を過去において見るという設定である。①は現代の新聞記事、②は過去でそれを見た人間(Doc)の発話である。したがって、①と②の下線は同一の日時を指す。
50 (85)もSF映画からの用例。主人公(Marty)が過去にタイムスリップし、自分の母親と恋仲になるという設定である。①は相談相手(Doc)による発話、②はそれを受けたMartyの発話である。したがって、①と②の下線は同一人物(Marty)を指す。
51 (86)の「→◎」は、引用句のダイクシスを話し手2から見た表現に調整できることを示す。
52 次のように理想化(脱文脈化)すると、(90)を間接引用として解釈することの不適格性はより明らかになる。
 (i) ① 太郎「<u>あなた</u>$_i$は才能がない。」
   ② ?太郎$_i$は <u>私</u>$_i$は才能がない と言った。
したがって、このような場合はダイクシスを調整せず、直接話法で引用する方が適切である(詳しくは第4章を参照)。

53 (92)の「◎◀」は、引用句のダイクシスが話し手2から見た表現に調整できず、話し手1から見た表現に制限されることを示す。
54 (95)は次のように理想化(脱文脈化)すると、その不適格性はより鮮明になる。
　(i)　①　太郎「お前ⱼはスパイだ。」
　　　②？太郎ₜは　私ₜはスパイだ　と言った。
55 (94)の②は筆者による翻訳。なお、日本語版の用例では、ダイクシスを変換せず引用するため、直訳ではなくヴォイスを変換し次のように意訳されている。
　(i)　私はスパイ呼ばわりされて腹が立ちました。(『CHENG』)
56 「観察者は、様々な場所から対象をながめるだけではなく、様々な時点において対象をながめるのである。つまり、視点は、時間の中に位置を占めたり、あるいは時間の中を動くのである。」(上野(1985: 56))
57 ここでは用例を「理想化」したものをあげる。なお、(47″)b (51″)b は元の発話が事実の「陳述」として機能している場合のみ、引用句でダイクシスの調整(間接引用の読み)が可能となる。元の発話が「非難」として解釈されるときは、引用句のダイクシスは調整できない(直接引用でしか伝えられない)。この点については、第4章(4・2節)で詳しく述べる。
58 ここでも用例を「理想化」したものをあげる。
59 例文の「?」は、非文であることを意味するのではない。引用句のダイクシスを調整すると元の発話と指示対象が異なって解釈され、引用が成立していないことを示す。

第 3 章 発話行為論の展開と引用研究[*1]

キーワード

遂行文　適切性条件　構成的規則　発話行為的な影響　発話行為の分類

1 はじめに

発話行為(言語行為)論は、言語伝達場面で発話がどのような機能を果たすのかを研究する分野であり、語用論(pragmatics)の重要な一部をなす。この分野は、ウィトゲンシュタイン(Wittgenstein)やオースチン(Austin)、サール(Searle)ら言語哲学者の手によって発展してきたため、哲学的語用論(philosophical pragmatics)とも呼ばれる。オースチンによって確立された発話行為(speech acts)[*2]という概念は、続くサールによって形式化され、理論的な体系化が完成したとされている。この章では、発話行為論が発展してきた歴史を振り返りつつ、そこにどのような問題点があるのか、そしてどのような方法によってそれを克服していけばよいのかについて考察したいと思う[*3]。

2 発話行為論の成立

2・1 陳述文と遂行文

2・1・1 真と偽の問題

言語内の意味(meaning)を主要なテーマとして扱ってきた意味論では、真と偽の問題(issues of truth and falsity)が主要な関心事であった。文の役割は、単に何らかの事態を記述することであるから、真か偽かという二分法で捉えることができると考えられていた。このような論理実証主義(logical positivism)

の立場から見ると、あらゆる文が必ず真か偽かのどちらかに属していることになる[*4]。例えば、次の(1)の文は、もし事実と合致していれば真であり、合致していなければ偽となる。

(1) a　その猫はマットの上にいる。
　　b　雨が降っている。
　　c　地球はまるい。

このような見方に対して異義を唱えたのが、ウィトゲンシュタインやオースチンら日常言語学派の哲学者たちである[*5]。特に、オースチンは、真偽判断のできない文の存在を指摘することにより、真理条件だけに頼って文の意味を理解しようとする考え方の限界を指摘した。真理値を持たない文とは、例えば次のようなものである (Austin (1963: 22))[*6]。

(2) a　私はこの船を「自由号」と名付ける。
　　b　私は謝罪する。
　　c　私はあなたを歓迎する。
　　d　私はあなたにそれをするよう助言する。

(2)のタイプの発話は、何らかの事態を記述したり報告しているのではない。これらは発話されることによって、命名や謝罪、歓迎、助言という行為が同時に遂行される。そのような行為自体に対して、真か偽かを問うことは無意味であるから、真偽判断が可能な(1)のタイプと違って、(2)のタイプはその発話に対し真偽判断を下すことができない。

オースチンは、(1)のように伝統的な意味論の範囲内で処理できる発話と、(2)のような真理値を持たない発話を、次のように区別している (Austin (1975: 1-7))[*7]。

(3) a　陳述文 (constative)
　　b　遂行文 (performative)

(3) a の陳述文は「何ごとかを言う (to say things)」という機能を持つ発話であり、基本的には真理値という基準によって分析することが可能である。

一方、(3) b の遂行文は「何ごとかを行う (to do things)」という機能を持つ発話であり、このタイプの発話に、真と偽の問題は無関係である。

2・1・2 適切性条件

さらにオースチンは、遂行文を判断するための基準を、その発話が適切 (happy) か不適切 (unhappy) かという点に求めている。(1) の発話が真か偽かを判断できるのと同じように、(2) の発話はそれが社会的に見て適切か不適切かによって判断することができる。そして、オースチンは遂行文が適切に成立するための条件として、次の適切性条件 (felicity conditions) をあげた (Austin (1975 : 14-15))[*8]。

(A・1)　ある慣行的効果をもつある慣行的手続きが承認されており、その手続きは、ある人物がある状況のもとである言葉を発するということを含んでいること。
(A・2)　所与の特定の人物および状況が、この手続きに訴えるのに適していること。
(B・1)　手続きは全参加者によって正しく行われ、かつ
(B・2)　完全に行われること。
(Γ・1)　手続きが、ある思想、感情ないし意図をもつ人たちのために、また各参加者による或る後続行為の開始のために設けられている場合、手続きに訴えた当事者は実際にその思想、感情ないし意図をもち、参加者はその行為を開始する意図をもつこと。
(Γ・2)　その後参加者自身がそのように行為すること。

要するに、ある行為が成立するために、A「慣習的な手続きをもつ手続きが存在する」、B「その手続きの正しく完全な実行がされる」、Γ「行為者にその手続きを行う意志が存在する」ことが必要ということである。

オースチンの適切性条件は、行為の成立と次のように関係する。例えば、現代で「離婚」という行為が成立するためには、必ず両者の合意が必要であ

る。だから、ただ男が女に「離婚する」と言うだけでは、手続き不足のため離婚は成立しない。適切性条件で言えば、その発話は(A・1)に違反して不成立となる。

また、「洗礼」という行為は、正式な資格を持つ牧師が教会でこれを正しく行って初めて成立する行為である。いくら正しい手続きにのっとって行ったとしても、行為者が資格のない人間であったら、それは洗礼にならない。彼の行為は適切性条件(A・2)に違反して不成立となる。

また、いくら正式な資格のある人がこれを行ったとしても、めちゃくちゃな手順でこれを行ったとしたら、また途中で放り出したら、やはり洗礼にならない。彼の行為は、適切性条件Bに違反して不成立となる。オースチンは、以上のような適切性条件AとBに対する違反を不発(misfires)と呼んでいる。

なお、AとBにローマ文字、Γにギリシア文字が使われているのは、不適切のなり方(ways)に差があるからである。上で見たA、Bの違反はその行為が成立せず、行為は完遂されていない。ところが、次に見るΓの違反では、その行為自体は完遂されている点に注意されたい。

(4) a 君は帰った方がいいよ。
　　 b 君と結婚する。

(4) a が「助言」として成立するためには、発話者が自分の発話が相手のためになると信じていなければならない。もし、そうでなければ、これは不誠実な助言であり、助言としては成立していないことになる[*9]。同様に、(4) b が詐欺師によるする気のない約束であれば、やはりこれは不誠実な約束であり、約束としては成立していない。オースチンは、このような適切性条件Γに対する違反を濫用(abuses)と呼び、A、Bの違反である不発と区別している。

2・2 遂行文への還元
2・2・1 遂行文の文法的特徴

こうした陳述文と遂行文の区別は、意味論の中できわめて重要である。山梨(1986b: 35)は、遂行文に見られる「文法的(あるいは語彙上の)基準(criterion)」を、次のようにまとめている[*10]。

(5) i. 主語は1人称単数
　　ii. 間接目的語は(明示されるとは限らないが)2人称
　　iii. 動詞は言語による伝達を意味し、a. 現在形、b. 直説法、c. 能動態、d. 肯定形

　次の発話は上の文法的特徴に合致しているから、遂行文であると分かる。だから、我々は(6)を発話することにより「謝罪」という行為を遂行できる。
　(6) 私は謝る。
　ところが、次のような発話はどれも上の基準に違反するため、遂行文ではなく陳述文である。したがって、たとえ発話したとしても「謝罪」していることにならない。

(7) a 私は謝った。
　　b 私は謝っている。
　　c 彼は謝る。

　また、遂行文を判断するための言語テストとして、オースチンは「ここに(hereby)」との共起をあげている[*11]。もしその発話が遂行文であれば、その発話自体が行為そのものを表すため、次のように「ここに(hereby)」を用いて表現できる。

(8) a 私は(ここに)君に有罪を宣告する。
　　b 私は(ここに)6ペンス賭ける。
　　c 私は(ここに)君を議長に任命する。

　しかし、その発話が次のように陳述文であれば、それは不可能になる。"hereby(ここに)"テストが、陳述文と遂行文を区別する言語テストとして有効であるゆえんである(Levinson (1983: 232-233))。

(9) a その猫は(*ここに)マットの上にいる。
　　b 雨が(*ここに)降っている。
　　c 地球は(*ここに)まるい。

2・2・2 明示的遂行文と非明示的遂行文

「一人称主語・現在形」という遂行文の文法的特徴と"hereby"テストは、遂行文を判断するための有効な基準に見える。しかし、これが完全な基準とはならないことは、次の三つの発話が遂行文なのか陳述文なのかを考えることにより明らかになる。

(10) a 私は君に有罪を宣告する。
　　 b 君がやったんだ！
　　 c 有罪！

(10)a-c の中で遂行文の文法的特徴に合致しているのは、(10)a だけである。また、(10)a-c の中で「ここに」を挿入できるのも、次のように(10)a だけである。

(11) a 私は(ここに)君に有罪を宣告する。
　　 b 君が(*ここに)やったんだ！
　　 c (*ここに)有罪！

だから、これまでの定義に従えば、(10)a-c の発話の中で遂行文と認められるのは(10)a のみであり、(10)b-c は陳述文ということになる。しかし、一方で三つの発話が同じ「宣告」という行為を遂行していることも明らかであるから、(10)a だけでなく(10)b-c も遂行文であると認めることができるような考え方が必要となってくる。

そこでオースチンは、(10)a のような発話を「明示的遂行文(explicit performatives)」とする一方で、(10)b-c のような発話を「非明示的遂行文(implicit performatives)」とした (Austin (1975: 32))[12]。

(12) a 明示的遂行文(explicit performatives)
　　 b 非明示的遂行文(implicit performatives)

そうすることにより、(10)a-c の発話を同じ遂行文として扱うことができるようになる。また、これにより「一人称主語・現在形」という基準や"hereby"テストをクリアしていなくても、遂行文を認定することができるよ

うになった。これは、遂行文の概念を拡大していくことに他ならない。
　さらに、同じような例を見よう。
　　(13) a　私はすぐ帰るように命令する。
　　　　 b　すぐ帰れ。
　　　　 c　もう夜遅いよ。
　まず(13)aは遂行動詞「命令する」が顕在化しているので、明示的遂行文である。また、(13)b-cでは、遂行動詞は顕在化していないものの、やはり「命令」という発話行為を遂行していることには変わりないから、非明示的遂行文であるとされる。結局、(13)a-cの発話はすべて遂行文であるということになる。

2・2・3　陳述文の解消
　ここまで考察を進めると、陳述文という範疇を設ける必要がなくなってしまうことに気がつく。その通りであって、オースチンは「すべての発話が遂行文である」と結論する。なぜなら、次の発話はどちらも遂行文と考えることが可能だからである。
　　(14) a　私はポールは来ると述べる。
　　　　 b　ポールは来る。
　(14)aは遂行動詞「述べる」が顕在化しているので、明示的遂行文である。一方、(14)bのような陳述文も、やはり「陳述」という行為を遂行しているから、非明示的ではあるが、これも遂行文の一種には違いない。次は山梨(1986b: 30)による発語内行為動詞の例である[13]。

　　(15)　発語内行為
　　　　　質問する、命令する、約束する、提案する、依頼する、<u>陳述する</u>、示唆する、言う　等

　ここで重要なのは、「陳述」という陳述文に特徴的な要素が、普通の発語内行為として他の行為と同列に並べられている点にある[14]。

オースチンは、発話状況を全体的に捉えた上で、そこにおける発話行為の全体像こそが「我々が解明すべき唯一の現実的な対象である[*15]」とし、これまで特別視されていた陳述、記述なども、数多くの他の発語内行為の中の一つにすぎないとする。すなわち、陳述や記述すら静的なデータ（意味の伝達、表現）とは捉えず、他の行為遂行的発言と同じく、より動的に行為の遂行と捉えるのである。オースチンの哲学をまとめると、次のようになろう（坂本(1991)）。

(16) 言語は「意味」を伝えるだけのものではなく、また真実を表現するだけのためのものでもなく、それを述べるということが、実はより多くの、より豊かな、そして、より的確な「行為」を遂行しているということの洞察がそこで示されたのである。

オースチンによる著名な「言うことは為すことである」とは、そこから出てきた帰結であった。

2・2・4 二分法の否定

人間は発話することにより、必ず何らかの発話行為を遂行している。つまり、どのような発話も分解すれば、次のような構造をしていることになる。

$$発話(utterance) = 命題(proposition) + 行為(force)$$

このように、オースチンによって発話に付随する発話行為の存在が明らかにされ、言語(language)と発話の力(force)の分離が行われた。そして、伝統的な陳述文と遂行文の二分法(dichotomy)が否定され、遂行文だけが唯一の範疇として残ったのである。

では、最初（2・1節）に述べた陳述文と遂行文の明らかな相違はどうなったのだろうか。陳述文は真か偽かによって規定されるが、遂行文は適切か不適切かによって決まる。そして、真理条件と適切性条件の差は、前者が二者択

一であるのに対し、後者が程度問題である点にあるとされてきた。
　しかし、オースチンは真理条件と適切性条件の区別さえも実は曖昧であることを、次のような例をあげて説明している（Austin (1963, 1970))[*16]。
　(17) a　フランスは六角形の形をしている。
　　　 b　ラグラン卿はアルマの戦いで勝利した。
　　　 c　オックスフォードはロンドンから60マイルのところにある。
　(17)はどれもいわゆる陳述文であるが、その真理値は真か偽かの二者択一では計れない。(17)はどれもある程度真であり、ある程度偽であるからである。例えば、(17)aは一般人には真に見えるかもしれないが、地理学者にとっては必ずしもそうではない。このように、真理条件も適切性条件と同じように、程度問題という側面があることが分かる。

2・3　発話行為の分類
2・3・1　三つの分類
前節（2・2節）では、「言うことは為すことである」というオースチンの哲学的発見の経緯を概観した。結果的に、「陳述」を含めたあらゆる発話が行為であり、発話行為（speech acts）となった[*17]。
　この発話行為は次のような下位分類（Hierarchy）を持つとされる。それはどのようなものなのか。まずは、オースチンによる発話行為の分類を概観しておこう[*18]。

　(18)　a　発語行為（locutionary act）
　　　　b　発語内行為（illocutionary act）
　　　　c　発語媒介行為（perlocutionary act）

2・3・2　発語行為
まず(18)aの「発語行為」は、何ごとかを言うという行為（act of saying something）であり、次の三つから構成される（Austin (1975: 92-93))。

(19) a　音声行為 (phonetic act)
　　 b　用語行為 (phatic act)
　　 c　意味行為 (rhetic act)

　我々が何かを言うときに、まずある一定の音声 (noise) を発しなければならない。これが、音声行為である。しかし、ただ音声を発するだけでは、発語行為は成立しない。これは、動物が鳴いても、何かを言っていることにならないのと同じである[*19]。だから、さらに我々は単語 (words) をある一定の文法に合致した形で配列しなければならない。これが、用語行為である。
　しかし、音声行為と用語行為だけでは、まだ何かを言っていることにはならない。例えば「ヴァナ・ディール」という語を思いついても、もしそれに対応する指示対象がこの世に存在しなければ、いくらそれを発したとしても何ごとかを言っていることにはならない[*20]。したがって、我々は一定の意味と指示対象を持った語を用いなければならない。これが、意味行為である。このように、音声行為・用語行為・意味行為がそろって初めて、我々は何かを言うという発語行為を行うことができる。
　この発語行為 (locutionary act) は、従来の言語学 (音韻論、形態論、統語論、意味論) が中心的に扱ってきた分野である。しかし、オースチンが発話行為論の中で注目したのは、(18) b の「発語内行為 (illocutionary act)」と (18) c の「発語媒介行為 (perlocutionary act)」の方であった[*21]。

2・3・3　発語内行為と発語媒介行為

　発語内行為とは、何かを言うという行為そのものではなく、何かを言いつつ行われている行為 (act in saying something) のことである。これには、例えば「陳述する」「約束する」「質問する」「命令する」「勧告する」などが含まれる。一方、発語媒介行為とは、何かを言うことによって結果的に遂行される行為 (act by saying something) である。これには、例えば「信じさせる」「説得する」「驚かせる」「喜ばせる」「慰める」などが含まれる。
　ここで、次のような発話と同時に、どのような発話行為が遂行されるのか

考えてみよう。

(20) 彼女を撃て！

このとき、発話者は(20)を発話しつつ、聞き手に命令している。この「命令する」という行為は、(20)の発話に伴って遂行される行為であるから、発語内行為であると考えられる。また、(20)を発話することによって、結果的に発話者は聞き手を困惑させていることにもなる。この「困惑させる」という行為は、(20)の発話の結果として遂行される行為であるから、発語媒介行為であると考えられる。

なお、発語内行為と発語媒介行為の区別は難しい問題であるが、オースチンはこの区別に関する言語的テストとして、明示的遂行文へのパラフレーズをあげている[*22]。例えば、(20)の発話は、(21)aのような明示的遂行文で言い換えることができるが、(21)bのような形に言い換えることはできない。

(21) a 私は君に彼女を撃てと命令する。
　　　b *私は君に彼女を撃てと困惑させる。

この事実を根拠に、「命令する」を発語内行為、「困惑させる」を発語媒介行為として区別することができる。なお、山梨(1986b: 30)は、発語内行為と発語媒介行為の例として次の動詞をあげている。

(22) 発語内行為：質問する、命令する、約束する、提案する、依頼する、陳述する、示唆する、言う　等
(23) 発語媒介行為：警戒させる、確信させる、激励する、困惑させる、印象づける、威嚇する、誤解させる、説得する　等

(22)と(23)は、次の言語テストに基づいた分類である[*23]。

(24) a 私は君に行けと<u>命令する</u>。
　　　b 私は君に支払うと<u>約束する</u>。
　　　c 私は君に議長を<u>任命する</u>。
(25) a *私は君に挑戦しろと<u>激励する</u>。
　　　b *私は君に遅れていると<u>警戒させる</u>。

　　　　c ＊私は君にアリが偉大だと確信させる。

　言語学から発話行為論に貢献できるとすれば、このような言語テストに基づいた議論であろう*24。本書もその方向で議論を進めるつもりであるが、いましばらく発話行為論の展開を見ておきたい。

3 発話行為論の展開
3・1 サールによる体系化
3・1・1 発話行為の分類

さて、オースチンにより発見された発話行為は、サールにより体系化されたと言われる。それはどういうことなのか。

　サールは、オースチンによる発話行為の分類 (Hierarchy) を、次のように修正している (Searle (1969: 22-26))*25。

　　(26)　発言行為 (utterance act)
　　(27)　命題行為 (propositional act)
　　(28)　発語内行為 (illocutionary act)
　　(29)　発語媒介行為 (perlocutionary act)

　サールによる修正点として最も重要なのは、オースチンによる発語行為と発語内行為の区別を認めない点である (Searle (1973))。そして、サールは発語行為の代わりに「発言行為」を設定する。サールの「発言行為」は、文法の規則にのっとって文を発する行為であり、オースチンの発語行為 (音声行為・用語行為) に対応する*26。

　また、サールの「命題行為」も、新しく提案された概念である。これは指示行為 (act of refering) と述定行為 (act of predicating) に分けられる。

　　(30) a　サムは習慣的に喫煙する。
　　　　 b　サムは習慣的に喫煙するか？
　　　　 c　サムよ、習慣的に喫煙せよ。

例えば、(30) a-c では特定の対象である「サム」を指示し、その対象に対し「喫煙する」という述定を行って、同じ命題を構成している。また、サールは意味行為を次に述べる発語内行為に含めており、オースチンの意味行為を認めていない(坂本 (1978: 347-348))。

また、サールは「発語内行為」と「発語媒介行為」を区別するが、この点ではオースチンを踏襲している。サールがあげるそれぞれの例は次の通りである (Searle (1969: 23-25))。

(31) 発語内行為：陳述する、記述する、主張する、警告する、指摘する、評言する、命令する、命ずる、依頼する、批判する、謝罪する、検閲する、同意する、歓迎する、約束する、反論する、要求する、議論する。

(32) 発語媒介行為：(何ごとかを論ずることによって何かを)説得する、納得させる、(警告を与えることによって)怖がらせる、警戒心をおこさせる、(依頼を行うことによって)何ごとかを行わせる、啓蒙する、励ます、(情報を伝達することによって)納得させる、教化する、自覚させる。

3・1・2 F(p)

次にサールは、オースチンが提案した言語と行為の分離をより簡潔に示すため、これを次のような記号で表した[27]。

$$F(p)$$

上の記号は、あらゆる発話が命題行為(指示・述定)による命題(p)と発語内行為による力(F)から構成されていることを表している。発語内行為 "F" は、主張 (assertions) の場合 "⊢"、依頼 (requests) の場合 "!"、約束 (promises) は "Pr"、諾否疑問 (yes-no questions) の場合 "?"、警告 (warnings) の場合 "W" として表記されることになる (Searle (1969: 29-33))。

例えば、(33)a-c はどれも共通の命題内容を持つが、具体的な発話場面ではそれぞれ「主張」「質問」「依頼」として機能する。

(33) a サムは習慣的に喫煙する。
b サムは習慣的に喫煙するか？
c サムよ、習慣的に喫煙せよ。

これら発語内行為の遂行は、それぞれ次のように表現される。

(34) a ⊢(p)
b ？(p)
c ！(p)

3・2 発話行為に関わる規則

3・2・1 なぜ「約束」と解釈されるか

次にサールは、(35)のような発話を聞いたとき、なぜそれが「約束」であると分かるのかという問題について考察している（Searle (1969: 54-71)）。

(35) a 私は早めに帰ってくると約束する。
b 早めに帰るよ。
c 5時ね。

もし、(35)a のような明示的遂行文であれば、発語内行為が表面に表れているからそれと分かるのだと説明できるだろう。しかし、その説明は(35)b-c のような非明示的遂行文では通用しない。なぜなら、(35)b-c のどこを探しても「約束」とは一言も言及していないからである。だが、我々は(35)b-c を聞いて、確かにそれが約束であると認識できる。

だとすれば、(35)b-c の背後に目に見えない規則が存在して、その規則のおかげで、我々は(35)b-c の発話から「約束」を導くことができるのだと考えられる。これを図示すると次の通り。

図①　　　文の形式1 ⎫
　　　　　文の形式2 ⎬ → 規則 → 発話行為
　　　　　文の形式3 …⎭

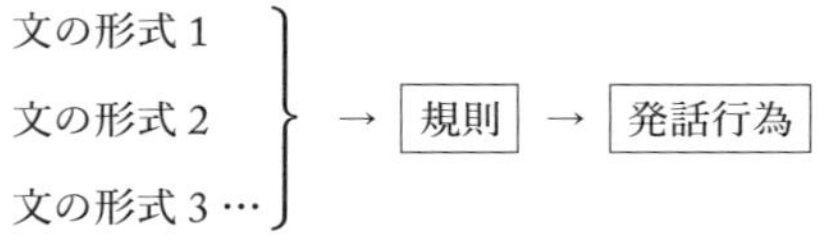

3・2・2 二つの規則

サールは、規則（rules）を次の二つに区別することによって、文の形式と発話行為を結び付けるような規則を説明しようとしている[*28]。

(36) a　統制的規則（regulative rules）
　　　b　構成的規則（constitutive rules）

このように規則を二つに区別することは、行為としての言語を理解する上で非常に重要な知見を含んでいる。それはどういうことか。

まず、統制的規則とは、もともと存在する行動を、何らかの規範によって規制するような規則である。統制的規則として典型的なものには、エチケットの規則がある。エチケットが規制する人間関係は、規則とは別にもともと存在するものである。このような人間関係を友好に進めたいという規範意識から、我々は様々な規則を考え出してきた[*29]。

例えば、「初対面ではにこやかにしろ」「知らない人には話しかけるな」「卑猥なことを言うな」などは統制的規則の例である。このような統制的規則の特徴は、規則が命令の形式「Xしろ！（Do X！）」「もしYならXしろ！（If Y do X！）」をとることである。このような統制的規則を図示すると、次のようになる。

　図②　　　　　統制的規則　　－規制→　　人間関係

これに対し、構成的規則とは、規則が行動そのものを定義するようなものを言う。例えば、将棋の規則は、構成的規則として典型的なものである[*30]。将棋は「まっすぐに動くコマを飛車とみなす」「斜めに動くコマを角とみなす」「9×9マスの板を将棋盤とみなす」など構成的規則の集合それ自体が将棋の定義となっている。このような構成的規則の特徴は、規則が同語反復的な形式「XすることはYとみなされる（X counts as Y）」をとることである。このような構成的規則を図示すると、次のようになる。

図③　　　　　　　　| 構成的規則　－規制→　将棋 |

3・2・3 構成的規則

この構成的規則は、最初に述べた統制的規則とまったく性質が異なる点に注意してほしい。それはどういうことか。

　まず、第一に、統制的規則がその理由を問うことができるのに対し、構成的規則ではそれを問うことができない。例えば、エチケットの規則は統制的規則の一種であるが、これに対して「なぜ初めて会った人に笑いかけなければならないのか」「なぜ人前で卑猥なことを言ってはいけないのか」などの問いを発することが可能である[31]。これは、統制的規則が何らかの規範意識によって作られているからである。しかし、構成的規則にはそのような規範意識は存在しない。将棋の規則に対し「なぜ飛車はまっすぐに動くのか」「なぜ将棋盤は9×9マスなのか」などと問うことは無意味である。これは、構成的規則がこのような規範意識から自由であるからである。

　第二に、統制的規則であれば、たとえそれを破られたとしても依然としてそれが規制する対象は存在し続けるが、構成的規則の場合は、それを破ったとたんにそれが規制する対象自体が存在しなくなるという点にある。例えば、エチケットの規則を守らなかったとしても、それと関係なく人間関係は依然として存在する。これは、規則と人間関係が別々に存在するからである。しかし、将棋の規則の場合は、もしそれが破られれば、それはもう将棋ではない。例えば、プレイヤーが勝手に飛車を斜めに動かしたりすれば、もはや将棋をやっていることにはならない。このように、将棋の規則と将棋は別物ではなく、将棋の規則が将棋の定義そのものなのである。

3・2・4 「約束」が成立するための条件

そしてサールは、発話と行為を結び付ける規則を、後者の構成的規則の束（a series of constitutive rules）とする。コロンブスの卵に似た着想であるが、非常に説得的である。オースチンによって「発見」された発話行為は、この着想を得て形式化への道が開かれたと言える。それはどういうことか。

例えば、ある発話が「約束」として成立するためには、次のような条件が揃っていなければならない (Searle (1969: 54-71))。

(37) 「約束」が成立するための条件
  a　命題は話し手による未来の行為であること。
  b　話し手と聞き手はその行為が行われることを望んでいること。
  c　話し手はそれを行おうと意図していること。
  d　話し手はそれを行う義務を負うこと。

(37) a-d の構成的規則は、それ自体で「約束」の定義となっている。逆に言えば、その発話が上のような条件が揃っている状況で発せられて初めて「約束」とみなされるのである。このような構成的規則の束は、発話行為を構成する適切性条件である[32]。サールの適切性条件（構成的規則）は、オースチンのそれと基本的には軌を一にしながらも、次のように形式化、精緻化されている。

サールの適切性条件（構成的規則）は、具体的に次の四つの条件から成りたつ (Searle (1969: 57-61))[33]。

(38)　発話の力が成立するための条件
  a　命題内容条件 (propositional content condition)
   命題内容が満たすべき条件から構成される規則
  b　事前条件 (preparatory condition)
   発話の場面設定に関わる条件から構成される規則
  c　誠実条件 (sincerity condition)
   話し手の意図に関する条件から構成される規則
  d　本質条件 (essential condition)
   ある発話行為の遂行に本質的な条件から構成される規則

(38) a の「命題内容条件」は、問題の発話の命題内容 (p) が満たすべき条件

であり、サールによって新しく提案された条件である。(38)bの「事前条件」は、会話の参加者(話し手・聞き手)や場面・状況設定に関する条件であり、オースチンのあげた条件AとBに対応する。(38)cの「誠実性条件」は発話者の意図に関する条件であり、オースチンの条件Γに当たる。(38)dの「本質条件」は、問題となっている行為遂行の義務に関する条件であり、サールによって新しく設定された条件である。

例えば、次のような発話が「約束」として機能せず、どれも不適切な発話とみなされるのは、(38)のどれかに違反しているからである。

(39) a *私は昨日早く帰ってきたと約束する。
　　 b *私は君をしめ殺すと約束する。
　　 c *早く帰ってくると約束するが、そんなつもりはない。
　　 d *早く帰って来ると約束するが、そうする義務はない。

まず(39)aは過去の命題について約束しているので、命題内容条件に対する違反である。また、(39)bは聞き手の望まないことを約束しているため、事前条件に対する違反である。事前条件の違反は、オースチンの「不発」に当たる。(39)cでは、話し手がやる気のない約束をしているので、誠実性条件に対する違反である。誠実性条件の違反は、オースチンの「濫用」に当たる。誠実性条件に違反した約束は、不誠実な約束(insincere promise)と呼ばれる。(39)dでは、話し手がその約束に義務を感じていないので、本質条件の違反ということになる。

3・2・5　発話行為が成立する条件

さらに、サールの適切性条件(構成的規則)が様々な発話行為を構成している例を見ておこう(Searle (1969: 66-67))。まず、次はそれらが「依頼」を構成している場合である。

(40) a　塩を取って下さい。
　　 b　塩を取ってくれますか？
　　 c　塩！

上のような発話を聞いたとき、我々はすぐ、それが「依頼」であると分か

る。この言語直観は、サールの構成的規則によって説明することができる。サールは、ある発話が「依頼」として成立するときには、必ず次の条件が成立していると述べている[*34]。

 (41) 「依頼」が成立するための条件
   a 命題内容条件…命題は聞き手による未来の行為である。
   b 事前条件…話し手は聞き手がその行為を実行する能力があると信じている。
   c 誠実条件…話し手は聞き手によるその行為を欲している。
   d 本質条件…聞き手はその行為実行の義務を負わない。

同様に、ある発話が「質問」や「挨拶」として成立するときには、必ず次のような条件が成立しているとされている。

 (42) 「質問」が成立するための条件
   a 命題内容条件…任意の命題、または命題関数。
   b 事前条件…話し手は「答え」を知らない。
   c 誠実条件…話し手はその情報を求めている。
   d 本質条件…話し手は聞き手からその情報を誘発しようと試みる。
 (43) 「挨拶」が成立するための条件
   a 命題内容条件…なし
   b 事前条件…話し手は聞き手とちょうど出会ったところである。
   c 誠実条件…なし
   d 本質条件…話し手は聞き手を礼儀正しく認知したこととしてみなされる。

逆に言えば、上の条件が成立していて初めて、次の発話は「質問」や「挨拶」として成立すると言える。

(44) a 彼の住所を知っていますか？
   b 彼の住所を知りたいんですが。
(45) a こんにちは。
   b お元気ですか？
   c 今日はいい天気ですね。

　ちなみに、教室で先生が生徒に対して行うような「質問」は、厳密な意味では質問とは言えない。教室では、聞き手(生徒)が答えを知らず、話し手(先生)の方が答えを知っているのが普通であるから、これは「質問」の事前条件に違反する発話である[*35]。また、話し手と聞き手が出会ってしばらくしてから「挨拶」しても、これは挨拶として成立しない。また、ぶっきらぼうに敵意を見せながら挨拶しても、やはり挨拶としては成立しない[*36]。なぜなら、これらは「挨拶」の本質条件に反するからである。

4 発話行為論の課題
4・1 コミュニケーションにおける聞き手
4・1・1 オースチンの位置づけ

　ここで、発話行為論の展開をまとめておくことにする。オースチンの主張は、話し手が社会的な慣習にそった形で発話して初めて、それは適切に成立するというものであった。例えば、話し手が「命名(naming)」という行為を行うために、理論的には次のように様々な言い方をすることが可能である。

(46) a 私はこの船をエリザベス女王号と名付ける。
   b これはエリザベス女王号です。
   c エリザベス女王号。

　しかし、社会的な慣習によれば、これらの発話の中で正式に「命名」と認められるのは(46)aのみであるから、現実の場面では、話し手は(46)aの発話を選んで発話しなければならない。

　このようにオースチンの研究は、話し手の発話と社会的慣習の関係に関する研究ということができる。だから、オースチンはもっぱら、このような社

会的な慣習性(conventionality)の解明に力を注いだ。オースチンの適切性条件は、このような立場から考えられたものである。

(47) オースチンの適切性条件
　　A (1) 慣習的な手続きを持つある手続きが存在しなければならない。
　　　 (2) その手続きに適切な環境と人がそろっていなければならない。
　　B その手続きは、(1)正しく (2)完全に 実行されなければならない。
　　Γ (1) 行為者は、その手続きを行う意志がなければならない。
　　　 (2) 言ったことは実行しなければならない。

　注意すべきなのは、オースチンの適切性条件の言及する内容が、話し手の資格や手順、意志、義務に関するものに限定されているという点である。これは、オースチンのいう慣習が、話し手が従うべき規範のようなものとして考えられていることを意味する。つまり、「社会的慣習」が話し手の頭の中に存在し、話し手はそれに合致した発話を行っているのだと考えられる。したがって、オースチンの分析は、話し手中心であると言うことができるだろう[37]。これを次のように図示してみた[38]。

(48) オースチンの分析
　　　　　　　　［発話行為］
　　　　参加者 -------○-------　←{ 社会的慣習 }
　　　　　　　　　話し手

4・1・2　サールの位置づけ
一方、サールはオースチンの立場を基本的に受け継ぎながらも、この点に関しては立場を変えているように思われる。サールの理論の出発点は、次のような発話を聞いたとき、聞き手はなぜこれらをすべて「約束」であると認識できるのかという点にあった。

(49) a 私は早めに帰ってくると約束する。
　　　 b 早めに帰るよ。
　　　 c 5時ね。

したがって、サールの研究は、聞き手が話し手の発話をどのように理解するかに関する研究であると言い換えることができるだろう。サールの適切性条件（構成的規則）は、この問いに対する答えである。サールは、次のような条件がそろっている場合に、聞き手がそれを「約束」とみなすと考えた。これが、サールの構成的規則である。

(50) 「約束」が成立するための条件
　　 a 命題内容条件…命題は話し手による未来の行為であること。
　　 b 事前条件…話し手と聞き手はその行為が行われることを望んでいること。
　　 c 誠実条件…話し手はそれを行おうと意図していること。
　　 d 本質条件…話し手はそれを行う義務を負うこと。

　サールの適切性条件がオースチンの適切性条件と異なるのは、その条件の中に話し手だけでなく聞き手が果たす役割まで明記されている点である。上の「約束」の場合ならば、話し手の条件が満たされているだけでなく、聞き手の方でも「その行為を望んでいる」という条件を満たしていなければならない。また「質問」であれば、話し手の方が「答えを知らない」だけでなく、聞き手の方も「答えを知っている」という条件がそろっていなければならない。したがって、サールの適切性条件は、オースチンのそれに聞き手に関する条件をつけ加えたものであると考えることができる。
　つまり、サールの適切性条件は、話し手だけでは成立せず、聞き手もその条件に合致していなければならないのである。これは、サールが発話行為の研究に聞き手という要因を導入したことを意味する。このようなサールの立場は、オースチンの話し手中心的な分析から移行してきたということができるだろう[39]。これを次のように図示してみた。

(51)　サールの分析
[発話行為]
参加者 ------○------○------　←{ 構成的規則 }
　　　　話し手　聞き手

　オースチンからサールへの流れの中で注目すべき変化は、(48)から(51)への変化に見られるように、その分析要因が話し手だけでなく聞き手にも広がり、コミュニケーションを含めたことにある。
　たしかに、発話の機能は聞き手がそれを認識して初めて成立するものであるから、発話行為論の分析要因が話し手だけに偏重されていたのは、発話行為論の本来の目的である発話場面全体 (total situation) の研究を進めていく上で好ましい状態とは言えない。発話行為の全体像 (total speech act) を明らかにするためには、話し手だけでなく発話場面における聞き手の存在も同様に考慮に入れなければならない。

4・2　間接発話行為の問題
4・2・1　発話の曖昧性をどう扱うか
　しかし、コミュニケーションにおける聞き手の存在を考慮に入れると、たちまち問題になってくるのが、現実の場面では発話がきわめて曖昧に用いられるという事実である (Sadock (1988: 192))。

(52)　ここは寒いね。

　上の発話は単なる事実の「陳述」かもしれないし、「窓を開けろ」という命令かもしれない。まず、こうした発話の曖昧性という問題が、従来どのように扱われてきたのかを概観しておきたいと思う。
　もし何の文脈も想定せずに発話の機能 (function) を形式化しようと考えた場合、おそらく統語構造と一対一に対応するようなモデルを最初に考えつくだろう。つまり、疑問文 (Interrogative)、命令文 (Imperative)、平叙文 (Declarative)、感嘆文 (Exclamative) が、それぞれ質問 (asking)、命令 (ordering)、陳述 (stating)、感嘆 (exclaiming) として機能すると考えるようなモデルである。

図④　　　　　　構造1 ―――― 機能1
　　　　　　　　構造2 ―――― 機能2
　　　　　　　　構造3 ―――― 機能3

　ここで、疑問文を例に考えてみよう。疑問文が「質問」として機能するのは、上のような一対一のモデルでは当たり前である。例えば、次のような発話がこれに当たる。

(53) a　砂糖を入れますか？
　　 b　少しうるさいですか？
　　 c　何時間かかりましたか？

しかし、現実の発話を分析対象にすると、このモデルはすぐに破綻してしまう。例えば、次の発話は文法的には疑問文であるから、もし統語構造と発話行為が一対一に対応しているならば、ここでも「質問」として機能するはずである。しかし、次のような発話は「依頼」として機能するのが普通である[40]。

(54) a　そこの塩を取れますか？
　　 b　もう少し静かにできないんですか？
　　 c　時間分かりますか？

　(54)は構造的には疑問文であるが、機能的に「依頼」となる。このような疑問文[41]は、(53)のような通常の疑問文と区別される。
　このように、統語的に疑問文であっても、発話の機能は必ずしも質問に限定されない。これらは依頼や陳謝、勧誘、感嘆など様々な機能を遂行する可能性がある。同じ構造を持つのにも関わらず、発話された文脈や聞き手の認識次第で、次のように発話の機能は融通無碍に変化する。

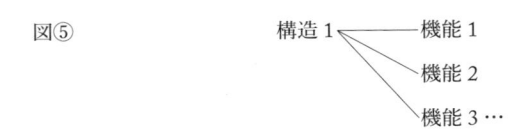

図⑤　　　　　　構造1 ―――― 機能1
　　　　　　　　　　　　＼―― 機能2
　　　　　　　　　　　　 ＼― 機能3…

ほとんどの発話が、複数の発話行為を遂行する可能性を秘めており、実際に直接的・間接的に依頼や勧誘などになるように、ある発話が間接的に……。疑問文は「間接発話行為 (Indirect Speech Acts)」と呼ばれる。

4・2 間接発話行為をどう扱うか

この間接発話行為を説明するために様々な枠組みが考えられてきた。山梨 (1986a, b: 87-148) は、間接発話行為に対する言語学的なアプローチを次のように整理している。

(55)　多義説 Ambiguity Hypothesis
(56)　推論説 Inference Hypothesis
(57)　慣用句説 Idiom Hypothesis

(55) は、オースチンの遂行文に関する知見を言語学に応用した遂行仮説 (Performative hypothesis) に基づく議論、(56) はサールの構成的規則 (Constitutive rules) を言語学に応用した会話の公準 (Conversational postulates) に基づく議論、そして (57) は間接発話行為を慣習性 (Conventionality) という観点から捉える発話行為慣用句 (Speech Act Idioms) に基づく議論である。

以下、これに沿って間接発話行為の分析の枠組みを素描しておく。

4・2・3 多義説

「多義説」は、間接発話行為を通常の意味論・統語論で処理しようとする立場である (例えば、Ross (1970)、Sadock (1974, 1988))。そこでは、同じ構造を持つ発話が文脈によってさまざまな機能を持つ現象を遂行仮説を用いながら統語的に処理しようとした[*42]。

遂行仮説の主張は、異なる機能を持つ発話は、表面的には同じに見えても、深層ではやはり異なる構造を持つというものである。すなわち、一見すると図⑤であっても、実際はやはり図④であると考える。ゆえに、多義説では、発話に曖昧性があったとしても、生じる機能の数だけ基底に構造を仮定するこ

とになる。

例えば、次の発話は「依頼」とも「質問」とも解釈できる。

(58) そこの塩を取れますか？

しかし、(58)の発話に二つの機能がある以上、表面的には同じに見えても深層のレベルでは二つの構造を区別して考えなければならない。つまり、(58)のような発話は、次のような二つの深層構造から、遂行節削除（Performative deletion）の結果、派生してきたとみなされる。

(59) a 私は君にその塩を取るように依頼する。

　　 b 私は君にその塩を取れるかどうか尋ねる。

したがって、(58)が「依頼」として解釈される場合、それは(59)aから派生してきたと考える。また、(58)が「質問」として解釈される場合、それは(59)bからの派生であると考える。これが、(58)の曖昧性に対する遂行仮説の説明である。

しかし、後にSadock(1988)が認めているように、遂行仮説は無理が多い仮説である。例えば、次の(60)が遂行する発話行為は単なる事態の「陳述」の他に、「命令」「助言」「示唆」などいくらでも考えられる。

(60) ここはとても暑いね。

同様に、次の(61)が遂行する発話行為も単なる意志の「表明」の他に、「約束」「予測」「命令」「警告」などいくらでも考えつく[*43]。

(61) 私はすぐに戻ってくるぞ。

もし、遂行仮説に従うなら、(60)(61)の深層にそれが遂行する発話行為と同じ数の遂行節を仮定しなければならない。結局、すべての文の深層構造に無限の遂行節を仮定しなければならなくなる。このような作業に理論的な意味がないのは明らかである（Levinson(1983: 261-262)）[*44]。

したがって、我々に残された考え方は、「推論説」か「慣用句説」だけということになる。さらに、それぞれの考え方を検討していくことにしよう。

4・2・4 推論説

「推論説」は、間接発話行為を会話的推論（conversational reasoning）により説

明しようとする立場である（例えば、Gordon & Lakoff(1975)）。これは、発話に生じるすべての機能に構造を対応させた多義説（図④）と異なり、ある構造が複数の機能を持つこと（図⑤）を認めた上で、人間はそれらを合理的推論により導くことができるとするものである。

推論説ではある発話が間接的に遂行する行為を、次の手順で導くことができるとする。表面的には単なる「陳述」にすぎない次の例で考えてみよう。

　(62) a　I believe it's time to go home.
　　　 b　I want you to shut the door.
　　　 c　I intended to pay you back.

現実の発話場面で「陳述」として機能するのは(62)aだけであり、(62)bは「依頼」、(62)cは「約束」として機能する。「推論説」は、(62)からそれぞれの機能が導かれる手順を、次のような「会話の公準（CP）」として整理している（Gordon & Lakoff(1975: 89)）[*45]。

　(63) a　SAY(x, y, BELIEVE(x, Q))* → SAY(x, y, Q)
　　　 b　SAY(x, y, WANT(x, Q))* → REQUEST(x, y, Q)
　　　 c　SAY(x, y, INTEND(x, Q)))* → PROMISE(x, y, Q)

(63)aは、話し手xが聞き手yに対し「信念（BELIEVE）」を「陳述する（SAY）」ことが、話し手から聞き手への「陳述（SAY）」として機能することを意味する。(63)bは、話し手xが聞き手yに対し「欲求（WANT）」を「陳述する（SAY）」ことが、話し手から聞き手への「依頼（REQUEST）」として機能することを意味する。(63)cは、話し手xが聞き手yに対し「意図（INTEND）」を「陳述する（SAY）」ことが、話し手から聞き手への「約束（PROMISE）」として機能することを意味する。

では、なぜ(63)aの「陳述（SAY）」が単なる「陳述（SAY）」にしかならないのに対し、(63)bの「陳述（SAY）」が「依頼（REQUEST）」、(63)cの「陳述（SAY）」が「約束（PROMISE）」として機能するのか。この点について、Gordon & Lakoff(1975)は、サールの適切性条件を言語学に応用することで

説明しようとしている。それはいったいどういうことか。

ここでは、発話が「依頼」として機能する例について考えてみる。Gordon & Lakoff (1975) は、間接的に「依頼」を遂行するような発話が、ある一定の形式に限定される点を指摘している。例えば、誰かに対して間接的に依頼するとき、我々は次のような言い方をするのが普通である。

(64) a 私は君に塩を取ってほしい。
　　　b その塩を取れますか？

そして、上のような発話を聞いたとき、我々はこれを「依頼」であると、まず間違いなく解釈する。しかし、形の上では一言も「依頼」であると言っていないから、(64) から何らかの推論を使って、その解釈を導き出したと考えられる。

このような推論が可能になる理由を説明するために、Gordon & Lakoff (1975) は、(64) がサールによる「依頼」の適切性条件を言語化したものであることに着目した。Searle (1969: 66-67) によれば、「依頼」が成立する条件は、次のようなものである。

(65) a 話し手は聞き手がその行為をするのを望んでいる。
　　　b 聞き手はその行為を行う能力がある。

Gordon & Lakoff (1975: 88) は、(65)a を「話し手側の条件 (speaker-based sincerity condition)」、(65)b を「聞き手側の条件 (hearer-based sincerity condition)」と呼んでいる。そして、話し手の願望 (65)a に言及するような発話であれば、(64)a に限らずどのような文でも、間接的に依頼を遂行することが可能である。

(66) a 私の望みは、君が塩を取ることだ。
　　　b 君が塩を取ってくれたらなあ。
　　　c 塩を取ってくれたら、とても助かるんだが。

同様に、聞き手の能力 (65)b に言及するような発話であれば、(64)b に限らずどのような文でも、間接的に依頼を遂行することができる。

(67) a 君は塩に手が届くね。
　　 b 塩に手が届きますか？
　　 c 手があいてますか？

　このように、その表現が話し手の願望や聞き手の能力に言及するものであれば、推論によってそこから「依頼」を導くことができると考える[*46]。

　これは間接発話行為を分析する上で、たいへん重要な知見を含んでいるが、一方でこのような推論だけでは不十分であるという点も指摘されている（山梨 (1986a)）。なぜなら、適切性条件 (65) からの推論というだけでは、聞き手の能力への言及である (68) で、(a) だけが「依頼」となり、(b) が「質問」としての解釈しか受けない事実を説明できないからである。

(68) a　Can you pass me the salt ?
　　 b　Are you able to pass me the salt ?

4・2・5　慣用句説

　「慣用句説」は間接発話行為をすべて慣習 (convention) として説明しようとする立場である（例えば、Sadock (1970, 1972)）。これは、ある構造が持つすべての機能を合理的に導けるとした推論説と異なり、言語の機能が人間による言語生活の中から自生的に発展してきたとする点に特徴がある。

　慣用句説は、次のようにまとめられよう。我々がある発話を聞いて、その構造とはまったく別の発話行為を認識することができるのは、我々がそれを慣習的に学んでいるからである。だから、子供はまだその慣習を学んでいないので、間接発話行為の解釈を間違える場合が多いのである。大人ならば次の発話を「質問」と解釈する可能性はないが、子供の場合は十分ありうることになる。

(69)　　Can you pass me the salt ?

　しかし、大人になるにしたがって、子供は (69) の疑問文は「依頼」として用いられる場合がほとんどであるという慣習的な事実を学んでいく[*47]。このような慣用句説をとれば、次のように意味的には類似するが異なる解釈を受けるような発話を説明することが可能である。

(70) a　Could you close the door?

　　　 b　Are you capable of opening the door?

　Sadock (1988) は (70)a を慣習化された間接発話行為、(70)b を慣習化されていない間接発話行為と結論づけている。(70)a が「依頼」として解釈されるのは "Can you 〜" という形式が依頼表現として慣習的に確立しているからである。それゆえに、(70)a は次のような統語的特徴を備えている[*48]。

(71) a　Could you please close the door?

　　　 b　Could you close the door, someone?

　　　 c　Could you close the door, and while you're at it, please close the window?

　一方、(70)b が「依頼」として解釈されないのは "Are you capable of 〜" という形式が慣習的に依頼表現として確立していないからである。それゆえに、(70)b は次のような統語的特徴を備えていない。

(72) a　*Are you please capable of opening the door?

　　　 b　*Are you capable of opening the door, someone?

　　　 c　*Are you capable of opening the door, and while you're at it, please open the window?

4・2・6　発話の曖昧性は解消されたか？

　慣用句説は推論説と対立するものである。慣用句説は、我々が間接発話行為を理解できるのは、それが社会的な慣習として成立しているからであって、個人的な推論によって勝手に導かれるものではないと考える。しかし、間接発話行為の解釈に推論がまったく関係していないとは言えないし、また間接発話行為がすべて慣習によって説明できるとも考えにくい。

　例えば、次の発話が間接的に遂行している機能は、明示的には「陳述」「命令」であるが、暗示的には「予想」「警告」等として機能する[*49]。

(73) 「船は緊急回避行動に入っている。もしも必要なら戦闘にもちこむが、なんとかして相手をふりきってみるつもりだ。過大加速に対応する用意をしろ。」(『ウルフ』)

こうした複雑な推論のメカニズムは、先に概観した推論、慣用句だけでは捉えきれず、スキーマのような社会・文化的知識 (socio-cultural knowledge) まで関わるように思われる。発話の曖昧性の説明には、唯一で明快な解はないのかもしれない。しかしながら、推論と慣習の双方が間接発話行為の理解に関わることは確実であるから、とりあえずはそれに沿って分析を進めていくという方法が妥当であろう[50]。

5 発話行為的引用論の提案
5・1 発話行為と引用
間接発話行為の問題を扱っていく上で難しい点は、聞き手の認識次第で発話の解釈がどのようにでも変化するというものであった。前節 (4・2節) では、この問題を扱うための理論的な枠組みをいくつか概観した。

本書ではこうした発話の持つ動的な側面を利用し、「発話行為的な引用研究 (以下、発話行為的引用論)」を提案する。これは、引用の構文に見られる統語現象に焦点を当てることにより、コミュニケーション (発話行為の遂行) を研究しようとする試みである。それはいったいどういうことか。

前節 (4・2節) で見たように、現実の発話場面において、発話は常に同時に複数の発話行為が遂行される可能性を秘めている。また、話し手もそのような効果を意図して話すことがある。これは、次の発話が発話された文脈や聞き手の認識次第で「約束」「予測」「命令」「警告」等と変化することからも明らかであろう。

(74) 私はすぐに戻ってくるぞ。

このような発話の動的な側面は、たしかに机の上では扱うことが難しい。したがって、発話行為論の有効性を示すためには、コミュニケーションをい

かに取り込むかが重要となる。間接発話行為の研究がそれであるし、Labov & Fanshel (1977)、Wunderlich (1980)、Edmondson (1981) などでは実際の会話へ発話行為論が応用されている。また、Searle & Vanderveken (1985) 以降の現代の発話行為論も談話分析へ向かうとされる（久保 (2002bc)）[*51]。

コミュニケーションを扱うために、机の上から離れて現場を指向する発話行為の研究動向に対して、筆者はこう考える。

> (75) 引用の構文を利用することによって、過去のコミュニケーションを現在の発話から観察することができる。

わざわざ実際のコミュニケーションに材をとらなくとも、引用に注目することにより、コミュニケーションを机の上で扱うことが可能である。なぜなら、「引用の構文」には過去の発話場面が、すなわち過去のコミュニケーションが埋め込まれているからである。

発話行為論は、ある発話場面における文の使用を対象とする。そこでは、話し手と聞き手が関係する一文だけの機能が研究の対象となる。それに対して、引用の構文は、元の発話のコミュニケーションを埋め込んだ複文の形式をとっている。だから、引用の構文を観察することにより、元の発話を聞き手がどのように解釈したのか、すなわち第1場でどのような発話行為が遂行されたのかを現在の発話から分析することが可能となる。発話行為に対する本書の分析を、次のように図示しておこう。

> (76) 発話行為的引用論の分析
> 　　　　　　　　　［発話行為］
> 　　参加者 ------- ○ ------- ● ------- ○ -------
> 　　　　　　　［話し手1　聞き手1］　　　元の発話　（第1場）
> 　　　　　　　　　　　　話し手2　聞き手2　←{引用の構文}（第2場）

「発話行為的引用論」の分析対象は、ある発話行為が遂行されたときの聞き

手、すなわち第1場における聞き手1の解釈である((76)では、これを●で示した)。それを第2場における伝達者(話し手2)の発話である「引用の構文」を通じて観察する。いわば、引用の構文を望遠鏡として、そこに表れている言語形式から元の発話場面におけるコミュニケーション(発話行為の遂行)を観察しようとする試みである。

5・2 発話行為的な影響
5・2・1 基本的な枠組み

引用の構文が、元の発話場面(第1場)と引用の場(第2場)という二重性を持つことは、しばしば指摘される。まず時間的に先行する第1場において、元の発話が話し手1から聞き手1に発せられる。そして、さらにその聞き手1が、第2場では伝達者(話し手2)となって、その発話を引用する。第2場で伝達者がどのような表現を用いて引用するかは、伝達者の判断に任されている。

引用の構文を用いて発話行為を研究する際の前提は、元の発話がどのような発話行為を遂行していたかによって、伝達者による引用の表現が影響を受けるとするものである。これを次のようにまとめておく。

(77) 発話行為的な影響
元の発話が遂行している発話行為の種類が、それを引用するときの構文に影響を与える。

```
┌─第1場──┐         ┌─第2場──┐
│ 発話行為 │─影響→│ 言語形式 │
└─────────┘         └─────────┘
```

構造(統語論)的な観点から見れば、過去の発話と現在の発話は独立して存在するのであるから、現在の発話に影響を与えるのは引用の構文の中の構成要素だけということになる。しかし、本書はそう考えず、「発話行為という言語外の要因が引用の言語形式に影響を及ぼす」と仮定する。これは「遠く離れた過去の発話が現在の発話に影響を与える[52]」とする点で、きわめて機能(語用論)的な考え方である。

5・2・2 引用の構文への影響
5・2・2・1 発話行為と引用動詞

発話行為が引用の構文に反映されることは筆者の独創ではむろんなく、しばしば指摘されることである（Searle (1975: 70)）。

(78) "Can you pass me the salt?"

上の発話は、「質問」とも「依頼」とも解釈できる。このような発話行為の差は、次のようにそれが報告されたときの引用動詞に反映される。

(79) a　He asked me whether I could pass me the salt.
　　 b　He requested me to pass me the salt.

もし、聞き手が(78)を「質問」と解釈したなら、彼はそれを(79)aの形で引用するであろう。また、聞き手がそれを「依頼」と解釈したら、今度はそれを(79)bの形で引用するであろう。(79)は引用の構文を使って第1場におけるコミュニケーション（発話行為の遂行）を観察した例である[*53]。

引用の構文を使って元の発話場面を観察することは、もちろん日本語でも可能である。例えば、砂川(1989: 366)は、発話行為（言語行為）と引用の関係を、次のようにまとめている。

> (80)　文として用いられた言葉は、その使用の場面において種々さまざまな言語行為を遂行する可能性があるわけであるが、それが引用されて用いられたときにもまた、引用句の中にさまざまな言語行為を行い得る文としての資格をもった形式が用いられることになるのである。そして、その言語行為が具体的にどのようなものであるのかは引用文（筆者注・引用の構文）の述部動詞によって特定される。

過去の発話場面で遂行された発話行為が現在の引用動詞に反映されるということを、砂川(1989: 365-370)は日本語の引用を使って示している。

(81)「必ず帰る。」

(81)は、「約束」とも「誓い」とも解釈できる。そして、聞き手がその発

話をどう受け取ったかによって、引用されたときの引用動詞が次のように変化する。

 (82) a 彼は 必ず帰る と約束した。
   b 彼は 必ず帰る と誓った。

このように、元の発話が遂行する発話行為の差は、引用されたときの引用動詞に反映される。元の発話が遂行する発話行為と引用動詞が一致していなければならないという主張は、「アバババブー」のような赤ちゃんの発話を(83)のような遂行動詞で引用できないという事実からもうかがえる。

 (83) a *赤ちゃんは アバババブー と約束した。
   b *赤ちゃんは アバババブー と誓った。

赤ちゃんの発話は、「約束」「誓い」などの発語内行為を遂行しておらず、ただ「言う」という行為しか遂行していない[54]。したがって、もし赤ちゃんの発話を引用したければ、次のような引用動詞を用いなければならない。

 (84) a 赤ちゃんは アバババブー と言った。
   b 赤ちゃんは アバババブー と笑った。

5・2・2・2 引用句のダイクシス

また、引用句のダイクシスを調整して伝えるか、調整せずに伝えるのかという問題も、伝達者の判断により決定される。したがって、これも引用動詞の選択と同じように言語使用の問題となりうる。本書では、元の発話がどのような発話行為を遂行していたかによって、伝達者によるダイクシスの調整が影響を受けると考える。

ここでまず、次の発話を引用する場合を考えてみよう。

 (85) 太郎「君も来てくれ。」

この発話は、それが発せられた文脈によって、「命令」として機能する場合もあれば、「依頼」として機能する場合もあり、また「招待」として機能する場合もある。これら発話行為の差は、次のような「陳述副詞[55]」を挿入することでより明確になる。

(86) a 必ず君も来てくれ。（命令）
　　　b どうか君も来てくれ。（依頼）
　　　c ぜひ君も来てくれ。（招待）

このように、第1場（元の発話場面）における発話行為の遂行という観点から、上の(85)は三つの機能に分類することができる。

さて、これらの発話を引用するとき、元の発話で用いられていたダイクシスは、引用句の中で現在の視点から見た表現に調整できるのが普通である。例えば、人称ダイクシスに関して、この原則はうまく働いている。

(87) a 太郎は（必ず）私も来てくれと言った。
　　　b 太郎は（どうか）私も来てくれと言った。
　　　c 太郎は（ぜひ）私も来てくれと言った。

しかし、次に見られるように、ダイクシス動詞の調整に関してはこの原則がうまく働かない。つまり、元の発話が「命令」として機能していた場合はダイクシス動詞を現在の視点に調整できるが、「依頼」や「招待」として機能していた場合は、ダイクシス動詞を調整すると次のようにとても不自然な発話となる。

(88) a 　太郎は（必ず）私も行ってくれと言った。
　　　b ?太郎は（どうか）私も行ってくれと言った。
　　　c ?太郎は（ぜひ）私も行ってくれと言った。

「発話行為的引用論」は、これを「発話行為的な影響」によって説明する。すなわち、(88)aと(88)b-cに見られる対比の原因を、元の発話が持つ発話行為の差、すなわち(86)aが「命令」として機能している一方、(86)b-cが「依頼」「招待」として機能しているという点に求める。このように、引用の構文に反映される統語的な振る舞いを観察することによって、元の発話が遂行していた発話行為の差を確認できると思われる。

5・3 発話行為的引用論の貢献

5・3・1 ダイクシスの調整

発話行為的引用論は、思弁的に議論されることの多い発話行為論に対する言

語学からの貢献である。本書では、発話行為が引用の構文に反映される例として、引用句におけるダイクシスの調整を取りあげ、言語形式により発話行為を研究していく。引用の構文に対する発話行為的な影響を考慮に入れることで、発話行為に対して次の点が指摘できる。

（89） 発話行為の中には、それを引用するときに、ダイクシスを調整して伝えやすいものと、調整して伝えにくいものが存在する。

筆者は、第2章（4・2・5節）で、引用された時にダイクシスの調整がなされている例（間接引用）として、次のような用例をあげた。

（90） 山岡の旦那、以前の約束を忘れたんじゃないだろうな。俺と栗田さんがうまくいくように協力してくれるって言っただろう。（『美味 40』）
（91） 前に私はK氏からローマ時代の軍船の設計者であったという前世も教えられた。その当時の私は海で溺れ死んだと言う。（『コラム d』）
（92） 作品のモデルであるあなたに役者が似てないとクレームをつける…あなたが映画をわかってない証拠です。『高校 11』）
（93） ほんまにもお…ジュニアの奴、オレが行ったらワシの出番がないなんてゆうたくせに。（『チエ 13』）
（94） ある日私の娘が向こうに呼ばれて、ぼくも来なさいというので行って一緒に飯を食っていた。（『個人』）

（90）～（94）では、元の発話から引用句にかけてダイクシスの調整がきわめて自然に行われている。発話行為的に考えるならば、その原因は元の発話が遂行している発話行為がそれを許すような性質を持っているから、ダイクシスを調整して伝えやすいのかもしれない。このとき、元の発話で遂行されている発話行為の種類は、（90）が「約束」、（91）が「報告」、（92）が「主張」、（93）が「予想」、（94）が「命令」である[56]。これら引用句でダイクシスを調整

して伝えられている発話行為を、仮に「発話行為A」と呼ぶことにしよう。

5・3・2 ダイクシスの未調整

また、筆者は、第2章（4・2・4節）で、引用された時にダイクシスの調整がなされていない例（直接引用）として、次のような用例をあげた。

(95) あなたは何者か、と聞かれるとする。私は私です、では答えにならないか。（『コラムt』）
(96) 平明体でバカを言えば、あいつは馬鹿だとすぐ判る。それを人前に晒すのが、ものを書く人間の倫理ではないか。（『ゲーム』）
(97) お前は美男だと言われるのはうんざりです…僕は俳優ではありません、技術屋なんです。（『美味30』）
(98) 米国に行くと、君は国を守ろうと思わないのか、と叱られる。（『ロマン』）
(99) この本を読んだ何人かの知人から、あんたにはブレジネフが死んだことがそんなに大切なことなのかね、と、からかい半分にたずねられることになった。（『七年』）

(95)～(99)では、引用されたとき元の発話のダイクシスが調整されていない。発話行為的に考えるならば、元の発話が遂行している発話行為が、それを許さないような性質を持っているから、ダイクシスの調整がしづらいのかもしれない。このとき、元の発話で遂行されている発話行為の種類は、(95)が「質問」、(96)が「罵り」、(97)が「賞賛」、(98)が「非難」、(99)が「揶揄」である[57]。これら引用句でダイクシスを調整せずに伝えられている発話行為を、仮に「発話行為B」と呼ぶことにしよう。

5・3・3 言語データによる分類

引用するときにダイクシスを調整して伝えやすいか、調整して伝えにくいかという基準により、発話行為を分類すると次のようになる。

発話行為A　約束、報告、主張、予想、命令…
　発話行為B　質問、罵り、賞賛、非難、揶揄…

　発話行為的引用論の帰結である発話行為Aと発話行為Bの区別は、もちろんオースチンやサールの議論と対立するものではない。本書の試みは、引用句におけるダイクシスの調整（言語使用）に焦点を当てることにより、主観性を排して言語データから発話行為を分類することである。したがって、発話行為に対する言語学的なアプローチと言えるだろう。これが「発話行為的に引用の構文を見る」ということである。これを、次のように図示しておく。

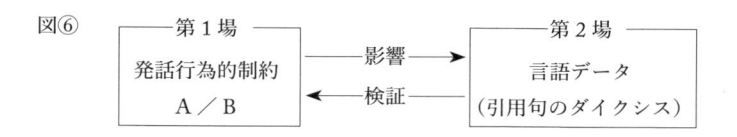

図⑥　　　第1場　　　　　　　　　　　第2場
　　　　発話行為的制約　　→影響→　　　言語データ
　　　　　　A／B　　　　　←検証←　　（引用句のダイクシス）

　では、引用されたときのダイクシスの調整に、上のような差が生じるのはなぜか。具体的には、引用の構文にこのような差が表れるのは、発話行為Aと発話行為Bのどんな特徴の違いに基づくものなのだろうか。次章では、さらにこの問題を発話行為の効果、その「持続性」と「一時性」という概念を用いながら説明したいと思う。

6　まとめ

　この章では、オースチンやサールによる発話行為論を概観しながら、その研究対象が話し手だけに限定されていた時代から、聞き手まで考慮に入れるようになったという研究動向について述べた。このように聞き手を含める研究動向の中で、自然と問題になってくるのが発話行為の多様性（間接発話行為）の問題である。発話は聞き手がそれをどう解釈するかによって、さまざまな機能を遂行し得る。そして、引用の構文には、このような発話の動的な側面が埋め込まれている。本書が提案する「発話行為的引用論」は、このような

引用の構文が持つ特徴を利用して、発話行為に言語学の立場から新たな光を当てることを目指す。そのために本書は「発話行為的な制約」を仮定し、具体的な言語データとして引用句のダイクシスを扱うことを述べた。

注

1 本章の一部は、中園 (2003) で発表した。
2 言語学では "speech act" を「発話行為」とするのが一般的であるので、本書でもこれに従う。しかし、Mey (1993: 328) は「speech acts という用語は speech にだけ関係しているとみなしてはならない。むしろ language act と称するべきである」としている。また、土屋 (1996a) も「Speech act を誤って『発話行為』と訳す習慣」として "Speech" を "Language" と同義と見ている。
3 言語研究における発話行為 (言語行為) 論の意義については、毛利 (1980: 3-112)、村田 (1982: 89-178)、Leach (1983: 174-228)、Levinson (1983: 226-283)、西山 (1983)、Wardhaugh (1986: 283-310)、山梨 (1986b)、Sadock (1988)、Mey (1993)、深谷・田中 (1996: 211-242)、Yule (1996: 47-58)、野澤 (2003) 等を参照した。
4 Levinson (1983: 227) による記述は以下の通り。
   (i) 1930 年代には、哲学の行き過ぎと今なら呼んで差し支えないようなこと、すなわち、論理実証主義が盛んであった。その主たる見解は、文が少なくとも原則的に検証 (すなわち真か偽かをテスト) されえない限り、その文は厳密に言うと無意味であるというものであった。
5 「意味は用法」(Wittgenstein (1953: 段落 43)) とするウィトゲンシュタインとオースチンの哲学は類似したものと見られやすいが、「その思想形成の上でまったく何らの交流もなかったように思われる。」(坂本 (1978: 333))。
6 遂行文の用例は、公務などのフォーマルな場にしばしば見られる。
   (i) お京、よくやってくれた。礼を言うぞ。(『使い鳩』)
   (ii) ザフト軍に告ぐ。(中略) 以降、当艦への攻撃が加えられた場合、それは貴艦のラクス・クライン嬢に対する責任放棄と判断し、当艦は自由意志でこの件を処理するつもりであることをお伝えする。(『光』)
7 訳語は安井・奥田 (1990: 286) による。なお、坂本 (1978: 4-13) では (3)a「事実確認的発言 (constative utterance)」、(3)b「行為遂行的発言 (performative utterance)」。
8 日本語訳は田島 (1977: 19-20) による。
9 例えば、(4a) が不出来なゼミ発表をする学生に対する教師の発言である場合。その利

益は単位が欲しいという聞き手（学生）の側ではなく、不出来な発表を聞きたくないという話し手（教師）の側にあるので「助言」としては成立しない。
10 Austin (1975: 61-62) による記述は以下の通り。
   (i) 行為遂行的な発言はすべて（文法上の）第一人称・単数・直接法・能動態・現在形の動詞を含む形式への還元、拡張、分析が可能である。もしくは、その形式を用いて言い換えをすることが可能である。
11 Austin (1975: 57) による記述は以下の通り。
   (i) 「ここにおいて 'Hereby'」という表現が挿入されているということは、発言が行為遂行的であることを決定するための便利な基準である。
12 訳語は安井・奥田 (1990: 289) による。なお、坂本 (1978: 55) では (12)a「顕在的な遂行的発言」、(12)b「陰伏的な遂行的発言」。
13 山梨 (1986b) は英語の行為遂行動詞を扱っており、(15) の日本語訳と下線は筆者による。
14 Austin (1975: 139) による記述は以下の通り。
   (i) われわれの研究すべきものが文ではなく、むしろ一つの発言状況において一つの発言を行うことであると悟るならば、陳述するということは一つの行為を遂行することであるということが理解されないということはありえないことであろう。
15 Austin (1975: 148) による記述は以下の通り。
   (i) 全体的な言語的な状況における全体的言語行為というものが、究極的に我々がその解明に専念すべき唯一の現実的な現象である。
16 (17)b の例はやや分かりにくいので、次のような例で考えるとよい。
   (i) 大阪城を作ったのは豊臣秀吉である。
   大阪城を作ったのは秀吉であるが、大工でもあるため、(i) を真だと言い切ることは誇張である（ある程度真であり、ある程度偽である）。
17 「これはある意味予想外の結論でもあり、実際にこの点をめぐって後の多くの議論が現れることになのである。」（坂本 (1978: 329)）
18 訳語は坂本 (1978)、安井・奥田 (1990) による（ただし、どちらも "Speech Act" の訳語は「言語行為」であるので注意）。なお、池上・河上 (1987) では "Speech Act" を「発話行為」とし、(18)a 発語行為、(18)b 発話内行為、(18)c 発話媒介行為と訳している。
19 したがって、次のような例は発話行為論の範囲外となる。
   (i) ハイジはもみの木がゴーゴーとなる音にじっと耳を傾けていました。木のずーっと先の方で何か重々しい音がするのが何事か話しかけているように思えて、たまらなくハイジを引きつけたのです。（『もみ』）
20 「ヴァナ・ディール」はネットワーク専用ゲーム (FINAL FANTASY XI) における架空の国なので、システム稼働の 2002 年 5 月以降は何事かを言ったことになるのかも

しれない。

21　ちなみに"illocution"は locution に接頭辞 in をつけたオースチンの造語である。また、"perlocution" も locution に接頭辞 per (by) をつけたオースチンの造語である（坂本 (1978: 299)）。

22　Austin (1975: 103-104) による記述は以下の通り。

(i)　「議論」し「警告」することは、「説得」し「激励」し「驚愕」させることと似てはいるが、実は違う。前者は慣習的 (conventional) であるから遂行形式 (performative formula) で明示できるが、後者はそれができない。「私は〜と論じる」「私は〜と警告する」とは言えるが、「私はあなたに〜と納得させる」「私はあなたに〜と驚愕させる」と言うことはできない。

23　山梨 (1986b) は英語の遂行文を扱っており、ここでは筆者がそれを日本語訳したものをあげた。なお、山梨 (1986b: 30) による言語データは以下の通り。

(i)　a　I (hereby) order you to leave.
　　 b　I (hereby) promise to pay.
　　 c　I (hereby) appoint you chairman.

(ii) a　*I (hereby) encourage you to try it.
　　 b　*I (hereby) alarm you that you are getting late.
　　 c　*I (hereby) convince you that Ali is the greatest.

24　山梨 (1986b: 53-86) では遂行形式以外にも多くの統語現象を扱っており、言語学的な発話行為論と言えるだろう。Ross (1970)、Sadock (1974)、毛利 (1980: 16-27) など言語学者による発話行為論には思弁的な匂いはみじんもなく、明確な議論に特徴がある。

25　訳語は坂本・土屋 (1986: 40-41) による。ただし、坂本・土屋 (1986) では (26) utterance act を「発話行為」としているが、本書では"Speech Act"を「発話行為」としているため、混乱を避けて (26) は「発言行為」とした。

26　オースチンの発語行為から「意味行為」が抜けている点に注意。

27　Searle (1969: 30) による記述は以下の通り。

(i)　文の統語的な構造の中に二つの要素、すなわち命題表示部分 (propositional indicator) と発語内的力表示部分 (illocutionary force indicator) とを区別できる。話し手がいかなる発語内的行為を遂行しているかを示す方策 IFID (illocutionary force indicating devices) には、語順、強勢、抑揚、句読点、動詞の法 (mood)、行為遂行動詞がある。

28　訳語は坂本・土屋 (1986) による（なお、安井・奥田 (1990) では (36) a は「規制的規則」）。

29　エチケットの具体例は、セール (1962)、マーティン (1991) が参考になる。

30　ちなみに、Searle (1969: 33-42) は構成的規則をフットボールとチェスの規則に例えている。

31 例えば、初対面で笑顔を見せるのは「自分が敵でないことを相手に示すため」という理由を示すことができる。
32 Searle (1969: 57) による記述は以下の通り。
 (i) 話し手 S が聞き手 H に対してに文 T を発話するときに、S が欠陥なく (nondefectively) H に対して発話の力を遂行できたとする。そのときに成立しているはずの条件。
33 坂本・土屋 (1986: 102-110) による日本語訳。なお、サールの規則は「構成的規則」であるので「条件」と読み替えが可能である。
34 坂本・土屋 (1986: 124-127) による日本語訳。
35 Wardhaugh (1986: 304) による記述は以下の通り。
 (i) 教育現場では多くの会話がなされるが、それは通常の意味での言語使用ではない。なぜなら、教室での会話 (classroom talk) は、教師によってコントロールされているからである。教師は話題を選ぶことができるし、議論の方法、発言者を誰にするのかまで決める特別な権利を持っている。
36 コンビニの店員などによるマニュアル的な「挨拶」にしばしば見られる。
37 深谷・田中 (1996: 226) は「オースチンの議論には『相互過程としてのコミュニケーション』の視点が欠落している」として、「話し手と聞き手の立場が分断され、両者の相互作用が考慮されていない。」としている。
38 「←{　　}」は、会話の参加者が発話行為の遂行を推論する手段を示す。
39 筆者の発話行為論の理解はここまでなので、サールの分析に何ら問題 (problems) を見いだせないが、深谷・田中 (1996: 230) は次の点を指摘している。
 (i) サールの構成的規則の背後には、次のような考えが仮定されているように思われる。すなわち、ある発話行為に対して普遍的に有効であるようなメタ規則が存在し、人々はその規則に関して一致することができる、という考えである。しかし、ウィトゲンシュタイン (1953/72) が主張したように、言語行為の規則は言語活動の実践の中にあるのであり、言語ゲームの外から与えられるものではない。だとすると、発話行為の実践において、その発話行為に固有の規則（適切性の条件）だけに従うと主張することは、コミュニケーションという実践を説明する上で無理があるということになる。
40 先日、筆者は雨の日に行きつけの小料理屋に入店する際、店主から「そこに傘立てがありますか？」と言われた。語用論的に「傘立てに傘を入れてからお入り下さい」の意味であり、疑問文の形式が間接的に「依頼」として機能している。接客業では客に対する明示的な指示はタブーであるので、このような婉曲な言い回し（間接発話行為）が多用される。
41 「q・r 文」(山梨 (1986b: 92-93))、「Whimperative」(Sadock (1970)、Green (1975)) とも

言う。
42 遂行仮説（PH）については、第 2 章（3・2・2節）でも検討した。
43 (61)は小学校の教室で先生が生徒に発したものであれば、「帰ってくるまで静かに自習していろ」という「命令」になるし、「帰ってきたときに騒いでいたら罰を与える」という「警告」にもなる。発話行為には言語外の要素が関わるので、聞き手がそれに気がつく状況さえ設定すれば、どのような機能も原則的に遂行可能である。
44 Levinson (1983) は、遂行仮説のような発語内的力を通常の統語論と意味論に還元する立場をオースチンに対する「アンチテーゼ」とし、その困難点をあげて発語内行為に関する妥当な理論とは言えないと結論している。
45 (63) の「x」は話し手、「y」は聞き手、「* →」は語用論的な含意、「Q」は FUT (DO (y, R)) [＝聞き手は行為 R を行う] を示す（詳しくは Gordon & Lakoff (1975: 84-85) を参照のこと。なお、原文では、「x」は「a」、「y」は「b」である）。
46 (65)に言及することで、聞き手に「手引き書を日本語に訳せ」という依頼を推論させている用例。
   (i) 「交通筒の規格は一緒なんだが、船体の大きさが違うんでな。拘束具の噛み合わせがうまくいかなくてまいっている。固縛装置の手引き書を見ると、拘束具の可動範囲を変更できるようなんだが……。いかんせん、ドイツ語で書かれているんでな。」(『終戦』)
47 Morgan (1978) は、このような慣習を「言語使用の慣習 (convention of useage)」と呼び、「言語構造の慣習 (convention of language)」と区別している。
48 それぞれ (a) 文内部での please の使用、(b) 三人称呼びかけ語との共起、(c) 真正の命令文との結合 (Sadock (1988: 195))。
49 原文では (73) の後に次の文章が続くため、この発話が暗示的に「予想」「警告」として機能すると判断した。
   (i) "だしぬけにコースや速度を変える場合に、いちいち警報を出すひまはないだろう。あらかじめ覚悟しておいてくれ、船体が保ってくれればいいのだが" という意味である。(『ウルフ』)
50 土屋 (1980) は「間接言語行為」に対する理論化を次の四つに分類する。
   (i) 多義説　(ii) 推論説　(iii) 推論短絡説　(iv) 慣用表現説
   なお、(iii) は「実際に推論を行っているわけではないが、そのような推論がかつて行われ、いつしか表現の習慣の中に組み込まれた」とする考え方である（例えば、Searle (1975)、Bach & Harnish (1979) 等）。土屋 (1980) 自身は、(iii) の説得力を認めつつも、(iv) をとるとしている。(iv) は「一つの行為を明示する表現にいくつか複数の慣用法があるだけ」とする考え方であり、その帰結として「間接言語行為」という範疇を否定する強い仮説である（山田 (1982) 参照）。

51 Vanderveken (1994) は、会話目標 (conversational goal) を持った集団的志向性 (intentionality) のある談話を扱うから、談話分析といっても理論的なものである。
52 正確に言うと「第1場において話し手1による発話が聞き手1に対して果たした機能 (発話行為の種類) が現在の発話である引用の構文における構成要素に影響を与える」。
53 また、Wunderlich (1980: 291) も、様々な発話の遂行している行為Fの差が引用の補文標識に対応して表れることを、次のようにまとめている。

発話	命題 p	行為 F	補文標識
Paul comes.	Paul comes.	assertion	that Paul came.
Come!	Paul comes.	request	to come.
Does Paul come?	Paul comes.	Y-N question	whether Paul came.
Who come?	Paul comes.	WH question	who came.
When Paul came.	Paul comes.	WH question	when Paul came.

54 より正確に言えば、赤ちゃんの発話は、音声行為だけで用語行為と意味行為がない。したがって、動物の鳴き声と同じで、そもそも発語行為すら成立していない点に注意。
55 「陳述の副詞は、文頭に近い位置に現れ、文末のムードを予告する働きを持つ。」(益岡・田窪 (1992: 46))
56 (90)〜(94) における元の発話は、以下の通りである。
　(90')「君と栗田さんがうまくいくように協力してやる。」
　(91')「その当時の君は海でおぼれ死んだ。」
　(92')「かなりオレのイメージと違う気が…。」(『高校11』)
　(93')「オレが行くともおおまえの出番はないよ。」(『チエ13』)
　(94')「君も来なさい。」
57 (95)〜(99) における元の発話は、以下の通りである。
　(95')「君は何者ですか？」
　(96')「君は馬鹿だ。」
　(97')「君は美男子だ。」
　(98')「君は国を守ろうと思わないのか。」
　(99')「君にはブレジネフの死がそんなに大切なことかね。」

第4章 引用句のダイクシス－発話行為的な分析－[1]

キーワード

発話の力　間接化　ダイクシス　視点の移動　発話行為の効果

1 はじめに

オースチンやサールら言語哲学者によって、発話には必ず発話行為という力が付随しているということが主張されている。しかし、言語形式ならば直接眼で観察することができるが、発話の力 (illocutionary force) は残念ながら直接観察することはできない。だが、もし発話に発話行為という力が本当に付随しているならば、たとえ直接観察できなくても、何らかの間接的な方法によりそれを検証することができると思われる。

　この章では、その間接的な方法として引用句のダイクシスを取りあげる。そして、その統語的な振る舞いにおける発話行為の反映について考察したい。ある発話を引用するとき、通常は元の発話で用いられていたダイクシスを、引用句の中で伝達者の視点から見た表現に調整できる。しかし、日本語の引用句を詳しく観察すると、引用されてダイクシスの調整を許さない発話も存在し、その制約に関して明確な説明は与えられていない[2]。

　以下では、まず最初に統語論 (syntax) の立場から引用句に見られるダイクシスの視点制約を説明する。そして、その方法論ではその制約を十分に説明できないことを示した上で、さらにこの問題を発話行為論の枠組みで分析したいと思う[3]。

2 問題点と方法論

2・1 引用の構文

引用とは、元の発話を現在の話し手が、第三者に伝達する言語行動を言う。本章では、特に第1場の聞き手が、第2場で話し手(すなわち伝達者)となって元の発話を伝える、次のようなリレー型の引用を扱う[*4]。

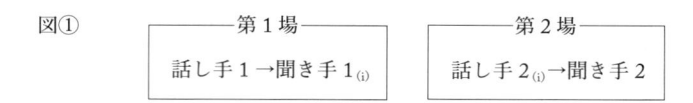

図①　　第1場　　　　　　　　　　第2場
　　　話し手1→聞き手1(i)　　　話し手2(i)→聞き手2

伝達者が元の発話を引用するときに用いる言語形式が、引用の構文である。引用の構文は、次のように引用句と引用動詞、主格補語(主語)から構成される。

図②　　［主語］　+　［引用句］　+　［引用動詞］
　　　　　　　　　　（引用部）　　　（伝達部）

以下では、第1場における伝達者(聞き手1)の解釈が、第2場における言語使用(すなわち、図②の各構成要素)にどう反映されるのか、そのメカニズムを明らかにしていきたい。

2・2 直接引用と間接引用

伝達者が元の発話を引用するとき、話し手1(元の話し手)の言葉をそのまま伝達する直接引用(direct quotation)と、それを伝達者の言葉に変換して伝える間接引用(indirect quotation)がある。

ここでは、次の発話を引用する場合を考えてみる。

　(1)　Taro "I am happy."

まず、直接引用とは、引用句の中に元の発話をそのままの形で代入する形式である。例えば、(1)を直接引用すると、次のようになる[*5]。

　(2)　Taro said, "I am happy."　(DQ)

このとき、引用の構文中で伝達者の言葉は伝達部だけであり、引用部は話し手１の言葉として独立して存在する。直接引用は、伝達者の言葉と話し手１の言葉が、伝達部と引用部に分化して存在する形式である[*6]。

一方、間接引用は、伝達者が元の発話をどう解釈したのかが引用の構文中に反映される伝達形式である。間接引用を用いる場合、伝達部と引用部を伝達者の言葉で統一しなければならない。(1)を間接引用すると、次のようになる。

(3)　Taro said that he was happy.　(IQ)

話法の確立している英語では、伝達者による言葉の統一を時制の一致によって行うことができる。しかし、時制の一致を持たない日本語では、そのような方法によって間接引用を伝達者の言葉で統一することができない。だから、英語のように時制に着目していては、次のような日本語の引用が直接引用なのか間接引用なのか判定できない。

(4)　太郎は　私は幸せだ　と言った。　(DQ/IQ)

したがって、日本語の間接引用を判定するには、時制の一致とは別の基準を設定しなければならないのである。

2・3　間接化のプロセス

日本語で、伝達者が引用の構文を自分の言葉で統一して表現する、すなわちそれが間接引用であることを表す方法はいくつかある。本書ではこれを「間接化のプロセス」と呼ぶ[*7]。ここでは三つの方法を取りあげる。

引用の構文が間接引用であることを示す第一のプロセスは「遂行動詞の選択」によって行われる。ある発話を引用するとき、伝達者は引用動詞に自分の解釈に合致した遂行動詞を選ぶことができる[*8]。

(5)　太郎「雨よ降れ。」

例えば、(5)の発話を引用するとき、引用動詞に「祈った」を用いることで、伝達者はそれが自分の言葉で統一されている、すなわち間接引用であると示すことができる。なお、以後の例文では、間接化のプロセスが関わる要素に下線を引いて表す。

（6）　太郎は　雨よ降れ　と祈った。（IQ）

　間接引用であることを示す第二のプロセスは、「補文標識の選択」によって行われる。ある発話を引用するとき、伝達者は自分の解釈に合致した補文標識を選ぶことができる。

　　（7）　太郎「旗を振れ。」

　例えば、（7）の発話を引用するとき、補文標識として「～ように」を用いることで、伝達者はそれが間接引用であると示すことができる。

　　（8）　太郎は　旗を振る　ように言った。（IQ）

　間接引用であることを示す第三のプロセスは、「ダイクシスの調整」によって行われる。元の発話の中で用いられているダイクシスを引用するとき、伝達者はそれを自分の視点に引きつけて表現しなおすことができる。

　　（9）　太郎「君$_i$が行け。」

　例えば、（9）を引用するとき、引用句のダイクシスを「君$_i$」から「私$_i$」に調整することで、伝達者はそれが間接引用であると示すことができる[*9]。

　　（10）　太郎$_t$は　私$_i$が行け　と言った。（IQ）

　このように日本語でも、伝達者はこれら「間接化のプロセス」を使って引用の構文を自分の言葉で統一することができる[*10]。引用の構文における構成要素と間接化のプロセスの関連をまとめると、次のようになる。

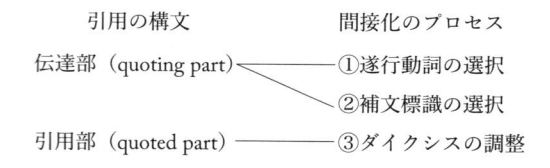

```
         引用の構文                 間接化のプロセス
      伝達部（quoting part）─────①遂行動詞の選択
                         └───②補文標識の選択
      引用部（quoted part）─────③ダイクシスの調整
```

　これは、自然言語における引用（quotation phenomena）が、上の三つの要素に分解できることを意味する[*11]。

2・4　間接化の度合い

　本書では、引用の構文にこれら「間接化のプロセス」が多く含まれているほど、その引用は間接化の度合いが高くなると考える。すなわち、引用の構文

における間接化の度合いは、間接化のプロセスがいくつ関わるかによって決まる[*12]。ここでは次の発話を例に考えてみよう。

  (11) 太郎「君$_i$が行け。」

伝達者は、(11)を次のように引用することができる。

  (12) 太郎$_t$は　君$_i$が行け　と言った。　(DQ)

このとき、(12)に間接化のプロセスはまったく関わっていないので、引用の構文中に伝達者の言葉が占める割合は小さい。これを直接引用と呼ぶことも可能だが、本書では(12)を「間接化の度合いが低い」と表現する。

しかし、次のように遂行動詞のプロセスを用いて表現すると、引用の構文中に伝達者の言葉が占める割合が高くなる。(13)は(12)に比べ間接化の度合いが高まった引用の構文である。

  (13) 太郎$_t$は　君$_i$が行け　と命令した。　(IQ)

さらに、次のようにダイクシスや補文標識のプロセスを用いて引用することで、伝達者は間接化の度合いを徐々に高めていくことが可能である。

  (14) 太郎$_t$は　私$_i$が行け　と命令した。(IQ)
  (15) 太郎$_t$は　私$_i$が行く　ように命令した。(IQ)

このように、日本語の間接引用は「遂行動詞」「補文標識」「ダイクシス」という三つのプロセスに分解でき、このプロセスが多く関わっているほど間接化の度合いが高まると考えることができる[*13]。

(12)〜(15)に関わる間接化のプロセスをまとめると、次の通りである。

表①

	(12)	(13)	(14)	(15)
間接化の度合い	−	+	++	+++

なお、表①では引用の構文に間接化のプロセスが一つ関わるごとに＋を付加し、(12)〜(15)における間接化の度合いを表した。本書では、間接化の度合いが強いほど、伝達者による元の発話の解釈が強いと考える。

2・5 間接化を解除するプロセス

2・5・1 命令の引用

前節（2・4節）で筆者は、引用の構文における「間接化の度合い」は「間接化のプロセス」がいくつ関わるかによって決まると述べた。これは逆に、引用の構文に間接化のプロセスが関わっていないほど、間接化の度合いが低くなるとも考えることができる。間接引用から徐々に間接化のプロセスを取り除いていけば、最後には間接引用でなくなってしまう。今度はそのプロセスを見てみよう。

  （16） 太郎「民間がやれ。」

まず、伝達者は、（16）を次のように引用することができる。

  （17） 太郎は　民間がやる　<u>ように命令した。</u>　（IQ）

（17）は「遂行動詞」と「補文標識」という二つのプロセスを含んでいる点で、間接化の度合いが高い引用の構文である（下線部が二カ所である点に注意）。

ここで、（17）の引用動詞を遂行動詞から中立的な「言った」に変化させてみる。この操作を「遂行動詞の解除」と呼ぶ。このとき、間接化に貢献しているプロセスは一つだけになるから、（18）は（17）に比べ間接化の度合いが低い引用の構文である（下線部が一カ所である点に注意）。

  （18） 太郎は　民間がやる　<u>ように</u>言った。　（IQ）

このとき、（17）から遂行動詞を解除しても、（18）は補文標識だけで間接引用を維持できる。ここで行った操作をまとめると、次の通りである。

表②

間接引用＼間接化	遂行動詞	補文標識
（17）○	＋	＋
（18）○	－	＋

表②では、それぞれの例文で間接引用の解釈が維持できることを「○」、それができないことを「×」で示す。「遂行動詞」は、間接化のプロセスである遂行動詞の選択を示す。遂行動詞が「＋」であるとは、引用動詞を語彙的に

指定すること、「−」はそれをしない（中立的な「言った」を使って引用する）ことを示す。また、「補文標識」は、間接化のプロセスである補文標識の選択を示す。補文標識が「＋」であるとは、補文標識を語彙的に指定すること、「−」はそれをしない（中立的な「と」を使って引用する）ことを示す。

2・5・2 祈願の引用

ところが、同じ間接引用でも遂行動詞を解除してしまうと、間接引用としての解釈を受けなくなることがある。例えば、次のような発話を引用する場合がそれに当たる。

　　（19）　太郎「雨が降れ。」

ここでも、伝達者は、（19）を次のように引用することができる。

　　（20）　太郎は　雨が降る　ように祈った。　（IQ）

（20）は「遂行動詞」と「補文標識」という二つのプロセスを含むから、間接化の度合いは（17）と同じである（下線部が二カ所である点に注意）。

ここで、先の例と同様に（20）から遂行動詞を解除して、それを中立的な「言った」に置き換えてみる。すると、次のように非常におかしな引用になる（下線部が一カ所である点に注意）。

　　（21）　*太郎は　雨が降る　ように言った。

ここで行った操作をまとめると、次の通りである。

表③

間接引用＼間接化	遂行動詞	補文標識
（20）○	＋	＋
（21）×	−	＋

「民間がやれ」のような「命令」を引用するときは、引用の構文（17）から遂行動詞を解除しても、補文標識だけで元の発話を引用することができた（表②）。ところが、「雨が降れ」のような「祈願」を引用するときは、引用の構文（20）から遂行動詞を解除してしまうと、補文標識だけでは元の発話を伝えることができない（表③）。

同じ方法で間接化のプロセスを解除しているのにも関わらず、なぜ引用の構文で(18)と(21)のような非対称が生じるのだろうか。この現象を説明するためには、引用の構文の内部構造だけに注目するのではなく、元の発話が何であるのかという点にも目を向けなければならない。

2・5・3　診断の引用

さらに、この問題を別の例文で考えてみよう。
　　(22)　太郎「君$_i$は風邪だ。」
まず、伝達者は、(22)を次のように引用することができる。
　　(23)　太郎$_t$は　<u>私$_i$は風邪だ</u>　と<u>診断した</u>。　(IQ)
(23)は「遂行動詞」と「ダイクシス」という二つのプロセスを含んでいる点で、間接化の度合いが高い引用の構文である(下線部が二カ所である点に注意)。
　ここでも、(23)から遂行動詞を解除し、中立的な「言った」に置き換えてみる(下線部が一カ所である点に注意)。
　　(24)　太郎$_t$は　<u>私$_i$は風邪だ</u>　と言った。(IQ)
このとき、引用句の「私$_i$」と同一指示なのは、依然として元の発話(22)の「君$_i$」である(文全体の主語である「太郎$_t$」と引用句の「私$_i$」は別指示である)。すなわち、(23)から遂行動詞を解除しても、引用の構文は「間接引用の読み」を維持することができる。
　ここで行った操作をまとめると、次の通りである。

表④ 間接引用	間接化	遂行動詞	ダイクシス
(23) 〇		+	+
(24) 〇		−	+

　表④の「ダイクシス」は間接化のプロセスである「ダイクシスの調整」を表す。ダイクシスが「+」であるとは、引用句において伝達者の立場からダイクシスを調整すること、「−」はそれをしないこと(話し手1の立場を保持

すること）を示す。

2・5・4 質問の引用

同じ操作を、今度は次のような発話を例に考えてみる。

  （25） 太郎「君$_i$は誰だ。」

伝達者は、(25)を次のように引用することができる。

  （26） 太郎$_t$は <u>私$_i$は誰だ</u> と<u>質問</u>した。（IQ）

(26)は「遂行動詞」と「ダイクシス」という二つのプロセスを含むから、間接化の度合いは(23)と同じである（下線部が二カ所である点に注意）。

ここでも(26)から遂行動詞を解除して、それを中立的な「言った」に置き換えてみる。すると、文全体の主語である「太郎$_t$」と引用句の「私$_t$」が同一指示の解釈を受けるため、いわゆる「直接引用の読み」になる。

  （27）？太郎$_t$は 私$_t$は誰だ と言った。（DQ）

むろん、(27)は直接引用として読めば適格文である。しかし、そのとき元の発話は次の(28)になるから、(25)を引用していることにならない。

  （28） 太郎「私$_t$は誰だ。」

したがって、(27)は元の発話を伝えていることにならず、間接引用とは解釈されない。このようなとき、本書では引用の構文に「？」をつけて示すことにする[*14]。ここで行った操作をまとめると、次の通りである。

表⑤

間接引用	間接化	遂行動詞	ダイクシス
(26) ○		+	+
(27) ×		−	+

「君は風邪だ」のような「診断」を引用するときは、引用の構文(23)から遂行動詞を解除しても、ダイクシスの調整だけで間接引用を維持できた（表④）。ところが、「君は誰だ」のような「質問」を引用するときは、引用の構文(26)から遂行動詞を解除してしまうと、ダイクシスの調整だけでは間接引用を維持できない（表⑤）。

同じ方法で間接化のプロセスを解除しているのにも関わらず、ここでも引用の構文に (24) と (27) のような非対称が生じる。この現象を説明するためにも、やはり引用の構文だけに注目するのではなく、元の発話がどのような特徴を持っているのかまで考慮に入れなければならない[15]。

このような非対称がどのような原理によって生じるのかについて、以下では主に引用句のダイクシスに焦点を当てながら、より詳しく観察することにする。

3 統語的な分析
3・1 引用句の視点移動
3・1・1 視点移動の原則
ダイクシスとは話し手の視点がどこにあるのかを示す表現であり、元の発話で用いられているダイクシスは、話し手1である「太郎」の視点から見た表現である。一方、引用句で用いられているダイクシスは、伝達者（話し手2）の視点から見た表現である[16]。

引用するとは、元の発話を伝達者が自分の立場で述べることである。したがって、引用の構文で元の発話のダイクシスを伝達者の視点から見た表現に調整するのは自然な言語行動である。これを「視点移動の原則」と呼ぶことにする。したがって、引用句におけるダイクシスの調整は、次のように一般化することができる[17]。

(29) 視点移動の原則
引用句のダイクシスを伝達者の視点から見た表現に調整できる。

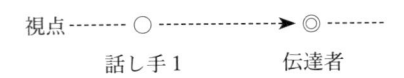

視点 -------- ○ ----------------▶ ◎ --------
　　　　　　話し手1　　　　伝達者

(29) の「→◎」は、引用句の中でダイクシスの視点がそこに移動可能であ

ることを示す。間接引用でダイクシスが調整できるのは、この原則にのっとった結果である。「視点移動の原則」は、元の発話を引用する伝達者がその中で用いるダイクシス表現を自分に引きつけて表現することができるという一般的な原則である[*18]。

3・1・2 視点移動ができる発話

前節（2・5節）で筆者は、様々な「間接化のプロセス」の集合体である引用の構文から、遂行動詞を解除するプロセスについて述べた。そして、このようなプロセスを経ても間接引用を維持できる発話と、それができない発話のあることを指摘した。

ここでは、遂行動詞を解除しても視点移動が維持できる次のような発話を取りあげ、さらに引用の問題を考えていく。

(30) a　太郎「君$_i$と結婚する。」
　　 b　太郎「君$_i$の意見は間違いだ。」

まず、伝達者は、(30)を次のように引用することができる。(31)は「遂行動詞の選択」と「ダイクシスの調整」を含むから、間接化の度合いが高い引用の構文である（下線部が二カ所である点に注意）。

(31) a　太郎$_t$は　私$_i$と結婚する　と約束した。　　（IQ）
　　 b　太郎$_t$は　私$_i$の意見は間違いだ　と反対した。　（IQ）

さて、ここでも(31)から遂行動詞を解除してみる（下線部が一カ所である点に注意）。そして、引用句のダイクシスがどう解釈されるかを見ることにしよう。

(32) a　太郎$_t$は　私$_i$と結婚する　と言った。　　（IQ）
　　 b　太郎$_t$は　私$_i$の意見は間違いだ　と言った。　（IQ）

(32)では遂行動詞を解除しても、引用句の「私$_i$」は元の発話の「君$_i$」を指示している（文全体の主語である「太郎$_t$」と「私$_i$」は別指示である）。したがって、(31)から遂行動詞を解除しても、引用の構文は間接引用を維持できることが分かる。

これと同じ現象は、英語の間接引用から遂行動詞を解除した場合にも平行

して生じる。(33)が元の発話、(34)は間接化のプロセスが二つ関わる引用の構文である。

(33) a　Taro "I'm gonna marry you$_{(i)}$."
　　　b　Taro "Your$_{(i)}$ opinion is wrong."
(34) a　Taro$_{(t)}$ promised that he would marry me$_{(i)}$.
　　　b　Taro$_{(t)}$ objected that my$_{(i)}$ opinion was wrong.

(34)から遂行動詞を解除しても、依然として引用句のダイクシスは元の発話を指示しており、次のように"Taro$_{(t)}$"と"me$_{(i)}$""my$_{(i)}$"は別指示である。したがって、ここでもダイクシスの調整だけで間接引用を維持できることが分かる。

(35) a　Taro$_{(t)}$ said that he would marry me$_{(i)}$.
　　　b　Taro$_{(t)}$ said that my$_{(i)}$ opinion was wrong.

上で見た例は、日英語ともに元の発話がすべて統語的に平叙文(Declarative)に属するものであった。だから、平叙文を引用するとき、遂行動詞を用いても、中立的な「言った」を用いても、視点移動の原則をそのまま維持できると考えてよいだろう。

しかし、どのような発話を引用するときでもこのような視点移動が許されるわけではない。そこで次節では、遂行動詞を解除してしまうと視点移動の原則を維持できない発話を考察の対象にする。

3・2　引用句の視点制約

3・2・1　視点移動ができない発話

前節(3・1節)で考察した引用の構文は、元の発話が平叙文の場合であった。ここでは、次のような疑問文(Interrogative)や感嘆文(Exclamative)を引用する場合について考えたいと思う。

(36) a　太郎「君$_i$は誰か？」
　　　b　太郎「なんて君$_i$は強いんだ！」

伝達者がダイクシスを調整して(36)を引用するためには、次のように引用動詞を語彙的に指定しなければならない。

(37) a 太郎$_t$は 私$_i$は誰か と質問した。　　　(IQ)
　　 b 太郎$_t$は なんて私$_i$は強いんだ と感嘆した。(IQ)

(37)に見られるように、元の発話が疑問文や感嘆文であっても、遂行動詞を用いればダイクシスの視点を調整して引用することができる。しかし、(37)から遂行動詞を解除すると、文全体の主語である「太郎$_t$」と引用句の「私$_t$」が同一指示となってしまう（引用句の「私$_t$」と元の発話の「君$_i$」が別指示となる）。

(38) a ?太郎$_t$は 私$_t$は誰か と言った。　　　(DQ)
　　 b ?太郎$_t$は なんて私$_t$は強いんだ と言った。(DQ)

繰り返すが、(38)は直接引用としては適格である。ただし、その場合は元の発話は次の(39)になり、(36)を引用していることにならない[19]。

(39) a 太郎「私$_t$は誰か？」
　　 b 太郎「なんて私$_t$は強いんだ！」

間接化の度合いが(37)のとき、引用句において視点の移動は許された。しかし、遂行動詞を解除して間接化の度合いを低く設定した(38)では、引用句において視点の移動が許されなくなる。

もし、間接化の度合いを低くしたままで、(36)のような疑問文や感嘆文を伝えたければどうするか。伝達者は、次のようにダイクシスの視点を話し手1に戻して、直接引用で表現するしかないと思われる[20]。

(40) a 太郎$_t$は「君$_i$は誰か」と言った。　　　(DQ)
　　 b 太郎$_t$は「なんて君$_i$は強いんだ」と言った。(DQ)

これは、英語の場合も同じことが言える。(41)の疑問文や感嘆文を引用するとき、遂行動詞を使えば日本語と同じようにダイクシスの視点を伝達者に調整して引用することができる[21]。

(41) a Taro "Who are you$_{(i)}$?"
　　 b Taro "How strong you$_{(i)}$ are!"
(42) a Taro$_{(t)}$ asked who I$_{(t)}$ was.　　　(IQ)
　　 b Taro$_{(t)}$ exclaimed how strong I$_{(t)}$ was. (IQ)

しかし、もし(42)から遂行動詞を解除してしまうと、引用の構文でダイク

シスの調整を維持できなくなる。次のように引用動詞に"said"を用いると"Taro$_{(t)}$"と"I$_{(t)}$"が同一指示の解釈を受けてしまうため、元の発話を伝えていることにならないからである。

(43) a ?Taro$_{(t)}$ said who I$_{(t)}$ was. （DQ）
　　　b ?Taro$_{(t)}$ said how strong I$_{(t)}$ was. （DQ）

したがって、英語でも"said"を使って疑問文や感嘆文を引用しようとすれば、次のようにダイクシスの視点を元の話し手（話し手1）に固定して、直接引用で表現しなければならない。

(44) a 　Taro$_{(t)}$ said, "Who are you$_{(i)}$?" （DQ）
　　　b 　Taro$_{(t)}$ said, "How strong you$_{(i)}$ are!" （DQ）

3・2・2 視点移動の制約

間接引用から遂行動詞を解除したときに見られるダイクシスの視点制約は、次のように一般化できるだろう。

(45) 　視点移動の制約
　　　　引用句のダイクシスが話し手1の視点に制限される。

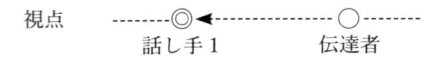

　　　　視点　--------◎◀----------------○--------
　　　　　　　　　　話し手1　　　　　伝達者

(45)の「◎◀」は、引用句の中でダイクシスの視点がそこに制限されることを示す。(38)や(43)では、元の発話のダイクシスが引用句の中で伝達者の視点に調整できず、話し手1（元の話し手）に戻ってしまった。それは、この「視点移動の制約」が原因であると考えられる[*22]。では、どのようなときにこの視点制約が働くのか。

3・3 理想化された条件下での判断(1)

前節(3・2節)で筆者は、次の引用を不適格（直接引用として読まれる）と判断

した。これら本書が不適格と判断する引用の構文に対して、疑義が示されることがある[23]。

(46) a　太郎「君$_i$は誰か？」
　　 b　?太郎$_t$は　私$_t$は誰か　と言った。　　　　　（DQ）
(47) a　太郎「君$_i$はなんて強いんだ！」
　　 b　?太郎$_t$は　なんて私$_t$は強いんだ　と言った。（DQ）

すでに述べたとおり、(46)b(47)bは、次のようにすれば、引用句のダイクシスを調整することができる。

(48)　太郎$_t$は　<u>私$_i$</u>は誰か　と<u>質問した</u>。　　（IQ）
(49)　太郎$_t$は　なんて<u>私$_i$</u>は強いんだ　と<u>感嘆した</u>。（IQ）

なぜ(46)b(47)bを「直接引用の読み」、(48)(49)を「間接引用の読み」と筆者が判断するのか。議論を進める前に、本書が引用の構文を不適格とするとき、それはどのレベルでの判断なのかについて、簡単に補足しておきたい。

この点について、筆者は次のように考える。(48)(49)では引用動詞が語彙的に指定されているから、間接化のプロセスとして「遂行動詞の選択」が関わっている。(48)(49)は、(46)b(47)bに比べて間接化の度合いが進んだ引用の構文である（下線部が二ヵ所ある点に注意）。そして、これらの引用句のダイクシス「私$_i$」が元の発話の「君$_i$」を指示するのは、引用動詞（「質問する」「感嘆する」）に含まれる語彙情報から、次のような語用論的推論が加わったからである。

(50)　通常の「質問」や「感嘆」は他者に対して行うものであり、自分に対してそれを行うのは例外的なケースである[24]。

もし(48)(49)において引用句の「私」が、文全体の主語である「太郎$_t$」を指すと解釈する（直接引用で読む）と、上のような常識と矛盾してしまう。このような語用論的な推論から、(48)(49)は間接引用と解釈され、引用句の「私$_i$」は元の発話の「君$_i$」を指示するのだと思われる。

他にも、本書が不適格と判断する(46)b(47)bは、次のようにすれば、引

用句のダイクシスを調整して伝えることが可能である。

(51) a　太郎ₜは　私ᵢが誰か　と言った。　　　　(IQ)
　　 b　太郎ₜは　私ᵢを誰か　と言った。　　　　(IQ)
(52) a　太郎ₜは　なんて私ᵢが強いのか　と言った。(IQ)
　　 b　太郎ₜは　なんて私ᵢを強いのか　と言った。(IQ)

(51)(52)は、引用句において助詞「が」「を」が新たに選択されており、(46)b(47)bに比べて間接化が進んだ引用の構文である（下線部が二カ所である点に注意）。間接化が進めば、読み手はその引用が「質問」「感嘆」を伝えていると意識できるから、語用論的推論が働いた結果、(51)(52)は間接引用として解釈される。

伝達者が引用句の視点をどこにおくかは、このように様々な要因が関わるので、適格性の判断にかなりの揺れが生じる可能性がある[*25]。それゆえ、本書では、文の適格性を判断する際に、条件を一定にする「理想化」を重視する。具体的には、引用の構文から「遂行動詞の選択」「助詞の選択」など間接化のプロセスを次々と解除して間接化の度合いを下げる。そして、引用に関わる間接化を「ダイクシスの調整」だけに限定して適格性を判断する。本書が議論の対象とするのは、間接化の度合いを低く一定に設定した、次のような引用の構文である。

(53) a　太郎ₜは　私ᵢと結婚する　と言った。　　(IQ)
　　 b　太郎ₜは　私ᵢの意見は間違いだ　と言った。(IQ)
(54) a　?太郎ₜは　私ᵢは誰か　と言った。　　　(DQ)
　　 b　?太郎ₜは　なんて私ᵢは強いんだ　と言った。(DQ)

(53)(54)では中立的な引用動詞（「言った」）が用いられているから、(50)のような語用論的推論を排除して、その文法性を判断することができる。

本書が設定する「理想化」をまとめると、次の通りである[*26]。

表⑥

間接引用	間接化	遂行動詞	ダイクシス	その他
(53) ○		−	+	−
(54) ×		−	+	−

このような理想化された条件下で引用の構文を観察すると、(53)と(54)に非対称が見られることに筆者は気づいた。(53)は、文全体の主語である「太郎$_t$」と引用句の「私$_i$」が別指示であり、元の発話を引用していることになる(間接引用を維持できる)。ところが、(54)は、文全体の主語である「太郎$_t$」と引用句の「私$_t$」が同一指示となり、元の発話を引用していることにならない(直接引用で読まれる)ことが分かる。

理想化された条件下での判断は、本書の意図を理解する上で重要であるので、後にもう一度言及する(3・5・2節)。

3・4 統語論による説明

3・4・1 元の発話の構造

話を戻す。文はその構成要素を現在の話し手から見た表現で統一できるのが当たり前である。前節(3・1節)で筆者は、これを「視点移動の原則」とした。だから、(53)のように引用句のダイクシスを伝達者の視点で統一することは、この原則にのっとった、きわめて自然な行為である。ところが、(54)に見られるように、ある場合にはこのような視点移動の原則に制約の生じることが明らかになった[27]。

前節(3・2節)の観察によると、引用されたとき視点移動のできなかった発話は、疑問文と感嘆文であった。「言った」を使った引用の構文で、同じように視点の移動が制限される発話には、他に呼びかけ(calling)、挨拶(greeting)、祈願(wish)といった固定表現(Formula)がある[28]。

例えば、次の発話を引用するとき、伝達者はダイクシスを調整してその発話を伝えることができない。

(55) a 太郎「おい、君$_i$。」
　　 b 太郎「君$_i$に幸あれ。」

ダイクシスを調整して(55)を引用すると、引用句の「私$_t$」は文全体の主語である「太郎$_t$」を指示してしまう[29]。

(56) a ?太郎$_t$は　おい、私$_t$　と言った。　　(DQ)
　　 b ?太郎$_t$は　私$_t$に幸あれ　と言った。　　(DQ)

このように、「呼びかけ」や「祈願」を引用するとき、引用句の「私₁」は元の発話の「君ᵢ」を指示することができない。したがって、(55)のような固定表現を引用するとき、伝達者は引用句においてダイクシスの視点を話し手1に固定したまま、次のように直接引用で表現するしかない。

(57) a 太郎ₜは「おい、君ᵢ」と言った。　　(DQ)
　　　b 太郎ₜは「君ᵢに幸あれ」と言った。　(DQ)

これは、英語の引用も同じである。例えば、次のような英語の呼びかけや挨拶の表現を間接引用する場合も、ダイクシスを調整して伝えることができない。

(58) a　Taro "Hey, You$_{(i)}$!"
　　　b　Taro "How are you$_{(i)}$?"

これらの発話を間接引用するとき、元の発話のダイクシス "you" を引用句で "I" に調整したら、次のように "Taro$_{(t)}$" と "I$_{(t)}$" が同一指示の解釈を受けてしまう。

(59) a　?Taro$_{(t)}$ said hey, I$_{(t)}$.　　　　(DQ)
　　　b　?Taro$_{(t)}$ said how I$_{(t)}$ was.　　(DQ)

したがって、もし「呼びかけ」や「挨拶」の表現を引用したければ、次のようにダイクシスの視点を話し手1に固定したまま、直接引用で伝えなければならない[30]。

(60) a　Taro$_{(t)}$ said, "Hey, You$_{(i)}$!"　　　(DQ)
　　　b　Taro$_{(t)}$ said, "How are you$_{(i)}$?"　(DQ)

3・4・2　統語的分析の結論

理想化を施された引用の構文において視点移動のできない発話は、疑問文（Interrogative）、感嘆文（Exclamative）、それに固定表現（Formula）であった。これは、統語論の立場から構造によって引用句の視点を説明しようとする立場である。この立場を本書では「統語的分析」と呼ぶことにする。

引用句の視点移動について「統語的分析」が予想する結果をまとめると、次のようになるだろう。

元の発話の構造	平叙文	命令文	疑問文	感嘆文	固定表現
表⑦ 引用句の視点移動	○	○	×	×	×

　表⑦の「○」は、それを引用するとき引用句の中でダイクシスの調整が可能であることを示す。また「×」は、それを引用するとき引用句の中でダイクシスの調整が不可能であることを示す。
　以上、間接引用に見られるダイクシスの調整を統語論の枠組みで説明したらどうなるか、「統語的分析」として示した。その結果、元の発話が疑問文や感嘆文や固定表現でなければ、遂行動詞を解除しても引用句の中でダイクシスの視点を移動することができるという結論が出てきた。
　さて、これで引用句の視点制約をすべて説明したことになるのであろうか。さらに詳しく観察を進めることにしよう。

3・5 平叙文の引用
3・5・1 平叙文の視点制約
「統語的分析」の結論である表⑦は、元の発話が疑問文、感嘆文、固定表現である場合を例外とし、それ以外はすべて引用句で視点移動（ダイクシスの調整）が許されるとするものである。この点をさらに検討していくが、ここからは、日本語の間接引用を中心に考えたいと思う。
　　(61) a　太郎「君$_i$は風邪だ。」
　　　　 b　太郎「君$_i$はスパイだ。」
　次の引用は、元の発話(61)を「遂行動詞」「ダイクシス」という二つのプロセスによって間接化したものである。
　　(62) a　太郎$_t$は　私$_i$は風邪だ　と診断した。（IQ）
　　　　 b　太郎$_t$は　私$_i$はスパイだ　と罵った。（IQ）
　さて、(62)における元の発話はどちらも平叙文であるから、これらは「統語的分析」が定義する視点制約の条件（表⑦）に当てはまらない。したがって、(62)から「遂行動詞」のプロセスを解除したとき、どちらも間接引用の解釈を維持したまま視点の移動ができるはずである。ところが、日本語の引用で

は、その予想が裏切られる。

　　(63) a　太郎$_t$は　私$_i$は風邪だ　と言った。　（IQ）
　　　　 b ？太郎$_t$は　私$_t$はスパイだ　と言った。（DQ）

　(63)aでは遂行動詞のプロセスを解除しても、引用句において視点の移動が可能である。なぜなら、(63)aは引用句の「私$_i$」が元の発話の「君$_i$」を指示しており、間接引用の解釈を維持できるからである。一方、(63)bでは遂行動詞のプロセスを解除すると、引用句において視点の移動が制限される。なぜなら、(63)bは引用句の「私$_t$」が元の発話の「君$_i$」を指示できず、直接引用で読むしかないからである。

　このように、日本語には平叙文であっても、引用句の視点移動に制約が生じる発話が存在する。これは「統語的分析」が予想しない例である。ちなみに、英語の引用には、このような非対称は生じない[*31]。

　　(64) a　Taro "You$_{(i)}$ have a cold."
　　　　 b　Taro "You$_{(i)}$ are a spy."
　　(65) a　Taro$_{(t)}$ said that I$_{(i)}$ had a cold.
　　　　 b　Taro$_{(t)}$ said that I$_{(i)}$ was a spy.

3・5・2　理想化された条件下の判断 (2)

前節(3・5・1節)で筆者は、次の引用の構文を不適格と判断した。ここでも理想化された条件下での判断を用いている点に注意されたい。

　　(66) a　太郎「君$_i$はスパイだ。」
　　　　 b ？太郎$_t$は　私$_t$はスパイだ　と言った。（DQ）

本書の意図を理解するために、その重要性は強調しすぎてもしすぎることはないので、再び言及しておく[*32]。

　たしかに、(66)aは次のように遂行動詞のプロセスを使えば、ダイクシスを調整して引用することが可能である。

　　(67)　太郎$_t$は　私$_i$はスパイだ　と罵った。　（IQ）

すでに述べたとおり、(67)は(66)bに比べ間接化の度合いが進んだ引用の構文である（下線部が二ヵ所である点に注意）。したがって、引用動詞の語彙

的情報から次のような語用論的推論が加わって解釈される。

(68) 通常の「罵り」は他者に対して行うものであり、自分に対してそれを行うのは例外的なケースである[*33]。

(67)において引用句の「私」が文全体の主語である「太郎$_t$」を指すと解釈する（直接引用で読む）と、上のような常識と矛盾してしまう。結果、(67)は間接引用と解釈され、引用句の「私$_i$」は元の発話の「君$_i$」を指示する。

他にも、(66)aは次のようにすれば、引用句のダイクシスを調整して伝えることが可能である。

(69) a 太郎$_t$は 私$_i$がスパイだ と言った。 （IQ）
　　 b 太郎$_t$は 私$_i$をスパイだ と言った。 （IQ）

しかし、これも引用句の助詞が「が」「を」に変わっていることから、「助詞の選択」により間接化が進んだ引用である（下線部が二カ所である点に注意）。本書では、(67)(69)は「間接化」が進んだ結果、語用論的な解釈が促され、引用の構文でダイクシスの調整が許されると考える[*34]。

また、藤田(1995c)に、(66)bの判断について、次のようにすれば間接引用の読みが可能になるとの指摘があった。

(70) 太郎$_t$は私$_i$はスパイだと言ったが、とんでもないことだ。（IQ）

確かに指摘の通りである。しかし、(70)は(66)bに文脈を与えることで「間接化」が進んだ結果、語用論的な推論から間接引用としての解釈を受けると思われる。また、「これまで引用論が対象としてきたモダリティにまったく無関心である」との指摘もあるが、これも引用句からできる限り夾雑物を取り除くという観点からのものである[*35]。

本書が試みる「発話行為的引用論」は、科学における「理想化[*36]」を前提としているため、引用の構文からモダリティ、文脈などの夾雑物を取り除いた次の構文を分析の対象とする。その上で、ダイクシスの調整を考察する点を、ここで再び確認しておきたい。

(71) 太郎は 私に ［XはY］ と言った。
　　　　{ 太郎…話し手1
　　　　　私…伝達者

3・5・3 日本語における統語的分析

話を戻そう。前節（3・5・1節）で筆者は、日本語で平叙文を引用するとき、引用句のダイクシスに非対称が生じると述べた。

(72) a　太郎₁は　私ᵢは風邪だ　と診断した。　（IQ）
　　 b　太郎₁は　私ᵢは風邪だ　と言った。　　（IQ）
(73) a　太郎₁は　私ᵢはスパイだ　と罵った。　（IQ）
　　 b ?太郎₁は　私ᵢはスパイだ　と言った。　（DQ）

(72)bと(73)bにおけるダイクシスの非対称は、「統語的分析」にとって深刻な問題である。なぜなら、それぞれが引用している元の発話は、統語的には同じ平叙文であるとしか言えないからである。

(74)　太郎「君ᵢは風邪だ。」
(75)　太郎「君ᵢはスパイだ。」

なぜ(74)を引用するときに視点の移動ができるのに、(75)を引用するときにそれができないのだろうか。表⑦で「統語的分析」が仮定するように、ダイクシスの制約を構造的な範疇に限っただけでは、「君はスパイだ」という平叙文を引用するときに生じる視点制約を説明できない。

この事実は、日本語と英語の視点制約を説明するために、別々の条件を立てなければならないことを示唆している。間接引用から遂行動詞のプロセスを解除したとき、英語は感嘆文、疑問文、固定表現を除けば、すべての引用句でダイクシスの調整が許される。英語は統語論で説明できるのである。しかし、分析の対象を日本語にまで広げると、問題はそんなに単純ではない。

日本語の引用を詳しく観察していくと、平叙文を引用する場合にもダイクシスに視点制約が見られる。日本語は英語と違って統語論では説明できない部分がある。これは日本語の個別性を示すと思われる。「統語的分析」によって日本語の間接引用を分析したときの奇妙さを知るために、そのアプローチ

が予想する結果を表にまとめておく。

表⑧	元の発話の構造	平叙文	命令文	疑問文	感嘆文	固定表現
	引用句の視点移動	○×	○	×	×	×

　このように、日本語では間接引用における視点移動をすべて「統語的分析」で説明しようとすると、平叙文で「○」と「×」が同居するという奇妙な状態が生じる。このような事態が生じた原因は、「君は風邪だ」と「君はスパイだ」のような二つの平叙文があったとき、その構造だけを見て同じ範疇に入れたからである。日本語の間接引用に見られる視点制約を説明するには、二つの平叙文を区別するような分析が必要である。それはいったいどういうことか。

4 発話行為的な分析
4・1 日本語の引用
4・1・1 平叙文の引用
引用の構文に対する「統語的分析」は、英語の引用だけを見ていると正しく思える。しかし、日本語の引用には、たとえ平叙文であっても「引用[37]」すると視点移動のできない表現が存在する。したがって、「統語的分析」をそのまま日本語の引用に適用することはできない。
　次の発話を例に、さらに考察を進めることにしよう。
　　　(76)　太郎「君$_i$もよくやるよ。」
この発話には、(77)aのように相手の気づいていない事実を報告するために使われる場合と、(77)bのように相手の行為を冷やかすために使われる場合の二つの用法がある[38]。
　　　(77) a　太郎「その癖なら　君$_i$もよくやるよ。」
　　　　　 b　太郎「飽きずに　君$_i$もよくやるよ。」
これらはどちらも平叙文であり、統語的な構造には差がない。しかし、こ

れらを中立的な引用動詞を用いて間接化すると、次のようにダイクシスの調整に差が生じる。

(78) a 太郎$_t$は　その癖なら私$_i$もよくやる　と言った。　（IQ）
　　　b ?太郎$_t$は　飽きずに私$_t$もよくやる　と言った。　（DQ）

筆者は次のように考える。(77)aは、元の発話が事実報告的に用いられている。そのような発話を引用するとき、伝達者は引用句のダイクシスを調整して伝えることができる。一方、(77)bは、元の発話が揶揄的に用いられている。そのような発話を引用するとき、伝達者は引用句のダイクシスを調整して伝えることができない。したがって、(77)bを引用するとき、伝達者は次のように話し手１（元の話し手）の視点から見た表現でしかダイクシスを伝えることができない[39]。

(79)　太郎$_t$は「飽きずに君$_i$もよくやる」と言った。　　（DQ）

日本語だけに見られるこの視点制約は、「統語的分析」では説明できない。なぜなら、統語的に見る限り、(77)aと(77)bは同じ平叙文の範疇に属するとしか言えないからである。したがって、(77)aと(77)bが引用されたときに見られる非対称を説明するためには、二つの平叙文を異なる範疇に分類するような観点が必要となる。

4・1・2 構造的分類と機能的分類

たしかに、文 (sentence) は疑問、命令、平叙といった法 (mood) によって分類することが可能である。しかし、一方でそれは法とは別の基準、つまりその発話 (utterance) が持つ力 (force) が何であるかという基準によっても分類することも可能である。前者を「構造的分類」、後者を「機能的分類」とする。なお、山梨 (1986b: 38-41) は、次のように構造的分類としての(80)を機能的分類としての(81)から区別しており、本書でもこれを踏襲する。

(80) 文の法的分類
命令文（Imperative）、平叙文（Declarative）、疑問文（Interrogative）、感嘆文（Exclamative）
(81) 発話の力の分類
命令（Order）、祈願（Wish）、依頼（Request）、陳謝（Apology）、勧誘（Invitation）、質問（Question）、感嘆（Exclamation）

「構造的分類」の観点から見ると、先の(77)aと(77)bは同じ構造をしていると言えるだろう。しかし、もう一方の「機能的分類」の観点から見るならば、二つの発話が遂行している機能（発話の力）は明らかに異なると言わなければならない。すなわち、「君もよくやるよ」という発話は、(77)aでは「報告（reporting）」として機能している。しかし、それが(77)bのような用いられ方をした場合、今度は「冷やかし（mocking）」として機能していることになる。

このように、元の発話を機能的観点から分析することにより初めて、二つの平叙文が引用されたときに生じるダイクシスの非対称を、遂行している発話の機能が異なっているからだと説明することができるだろう。

本書では、元の発話の遂行する機能が、引用句におけるダイクシスの調整に制約を与えると考える。(77)aと(77)bが引用されたとき、ダイクシスの調整に非対称が生じるのは、元の発話が遂行している機能が異なっているからである。これは、言語外の要因が構文に影響を与えるとする点で、きわめて語用論的な立場である。

4・2 発話行為の引用
4・2・1 命名と罵り
前節（4・1・2節）で述べた考え方は、現在の発話場面から時間的にも場所的にもかけ離れた元の発話において遂行された発話行為という言語外の要素が、現在の発話に影響を与えるとするものである。引用の構文に対するこの語用論的な立場を、本書では「発話行為的分析」と呼ぶことにする。

この立場をとることにより、二つの平叙文を引用するときに見られるダイクシスの非対称を統一的に説明することができる。例えば、次のような発話を引用する場合を考えてみる。

(82) a　太郎「君$_i$は No. 28 だ。」
　　　b　太郎「君$_i$は馬鹿だ。」

(82)a と (82)b は統語的な構造が同じであるが、引用すると次のようにダイクシスの調整に非対称が生じる。

(83) a　太郎$_t$は　私$_i$は No. 28 だ　と言った。　（IQ）
　　　b ?太郎$_t$は　私$_i$は馬鹿だ　と言った。　（DQ）

「統語的分析」では説明できないこの対比を、「発話行為的分析」では説明することができる。統語的には同じ構造をしている元の発話が、(82)a では「命名 (naming)」として機能しているのに対し、(82)b では「罵り (swearing)」として機能している。筆者は、(83)a と (83)b に見られる非対称の原因を、元の発話が遂行している機能の違いに求める。このように「発話行為的分析」は、元の発話が遂行する機能が引用句におけるダイクシス調整に制約を与えていると考えるわけである。

4・2・2　理想化された条件下の判断 (3)

前節 (4・2・1節) で、筆者は次の引用の構文を不適格と判断し、その原因を元の発話が「罵り」として機能していることに求めた。

(84) ?太郎$_t$は　私$_t$は馬鹿だ　と言った。　（DQ）

ところが、次の用例では、ダイクシスが調整して引用されている。

(85)　会社のコンピューターを管理するのは私の職務なんだもの。注意しなかったらわたし$_i$の怠慢だなんて言われるじゃないの。（『朝』）

(86)　もしハンスが死んで、世界で一番醜いのはわし$_i$だなどとぬかしたら、粉ごなに砕いてしまってやるぞ。（『酒』）

このとき、元の発話は、(84)では元の発話が「罵り」として機能しているのに対し、(85)(86)ではそれが「非難」として機能している。

(84') 「お前ᵢは馬鹿だ。」
(85') 「あなたᵢの怠慢です。」
(86') 「世界でいちばん醜いのはあなた様ᵢです。」

「罵り」と「非難」は、相手を責めるという点で発話行為の性格が近いように思われる。二つの発話行為を引用するとき、ダイクシスの調整について異なる振る舞いをするのだろうか。

繰り返すが、本書では、(85)(86)の引用の構文を能動化、引用動詞を中立的な「言った」にするなど文脈を捨象した上で、引用句のダイクシスを調べる。だから、一見するとダイクシスを調整して伝えることができるように見える(85)(86)であっても、これを次の通り理想化して判断すると、文全体の主語と引用句のダイクシスが同一指示となる。

(87) ?太郎ₜは 私ₜの怠慢だ と言った。　　　　　(DQ)
(88) ?太郎ₜは 世界で一番醜いのは私ₜだ と言った。(DQ)

したがって、(87)(88)は元の発話を引用したことにならず、本書では不適格と判断する。このように、様々な文脈の中で発せられる用例は、受動化や引用動詞の語彙的指定など様々な間接化のプロセスが関わっていることが多い。そのため、本書の判断とずれることが多いので、注意が必要である。

「罵り」であれ「非難」であれ、元の発話が相手の行為を責めるという機能を持っているとき、その引用ではダイクシスを調整して引用することができない[40]。だから、「罵り」や「非難」を(84)や(87)(88)のように理想化された状況下で引用したいなら、伝達者はダイクシスを調整せずに、次のような直接引用で表現するしかない。

(89) 太郎ₜは「お前ᵢは馬鹿だ」と言った。　　　　(DQ)
(90) 太郎ₜは「お前ᵢの怠慢だ」と言った。　　　　(DQ)
(91) 太郎ₜは「世界で一番醜いのはお前ᵢだ」と言った。(DQ)

ただし、次のように元の発話による相手を責める機能(現場性)が弱まれば、文脈を捨象してもダイクシスを調整して間接引用が可能となる[41]。

(92) よく批判されるのは、農家の創造性や自主性を私が抑えてきたのではないか、ということだ。(『コラムt』)

したがって、(84)や(87)(88)など本書が不適格と判断する引用の構文を「間接引用として読める」と判断する読者は、おそらく元の発話の現場性を筆者よりも弱く判断し、例えば元の発話を「罵り」「非難」ではなく、事実の「陳述」として機能させているからではないかと思う[*42]。

4・3 発話行為論への還元

話を戻そう。前節(4・2・1節)で、引用の構文に対する「発話行為的分析」について述べた。それでは、先に「統語的分析」で検討された統語的な制約はどうなったのだろうか。「統語的分析」では、元の発話が統語的に疑問文、感嘆文、固定表現であった場合に、引用句においてダイクシスの調整ができないと結論した（表⑦）。しかし、このような統語的な制約はすべて「発話行為的分析」に還元できるのである。例えば、確かに次のような疑問文ではダイクシスの調整ができない。

(93) a 太郎「君$_i$は誰か？」
　　 b ?太郎$_t$は　私$_t$は誰か　と言った。　　（DQ）

「統語的分析」では、その原因を元の発話が統語的に疑問文(Interrogative)であることに求めたが、「発話行為的分析」では、その原因を元の発話が遂行している機能が「質問(asking)」であることに求める。

同様に、次のような感嘆文(Exclamative)でもダイクシスの調整ができない。

(94) a 太郎「なんて君$_i$は強いんだ！」
　　 b ?太郎$_t$は　なんて私$_t$は強いんだ　と言った。（DQ）

ここでも、「発話行為的分析」では、引用句でダイクシスが調整できない原因を統語的に感嘆文(exclamative)であることに求めるのではなく、元の発話が遂行している機能が「感嘆(exclaiming)」であることに求める。

また、次のような固定表現(Formula)でもダイクシスの調整ができない。

(95) a 太郎「おい、君$_i$。」
　　 b ?太郎$_t$は　おい、私$_t$　と言った。　　（DQ）
(96) a 太郎「君$_i$に幸あれ。」
　　 b ?太郎$_t$は　私$_t$に幸あれ　と言った。　　（DQ）

ここでも「発話行為的分析」では、引用句でダイクシスが調整できない原因を、元の発話が遂行している機能が「呼びかけ(calling)」や「祈願(wish)」であることに求める。このように、日本語の引用句におけるダイクシスの制約は、ほぼすべて「発話行為的分析」で説明できるのである[*43]。

その結果、引用句におけるダイクシスの調整を基準に、次の二種類の発話行為を仮定することができると思われる。

```
図③   ┌── 第1場 ──┐   ┌────── 第2場 ──────┐
       │  発話行為  │   │  話し手1    伝達者  │
       │     A      │   │ 視点------○←━━━◎ │
       │     B      │   │      ------◎←───○ │
       └───────────┘   └──────────────────┘
```

図③の「A」は、それが引用されたとき、引用句のダイクシスを伝達者の視点に調整できる発話行為である。また、「B」は、それが引用されたとき、引用句のダイクシスを伝達者の視点に調整できない発話行為である。ここで当然生じる疑問は、なぜAの発話行為が引用句の中で視点の移動(ダイクシスの調整)を許し、Bの発話行為がなぜそれを許さないのかというものである。次節では、さらにこの問題を発話行為の「持続性(永続性)」と「一時性(現場性)」という観点から説明していきたいと思う。

5 発話行為の持続性と一時性

5・1 発話行為の効果

ある発話行為が遂行されると、聞き手の感情、信念、態度などになんらかの変化を及ぼす。これを発話行為の効果とすると、本書はそれを次のように区別できると考えている。

(97) その発話行為が聞き手に与える効果が、時間と空間を越えて、長期にわたって持続するのか、それとも発話された現場だけしか機能せず、時空を越えられずにその効果が消滅してしまうのか。

本書では、発話の効果が持続的（長期的）か一時的（短期的）かという観点から、これを次の二つに区別して考えることにしたい。

A 　持続的な効果を持つ発話行為
　　Speech Act with Continuous Effect（SAC）
　　　　　　　　　　　　　　　　　　エスエイシイ
B 　一時的な効果を持つ発話行為
　　Speech Act with Temporary Effect（SAT）
　　　　　　　　　　　　　　　　　　エスエイティ

上のAは、発話行為の効果が持続的であること（永続性）に注目したものであり、そこには、約束、依頼、診断、主張、命名、命令、勧告、警告などが含まれる。また、Bは発話行為の効果が一時的であること（現場性）に注目したものであり、そこには、挨拶、呼びかけ、感嘆、質問、祝福、罵り、揶揄などが含まれる。以後、Aを「SAC」、Bを「SAT」と呼ぶ[*44]。

5・2　発話行為の持続性

持続的な効果を持っている発話行為として、典型的なものは「約束する」である。Searle (1969: 54-71) の構成的規則によって定義されているように、「約束」という発話行為の本質は、それを発話することによって話し手が聞き手に対してその行為遂行の義務を負う点にある。その義務はその発話が消滅した後でも残り、聞き手に対して拘束力を持つ。この点で、「約束」は発話の場を離れても効力を持続する、時間的な発話行為であると言える。「約束」の効果が持続的であることを端的に示すのは、「その約束は今でも有効だ」と言って何の矛盾も生じないことがあげられよう。こうした発話行為の持続性を、次のように図示してみた。

　　図④　　　　　　効果が持続的な発話
　　　　　　　　発話行為の効果 ────●─────▶

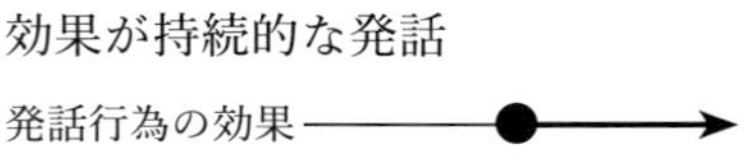

図④では、時間の流れを絶対的な基準とし、これを横軸で表した。発話は

この時間軸の任意の時点でなされるものとし、これを●で示す。また、発話行為の効果が持続していることを、●の右に続く太線で示す。

また、「太郎は約束している」とすると結果相の解釈 (Taro has already promised.) が (進行相に比べて) 優先される点にも注目しておきたい (一方、「太郎は挨拶している」とすれば進行相の解釈 (Taro is now greeting.) が優先される)。こうした解釈の優先がなぜ生じるかという疑問は、発話行為を SAC と SAT に区別することにより説明できる。

「約束する」という発話行為は、SAC に特有の効果の持続という性質を持っている。そのため「約束している」とすると、「過去になされた約束の効果が持続している」という結果相としての解釈がまず優先される。そして、このような解釈の優先は、SAC に属する発話行為であれば、「約束」以外でも同じように生じると思われる。

5・3 発話行為の一時性

一時的な効果しか持たない発話行為として、典型的なものは「挨拶する」である。Searle (1969: 66-67) の構成的規則によって定義されているように、「挨拶」という発話行為の本質は、その発話が話し手と聞き手が出会ったばかりの時点で (または別れる直前に) 発話されるという点にある。つまり「挨拶」にはそれが発話されるべきタイミングがあり、そこからずれてしまっては「挨拶」として機能しなくなる。

「挨拶」はそれが発話され消滅したら、発話の効力も消失してしまう。この点で、「挨拶」はその場でしか効力を持たない現場性の強い発話行為である。「挨拶」の効果が一時的であることを端的に示すのは、「その挨拶は今でも有効だ」と言うと矛盾が生じるという事実があげられる。こうした発話行為の一時性を、次のように図示してみた。

図⑤　　　　効果が一時的な発話

発話行為の効果 ────●────▶

図⑤でも、発話は時間軸の任意の時点でなされるものとし、これを●で示す。また、発話行為の効果が途切れていることを●の右に続く細線で示す。
　また、「太郎は挨拶している」とすると、(結果相に比べて)進行相の解釈(Taro is now greeting.)が優先される点にも注目しておきたい(一方、「太郎は約束している」とすると結果相の解釈(Taro has already promised.)が優先される)。なぜこのような解釈の優先が生じるのかという疑問は、発話行為をSACとSATに区別することにより説明できる。
　「挨拶する」という発話行為はSATに特有の現場性という性格を持っている。そのため「挨拶している」とすると、「その行為が今、その場で繰り返し行われている」という進行相の解釈が優先される。そして、このような解釈の優先は、SATに属する発話行為であれば、「挨拶」以外でも同じように生じると思われる。そして、SACとSATに属する遂行動詞で「テイル形」の解釈に非対称が生じるとすれば、発話行為にそのような区別が存在するという主張の証拠となるだろう[*45]。

5・4 付随する非言語行動

「約束」と「挨拶」が発話行為として対照的なことは、それぞれが成立する際に付随する非言語行動にも表れている。簡単に言及しておく。
　持続的な効果を持つ「約束」に、身振りなどの非言語行動が付随することは少ない。仮に「指切り」「念書を交わす」などの非言語行動が付随したとしても、「約束」という行為にとって必須の行動ではなく、あくまで任意的なものである[*46]。
　次にSACの発話行為に付随する非言語行動をあげてみた。非言語行動を「任意」としたのは、これら非言語行動を付けてもよいが、言葉だけでもその発話行為が十分に成立することを意味する。

第4章　引用句のダイクシス　－発話行為的な分析－　157

表⑨

SAC	非言語行動（任意）
約束する	指切り・念書を交わす　等
依頼する	拝む・報酬を出す　等
主張する	大声を出す・机を叩く　等
命令する	強調イントネーション　等

　それに対し、「挨拶」を遂行するためには、「お辞儀」や「手を上げる」「笑顔」などの非言語行動が必須である。それらが、「約束」における指切りと異なるのは、もしお辞儀なしで「挨拶」をしたとすれば、それは「挨拶」としては不発に終わり、行為が成立しないことである。また、言葉で「おめでとう」と言うだけで、顔が笑っていなければ、その行為もまた不発であり、「祝福」という行為が成立したことにはならない。

　次にSATの発話行為に付随する非言語行動をあげてみた。非言語行動を「必須」としたのは、何らかの非言語行動の補助なしに言葉だけでは、その発話行為が成立しないことを意味する[*47]。

表⑩

SAT	非言語行動（必須）
挨拶する	辞儀・手を上げる・笑顔　等
呼びかける	手を振る等　注意喚起の行動
感嘆する	強調イントネーション・手を打つ　等
質問する	文末の上げイントネーション
祝福する	笑顔・拍手・花束の贈呈　等
罵る	怒りの表情・強調イントネーション　等

5・5　発話行為的引用論の分析
5・5・1　言語データによる検証
発話行為には「発話行為の効果が持続的なもの（SAC）」、「発話行為の効果が一時的なもの（SAT）」がある。上では、本書が提案する発話行為の区別について、その違いを思弁的に議論してみた。言語形式と違って発話の力（force）

とその効果 (effect) は直接目で見ることはできないが、このように思弁的な議論しかできないのだろうか。

　発話の効果に関する SAC と SAT の区別は、たとえ直接観察できなくても、言語学の手法によってそれを検証することが可能である。発話行為の効果をこのように区別することによって、本章で考察してきた引用句の視点制約がな・ぜ・生・じ・る・のかを、原理的に説明することができる。最後に、「発話行為的引用論」の立場から引用句のダイクシスを分析し、本章のまとめをしておきたい。

5・5・2　SAC の引用

まず、次のような発話を引用する場合を考えてみる。

　　(98)　太郎「君$_j$と結婚する。」

上のように「約束」として機能する発話を引用するとき、遂行動詞を使っても、中立的な「言った」を使っても、どちらでも引用句のダイクシスを調整することが可能である。

　　(99) a　太郎$_t$は　私$_j$と結婚する　と約束した。　(IQ)
　　　　b　太郎$_t$は　私$_j$と結婚する　と言った。　　(IQ)

　このとき、元の発話 (98) が第 1 場で遂行している発話行為は、SAC に属する。SAC は永続的な発話行為であるから、伝達者がそれを引用句に変換する時点 (第 2 場) でも、発話行為の効果は依然として持続している。SAC における効果の持続と引用句の視点移動の関係を、次のように図示してみた[48]。

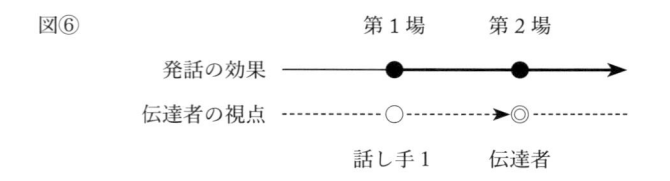

図⑥
　　　　　　　　　　　　　第 1 場　　第 2 場
　発話の効果　 ━━━━━●━━━━●━━━━▶
　伝達者の視点 ┄┄┄┄┄○┄┄┄┄◎┄┄┄┄
　　　　　　　　　　　　　話し手 1　　伝達者

　SAC の発話行為を引用するとき、わざわざ引用動詞を語彙的に指定しなくても、中立的な「言った」でその機能を代行することができる。それゆえ、伝

達者は(99)bのように引用句のダイクシスを自分の視点に引きつけて表現することができるのである。

5・5・3 SAT の引用

SAC として機能する発話を引用するとき、伝達者は遂行動詞を解除しても間接引用を維持できた。ところが、SAT として機能する発話を引用するときは事情が異なる。

　　(100)　太郎「君ᵢはなんて強いんだ！」

上のように「感嘆」として機能する発話を引用するとき、遂行動詞を使えば引用句のダイクシスを調整できる。しかし、遂行動詞を解除して、中立的な「言った」を使って引用しようとすると、ダイクシスの調整ができなくなる。

　　(101) a　太郎ₜは　<u>私ᵢ</u>はなんて強いんだ　と<u>感嘆した</u>。（IQ）
　　　　 b ? 太郎ₜは　私ₜはなんて強いんだ　と言った。　　（DQ）

このとき、元の発話(100)が第1場で遂行している発話行為は SAT に属する。SAT は現場的な発話行為であるから、伝達者がそれを引用句に変換する時点（第2場）で発話行為の効力は消滅している。したがって、中立的な引用動詞である「言った」では、遂行動詞の機能を代行することができない。SAT における効果の一時性と引用句の視点移動の関係を次のように図示してみた[*49]。

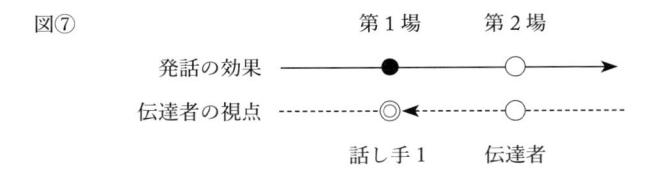

```
図⑦                    第1場    第2場
       発話の効果  ────●───────○─────▶
       伝達者の視点 ─ ─ ─ ◎ ◀─ ─ ─ ─ ○ ─ ─ ─
                        話し手1    伝達者
```

SAT の発話行為を引用するとき、中立的な「言った」では伝達者が引用句のダイクシスを自分の視点に引きつけて表現できない。SAT の発話行為は現場性が強いため、伝達者は元の発話をそのままの姿で事実を提示する形式で

しか引用できない[*50]。だから、(100) の発話を「言った」を使って引用するときは、次のような直接引用を使うしかないと思われる。

　　(102)　太郎$_t$は「君$_i$はなんて強いんだ」と言った。　(DQ)

5・5・4　発話行為的引用論の提案

以上、発話行為をSACとSATに区別することによって、引用句におけるダイクシスの調整を説明できることを示した。このような手法で引用の構文に関わる言語事実を検証する立場を「発話行為的引用論」とする。本章での考察を図示すると、次の通りである。

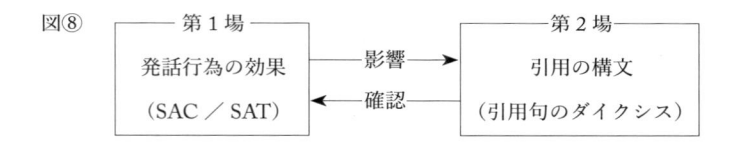

図⑧
```
┌──第1場──┐         ┌──第2場──┐
│発話行為の効果│ ─影響→ │ 引用の構文 │
│（SAC／SAT）│ ←確認─ │（引用句のダイクシス）│
└───────┘         └──────────┘
```

「発話行為的引用論」は、引用の構文を第1場（元の発話の場）と第2場（引用の場）に分離する。そして、第1場における伝達者の解釈（発話行為の認識）が、第2場でそれが引用されるときの言語形式（引用句、引用動詞など）といかに関わるのかについて考察する[*51]。この考え方は、発話行為という機能的な要素が、時空を越えて現在の言語構造に影響を与えるとする点で、きわめて語用論的な立場である。

6　まとめ

この章では、主に日本語の引用を扱い、まず引用の構文を「間接化のプロセス」の集合体であると規定した。次に、遂行動詞の解除など引用の構文を一定の手続きで「理想化」し、その条件下で見えてくる言語事実として、引用句のダイクシスに見られる視点移動の制約を指摘した。次に、日本語の引用を対象にその視点制約を発話行為的に分析し、元の発話があるタイプの発話行為を遂行していると、それを引用するときダイクシスの調整が不可能にな

ると述べた。最後に、伝達者によるダイクシスの視点制約がなぜ生じるのかを発話行為的に説明し、元の発話が遂行している発話行為の効果を「持続的なもの（SAC）」と「一時的なもの（SAT）」に区別することができると主張した。

注

1 本章の一部は、中園 (1994) で発表した。
2 例えば、奥津 (1970) の「間接化転形」では、次のような辞的要素を除けば、引用句のダイクシスを常に伝達者の視点に調整できるという立場に立っている。
　(i) a　She said to me "My darling, I love you."
　　 b　*She said to me that her darling, she loves me.
3 本書が考察の基礎とする発話行為論は Austin (1975)、Searle (1969) といった草創期のものである。したがって、Searle & Vanderveken (1985) 以降の高度に形式化された現代の発話行為論を引用研究の中に位置づけることはできなかった。今後の課題としたい。なお、現代の発話行為論については久保 (2002b, 2003) が参考になる。
4 「引用の構造」については、第1章 (2節) で検討した。
5 例文の「DQ」は "direct quotation" であり、それが「直接引用の読み」で解釈されることを示す。また、「IQ」は "indirect quotation" であり、それが「間接引用の読み」で解釈されることを示す。
6 Yamanashi (2002a) は、引用 (quotation phenomena) を次のように分けている。
　　引用部 (quoted part) ＋伝達部 (quoting part)
「引用部」は、「引用句」に当たる ((2) の I am happy)。また、「伝達部」は、引用の構文から引用句を除いた部分を言う ((2) の Taro said)。
7 「プロセス」は「手順、操作、処置」の意味。
8 元の発話で遂行している発話行為が引用動詞に反映されることは、砂川 (1989) や山梨 (1991a, 2002a)、藤田 (2000d: 283-302) 等でも指摘されている。
9 例文の「i」は "identical" であり、引用句の「私$_i$」が元の発話 (9) の「君$_i$」と同一指示（文全体の主語である「太郎$_t$」とは別指示）であることを表す。
10 要するに、「間接化のプロセス」とは、元の言語的情報に変容を加える操作である。藤田 (2000d: 146)) はこれを「引用表現における引用されたコトバの変容－非変容の現象」としている。

11 ここであげた三つ以外では、丁寧体から普通体へのスタイル変換や、助詞の変換、語彙・表現の変換などが「間接化のプロセス」となりうる。
12 藤田(1999a)は、「間接化のプロセス」を次のようにまとめている。
   (i) こうした要件(筆者注・間接化のプロセス)が「多く関わっているほど間接化の度合いが高まる」と考えるわけであるから、"直接"→"間接"という「話法」の関係を、こうした個々の要件の足し算として考えようとするものである。中園のこうした「話法」のとらえ方は、いわば「加算的な話法観」と呼ぶことができよう。
13 次のように引用すれば、さらに間接化の度合いが高まる。
   (i) a 太郎$_t$は 私$_i$に 来る ように命令した。(IQ)
       b 太郎$_t$は 私$_i$に 来て 欲しい そうだ。
   なお、(b)のように表現すれば完全に伝達者の言葉で統一されてしまうので、引用の構文ではなくなる。
14 本書の「?」は、引用が成立していないことを示す記号であって、文法的な非文を表すものではない点に注意。
15 元の発話から引用の構文を分析した研究としては、久野(1978: 266-281)の「直接話法分析」と砂川(1987: 85-89)の「場の二重性」がある(第1章(3節)を参照)。
16 ダイクシスの調整と引用の関係については、第2章(4・2節)でも検討した。
17 引用(談話)における視点については、久野(1978, 1987)、神尾(1985, 1990: 196-209)、田窪(1990)、澤田(1993: 289-322)、野田(1995)等を参照。
18 「視点移動の原則」に沿った引用については、第2章(5・1節)に用例をあげた。
19 (37)が「間接引用の読み」、(38)が「直接引用の読み」となるメカニズムについては後述する(3・3節)。
20 なお、疑問文でも次のように引用句が名詞句に埋め込まれている場合は、引用されたときにダイクシスの調整が可能となる。
   (i) a ?杉本さん$_t$は 私$_t$の写真に正面を向いたのがないのはどうしてか と言った。(DQ)
       b 杉本さん$_t$から 私$_i$の写真に正面を向いたのがないのはどうしてか というお葉書を頂きました。(IQ)(『コラムa』)
21 英語の適格性のチェックは、Mrs. Cathy Shinagawa(ミネソタ州立大学秋田校(当時))、Miss Caluianu Daniela(筑波大学大学院(当時))による。その際、(42)bは「Taro$_{(t)}$ was surprised how strong I$_{(i)}$ was.」の方が英語として適切との指摘を受けたので付記しておく。
22 「視点移動の制約」がかかる引用については、第2章(5・2節)に用例をあげた。
23 例えば、藤田(1995c, 1999a, 2000d: 196)を参照。
24 もし(48)(49)がその例外的なケースだとすれば、それを明示するなんらかの補足的な

25 他にも、「花子」と「俺」のように文全体の主語と引用句のダイクシスが矛盾する場合も、ダイクシスの調整が可能である(間接引用が成立する)。
　(i) a　花子$_t$は　俺$_j$は誰か　と言った。　　　(IQ)
　　　b　花子$_t$は　なんて俺$_j$は強いんだ　と言った。(IQ)
26 比喩的に言えば、本書は引用の構文という実験設備を使って過去のコミュニケーションを計測しようという試みだから、引用の構文を理想化することは、実験室の温度や気圧を一定にする作業と思えばよい。言語研究における理想化の必要性については、第2章(3節)を参照。
27 正確に言うと「遂行動詞を解除するなど人為的に理想化を施された引用の構文という条件下において視点移動の原則に制約がかかる。」
28 Jespersen (1924: 18-24) による記述は以下の通りである。
　(i) 固定表現(formula)と自由表現(Free expression)の区別は重要である。固定表現とは、すべて固定されていて語の入れ替えや強勢を変えることや語と語の間に休止をおくことができない表現を言う(How do you do?、Good morning!、Thank you.、Beg your pardon. 等)。また、自由表現とは John gave Mary the apple. のように語の入れ替えなどが可能な表現であるが、もちろん文型(Sentence pattern)は決まっており、話し手はこの型に従って言語活動をする。
29 (56) b は、次のように引用動詞を語彙的に指定すれば、ダイクシスの調整が可能となり、間接引用が成立する(3・3節を参照)。
　(i) a　太郎$_t$は　私$_j$に幸あれ　と祈った。　　　(IQ)
　　　b　太郎$_t$は　私$_j$に幸あれ　と祈ってくれた。(IQ)
30 山口(1992, 1994) による「エコー発話(Echo utterances)」を参照。なお、英語に関してであるが、山口(1992)はエコー(問い返し疑問文)よって繰り返せない表現として、間投詞、呼びかけ語、文末の please、付加疑問、文体離接詞(style disjunct)等の要素をあげている。
31 ダイクシスの調整に見られる日英語の非対称については、第2章(5節)に用例をあげた。
32 例えば、藤田(1999a)は、(66) b を不適格とする著者の判断を「全く受け容れられない」とし、専門の言語研究者数人及び大学生二十余名の判断も「一致しており、不適格とする判定は全く出なかった」としている。また、渡辺(2003b)は、(66) b の不適格性は認めるものの、それはスタイル(プロソディ)の問題であるとし、文法性とは無関係としている。この点については後述する(4・2・2節)。
33 もし(67) がその例外的なケースだとすれば、それを明示するなんらかの補足的な表現があるはずである。

34 他にも、次のように引用句が名詞を修飾する場合にもダイクシスの調整が可能となる。
　　(i) a ?太郎$_i$は　私$_j$はスパイだ　と言った。
　　　 b 太郎$_i$から　私$_j$はスパイだ　という密告があった。
35 本書は引用の構文からモダリティを捨象して考えるが、鎌田(2000a: 175)は「視点調整の原理(視点の調整)」と「発話生成の原理(モダリティの付加)」という二つの観点から引用を扱っている。
36 正確に言うと「科学者が一定の基準に照らして複雑多様な現実を方法的に整序する」こと(小室(1972: 196-197))。詳しくは第2章(3節)を参照。
37 本書が考察の対象とする「引用」は、中立的な「言った」を用いるなど間接化の度合いを低く一定に保った、理想化された「引用」である。
38 (76)に二つの用法のあることは、「強意の副詞」(中右(1980: 161-167))を使って統語的に区別することも可能である。
　　(i) a　その癖なら　*まったく　君もよくやるよ。
　　　 b　飽きずに　まったく　君もよくやるよ。
その発話が「報告」であった場合、強意の副詞によってその発話を強めることができないが、それが「冷やかし」であった場合、強意の副詞によって発話を強めることが可能になる。
39 次の用例にも見られるように、揶揄(皮肉)を引用するとき、伝達者は元の発話のダイクシスを調整せずに伝えるのが普通である。
　　(i)　…ついこのあいだも…相撲協会の集まりで理事長から皮肉を言われたよ…百年に一人出るかどうか、誰もが横綱の素質まちがいなし…と認めるほどの逸材をお前$_i$は大関に育てることさえできないのか…とな。(『のたり26』)
40 渡辺(2003b)は、(84)(87)(88)の不適格性を筆者のように元の発話が遂行している発話行為の「現場性」には求めず、単純にスタイル要素としてのプロソディ(韻律的特徴)が原因としている。すなわち、無標の平叙文が「罵り」と理解されるとき、語気を強めるなど有標的なプロソディが表れ、伝達者によるダイクシスの視点移動を制限するとしている。非常にスマートな説明であると思うが、筆者はこう考える。確かに、プロソディは現場的な発話行為の遂行に付随して表れる(5・4節を参照)。しかし、引用句の中にプロソディが表れるとすれば、それは元の発話が現場的であったことの反映であって、それが視点の移動を制限するのではない。筆者は、元の発話が現場的であったことが視点の移動を制限していると考え、プロソディはそれに付随する従の要素とする。
41 (92)の用例から文脈を捨象化し、引用句のダイクシスを調べると次の通り。
　　(i)　太郎$_t$は　農家の自主性を私$_j$が抑えてきた　と言った。　(IQ)
引用句のダイクシス(私$_j$)は元の発話の「君$_j$」を指示しており、間接引用が成立して

42　発話行為の「現場性」については後述する（5節）。
43　日本語の引用でも、伝達者による視点移動に構造的制約（統語論）の関わることが一部ある（詳しくは第6章（3・3節）を参照）。
44　SACとSATを区別する最も簡単なテストは、「そのXは今も有効だ」と言ってみることである。Xに発話行為を表す名詞を入れ、自然であればSAC、不自然になればSATである。
　　(i)　　その［約束］は今も有効だ。
　　(ii)？その［挨拶］は今も有効だ。
45　遂行動詞のアスペクト解釈など、発話行為をSACとSATに区別する言語的な証拠については、第5章（5節）で再検討した。
46　ちなみに、民法上の契約は書面を交わさず、口頭（口約束）だけでも成立するとのことである（申し込みと承諾の一致）。
47　渡辺（2003b）が次の引用で視点の移動を妨げる原因とするプロソディは、SATに付随する非言語行動である。
　　(i)？太郎$_i$は　私$_i$はスパイだ　と言った。
　　語気を強めるという韻律的特徴が(i)に表れることは、第1場でSATが遂行され、それが引用されている証拠であると筆者は思う。
48　図⑥では、第2場（引用の場）でも元の発話の効果が持続していることを●で示す。
49　図⑦では、第2場（引用の場）で元の発話の効果が消えていることを○で示す。
50　Davison（1975: 151）は、話し手が誠実に信じている命題は、かなり感情を込めたものであっても補文に埋め込むことが可能だが、それが皮肉や当てこすりになると補文にならない（比喩としてとられない）としている。
　　(i) a　I never want to come back here again.
　　　 b　I must say that I never want to come back here again.
　　(ii) a　I love walking five miles in the rain.
　　　 b　I must say that I love walking five miles in the rain.
　　皮肉や当てこすりが補文とならないことは、これらが本書の言う現場性を持っているからだと思われるが、今後検討したい。
51　「発話行為的引用論」の分析対象は引用句のダイクシスに限らず、引用の構文全般に渡る。その応用範囲については、第5章（5節）で概観する。

第 5 章 発話行為の持続性と一時性[*1]

キーワード

発語内行為と発語媒介行為　慣習　意図　効果　言語データ

1　はじめに

本書の目的は、思弁的な研究領域である発話行為（言語行為）論に言語データ（統語論）による検証を導入することにより、再現性のある実証的なデータに基づいた新しい知見を発話行為論に提供することである。そこで、第 4 章では、発話行為が言語形式とどのように関連するのかについて、引用の構文を例に考察した。そして、発話行為をその効果が持続的なもの（SAC）と一時的なもの（SAT）に分類することで、引用句におけるダイクシスの視点制約を統一的に説明できることを示した。

　しかし一方で、オースチン、サールによる伝統的な発話行為論の中には「発語内行為（illocutionary act）」と「発語媒介行為（perlocutionary act）」という区別も存在する[*2]。そこで、この章では前章で提案した発話行為の区別（SAC と SAT）が、伝統的な区別（発語内行為と発語媒介行為）とどう関連するのかについて考察する。その後、SAC と SAT の区別が関わる言語データを三つあげ、「発話行為的引用論」の展望を示したいと思う。

2　発話行為の分類

2・1　発話に関する研究

従来の言語学（主に統語論）では、言語の内部構造の解明を中心課題としてき

たため、その言語自体が実際のコミュニケーションでどのように用いられているのかについてはあまり関心を払ってこなかった。これに対し、語用論は、言語研究に話し手や聞き手などの要素を導入し、人間によって言語がどのように使われているのかを研究する分野である。統語論の分析対象が文(sentence)であるのに対して、語用論の分析対象が文の使用である発話(utterance)とされているのはその表れである[*3]。

話し手がある場面において発話するときに遂行される発話行為は、次の三つがあるとされる。以下で、順に概観しておきたい[*4]。

(1) a 発語行為：何事かを言う。
   b 発語内行為：何事かを言いつつ力を遂行する。
   c 発語媒介行為：何事かを言うことによってある効果を達成する。

2・2 発語行為と発語内行為

2・2・1 発語行為の遂行

言語伝達場面(Context)で発話するとき、話し手はまず物理的に例えば次のような音を発する。

(2) ［ɯataɕiɯa kimito kekkonsɯrɯ］

このレベルで話し手が行っていることは、(2)の物理音を発することで聞き手にその意味内容を伝えるという行為である。この「何事かを言う(saying something)」という行為は「発語行為(locutionary acts)」と呼ばれる。そして、聞き手が発語行為を認識するとは、(2)の物理音を聞いてこれを次のような有意味な発話(Utterance)として認識するということである[*5]。

(3)「私は君と結婚する。」

しかし、話し手が聞き手に対して上のように言ったとき、話し手はただ「何事かを言う(saying something)」という行為だけを行っているのではない。

2・2・2 発語内行為の遂行

もしその話し手が好きな人だったら、聞き手は喜ぶだろう。それは、話し手

が(3)を発話することで、聞き手に結婚を「約束(promising)」しているからである。また、その話し手が嫌いな人であったら、聞き手はいい気持ちがしないだろう。それは、話し手が(3)を発話することで、聞き手を「脅迫(threatening)」しているからである[*6]。

この「約束する」「脅迫する」という行為は、「何事かを言う」という行為に伴って行われる行為であり、先に述べた「発語行為」とは別のレベルで捉えなければならない。この何事かを言いつつ(in saying something)、同時平行的に行われる行為は「発語内行為(illocutionary acts)」と呼ばれている[*7]。

2・2・3 成立の前提

発語内行為の遂行は発語行為が成立していることが前提である。発語内行為(illocution)は、発語行為が成立している場合、すなわち「発せられた表現に言語的な意味がある」場合に限り成立する。語源的に illocution は in + locution であり、発語内行為(illocution)の遂行(発語内的な力の認識)は、発語行為(locution)を遂行する中から生じる。これを次のように表現する。

(4) 発語行為(locution) → 発語内行為(illocution)

例えば、(3)は発語行為が成立しているから、発語内的な力(約束、脅迫等)を持ちうる。それに対し、犬の鳴き声や風の音などの物理音は、仮に聞き手がそこからなんらかの意味を読み取ったとしても、発語行為の成立が見られないため発話行為論の対象外となる[*8]。

2・3 発語媒介行為

2・3・1 発語媒介行為の遂行

ところで、(3)の発話と同時に遂行される行為は、上の二つだけではない。先ほど、好きな人に「君と結婚する」と言われたら聞き手は嬉しくなるだろうと述べたが、この事実は「君と結婚する」という発話が、聞き手を「喜ばせる(pleasing)」という行為の遂行を意味する。また、聞き手の嫌いな人が「君

と結婚する」と発話すれば、それによって聞き手を「恐がらせる（frightening）」という行為が遂行される。

この「喜ばせる」「恐がらせる」という行為は、発話の結果として聞き手の中に副産物的な効果を生じさせる行為である。このような何かを言うことによって（by saying something）結果的に行われる行為は「発語媒介行為（perlocutionary acts）」と呼ばれる[*9]。

話し手が発話をするのは、聞き手の中に何らかの効果を引き起こすためである。聞き手に対し何ら効果を期待せずに発話することは合理的な人間（MP）ではあり得ない。したがって、コミュニケーションにおいて発語媒介行為が重要な役割を果たしていることは間違いない。しかし、話し手の意図とは別のところで遂行され、聞き手の中で結果的に生じるにすぎない発語媒介行為は、言語学の範囲外におかれることが多い。

2・3・2　成立の前提

発語媒介行為が成立するためには、発語行為・発語内行為の成立が前提である。語源的に perlocution は per（through）＋ locution であり、発語媒介行為（perlocution）の遂行（発語媒介的な効果の認識）は、発語行為（locution）の遂行を通して生じるものである。これを次のように表現する。

(5) 発語行為（locution）→ 発語内行為 → 発語媒介行為（perlocution）

例えば、(3)は発語行為・発語内行為が成立しているから、発語媒介的な効果（「喜ばせる」、「怖がらせる」等）を持ちうる。ところが、話し手が(3)を発話したのにも関わらず、聞き手の方がそれを聞いていなかった場合は、発語媒介的な効果は認められない。たとえ聞き手が話し手の表情・身振り等から判断して喜んだり怖がったりしたとしても、発語媒介行為があったとは言わない。

2・4 三つの行為

このように、「君と結婚する」という発話が発せられたとき、同時に三つの行為が遂行される。すなわち、それを「言う(saying)」という行為(発語行為)、それを言いつつ「約束する(promising)」という行為(発語内行為)、さらにそれを言うことによって「喜ばせる(pleasing)」という行為(発語媒介行為)である。この連鎖を次のように図示する。

図①　　　発語行為　→　発語内行為　→　発語媒介行為

言う	約束する	喜ばせる

このような観点は言語に限らず、非言語行動にも適用可能である(Sadock (1988))。例えば、ある男が政府の要人を狙撃しようとしている場面を想定してみる。男の行動は言語的なものではないが、次のように同じ枠組みで捉えることができる。

図②　　　行為1　→　行為2　→　行為3

引き金を引く	暗殺する	政府を転覆させる

まず、男は「引き金を引く」という行為を行っている。これは、言語的な発語行為に当たる。このとき男は、引き金を引きつつ「暗殺する」という行為も行っている。これは、言語的な発語内行為に当たる。さらに男は、引き金を引くことによって結果的に「政府を転覆させる」という行為も同時に行っている。これは、言語的な発語媒介行為に当たる。

このように、あらゆる発話が上の三つの行為の遂行から成り立っているという考え方が、発話行為論の基本的な立場である。この中で、発語内行為と発語媒介行為の区別は、特に重要である[*10]。

3 発語内行為と発語媒介行為
3・1 慣習による区別
オースチンは、繰り返し「発語内行為動詞の語彙リストを作る」という計画 (a programme of making a list of explicit performative verbs) について述べている (Austin (1975: 83, 94, 109))。このオースチンの計画は、発話行為という母集団の中から発語内行為 (illocutions) だけを抽出できるという仮定を前提としたものである。つまり、彼は発語内行為と発語媒介行為を明確に区別できると考えているのである[*11]。まず、オースチンが発語内行為と発語媒介行為をどのように定義していたのかという点から議論を進めることにする。

オースチンは、発語内行為には言語的・社会的な慣習 (conventions) が存在するが、発語媒介行為にはそれが存在しない点で違いがあると述べている (Austin (1975: 103))。つまり、発語内行為は慣習的な行為であるが、発語媒介行為は非慣習的な行為である。

例えば、「約束する」「命令する」「質問する」「勧告する」「命名する」「挨拶する」などは典型的な発語内行為であるが、これらの行為はどういう場合に成立するのかが、言語的にも社会的にも慣習によって決まっている。例えば、「命名する (naming)」という発話行為は、言語的には次のような形式をとらなければ成立しない。

(6) I name this ship the *Queen Elizabeth*.

また、社会的にはしかるべき人 (市長) が、しかるべき場所 (船の前) で、しかるべき時 (式典の最中) に発話するという環境がそろっていなければ「命名」とならない[*12]。もし、このような条件が一つでも欠けていれば、その発話は不発 (Misfires) または濫用 (Abuse) となる。

また、「命名する」ほど慣習的ではないが、言語形式を通して行為の遂行が可能な発語内行為に次のような動詞がある[*13]。

(7) a I (hereby) order you to leave.
    b I (hereby) promise to pay.
    c I (hereby) appoint you chairman.

一方、典型的な発語媒介行為である「信じさせる」「説得する」「怒らせる」

「驚かせる」「喜ばせる」「慰める」などは、聞き手の感情、信念、態度に対して副産物的な変化を生じさせる行為である。発語内行為との違いは、これらが言語的、社会的な慣習に支配されていないという点にある。したがって、これらは慣習の力を借りなくても遂行可能である。これらの行為が言語的な慣習から自由であることは、次のような形式がありえないことから分かる（山梨（1986b: 30））。

(8) a ˚I (hereby) encourage you to try it.
　　b ˚I (hereby) alarm you that you are getting late.
　　c ˚I (hereby) convince you that Ali is the greatest.

また、ステッキを振り回したり、トマトを投げつけるという非言語的、非慣習的な手段によって同じ効果が得られることからも発語媒介行為が非慣習的であることが分かる（Austin (1975: 118-120)）。こうしたオースチンの定義を、次のようにまとめておこう。

図③　　　発語内行為　　→　　発語媒介行為

慣習的な行為	非慣習的な行為

3・2 意図による区別

このように、オースチンが「言語的・社会的な慣習の存在」という観点から発語内行為と発語媒介行為を区別しようとしたのに対し、Strawson (1974) は Grice (1957) を踏襲しつつ、これを「話し手の意図的な行為であるか否か」という点を基準に区別しようとしている[14]。

オースチンの慣習 (convention) に対する Strawson (1974) の反論をまとめると次のようになろう。たしかに、「命名」や「判決」などの行為は、次のような言語的慣習にのっとった表現でなければ成立しない。

(9) a 　I name this ship the *Queen Elizabeth*.
　　b 　I sentence you to five years.

では、「約束」はどうだろう。ここでも、たしかに言語的慣習にのっとった形式で表現することが可能である。

(10) I promise I shall be there.

しかし「約束」は、次のような言語的慣習を無視した形式で表現することも可能である。

(11) a I shall be there.
　　 b 5 o'clock.

実際に、「判決」や「洗礼」など特殊なものを除けば、ほとんどの発語内行為が慣習的手段を使わずに遂行可能である。ただ、慣習的手段を用いることもできるというだけに過ぎない。したがって、慣習的手段によって顕在化できるというだけでは、発語内行為が慣習に制約されているとは言えない。要するに、発語内行為は「慣習的である可能性があるだけ」なのである[*15]。

結局、Strawson(1974)は発語内行為を慣習性という側面から捉えようとするやり方を捨て、それが「話し手の意図的な行為であるか否か」という観点から定義しようとした。つまり、発語内行為は「話し手の意図的な行為」であり、聞き手がその意図(overt complex intention)を理解することによって初めて成立する。これに対して、発語媒介行為は話し手の意図しない「結果的な行為」である[*16]。

ここで、次の発話を例に、Strawson(1974)の定義を考えてみよう。

(12) 君と結婚する。

この発話と同時に遂行される行為には、「約束する」と「喜ばせる」があると思われる。この中で、「約束する」という行為は、話し手の意図する行為であるから、Strawson(1974)によれば、これは発語内行為となる。一方、「喜ばせる」という行為は、話し手の意図とは無関係の結果的な行為であるから、これは発語媒介行為になる。こうしたStrawson(1974)の定義を、次のようにまとめておこう。

図④　　　発語内行為　　→　　発語媒介行為
　　　　| 意図的な行為 | 非意図的な行為 |

このように、発語内行為(illocutions)と発語媒介行為(perlocutions)をどう

区別するかに関して二つの有力な考え方がある[*17]。

　さて、こうした発語内行為と発語媒介行為の区別を観念的なものにとどまらせないためには、それに対する明示的な証拠が必要となる。言語学で発話行為を扱うためには、言語データによる検証が不可欠だからである。

3・3　言語的な証拠
3・3・1　遂行形式
Austin (1975: 103-104) によれば、発語内行為は言語・社会的な慣習に支配されているため、遂行文という形式 (performative formula) によって顕在化できる。一方、発語媒介行為は言語・社会的な慣習から自由であるため、遂行形式に言い換えることができないという対立が生じる。

(13)　主語が一人称単数、間接目的語が二人称単数であり、動詞は遂行動詞に属し、現在形、直説法、能動態肯定形である[*18]。

ここで、次の発話を例にして、この言語テストを検証してみよう。
(14)　I'll be back.　　　（『T2』）
　　　すぐ戻ってくる。

ここで遂行される発話行為には、「約束する」と「安心させる」があると思われる。この中で、「約束する」という行為は、遂行形式で顕在化することが可能である。

(15) a　I promise you that I'll be back.
　　 b　私は君に　すぐ戻ってくる　と約束する。

この事実から、「約束する」が発語内行為であることを確認できる。一方、「安心させる」という行為は、次のように遂行形式で言い換えることができない。この事実から、「安心させる」が発語媒介行為であることを確認できる。

(16) a　*I relieve you that I'll be back.
　　 b　*私は君に　すぐ戻ってくる　と安心させる。

3・3・2 「によって」定型表現

発語内行為と発語媒介行為は、また次のような定型表現('by' formula)によるテストでも区別することが可能である（Austin (1975: 121-132)）[19]。

 (17) By X-ing I was doing Y
    XすることによってYは、私はYを行っていた。

(17)は前件が話し手の意図を表し、後件がその結果を表す。したがって、(17)のX部分に話し手の意図的行為である発語内行為を、Y部分に話し手の意図的行為ではない発語媒介行為を代入することは可能である。しかし、その逆は不可能になる。つまり、(17)のX部分に発語媒介行為を、Y部分に発語内行為を代入すると文の意味に矛盾が生じる。

ここでは、次の発話を例に考えてみる。なお、(18)は悪役の男性が自分を嫌っている女性に対して発したものである。

 (18) I'm gonna marry you someday! (『BTF2』)
    いつかお前と結婚してやる！

ここで遂行されている発話行為には、「約束する」と「困惑させる」がある。これらの発話行為を、それぞれ「によって」定型表現に代入すると、結果は次のようになる。

 (19) a By <u>promising</u> I was doing <u>embarrassing</u>.
    b <u>約束する</u>ことによって、私は<u>困惑させていた</u>。
 (20) a *By <u>embarrassing</u> I was doing <u>promising</u>.
    b *<u>困惑させる</u>ことによって、私は<u>約束していた</u>。

上の事実から、「約束する」が発語内行為であり、「困惑させる」が発語媒介行為であることを確認できる。

このように、発語内行為と発語媒介行為は、言語的な証拠によって区別できるとされており、またこのような絶対的な区別が可能であって初めて、最初に述べたオースチンの「発語内行為の語彙リストを作る」という計画は有効なものになる。このように、発語内行為と発語媒介行為の間に明確な線引

きが可能であるとする立場を、本書では「絶対的な区別」と呼ぶことにする。

3・4 言語的な証拠の再考
3・4・1 遂行形式の再考
しかし、発語内行為と発語媒介行為の区別は絶対的なものだろうか。ここで再び、前節（3・3節）の発話を例に考えてみる。

（21）　I'm gonna marry you someday!　　（『BTF2』）
　　　　いつかお前と結婚してやる！

上の発話が発せられたとき、「約束する (promising)」「脅す (threatening)」「困惑させる (embarrassing)」などの行為が同時に遂行される。そして、一般的には、「約束する」が発語内行為 (illocutions)、「困惑させる」が発語媒介行為 (perlocutions) と言われている。

図⑤　　　　　発語内行為　　→　　発語媒介行為

約束する	困惑させる

では、「脅す」という発話行為は、図⑤のどこに位置するだろうか。直観的には、「脅す」は「約束する」と「困惑させる」の中間に位置するように思える。「脅す」は発語内行為に属するのだろうか、それとも発語媒介行為に属するのだろうか。先に述べた「絶対的な区別であるとする立場」に立てば、必ずどちらに属するかを決められるはずである。

例えば、次のように言語的に「脅す」は遂行形式をとることができない。そのことから「脅す」は発語媒介行為であると結論づけることができるように見える。

（22）a　*I threaten you that I'm gonna marry you someday.
　　　b　*私は君に　いつかお前と結婚してやる　と脅す。

しかし、問題はそう単純ではない。確かに、「脅す」は遂行形式をとることができないが、オースチンも認めているように、遂行形式は必ずしも発語内行為と発語媒介行為を区別するための絶対的な基準ではない。例えば、「呼ぶ

(call)」「診断する (diagnose)」「祝福する (congratulate)」は遂行動詞と思われるが、次のように遂行形式をとることのできない動詞は数多く存在する (山梨 (1986b: 28-29))。

(23) a *I call that he is a liar.
　　 b *I diagnose that his case is appendicitis.
　　 c *I describe that John is a Fascist.
　　 d *I congratulate you that you won the race.

上のように、遂行形式の成立は動詞の語彙的な側面に制約を受ける場合があり、発語内行為であるからといって必ずしも遂行形式が可能であるとは限らない。このため、遂行形式による証拠は、発語内行為と発語媒介行為を区別するための基準としては不十分である。

3・4・2「によって」定型表現の再考

では、「によって」定型表現 ('by' formula) によるテストは、発語内行為と発語媒介行為を区別する絶対的な基準になるだろうか。しかし、「によって」定型表現を用いたとしても、発語内行為と発語媒介行為を明確に区別することはできないと思われる。

ここでも、「脅す」という発話行為を例に考えることにしよう。まず、「脅す」という発話行為を「約束する」と比べることにする。これらを (17) のテストに適用すると、次のようになる。

(24) a 約束することによって、私は脅していた。
　　 b *脅すことによって、私は約束していた。

したがって、このレベルでは「約束する」が発語内行為で、「脅す」は発語媒介行為ということになる。

図⑥　　　　　発語内行為　　→　　発語媒介行為

約束する	脅す　困惑させる

しかし、この「脅す」が「困惑させる」と比べられた場合、上の分類は意

味をなさなくなる。なぜなら、これらを(17)のテストに適用すると、次のようになるからである。

(25) a 脅すことによって、私は困惑させていた。
　　 b *困惑させることによって、私は脅していた。

このように、このレベルでは、今度は「脅す」が発語内行為であり、「困惑させる」が発語媒介行為となる。

図⑦　　　　　発語内行為　　→　　発語媒介行為
　　　| 約束する　脅す | 困惑させる |

このように、「によって」定型表現を使って発語内行為と発語媒介行為の区別を行うと、何と比べるかによってその境界線が変わってしまうという問題が生じる。「脅す」という発話行為は、「約束する」と比べられたとき発語内行為に分類されるが、「困惑させる」と比べられると、これは「発語媒介行為」に分類される。

もし、発語内行為と発語媒介行為の区別が絶対的なものであるならば、何と比較されるかによって属性が変化するということはないはずである。この事実は、ある発話行為が発語内行為なのか発語媒介行為なのかという情報がその行為の中に固有(inherent)の属性として組み込まれているのではなく、それが何と比較されているのかによって決定される二次的な属性であることを意味する。「脅す」の属性が、比較される対象によって変化していったのはその例である。このように、発語内行為と発語媒介行為の区別が絶対的なものではないとする立場を、本書では「相対的な区別」と呼ぶことにする。

3・5　相対的な区別

「相対的な区別」という立場に立ったときの興味深い帰結は、「言う」「約束する」「脅す」「困惑させる」という発話行為の連鎖の中で、話し手がどこまでを意図していたかによって、発語内行為と発語媒介行為の境界線が変わるという点である。

もし話し手が「言う」という行為だけを意図していた場合は、下のように「言う」と「約束する」の間に発語内行為と発語媒介行為の境界が引かれる。この場合、「言う」という行為だけが発語内行為であり、「約束する」「脅す」「困惑させる」などの行為は話し手の意図しないところで結果的に聞き手の中に生じた発語媒介行為となる[20]。

図⑧　　　発語内行為　→　　　発語媒介行為

言う	約束する　脅す　困惑させる

また、もし話し手が「約束する」までを意図していた場合は、発語内行為と発語媒介行為の境界は「約束する」と「脅す」の間に引かれる。この場合、「言う」「約束する」までが発語内行為であり、「脅す」「困惑させる」は結果的に生じた発語媒介行為となる。

図⑨　　　発語内行為　→　　　発語媒介行為

言う　約束する	脅す　困惑させる

同様に、もし話し手が「脅す」までを意図していた場合は、発語内行為と発語媒介行為の境界は「脅す」の右に引かれることになるし、またもし話し手の意図が「困惑させる」まであった場合、境界は「困惑させる」の右に引かれる。このような発語内行為と発語媒介行為の相対性を図示すると、次のようになろう。

図⑩　　発語内行為→　　　　発語媒介行為

言う	約束する	脅す	困惑させる
言う	約束する	脅す	困惑させる
言う	約束する	脅す	困惑させる

これは要するに、話し手がどこまで意図していたかによって発語内行為と

発語媒介行為の境界が変わるということである。だとすると、発語内行為と発語媒介行為の区別は従来考えられていたような絶対的な区別ではなく、話し手の意図によって変化する「相対的な区別」であるという観点が必要になろう。

こう考えると、最初に述べた「発語内行為動詞の語彙リストを作る」というオースチンの計画が非常に困難であることが分かる。そもそも、オースチンの計画は「何が発語内行為であるのか」を絶対的に定義できるという仮定を前提としている。しかし、上で述べたように「何が発語内行為であるのか」は話し手がどこまで意図していたのかによって変化する。このように、発語内行為と発語媒介行為の区別が相対的なものである以上、「発語内行為の語彙リストを作る」という計画は非常な困難を伴うであろう[*21]。したがって、オースチンの計画は「発話行為を区別する基準は何か?」という発話行為論にとって根本的な問いに差し戻される。

4 発話行為の効果

4・1 聞き手に与える効果

オースチンが仮定した発語内行為(illocutions)と発語媒介行為(perlocutions)の区別が相対的な区別でしかなく、絶対的な基準ではないとすれば、我々はどんな基準によって発話行為を分類すべきだろうか。この点について、本書では、発話行為が聞き手に与える効果(effect)[*22]がその後も持続するのか、それともその場限りで消滅するかという基準によって、それが可能になると考えている。本書が第4章で、発話行為を「持続的な効果を持つもの(SAC)」と「一時的な効果を持つもの(SAT)」に区別したのは、そのような考えに基づくものである。

4・2 サールの適切性条件

「発話行為が聞き手に与える効果」について考えるに当たり、まず「約束」「挨拶」という二つの発話行為が聞き手に与える効果がどう違うのかという

問いから始めることにしたい。

この問いに答えるためには、背景知識としてサールの意味論的規則 (semantic rules) が必要である (Searle (1969: 50-53))。サールは「規則」を統制的規則 (regulative rules) と構成的規則 (constitutive rules) に分けたが、発話行為を規定する一群の規則である「適切性条件」は後者に当たる[*23]。

話し手Sが聞き手Hがいるときに文Tを発話し、Sが欠陥なく (nondefectively) 発話の力をHに対して遂行できたとする。サールの適切性条件はそのときに成立しているはずの条件であるが、具体的には次の四つからなる (Searle (1969: 57-61))。

(26) a 命題内容条件 (propositional content condition)
　　 b 事前条件 (preparatory condition)
　　 c 誠実性条件 (sincerity condition)
　　 d 本質条件 (essential condition)

これらは発話行為が成立を規定する構成的規則の束である。例えば、「約束 (Promise)」「挨拶 (Greet)」という発話行為が成立するための条件とは、次の通りである。

(27) 「約束」が成立するための条件
　　 a 命題は話し手による未来の行為であること。
　　 b 話し手と聞き手はその行為が行われることを望んでいること。
　　 c 話し手はそれを行おうと意図していること。
　　 d 話し手はそれを行う義務を負うこと。
(28) 「挨拶」が成立するための条件
　　 a なし。
　　 b 話し手が聞き手とちょうど出会ったところである。
　　 c なし。
　　 d 話し手が聞き手を礼儀正しく認知したこととしてみなされる。

それぞれの発話行為が成立するための適切性条件の違いを観察することで、「約束」と「挨拶」が持つ特徴の差が明らかになる。

まず、「約束」が成立するための条件の中には、「未来の行為である(命題内容条件)」「その行為を行うかどうか自明ではない(事前条件)」「その行為を行う義務がある(本質条件)」などの記述がある。このことから、「約束」という発話行為が未来においてその行為が実行されるまで続く「時間的に長期にわたる行為」であることが分かる。

一方、「挨拶」を構成する条件は、「二人は出会ったところ(事前条件)」、「礼儀正しく遇したこととする(本質条件)」など現場的なものに限定されている。「約束」の場合と異なり、時間的な要素、特に未来に関わる規定は存在しない。このことから、「挨拶」という発話行為が「その場限りで効果を喪失する行為」であることが分かる。

4・3 効果の持続性と一時性

4・3・1「約束」の持続性

ここでは、さらに前節(4・2節)の議論を敷衍してみたい。男が女に次のような発話をしたとする。

　　(29)　「君と結婚する。」

これは、言うまでもなく「約束」である。男は、これを発話することにより、「女と結婚する」という未来の命題内容を実行する義務を負う[*24]。もし、男に結婚する気がなくても、それは不誠実な約束であるというだけで、これを発話することにより結婚する義務が生じることに変わりがない。また、その義務は(29)の発話が消滅した後でも残り、発話者に対して拘束力を持つ。詐欺師などによって発せられる守る気のない約束は「不誠実な約束(insincere promises)」と呼ばれるが、たとえ嘘であっても約束自体は無効ではなく、それが守られるまでの時間、話し手と聞き手を拘束する(Searl (1969: 54-71))。筆者は、これが「約束」の本質的な側面であると考える。

「約束」という発話行為は、その行為が実行されるまでずっと、行為遂行の義務を話し手に対して負わせるのである。もし(29)の発話が嘘であったと

き、男がいつまでも女に対する罪悪感を感じるのも、女がいつまでも男を恨むのも、「約束」という発話行為が時間的に長期にわたって持続するからに他ならない[*25]。「約束」に見られる効果の持続性（永続性）は、次のように図示することができる。

(30) 効果が持続的な発話

　　　　　発話の効果 ━━━━●━━━━▶

これは、「約束」という発話行為が聞き手に与える「効果」が持続的であると言い換えることができる。「約束」は「持続的な効果を持つ発話行為（SAC）」である。同じような機能を持つ発話行為には、他に「警告」「予測」「主張」「命名」「助言」などがある。

4・3・2 「挨拶」の一時性
これに対し、「挨拶」という発話行為はどうだろうか。
　　(31) 「こんにちは。」
サールによって定義されているように、「挨拶」という発話行為の本質は、その発話が話し手と聞き手が出会ったばかりの時点（または、別れる直前）で発話されるという点にある。したがって、(31)は話し手と聞き手が出会う前に発話されても、出会った後しばらくしてから発話されても「挨拶」とはならない。つまり、「挨拶」にはそれが発話されるべきタイミング（現場性）があり、そこからずれてしまっては「挨拶」としては機能しなくなる。
　先に見た「約束」は誠実性条件を持つから、逆に不誠実に約束することもできた。詐欺師も約束ができるのはそのためである。ところが、「挨拶」には誠実性条件がないので不誠実な挨拶はできない。タイミング的にちょうど出会ったところで（事前条件）、なおかつ礼儀正しく扱ったとみなされた（本質条件）場合に限って、挨拶は成立する。
　だから、怒った顔で発せられるなど「不誠実な挨拶」は、発話行為の現場性ゆえに「挨拶」として成立しない[*26]。(31)は、発話されたら最後、発話の

機能はそれで終了である。「挨拶」に見られる効果の一時性（現場性）は、次のように図示することができるだろう。

(32) 効果が一時的な発話
　　　　発話の効果 ━━━━●━━━▶

したがって、(31)はその音声が消滅したら、発話の力も同時に消失する。これは、「挨拶」という発話行為が聞き手に与える効果が一時的であると言い換えることができる[*27]。「挨拶」は「一時的な効果を持つ発話行為（SAT）」である。同じような機能を持つ発話行為としては、他に「呼びかけ」「質問」「祝福」「感嘆」「罵り」などがある。

4・3・3　SAC と SAT
このように、ある発話行為が遂行されたとき、それが聞き手に与える「効果」は将来にわたって持続する場合と、その場限りで消滅してしまう場合の二種類を仮定することができる。発話行為の効果には「持続的なもの」と「一時的なもの」がある。したがって、発話行為も、次の二つに分類することが可能である。

(33)　発話行為
　　　a 持続的な効果を持つ発話行為（SAC）
　　　b 一時的な効果を持つ発話行為（SAT）

この区別は、発語内行為と発語媒介行為の区別のように話し手の意図によって変化するような相対的な区別ではなく、ある発話行為が固有（inherent）に持っている絶対的な区別である。すなわち、話し手がどのような意図を持って発話したとしても、常に「約束」は SAC であり、「挨拶」は常に SAT である。

4・4 伝統的見解との関わり

むろん、SAC と SAT の区別は、オースチンやサールの議論と矛盾するものではなく、本書における議論と共存が可能である。最後に、本書の区別（SAC と SAT）が、伝統的な見解（発語内行為と発語媒介行為）とどう関連するのかについて述べておく。

例えば、「君と結婚する」のような発話と同時に遂行される発話行為には「約束する」「喜ばせる」などがあり、従来は前者が発語内行為で、後者が発語媒介行為であるとして区別されていた。しかし、すでに述べた通りこの境界は話し手の意図によって移動する相対的なものである。本書の区別では、「約束する」「喜ばせる」は、ともに持続的な効果を持っていることから、どちらも SAC に分類される。

一方、「こんにちは」のような発話と同時に遂行される発話行為には「挨拶する」「礼儀正しく遇する」などがあり、従来では前者が発語内行為で、後者が発語媒介行為に区別されていた。しかし、これらも本書の区別では、「挨拶する」「礼儀正しく遇する」は、ともに一時的な効果しか持たないことから、どちらも SAT に分類される。

表①

	発語内行為	発語媒介行為
SAC	約束する	喜ばせる
SAT	挨拶する	礼儀正しく遇する

伝統的な発話行為論では、発語内行為と発語媒介行為を区別する縦の区別が重視されていたが、本書はその区別は相対的であると考えている（表①で縦線が点線であるのは、それを表している）。そして、本書ではむしろその発話行為が聞き手に及ぼす効果が持続的か一時的かという横の区別の方が明確な区別となりうることを主張した（表①で横線が実線であるのは、それを表している）。

さて、SAC と SAT の区別（表①の横線）が発話行為を区別する明確な基準となるためには、言語データにそれが反映されていなければならない。最後

に、「発話行為的引用論」の課題として、現時点で筆者が気づいている言語データを素描しておく。

5 発話行為的引用論の課題
5・1 発話行為的引用論の枠組み

話し手が自分の発話の中に異なる発話を代入することを「引用」と言い、そこで用いられる言語形式を引用の構文という。発話行為的引用論は、引用句と引用動詞を備えた次のような構文における統語現象を扱う。

 (34) a 太郎は　あなたもやってごらんなさい　と言った。
   b 太郎は　お前もやってみろ　と言った。
   c 太郎は　私もやってみろ　と言った。

「場の二重性[*28]」という特徴を持つ引用の構文は、伝達者による元の発話の解釈というプロセスを含むため、単文だけを見ていては分からない言語現象を捉えることが可能である。発話行為的引用論は、「場の二重性」を前提とし、元の発話の「力」に配慮しつつ言語データを考察する。そして、引用の構文の各構成要素に見られる言語的な反映を捉えることを目的としている。本書の用語で発話行為的引用論の枠組みを定義すると、次の通りである。

 (35) 発話行為的引用論は、第1場における発話の力と第2場における引用の構文との相関を扱う。特に第1場における伝達者の解釈が言語形式にどう関わるかを考察するものである。

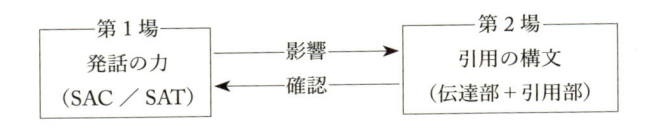

```
┌─第1場──────┐   影響    ┌─第2場──────────┐
│  発話の力      │ ────→  │   引用の構文         │
│  (SAC／SAT)    │ ←────  │ (伝達部＋引用部)    │
└────────────┘   確認    └──────────────────┘
```

前節（4節）で考察したSACとSATの区別は、言語学的な証拠が用意されて初めてその意義が認められる。そして、この区別が発話行為の中に確かに

存在していることは、発話行為的引用論の枠組みを用いることにより明らかにすることが可能である。以下では、発話行為の効果（SACとSATの区別）が関わる言語データを三つあげ、発話行為的引用論の展望を行いたい[*29]。

5・2 引用された遂行動詞

5・2・1 問題のありか

発話行為をSACとSATに区別することによって、引用された遂行動詞（テイル形）に見られる「解釈の優先」を説明することができる。

　テイル形の解釈には、現在もその行為を行っているという進行相（progressive）としての解釈と、過去にその行為を行って現在はその効果が残っているという結果相（resultative）の解釈がある[*30]。

　それを確認した上で、遂行動詞（テイル形）が引用されたとき、それがどう解釈されるか見ていきたい。

(36) a 太郎は　約束している　と言った。
　　 b 太郎は　宣言している　と言った。

　(36)の引用句における「テイル形」の解釈は、すでに完了した動作の結果が持続しているという「結果相」の解釈がまず優先される。この「解釈の優先」を次のように表記する。

(36') ①結果相→②進行相

「約束している」「宣言している」が、「結果相」に解釈されやすいことは、単文による次のテストでも明示化できる[*31]。

(37) a 太郎「?今、約束している最中だ。」　　（進行相）
　　 b 太郎「すでにもう、約束している。」　　（結果相）
(38) a 太郎「?今、宣言している最中だ。」　　（進行相）
　　 b 太郎「すでにもう、宣言している。」　　（結果相）

したがって、(36)で引用された遂行動詞（テイル形）は、(37)b(38)bの引用ととる、すなわち結果相で解釈するのが自然である。ちなみに、(36)を

(37)a(38)aの引用ととる、すなわち進行相で解釈することも不可能ではないが、そのためには元の発話に次のような特殊な文脈が必要である。

(37')a　太郎「嘘だと思われないため、繰り返し約束している[*32]。」
(38')a　太郎「一字一句間違えないよう、慎重に宣言している。」

では、引用された遂行動詞（テイル形）が、すべて(36')で解釈されるかというと、もちろんそうではない。例えば、次の(39)でも遂行動詞（テイル形）が引用されているが、そこにおける解釈の優先は、(36')と違いのあることが分かる。

(39)a　太郎は　挨拶している　と言った。
　　b　太郎は　質問している　と言った。

(39)の引用句における「テイル形」の解釈は、その行為が今繰り返し行われているという「進行相」の解釈がまず優先される。この「解釈の優先」を次のように表記する。

(39')　①進行相→②結果相

「挨拶している」「質問している」が、「進行相」に解釈されやすいことは、単文による次のテストでも明示化できる[*33]。

(40)a　太郎「今、挨拶している最中だ。」　　（進行相）
　　b　太郎「?すでにもう、挨拶している。」　（結果相）
(41)a　太郎「今、質問している最中だ。」　　（進行相）
　　b　太郎「?すでにもう、質問している。」　（結果相）

したがって、(39)で引用された遂行動詞（テイル形）は、(40)a(41)aの引用ととる、すなわち進行相として解釈するのが自然である。ちなみに、(39)を(40)b(41)bの引用ととる、すなわち結果相で解釈することも不可能ではないが、そのためには元の発話に次のような特殊な文脈が必要である。

(40')b　太郎「もう挨拶している。だから、議員さんへの陳情はスムーズに進むと思う[*34]。」
(41')b　太郎「ずいぶん前に質問している。それなのに、委員会はまだ

調査結果を公表しない。」

要するに、引用された遂行動詞（テイル形）の解釈において、(36)では結果相が優先されるが、(39)では逆に進行相が優先される。構文上は同じである(36)と(39)において、テイル形の解釈になぜ対比が生じるのか。

5・2・2 発話行為的な分析

「発話行為的引用論」は、(36)と(39)の対比を次のように説明する。「約束」「宣言」などSACに属する発話行為は、その発話の効果が持続的だと考えられるものである。例えば、「約束」は一定の言語形式にのっとって発話されると、守られるまでの時間、話し手と聞き手を拘束するという特徴を持つ。その点、「挨拶」「質問」などさまざまな非言語行動で補完される現場的な発話行為であるSATとは質的に異なる。

SACにおける効果の持続性と、引用された遂行動詞（テイル形）の関係を、次のように図示してみた[35]。

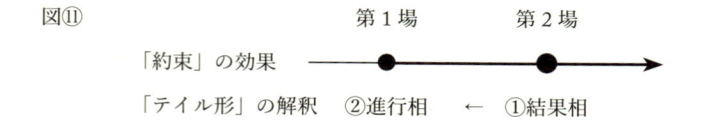

図⑪　　　　　　　　第1場　　　第2場
　　　「約束」の効果 ―――●―――●―――→
　　　「テイル形」の解釈　②進行相　←　①結果相

(36)の「テイル形」で結果相の解釈が優先されるのは、SACの効果が持続的であるため、まずはそれが引用される時点（第2場）からテイル形を解釈するからだと思われる。結果相で解釈すると文意に矛盾が生じるときに限り、第1場から解釈を行い、進行相の解釈が生じる。

ところが、「挨拶」という行為は、一度したからもうその後はしなくてよいという行為ではなく、会う度に聞き手に対してさまざまな非言語行動を伴って遂行されるという現場性を持つ。その点、「約束」「宣言」など言語形式だけで相手を長期間拘束するSACの発話行為とは質的に異なる。

SATにおける効果の一時性と引用された遂行動詞（テイル形）の関係を、次のように図示してみた。

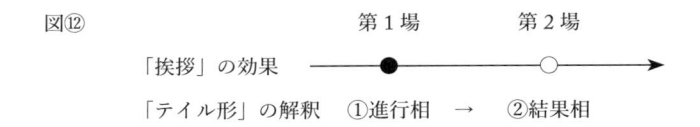

図⑫　　　　　　　　　第1場　　　第2場
　　　「挨拶」の効果　──●─────○──────→
　　　「テイル形」の解釈　①進行相　→　②結果相

　(39)の「テイル形」で進行相の解釈が優先されるのは、SATの効果が一時的であるため、まずはそれが元の発話の時点(第1場)からテイル形を解釈するからだと思われる。進行相で解釈すると文意に矛盾が生じるときに限り、第2場から解釈を行い、結果相の解釈が生じる。

　要するに、(36)の引用句で結果相の解釈が優先されることを、「約束」という発話行為の効果が持続的(SAC)であることに、また(39)の引用句で進行相の解釈が優先されることを、「挨拶」という発話行為の効果が一時的(SAT)であることに求める。このように、遂行動詞(テイル形)に関する説明を、引用という観点から発話行為的に行うのが「発話行為的引用論」である[*36]。以上の考察をまとめると次の通りである。

　(42)　遂行動詞(テイル形)の解釈

	進行相		結果相	
SAC	②	←	①	(例)約束、宣言、診断、主張、命令…
SAT	①	→	②	(例)挨拶、質問、祝福、感嘆、祈願…

5・3　引用された相互代名詞

5・3・1　問題のありか

　また、発話行為をSACとSATに区別することによって、相互代名詞(reciprocal)の解釈を説明することができる。ここでは、引用された「お互いに」が、引用句でどう解釈されるかを取りあげる。

　(43)　太郎と花子は　お互いに見た　と言った。

　引用句の「お互いに」は、次の二通りに解釈することができる。まず第一は、「太郎と花子が同じ場所でお互いに相手を同時に見た」という解釈であ

る。第二は、「太郎と花子がそれぞれ別の場所で相手を見た（結果的に、お互いに相手を見たことになる）」という解釈である。それぞれの解釈を次のように呼称する[*37]。

(43') a　同場所の解釈
　　　b　別場所の解釈

「お互いに」に二つの解釈があることを確認した上で、今度は引用句内の動詞を遂行動詞に変えてみる。そのとき、引用句の中で相互代名詞がどう解釈されるかを見てみよう。

(44)　太郎と花子は　お互いに診断した　と言った。

(44)の「お互いに」には、次のように「同場所」「別場所」という二つの解釈が可能である。

(44') a　太郎と花子が、同じ部屋でお互いに相手を診断し合った。
　　　b　太郎と花子が、それぞれ別々の部屋で相手を診断した（結果的に、お互いに診断し合ったことになる）。

次の例も同じである。引用句の「お互いに」を伝達者は二通りに解釈できることを確認してほしい。

(45)　太郎と花子は　お互いに自説を主張した　と言った。
(45') a　太郎と花子が、同じ紙面でお互いに自説を主張し合った。
　　　b　太郎と花子が、それぞれ別々の紙面で自説を主張した（結果的に、お互いに自説を主張し合ったことになる）。

ところが、同じように引用句内の動詞を遂行動詞に変えているのにも関わらず、次の例では相互代名詞に二通りの解釈が生じない。

(46)　太郎と花子は　お互いに受賞を祝福した　と言った。

このとき、伝達者による「お互いに」の解釈は「同場所」しかなく、「別場所」という解釈は生じないと思われる。

(46') a　太郎と花子が、同じ会場でお互いに相手を祝福し合った。
　　　b　?太郎と花子が、それぞれ別々の会場で相手を祝福した（結果的

に、お互いに相手を祝福し合ったことになる）。

　(46')bの「?」は、非文を表すものではない。(46)の解釈が(46')aに限定され、(46')bの解釈が消えることを示す。このように「お互いに」の解釈が「同場所」に限られ、「別場所」の解釈ができない例をさらにあげる。
　　(47)　　太郎と花子は　お互いに相手の作品に感嘆した　と言った。
　　(47')a　太郎と花子が、同じ会場で相手の作品にお互いに感嘆し合った。
　　　　 b　?太郎と花子が、それぞれ別々の会場で相手の作品に感嘆した。
　　　　　（結果的に、お互いに感嘆し合ったことになる）。
　要するに、(44)(45)は引用句の相互代名詞に二通りの解釈が許されるのに対し、(46)(47)は一通りの解釈しか許されない（「別場所」の解釈がブロックされる）[*38]。構文上は同じである(44)(45)と(46)(47)において、相互代名詞の解釈でこのような対比が生じるのはなぜか。

5・3・2　発話行為的な分析

　「発話行為的引用論」は、(44)(45)と(46)(47)の対比を、次のように説明する。「診断」「主張」などSACに含まれる発話行為は、その効果が持続的だと考えられるものである。そして、「診断」という発話行為の効果を現場的に判断する場合は、引用された相互代名詞に「同場所」の解釈が生じる。また、それを持続的に判断する場合は、引用された相互代名詞に「別場所」の解釈が生じる。
　SACにおける効果の持続性と「お互いに」が受ける解釈を、次のように図示してみた。

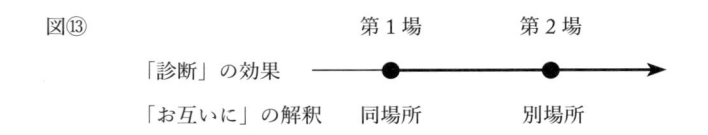

　　図⑬　　　　　　　　　第1場　　第2場
　　　　　「診断」の効果　　●──●──→
　　　　　「お互いに」の解釈　同場所　別場所

　(44)(45)で「お互いに」の解釈に二義性が生じるのは、「診断」「主張」の効果を元の発話の時点（第1場）で捉えて相互代名詞を解釈するか、その後の

時点(第2場)で捉えて解釈するかの違いだと思われる。

　一方、「祝福」「感嘆」などSATに含まれる発話行為は、その効果が一時的と考えられる現場性の強いものである。だから、「祝福」という発話行為の効果は現場的にしか判断できず、相互代名詞に「同場所」の解釈が生じる。しかし、「祝福」の効果は現場で消えてしまうので、図⑬のようにその後の時点(第2場)から相互代名詞を解釈することはできない。

　SATにおける効果の一時性と「お互いに」が受ける解釈を、次のように図示してみた。

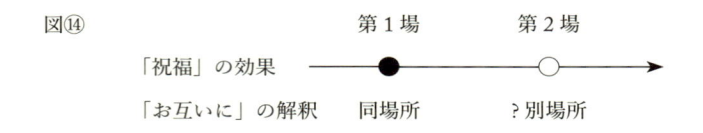

```
図⑭                      第1場      第2場
    「祝福」の効果      ●─────○──────→
    「お互いに」の解釈   同場所    ?別場所
```

　(46)(47)で「お互いに」の解釈に曖昧性が消える(「別場所」の解釈がブロックされる)のは、「祝福」「感嘆」の効果を元の発話の時点(第1場)で捉えて相互代名詞を解釈することはできるが、その後の時点(第2場)では解釈できないからだと思われる。

　このように、相互代名詞「お互いに」が受ける解釈について、引用という観点から発話行為的に分析するのが「発話行為的引用論」である。以上の考察をまとめると次の通りである。

(48)　相互代名詞(「お互いに」)の解釈

	同場所	別場所	
SAC	○	○	(例)約束、宣言、診断、主張、命令…
SAT	○	×	(例)挨拶、質問、祝福、感嘆、祈願…

5・4　引用されたダイクシス

5・4・1　問題のありか

発話行為をSACとSATに区別することによって、引用句におけるダイクシ

スの視点移動を説明することができる。ある発話を引用するとき、元の発話で用いられていたダイクシスを現在の視点から見た表現に調整できるのが普通である。この点を確認した上で、(49)aの発話を引用するとき、ダイクシス表現がどう調整されるか見てみよう。

　　(49) a　太郎「明日　君がやれ。」
　　　　　b　太郎はその時　今日　僕がやれ　と言った。(IQ)

ここでは元の発話のダイクシス「明日」「君」は、引用されたときにそれぞれ「今日」「僕」に調整されている。これは、現在の話し手である伝達者がダイクシスを現在の視点に調整できるという、ごく当たり前の原則に従った結果である。

ところが、引用の構文を詳しく見ていくとこの当たり前の原則がきかない場合がある。例えば、次のような発話がこれに当たる。

　　(50) a　太郎「明日　雨が降れ。」
　　　　　b ?太郎はその時　今日雨が降れ　と言った。　(DQ)

(50)aの発話を引用するとき、伝達者は元の発話のダイクシス「明日」を現在の視点から見た表現(今日)に調整することができない。もし、ダイクシスを調整して引用すると、直接引用として解釈されてしまい、元の発話を引用していることにならない。

要するに、(49)aの引用では元の発話のダイクシスを調整して伝えることができるのに、(50)aの引用ではそれが許されない。構文上は同じと思われる(49)と(50)において、引用句の視点移動になぜ対比が生じるのか。

5・4・2　発話行為的な分析

「発話行為的引用論」は、(49)と(50)の対比を、次のように説明する。(49)aが遂行している発話行為は「命令」である。「命令」は、発話された後でも発話の力を持続する発話行為であり、本書の分類ではSACにあたる。SACは発話された後でも聞き手に対して拘束力を持つから、その発話が引用句に持ち込まれた時点(第2場)でも、引用句の中で元の発話の力は持続していると思われる。

SACにおける効果の持続性と引用句のダイクシスの関係を、次のように図示してみた。

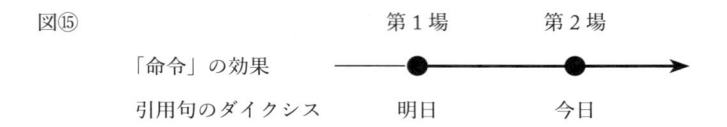

図⑮

```
                    第1場      第2場
「命令」の効果    ———●————————●————————→
引用句のダイクシス    明日        今日
```

(49)bで伝達者が、引用句のダイクシスを第2場から見た表現に調整できるのは、元の発話がSACであるため、元の発話と引用句を同じ次元で扱うことができるからだと思われる。

これに対し、(50)aが遂行している発話行為は「祈願」である。「祈願」は、発話された時点(第1場)でしか発話の力を持たない現場性の強い発話行為であり、本書の分類ではSATに当たる。SATはそれが発せられた後は聞き手に対して拘束力を持たないから、その発話が引用句に持ち込まれた時点(第2場)では、引用句の中で発話の力は消滅している。

SATにおける効果の一時性と引用句のダイクシスの関係を、次のように図示してみた。

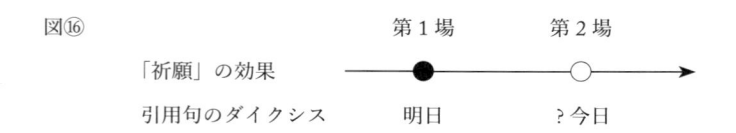

図⑯

```
                    第1場      第2場
「祈願」の効果    ———●————————○————————→
引用句のダイクシス    明日       ?今日
```

(50)bで伝達者が、引用句のダイクシスを第2場から見た表現に調整できず、第1場から見た表現に限定されるのは、元の発話がSATであるため、元の発話と引用句を同じ次元で扱うことができないからだと思われる。

このように、ダイクシスの視点調整について、引用という観点から発話行為的に分析するのが「発話行為的引用論」である。以上の考察をまとめると次の通りである。

(51) ダイクシスの視点調整

	未調整	既調整	
SAC	○	○	(例)約束、宣言、診断、主張、命令…
SAT	○	×	(例)挨拶、質問、祝福、感嘆、祈願…

5・5 発話行為的引用論の展望

発話行為的引用論では、第1場(元の発話の場)における発話行為の遂行を、第2場(引用の場)から観察し、分析する。いわば第2場に設置された「引用の構文」という望遠鏡を通して、第1場における発話行為の遂行を観察しようとする試みである。引用の構文を発話行為的に分析することにより、引用された(a)遂行動詞(テイル形)、(b)相互代名詞(「お互いに」)、(c)ダイクシス(視点調整)などを統一的に説明することが可能となる。

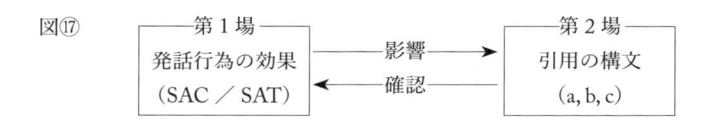

図⑰　┌─第1場─┐　　　　　┌─第2場─┐
　　　│発話行為の効果│ ─影響→ │引用の構文│
　　　│(SAC／SAT)│ ←確認─ │(a, b, c)│
　　　└──────┘　　　　　└──────┘

　もちろん、SACとSATを区別する「発話行為的引用論」の有効性は、言語データにおける分析の成果がまだまだ少なく、適用の範囲も未知数である。したがって、ここでは現時点で筆者の気づいている言語データをあげるにとどめ、さらなる分析は今後の課題としたい。

6 まとめ

発話行為を分類するとき、伝統的には発語内行為と発語媒介行為に区別して考える。この章では、まずこうした区別が相対的なものであり、明確な区別となりえないことを述べた。次に、発話行為が聞き手に及ぼす効果が「持続的」であるか「一時的」であるかという区別を提案し、前者を「SAC」、後

者を「SAT」と名付けた。発話行為の効果が二種類あることは、引用句における遂行動詞（テイル形）、相互代名詞（「お互いに」）、ダイクシス（視点調整）等から言語学的に明示化できる。このように、発話行為の効果（SACとSATの区別）は言語的な証拠により確認が可能であるから、慣習や意図に左右されない、より客観的な区別となりうると述べた。

注

1 本章の一部は、中園（2005a）で発表した。
2 発話行為（言語行為）論については、田島（1977）、坂本（1977, 1978）、西山（1983）、土屋（1983bc）、山田（1988, 2002）、立川・山田（1990）、Allan（1994ab）、飯田（1998）、清塚（1998）、久保（2001, 2002a）等を参照した。
3 ちなみに、土屋（1996b）では語用論を「文の使用法を研究する分野」とする見方に対して疑義が示されている。これは「文」概念を疑う強い仮説である。しかし、本書ではあくまで通俗的に「語用論」を捉えることにする。
4 発話行為の分類（Speech Acts Hierarchy）は、第3章（2・3節）でも検討した。
5 「発語行為」に関するAllan（1994b: 4128）の記述は以下の通り。
　(i) 発語行為を遂行するとは、言語Lに堪能な話し手Sが、韻律的特徴Φを持つ表現Eを使用するということである。そして、発語行為を認識するとは、その言語Lの文法、語彙、意味、音韻の知識を持つ聞き手によりそれが認識されるということである。
6 次は（3）が「脅迫」として機能する用例である。なお、これは悪役の男性（Biff）が自分を嫌っている女性（Lorraine）に対して発したもの。
　(i) I'm gonna marry you someday ! Lorraine ! Someday you'll be my wife !!! （『BTF2』）
　　 いつか俺と結婚するんだ。いつの日か俺の女房にしてみせる!!!
7 「発語内行為」に関するAllan（1994b: 4128）の記述は以下の通り。
　(i) 話し手Sは、場面Cにおいて聞き手Hに対して発話Uを発することで何ごとかを行うことができる。例えば「事実・意見を述べる」「何かを確認・否定する」「予測する」「要求する」「感謝する」「招待する」「命令を出す」「仲裁する」「助言する」「許可する」「命名する」「宣誓する」等である。
8 例えば、次のような例がそれに当たる。
　(i) ハイジはもみの木がゴーゴーとなる音にじっと耳を傾けていました。木のずーっと先の方で何か重々しい音がするのが何事か話しかけているように思えて、たま

らなくハイジを引きつけたのです。(『もみ』)
9 「発話媒介的な効果(perlocutionary effect)」とも言う。「発語媒介行為」に関するAllan (1994b: 4128)の記述は以下の通り(カッコ内は筆者による補足)。
    (i) 発語媒介行為は、発話Uの発語行為・発語内行為を聞き手Hが認識した、その結果として遂行される行為である。その発話(例えば「頭に蜘蛛がいるよ」)の結果としてなんらかの効果(例えば、怖がらせる)があったとしても、それが上記の認識の結果から生じたものでないとき(例えば、身ぶりや表情などによる場合)は発語媒介行為ではないので注意すること。
10 山梨(1986b: 30)は(i)発語内行為と(ii)発語媒介行為を明示する動詞の例として、次の動詞をあげている(筆者による日本語訳)。
    (i) 質問する、命令する、約束する、提案する、依頼する、陳述する、示唆する、言う 等
    (ii) 警戒させる、確信させる、激励する、困惑させる、印象づける、威嚇する、誤解させる、説得する 等
11 発語内行為と発語媒介行為の区別については、Austin (1975: 109-132)を参照。
12 Austin (1975)はこれを「適切性条件(felicity condition)」と呼んだ。
13 「明示的な遂行文」については、Austin (1975: 67-93)を参照。
14 Strawson (1974: 30)による記述は以下の通り。
    (i) ある発話が発語内の力を持つ(伝達の成功)とは、グライスのいう複合的な意図(complex intention)の認識に話し手と聞き手の双方が成功したということである。
15 正確に言うと「"being conventional"ではなく"being capable of being conventional"である」(Strawson (1974: 27))。
16 ちなみに、土屋(1983a)は、言語行為の成立に意図は必須ではないとし、オースチンへの回帰を主張している。これは「コミュニケーション」という概念を疑う強い仮説であるが、本書ではあくまで通俗的に「言語伝達(コミュニケーション)」を捉えたいと思う。なお、土屋(1983a)の記述は以下の通りである。
    (i) 意図という概念を導入することによって、一見慣習的とは認められない言語行為、すなわち、情報の伝達、態度の表明、依頼、警告などについての分析が可能になったように思われた一時期もあったが、(中略)それらの分析は言語行為を特徴づけるのに必要なものではない。
17 オースチンの「慣習」はサールにより体系化され、近年はSearle & Vanderveken (1985)がある。また、グライス、ストローソンの「意図」は、Sperber & Wilson (1986)による関連性理論へと発展している。
18 正確に言えば「遂行文(performatives)とは、慣習的な力を直接的に伝える言語形式であり、平叙文でありながら真偽判断ができず、適切か不適切かによって判断されると

いう特徴を持つ。言語形式としては、一人称単数の主語と二人称間接目的語を持ち、動詞は単純現在である。」
19　Holdcroft (1978: 20-22)、毛利 (1980: 23-27)、西山 (1983: 637-638) を参照。
20　ただし、「言う」が発語内行為となる場合は、理論的に仮定できるにすぎず、実際にはあり得ないであろう。なぜなら、話し手がＭＰ（合理的な人間）である限り、その発話は聞き手に対し何らかの効果を及ぼすことが目的だからである。したがって、ただ単に意見の表明だけを意図し、それが聞き手に受け入れられるか拒否されるかという結果を捨象して話せるＭＰはいないであろう。
21　もちろん Austin (1975: 119-120) でも、これら二つの行為の区別が難しいという点は言及されている（カッコ内は筆者による補足である）。
　(i)　発語媒介行為（例えば「威嚇する」）は、ステッキを振るなど非慣習的な手段でも遂行可能である。それに対し、発語内行為（例えば「警告する」）は利用される手段が慣習的である必要がある。しかし、その手段が慣習的か非慣習的か（すなわち、発語内行為と発語媒介行為）を区別することはとても困難である。
22　発話行為の効果、すなわち了解 (uptake)、結果 (effect)、帰結 (consequence) に関しては Austin (1975: 109-120) を参照。
23　Austin (1975) の「適切性条件 (felicity conditions)」を形式化したものであり、Searle & Vanderveken (1985) ではさらに精緻化され「成功条件 (conditions of success)」と呼ばれる (久保 (2002b, 2003))。
24　ただし、その行為を実行するかどうかは現在のところ不明であるが…。
25　「約束」という行為と時間の関係については、山田 (1990) が参考になる。
26　「挨拶や懲罰を不誠実に行うことはできないが、他方、陳述や約束は不誠実に行うことができる」(Searl (1969: 65))。したがって、コンビニの店員などによってしばしばなされる無表情でマニュアル的な挨拶（不誠実な挨拶）は、挨拶をしているようで実は何もしていないことになる。
27　ところで、「挨拶」を受けるとその後もその人に対して好意を持つから、「挨拶」の効果も持続的ではないかという指摘を受けたことがある。しかし、「挨拶」は「約束」と異なり、一度したからもうしなくてもよい行為ではない。「挨拶」の効果は一時的（現場的）であるから、その後もその人に会うたびに繰り返さなければならない。それに対し、「約束」は一度すれば効果は持続的（永続的）だから、原則として二度とする必要はない。
28　砂川 (1988b: 20) による記述は以下の通り。
　(i)　引用文（筆者注・引用の構文）は二重の場によって構成されており、引用句「～と」は引用文（筆者注・引用の構文）全体の発言の場とは位相の異なる場を再現させている。

29 ここでは簡潔に言語データをあげるにとどめ、詳しくは稿を改めて述べたい。ただし、引用されたダイクシス(5・4節)に関しては、別に第4章で詳しく論じた。
30 「テイル形」に関しては金水(2000b)に詳細な解説があるが、特に金田一(1950)、Vendler(1967)を参照。
31 (37)a(38)aの「?」は、「結果相」への解釈がまず優先されるため、「進行相」の解釈が初読では不自然になることを示す。
32 今、繰り返し「約束する」という行為をしているという意味である。
33 (40)b(41)bの「?」は、まず「進行相」への解釈が優先されるため、「結果相」の解釈が初読では不自然になることを示す。
34 「議員に対する挨拶は済ませてあるから…」の意味である。
35 図⑪〜⑯の第1場は「元の発話の場」、第2場は「引用の場」を示す。
36 言語学的に見た遂行文は「文を発すること自体が命令や約束として効力を発揮していることを表す文であり、文全体がそれぞれ命令、約束となっており、定義上、文を発しはじめてから発話し終えるまで、つまり発話時間と完全に同時に、プロセス全体が完了するという特徴を持った文」(杉本(1998: 102))である。しかし、発話行為的引用論は、命令や約束の遂行文がそのプロセスを終えていないことを引用という観点から明らかにする。
37 Nishigauchi(1992)の「"same thought" reading」「"different thoughts" reading」。また、仁田(1998)の「同時的」「非同時的」。
38 (46')b(47')bの「?」は分かりにくいかもしれない。卑近な例をあげて敷衍しておきたい。「学者Aと学者Bがお互いに主張し合う」と言ったとき、「ある研究会で面と向かい主張し合う」と「雑誌で論文などを通じて主張し合う」という二通りの解釈がある。それに対し、「学者Aと学者Bがお互いに罵倒し合う」と言ったとき、「ある研究会で罵り合った」という解釈しか生じない。例えば、土屋(1992)と松村(1992)が月刊誌におけるリレー式の連載という形でお互いに自説を主張し合ったように、「主張する」は「別々の媒体で主張し合う」こともできる。それに対し、「罵倒する」は「面と向かい罵り合う」ことしかできない。要するに、「主張する」のように時空を越えて機能する発話と、「罵倒する」のように現場でしか機能しない発話があるということである。

第6章 総括 −労力の分配−

キーワード

規則と原則　相補主義　束縛条件　語用論的推論　日英語の対照

1 はじめに

ある言語現象（linguistic phenomena）を研究するには、大きく分けて二つのアプローチがある。一つは、言語現象をすべて形式（form）によって扱おうとする構造主義の立場であり、もう一つは、文脈の中でそれがどのように使用されるかによって言語現象を説明しようとする機能主義の立場である。

　構造主義の立場では、言語現象を構造的制約（規則）によってすべて説明しようとするのに対し、機能主義の立場では、その規則性を機能的制約（原則）によって説明しようとする[*1]。どちらの考え方も、現在の言語学では有力な方法論となっているが、この章では第三の考え方として、統語的な規則と語用論的な原則の「労力の分配（division of labours）」によって言語現象を説明しようとする方法について述べたいと思う。

2 構造と機能

2・1 規則と原則

Leech（1983）は、統語論・意味論（構造論）が想定する規則（rule）と語用論（機能論）が想定する原則（principle）を区別し、その違いを次の三つの側面から定義している[*2]。

表①	規則（rule）	原則（principle）
	確定的（determinate）	不確定的（indeterminate）
	範疇的（categorical）	非範疇的（non-categorical）
	慣習的（conventional）	動機的（motivated）

　規則（構造的制約）に対する原則（機能的制約）の特徴的な点は、それが動機づけられているという点に集約されよう。つまり、規則と異なり原則は人間により使用されて初めて意味を持つから、そのような制約が存在することの理由「なぜ？」を問うことができる。

　次に、Leech（1983: 5-10）は、言語（意味）を説明する際、構造論と機能論の関係のあり方には三つの考え方があるとしている[*3]。

（1）　意味論中心主義（Semanticism）
（2）　語用論中心主義（Pragmaticism）
（3）　意味論と語用論の相補主義（Complementarism）

　まず、（1）は、意味（meaning）をすべて構造的に扱おうとする立場であり、説明においては規則（rule）への還元を指向する。次に、（2）は、意味を文脈との関連で扱おうとする立場であり、説明においては原則（principle）への還元を指向する[*4]。最後に、（3）は、規則と原則どちらの立場にも片寄らず、それぞれに役割分担させることにより、意味を研究しようとする立場である。

　Leech（1983: 7）は、言語（意味）に対する説明は、次の基準をクリアしていなければならないとする。

（4）　その説明は、(a)言語事実に忠実なものであり、(b)可能な限り単純
　　　で一般化しやすいものでなければならない。

　そして、Leech（1983）は、規則への還元、原則への還元、どちらをとってもその説明には無理が出るとし、規則と原則の役割を分担させる「第三の立

場」のみが言語を無理なく説明する方法であるとする。

　Levinson (1991) は、このような立場から言語を説明した例である[*5]。そこでは、指示詞が先行詞とどのような関係にあるのかという照応関係 (anaphoric relation) が扱われ、これまで統語的な規則 (束縛理論) によって説明されてきたこの問題に対し、その多くの部分を語用論的な原則 (グライスの理論) に役割分担させることができることを示した。結果的に、必要最低限の規則 (rule) だけが仮定され、残る部分については原則 (principle) から導かれる語用論的含意とされる。

　これは、Leech (1983) が示した「第三の立場」の鮮やかな実現であると思われる。本章では、引用句のダイクシスも同じ立場から扱えることを示したいと思うが、まず予備的議論として Levinson (1991) を概観しておくことにする。

2・2 規則への還元

言語を構造的な規則によってすべて説明しようとする立場に生成文法の枠組みがある。まず、照応関係を生成文法がどのように扱おうとしているのかを足がかりにして考察を始めることにしたい。

　生成文法では、このような照応の問題を束縛理論 (Binding Theory) の中で扱う (Chomsky (1981, 1986))[*6]。束縛理論では、何ものかを指示する語を次の三つのカテゴリーに分類する。"himself" のような照応表現 (anaphors) と、"him" のような代名詞 (pronominals)、"John" のような指示表現 (referring expressions) である[*7]。そして、束縛理論では、これらの表現とその先行詞との関係を、次のような束縛条件 (Binding Conditions) にまとめている[*8]。

(5)　規則 A　照応表現は局所領域内で束縛される。
(6)　規則 B　代名詞は局所領域内で自由である。
(7)　規則 C　指示表現は自由である。

　規則 A は、再帰代名詞 (-self, -selves 等) や相互代名詞 (each other 等) など照

応表現の先行詞が同一節内に束縛される、つまり照応表現とその先行詞が同一節内に存在することを規定するものである。また、規則Bは、代名詞(him等)の先行詞が節の内部に束縛されない、つまり代名詞がある節の外に先行詞が存在することを規定している。また、規則Cは、lexical NPである普通名詞(John, the man等)がそれ自体で指示能力を持っているため先行詞をどこにも必要としないことを規定している。これらのシステムは次のようにまとめられる。

(5') 照応表現
　　［名詞句$_{(i)}$　himself$_{(i)}$］
(6') 代名詞
　　［名詞句$_{(t)}$　［名詞句$_{(i)}$　him$_{(t)}$］　］
(7') 指示表現
　　［名詞句$_{(t)}$　［名詞句$_{(i)}$　the man］　］

ここでは、次のような単文における照応関係を考えてみよう。

(8) a　John$_{(i)}$ likes himself$_{(i)}$.
　　b　John$_{(t)}$ likes him$_{(i)}$.

まず、"himself"のような再帰代名詞は、規則Aにより同じ節内に先行詞を持つとされる。したがって、(8)aの"himself"は"John"と同一指示の解釈を受けることになる。一方、"him"のような代名詞は、規則Bにより同じ節内に先行詞を持つことができない。したがって、(8)bの"him"は"John"と別指示の解釈を受けることになる。

また、次のような複文における照応関係も考えてみよう。

(9) a　John$_{(i)}$ told her that he$_{(i)}$ gave her a valentine.
　　b　John$_{(t)}$ told her that the man$_{(i)}$ gave her a valentine.

まず、規則Bにより"he"のような代名詞は、別の節内に先行詞を持つとされる。したがって、(9)aにおける従属節の"he"は、主節の"John"と同一指示の解釈を受ける。一方、規則Cにより"the man"のような普通名詞は

先行詞をどこにも持たない。したがって、(9)b における従属節の "the man" は主節の "John" と別指示の解釈を受ける。

これは照応関係の解釈をすべて規則(構造的制約)によって説明しようとする立場である。この立場を次のように図示しておく。

(10) 照応の規則への還元

> 規則(束縛条件)

これに対し Levinson(1991) は、束縛理論における説明の中で規則(統語論)の占める比率を下げ、その分を原則(語用論)に分担させる見解を示している[*9]。すなわち、これまで統語的に説明されていたことが、語用論に還元できるとする。それはどういうことか。

2・3 規則と原則の役割分担
2・3・1 I 原則、M 原則

Levinson (1991: 126-141) は、照応関係を説明するに当たり、束縛理論のように規則を三つも立てる必要はないとしている。構造的制約(規則)として「規則 B」を立てるだけでよく、それ以外はすべて語用論的な推論によって導くことができるとする[*10]。

規則 B とは、代名詞があったとき同一節内の名詞句とは別指示になるという規則であった。したがって、次の (11) で代名詞 "him" が "John" と別指示として解釈されるのは、規則 B によって規定される。

(11) John$_{(i)}$ likes him$_{(j)}$.

ところが、Levinson (1991) は、規則(文法)が規定するのは "him" のような代名詞だけであるとする。そして、"himself" のような照応表現 (anaphor) や "John" のような指示表現 (r-expression) は、束縛条件のような構造的制約(統語論)ではなく、機能的制約(語用論)によって規定されるとしている。

次の (12) では再帰代名詞 "himself" が用いられており、これは "John" と同一指示の解釈を受ける。

(12) John_{(i)} likes himself_{(i)}.

束縛理論の考え方では、これは規則Aによる規定である。しかし、この規則Aはわざわざ設定しなくても、次のような語用論的推論によって導くことが可能である。

(13) 情報性の原則 (Informativeness-principle)
　　　過不足のない情報を提示せよ。
(14) 様態の原則 (Manner-principle)
　　　冗長な表現の使用は避けよ。

(13)は「I原則 (I-principle)」とも呼ばれ、それに基づいた推論によって導かれる含意を「I含意 (I-implicature)」と言う。また、(14)は「M原則 (M-principle)」とも呼ばれ、それに基づいた推論によって導かれる含意を「M含意 (M-implicature)」と言う。(13)と(14)の原則は、お互いに協力し合いながら働いて語用論的含意を派生させる。これら語用論的原則を使って、Levinson (1991)は規則Aを解消してみせる。

2・3・2 規則Aの解消
(12)で再帰代名詞"himself"の指示対象を規定する「規則A」は、語用論的に次の手順で導くことができるため、不要である。

　まず、Levinson (1991)は、代名詞"him"と再帰代名詞"himself"を比較し、前者を無標、後者を有標とする[*11]。これら異なる情報量を持った語のペアは、次のようなHorn-scale[*12]を形成している。

〈代名詞"him"(無標)、再帰代名詞"himself"(有標)〉

　無標の形式は、ごく自然な無標の解釈を語用論的にI含意する(I-implicate)。また、無標の形式ではなく、わざわざ有標の形式を選ぶことは、「NOT無標」としての解釈を語用論的にM含意する(M-implicate)。

Levinson (1991) は、同一節内で代名詞 "him" が先行詞を持たない（別指示 disjoint の解釈となる）次の状態を照応における無標とする。

(15)　John$_{(i)}$ likes him$_{(j)}$.

このように照応関係において、規則 B を唯一の規則とする説明を Levinson (1991) は「B-first accounts」と呼ぶ[*13]。「B-first accounts」では、(15) における代名詞の解釈（別指示の解釈）は、規則 B と I 原則から、構造的かつ語用論的に I 含意（I-implicature）として導かれる。

では、先の (12) で再帰代名詞 "himself" が "John" を指すという解釈はどこから生じるか。Levinson (1991) は、再帰代名詞の指示対象については、構造的な規則は関わらず、語用論だけから導くことが可能とする。

もしその人が合理的な人間であれば、(12) を無標の解釈（同一節内に先行詞を持たない）にしたければ、話し手は規則 B で文法的に規定されている代名詞 "him" を使うはずである。ところが、(12) において話し手はわざわざ "himself" という有標の形式を用いている。この事実から M 原則に基づいた推論が行われ、(12) はそこに "him" があるときとは反対の解釈、すなわち "himslef" と "John" が同一指示であるという M 含意（M-implicature）が導かれる (Levinson (1991: 129))。

ここで重要なのは、代名詞 "him" の解釈には規則 B が必要であったのに対し、再帰代名詞 "himslef" の解釈にはそういった統語的規則が必要とされないことである。再帰代名詞の解釈に構造的規則は一切関わらず、語用論的原則だけから導くことができる。ここで行われた規則と原則の役割分担を、次のようにまとめておこう[*14]。

(15')　him の解釈 → John と別指示 (disjoint) である。
　　　{ ○規則 B
　　　　○I 原則

(12')　himslef の解釈 → NOT「John と別指示 (disjoint)」
　　　{ ×規則 A
　　　　○M 原則

結果的に、構造的制約としては規則Bだけを仮定しておけばよいことになる。規則Aは、規則Bからの派生として、語用論的な推論によって導くことができるからである。

2・3・3 規則Cの解消

同様に、Levinson (1991: 129) による (16) (17) を例に、「規則C」の語用論（原則）への還元も見ておこう。ややテクニカルな議論であるが、Levinson (1991) は基本的には同じ手法で規則Cも解消できるとしている。

(16) John$_{(i)}$ said he$_{(i)}$ went.
(17) John$_{(i)}$ said the boy$_{(i)}$ went.

前節（2・3・2節）で見たように、Levinson (1991) は照応関係の規定において必要なのは規則Bだけとしている。規則Bは代名詞と名詞の節内における別指示 (disjoint) を規定する。では、(16) における代名詞 "he" の解釈も規則Bによって規定されるのかというと、Levinson (1991) はそうではないとする。

なぜなら、(16) は規則Bの力を借りるまでもなく、代名詞 "he" の先行詞は、次の手続きで語用論的に導くことが可能だからである。

(16) を観察すると、同一節内に代名詞 "he" の先行詞らしき名詞は存在しない。したがって、"he" が節の外にある "John" を指すという語用論的な解釈 (co-refer の解釈) を妨げるものはない。結果、I原則によって代名詞 "he" が "John" と同一指示というI含意 (I-implicatures) が、語用論的に導かれる。

また、(17) で指示表現 "the boy" が "John" と別指示になるという解釈も語用論的に導かれる。ここでも、代名詞 "him" と指示表現 "the boy" を比較し、前者を無標、後者を有標とする。これら異なる情報量を持った語のペアは、次のような Horn-scale を形成している。

〈代名詞 "he"（無標）、指示表現 "the boy"（有標）〉

そして、(17) の話し手が "he" ではなく、わざわざ "the boy" を使用していることから、M原則に基づいた推論が行われる。結果的に、(16) はそこに

"he" があるときとは反対の解釈、すなわち "the boy" が "John" と別指示（co-refer ではない）という M 含意（M-implicate）が語用論的に導かれる。ここで行われた規則と原則の役割分担を、次のようにまとめておく。

(16')　he の解釈 → John と同一指示（co-refer）である。
　　　$\begin{cases} \times 規則 B \\ \bigcirc I 原則 \end{cases}$
(17')　the boy の解釈 → NOT「John と同一指示（co-refer）」
　　　$\begin{cases} \times 規則 C \\ \bigcirc M 原則 \end{cases}$

2・4　照応における「労力の分配」

前節（2.3節）で概観した Levinson (1991) の見解は、言語現象を説明するに際して、規則（構造的制約）の受け持つ割合を最小限に抑え、残りの部分を原則（機能的制約）が分担して受け持つというものである。語用論で説明できる部分はできるだけ原則によって説明し、どうしても機能的には説明できない部分を統語論が受け持つという考え方である。

　ただし、この規則（文法的説明）と原則（語用論的説明）の役割分担は、どんな言語現象に対しても有効であるわけではない。Levinson (1991: 109) は、言語現象を次の二つに分け、古英語にも言及しつつ歴史的に現代英語の照応関係は②に当たるとしている。

① 統語的な必要で生まれた現象については、文法的説明と語用論的説明がそれぞれ両立しうる。
② 統語的な必要と無関係に生まれた現象の説明は、文法的説明と語用論的説明で役割の分担ができる。

　このように、規則（統語論）と原則（語用論）が互いに補い合って言語現象を説明するという方法を、Levinson (1991: 109) は「説明の負担の再配分（attempts to re-apportion the burden of explanation)」と表現している。筆者はこれを「労力の分配」と呼びたいと思う[*15]。上で見たような、英語の照応関係に関する「労力の分配」を図示すると次のようになる。

(18) 照応の労力の分配（英語）

規則（規則B）	原則（I 原則、M 原則）

　このように、英語では代名詞の照応だけを構造的制約が受け持ち、再帰代名詞や普通名詞の照応は機能的制約によって説明できる。これは、英語の中で「労力の分配」が構造に小さく、機能に大きくなされているとも言うことができるだろう。このような「労力の分配」は、英語の照応関係だけではなく、本書で考察してきた引用句のダイクシスを説明する際にも有効な方法論となると思われる[*16]。

3　引用における「労力の分配」

3・1 視点移動と視点制約

本書では、引用句のダイクシスを考察対象とした。元の発話を伝達者が引用するとき、引用句のダイクシスは伝達者の視点に調整できる。これは日本語に限らず、どんな言語にも見られる現象であり、引用（quotation phenomena）における「普遍性」だと思われる。

(19) 視点移動の原則
　　　引用句のダイクシスの視点を伝達者に調整できる。

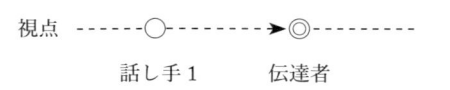

視点　------○--------▶◎----------
　　　　　話し手1　　伝達者

　ダイクシスは、話し手を起点とする言語表現であるから、引用句の中でダイクシスの視点を伝達者に移動できるのは、ある意味で当たり前の言語行動

である。ところが、本書が指摘したように、引用句の中で視点の移動が不可能になる場合がある。このとき、現在の話し手である伝達者は、元の話し手（話し手1）の視点から見た表現を使用しなければならない。これは、特に日本語の引用にしばしば見られ、引用の「個別性」だと思われる。

(20)　視点移動の制約
　　　引用句のダイクシスの視点が話し手1に制限される。

　　　　視点 ------◎◄---------○--------
　　　　　　　　話し手1　　　　伝達者

　このような引用におけるダイクシスの視点制約を説明するには、二つの考え方がある。それが「統語的分析」と「発話行為的分析」である[17]。
　まず、「統語的分析」とは、引用句におけるダイクシス調整の制約を構造 (form) に求める考え方である。本書では、引用句でダイクシスが調整できない理由を、疑問文 (Interrogative)、感嘆文 (Exclamative)、固定表現 (Formula) に求めた。一方、「発話行為的分析」とは、引用句におけるダイクシス調整の制約を機能 (function) に求める考え方である。本書では、引用句でダイクシスが調整できない理由を、発話行為の現場性 (SAT) に求めた。
　本書は、主に日本語の引用を考察の対象として、「発話行為的分析」の有効性を検証した。その結果、発話行為における効果の持続性と一時性（SACとSATの区別）が日本語の引用句におけるダイクシスの調整に対して、敏感に反映されていることが分かった。日本語の引用は、機能的制約が有効であると思われる。
　では、この区別は英語の引用に対しても有効だろうか。英語でもSACとSATの区別が引用句のダイクシス調整に関係しているだろうか。最後にこの問題を少し見ておきたい。

3・2 引用における規則と原則

3・2・1 英語の引用
次の発話を引用する場合を考えてみる。

  (21) Taro "How clever you$_{(i)}$ are !"

上の(21)は、「感嘆」という発話行為を遂行している。「発話行為的分析」によれば、「感嘆」はSATであるので、間接化したときに引用句の中でダイクシスの調整ができないことを予測する[*18]。

  (22) ? Taro$_{(i)}$ said how clever I$_{(i)}$ was. (DQ)

予想通り、(22)では引用句の中で"Taro"と"I"が同一指示の解釈を受けてしまうため、元の発話を伝えていることにはならない。したがって、英語も日本語と同じように「発話行為的分析」によって説明できるように思える。しかしここで、次のような発話を引用する場合を考えてみよう。

  (23) Taro "You$_{(i)}$ are very clever!"

上の(23)が遂行している発話行為も「感嘆」である。したがって、「発話行為的分析」では、ここでも引用句の中でダイクシスの調整ができないことを予測する。しかし、英語ではこの原則が当てはまらない。

  (24) Taro$_{(i)}$ said I$_{(i)}$ was very clever. (IQ)

このように、英語では機能的にSATであっても、構造的に平叙文 (Declarative) であれば、引用句でダイクシスの調整ができる。英語では構造的に感嘆文 (Exclamative) である場合のみ、ダイクシスの調整ができない。英語の引用では、機能ではなく構造的な範疇が優先され、引用句のダイクシスに制約を与えていることを意味する。

3・2・2 日本語の引用
ところが、日本語では構造的な範疇に関係なく、機能的にSATであれば、引用句の中でダイクシスを調整できない[*19]。

(25) a 太郎「なんて君ⱼは偉いんだ！」
　　 b 太郎「君ⱼはとっても偉いなあ！」
(26) a ?太郎ₜは　なんて私ₜは偉いのだ　と言った。（DQ）
　　 b ?太郎ₜは　私ₜはとても偉い　と言った。　（DQ）

引用されたダイクシスは、日本語に関しては基本的に「発話行為的分析」によって説明できる。しかし、英語の引用は「統語的分析」によって説明する方が自然であろう。つまり、日本語の引用では機能的制約が構造的制約よりも優勢であるのに対し、英語では構造的制約の方が機能的制約よりも優勢である。このような不統一は、構造的制約と機能的制約の受け持つ「労力の分配」が、日本語と英語で異なっていると言い換えることができる。

3・3　規則と原則の分配

引用句におけるダイクシスの調整を説明するとき、英語の引用は元の発話の構造を調べなければならない。つまり、英語の引用句におけるダイクシスの調整は、主に構造によって決定されると考えられる。ただし、「挨拶（greeting）」や「呼びかけ（calling）」などの固定表現は、構造的制約では説明できない。これら固定表現は機能的制約によって説明する方が自然であろう。つまり、「挨拶」や「呼びかけ」が機能的に SAT に属する（現場的な発話行為である）がゆえに、英語でも引用句の中でダイクシスを調整できないと考える。このことは、引用句のダイクシスに関する英語の労力が、構造に大きく機能に小さく配分されていることを意味する。これは、次のように図示できるだろう。

(27)　引用句のダイクシス（英語）

規則	原則

一方、日本語では、元の発話の機能（発話行為の持続性と一時性）を調べることで、引用句におけるダイクシスの調整をほとんど説明することが可能である。例えば、次のような命令文（Imperative）は、引用句の中でダイクシス

の調整ができる[*20]。

(28) 太郎「君$_i$は黙っていろ。」
(29) 太郎「君$_i$から始めろ。」
(30) 太郎「君$_i$は手を出すな。」

「発話行為的分析」によれば、「命令 (order)」という発話行為は SAC に当たる[*21]。したがって、上の発話を引用するとき、次のようにダイクシスを伝達者の視点に引用することができる[*22]。

(31) 太郎$_t$は 私$_i$は黙っていろ と言った。(IQ)
(32) 太郎$_t$は 私$_i$から始めろ と言った。(IQ)
(33) 太郎$_t$は 私$_i$は手を出すな と言った。(IQ)

このように、日本語が引用されたときのダイクシスの調整は、主に機能的制約によって決定される。ただし、従来から指摘されているように、引用句内に終助詞や感動詞など「伝達のムード」がある場合は、こうした機能的制約はキャンセルされてしまう。

(34) ?太郎$_t$は 私$_t$は黙っていようね と言った。(DQ)
(35) ?太郎$_t$は 私$_t$から始めようね と言った。(DQ)
(36) ?太郎$_t$は 私$_t$は手を出さないでね と言った。(DQ)

元の発話が SAC であっても、引用句に伝達のムードがある場合は、機能では説明できないから、構造的制約による規定が必要になる。つまり、引用句のダイクシスに関する日本語の労力は、機能に大きく構造に小さく配分されているのである。これは、次のように図示できるだろう。

(37) 引用句のダイクシス（日本語）

規則	原則

このように、引用句におけるダイクシスの調整に関しては、英語と日本語で「労力の分配」の仕方が異なっている。言語の中に構造的制約と機能的制約がどのような比率で分配されているのかという「労力の分配」を考えることにより、言語間の違いを統一的に記述することができる。

本書で議論した引用句のダイクシスでも、構造的制約と機能的制約の配分を変えることによって、英語と日本語の差を統一的に説明できる。「労力の分配」とは、構造的制約と機能的制約の配分を変えることによって、複数の言語を統一的に説明する方法である[*23]。

4 結び ―本書の概要―

　現実の発話は必ず具体的なコミュニケーションの中で発せられ、それが遂行する機能もその中で様々に変化する。したがって、発話行為（言語行為）論の有効性を示すには、コミュニケーションをいかに扱うかが重要である。本書では現実の談話を直接分析する方法をとらず、言語使用としての引用に注目することを通じて、コミュニケーションを理論的に扱うことを試みた。引用の構文は、元の発話のコミュニケーションを埋め込んだ複文の形式をとっており、この構文に見られる統語的な振る舞いから、元の発話場面における発話行為の遂行を観察できると思われる。「発話行為論的引用論」は、引用の構文を通して発話の動的な側面を考察し、コミュニケーション研究への貢献を目指す。
　最後に、本書の概要をまとめておく。

第1章「引用の構文と本書の試み」の概要は、次の通りである。
　この章では、引用の構文が持っている特殊性を概観し、その特殊な構造を利用して何を明らかにしたいのかを解説した。まず、「引用」は、元の話し手と伝達者という二つの視点が混在しており、「場の二重性」を持った特殊な構文であると述べた。元の発話を引用するとき、伝達者は、現在の話し手（自分）から見た表現と元の話し手から見た表現のどちらにするか、選ばなければならない。そして、この選択はいつも伝達者が自由にできるわけではなく、機能的な制約に基づき語用論的になされることがある。したがって、引用の研究には言語使用という観点が不可欠であり、語用論的な分析が有効である。本書では、発話行為論を語用論の一理論と位置づけ、「発話行為的な引用研

究」を試みる。

第2章「言語使用としての引用」の概要は、次の通りである。
　この章では、本書が「引用」を伝達者による言語使用の問題として動的に捉えることを述べ、記述的な立場から引用を静的に捉える国語学との差別化を明確にすることを目標とした。引用に関わるさまざまな言語使用の中から、本書では、特に引用されたダイクシスをとりあげる。そして、伝達者による視点の移動という観点から引用のダイナミズムを明らかにする。そのために、本書では科学の方法としての「理想化」を前提とし、複雑な現実を方法論的に整序した上で、引用に見られる普遍性と個別性を同時に指向することを述べた。引用における普遍性とは、元の発話のダイクシスを伝達者が自分の視点に引き付けて表現できるという「視点移動の原則」である。これはどんな言語にも共通して見られる原則だと思われる。それに対し、日本語の引用を仔細に観察すると、その原則から外れる「視点移動の制約」が存在する。本書では、これを引用における個別性と位置づけた。

第3章「発話行為論の展開と引用研究」の概要は、次の通りである。
　この章では、本書が提案する「発話行為的引用論」を、語用論の方法論として位置づけることを目指した。まず、発話行為論の展開を概観し、言語伝達場面における話し手と聞き手のコミュニケーションをどう捉えるか、という点が語用論の焦点であると述べた。次に、引用は、このコミュニケーションが埋め込まれた構文であることを指摘し、引用の構文を利用したコミュニケーション研究が可能であると主張した。「発話行為的引用論」は、引用の構文を第1場（元の発話の場）と第2場（引用の場）に分離する。そして、第1場における伝達者の解釈（発話行為の認識）が、第2場でそれが引用されるときの言語形式（引用句、引用動詞）といかに関わるのかを考察する。「発話行為的引用論」は、引用の構文の言語形式を通して、過去の伝達場面で遂行された発話行為を捉えようとする試みである。

第 4 章「引用句のダイクシス —発話行為的な分析—」の概要は、次の通りである。

　この章では、「発行為的引用論」による分析として、引用句のダイクシスを取りあげた。言語使用としての引用を扱う本書では、まず「間接化」を伝達者による言語使用のプロセスとし、引用の構文を「間接化」というプロセスの集合体であると定義した。次に、遂行動詞の解除など引用の構文から「間接化のプロセス」を一定の方法で理想化する手続きについて述べた。そして、その条件下で見えてくる日本語の個別性として、引用されたダイクシスの「視点制約」を指摘した。次に、その視点制約がなぜ生じるのかについて分析を試み、元の発話があるタイプの発話行為を遂行していると、それを引用するときダイクシスの調整が不可能になると指摘した。最後に、伝達者によるダイクシスの視点移動は、元の発話が遂行している発話行為の持続性と一時性（SAC と SAT）という概念を用いることで、発話行為的に説明できると結論した。

第 5 章「発話行為の持続性と一時性」の概要は、以下の通りである。

　この章では、本書による発話行為の区別（SAC と SAT）が、伝統的な区別（発語内行為と発語媒介行為）とどう関わるのかについて述べた。発語内行為と発語媒介行為の区別は、それが話し手によりどこまで意図されていたかによって変化する相対的なものである。それに対し、「発話行為的引用論」の帰結である SAC と SAT の区別は、発話行為が聞き手に及ぼす効果が「持続的」か「一時的」かというものである。発話行為の効果にこの区別が存在することは、引用の構文を使って言語形式によって確認することが可能である。したがって、これは慣習や意図に左右されないより明示的な区別になりうると思われる。さらに、言語的な検証の例として、引用された遂行動詞、相互代名詞、ダイクシスをあげ、言語学の立場から「発話行為」に対して新たな光を当てることができると主張した。

第6章「総括 ―労力の分配―」の概要は、以下の通りである。

　この章では、構造と機能という二大パラダイムが、言語研究にいかに関わるべきかについて検討した。言語に対する説明の仕方として、構造的な規則に還元する立場、機能的な原則に還元する立場がある。しかし、ここではどちらにも偏らず、その役割を分担させるという第三の立場について解説し、これを「労力の分配」とした。「労力の分配」とは、構造的制約と機能的制約の配分を変えることによって、複数の言語を統一的に説明する方法である。「労力の分配」を引用句のダイクシスに適用すると、日本語の引用は発話行為的に、英語の引用は統語的に説明した方がよりよく説明できることから、日本語と英語ではこの問題に関して、機能的制約と構造的制約の受け持つ「労力の分配」が異なっていることが明らかになった。

注

1　Kuno(1980: 117)による記述は以下の通り。
　(i)　機能文法(functionl syntax)とは機能言語学の下位領域であり、統語構造(syntactic structures)をその伝達的機能(communicative function)に重点をおいて分析する。伝達的機能を無視した統語構造の分析は無意味であるから、よき文法家(syntactician)は必然的によき機能文法家ということになる。
2　池上・河上(1987)は「規則(rule)」「原理(principle)」と訳している。
3　構造論と機能論が扱う「意味」の違いについては、第2章(3・2節)を参照。
4　Leech(1985)は(1)の例としてロス(Ross)やセイダック(Sadock)の生成意味論、(2)の例としてサールの発話行為論をあげている。
5　この論文の存在は、安井泉先生(筑波大学)から教わった。
6　Chomsky(1981: 6)による記述は以下の通り。
　(i)　束縛理論は、照応形(anaphors)、代名詞、名前(names)、変項(variables)の可能な先行詞に対する関係にかかわるものである。
7　須賀(1990: 62)による日本語訳。なお、安井・原口(1986: 273)では、それぞれ「照応形」「代名詞」「R表現」である。
8　須賀(1990)では「原理A～C」であるが、これはLeech(1983)の構造的な規則(rule)であるから、本書では「規則A～C」とした。
9　Levinson(1991: 108-109)は「語用論は言語理論におけるCinderella(灰かぶり姫)であり、その説明力が見くびられている」としているが、完全な語用論中心主義(wholesale functional reductionism)については否定している。あくまでも統語論・意味論を基本

としし、語用論を補完的に位置づけている。
10 ちなみに、Levinson (1991) は「再考 (revisited)」である。現代英語 (A-first 言語) の照応関係について考察した Levinson (1987ab) は、規則Aを唯一の規則とし、規則Bと規則Cは語用論に還元した (A-first accounts)。しかし、オーストラリアの言語 (Australian languages) やクレオール (Creoles)、古英語 (OE) など再帰代名詞のない言語 (B-first 言語) の存在が明らかになるにつれ、Levinson (1991) では規則Bを唯一の規則とし、規則Aと規則Cを語用論に還元するよう考えを変えた (B-first accounts)。
11 代名詞を無標、再帰代名詞を有標とする根拠として、Levinson (1991) は、語形が無標 (him) から有標 (him-self) へと長くなること、また、代名詞に比べて再帰代名詞は主語になれない (*Heself hit John.) など統語的な特徴を欠いていること等をあげている。なお、Levinson (1991: 133-140) は、この点を通時的観点からも検討しており、説得的である。古英語から現代英語に至る照応形の形成は次の通り。
　 (i) 代名詞　 → 代名詞　　　 → 代名詞 "him"
　　　　無し　 → 代名詞+接辞　 → 再帰代名詞 "himself"
12 異なる情報量を持った語のペアとは、例えば〈all (強形), some (弱形)〉など。わざわざ弱形 some を使うということは not-all であることを語用論的に Q含意 (Q-implicate) する (Horn (1984) 参照)。
13 「B-first accounts」の前提である「その照応形が同一節内に先行詞を持たないことが無標」という点が筆者は非常に理解しにくかった。しかし、ある行為を再帰的に自分に対して行う (John likes himself) よりも、自分以外の人間に対して行う (John likes him) 方がありふれた、自然な行為である。また、語形も無標 (him) から有標 (him-self) へと長くなっていることなどを総合的に考え、筆者はようやく「B-first accounts」を理解できた。
14 「○」はその規則 (または原則) が解釈の決定に関わること、「×」はそれらが解釈の決定に関わらないことを示す。
15 「労力の分配」は「the division of labour between rules and principles」(Leech (1985: 22)) の筆者による日本語訳である (なお、池上・河上 (1987) はこれを「分業関係」と訳している)。要するに、労力の分配とは「規則と原則の相補主義 (Complementarism)」のことである。
16 以下では引用句のダイクシスが Levinson (1991: 109) の②に当たるという前提で議論する。しかし、「労力の分配」の適用範囲については、今後の検討課題である。
17 詳しくは、第4章を参照。
18 引用動詞に "said" を用いた引用の構文であることに注意。
19 (26) は、次のように引用動詞として遂行動詞を使えば、ダイクシスを調整しても間接引用として解釈できる。
　 (i) a　太郎$_i$は　なんて私$_i$は偉いのだ　と感嘆した。　(IQ)
　　　 b　太郎$_i$は　私$_i$はとても偉い　と感嘆した。　(IQ)
　これは、引用動詞の語彙的情報から語用論的な推論が加わり、直接引用の読みをキャンセルするからだと思われる (第4章 (3・3節) を参照)。
20 「命令」が引用されるときダイクシスが調整されている用例。
　 (i)　おーいちょっと待ってくれ。どこに行くんや。ここに集まれ言うたくせに。

　　　　（『日の出』）
　　（ii）秘密を守るため事件が片づくまでお前達はこの部屋にいろとの司令官の命令である。（『海底』）
21　「命令」を「SAC」とする根拠は、引用句のダイクシスが調整できることのほか、次の言語データがあげられる。
　　（i）　その［命令］は今でも有効だ。（第5章（4・2・2節）を参照）
　　（ii）「命令」の遂行に非言語行動が必須でないこと。（第5章（4・2・3節）を参照）
　　（iii）太郎は　命令している　と言った。（第5章（5・2節）を参照）
　　（iv）太郎と花子は　お互いに命令した　と言った。（第5章（5・3節）を参照）
　　なお、本書は「命令」の効果の持続性を言語的に定義しようとしたが、渡部（1974）は、これを比較文化論的に考察しており印象的である。
22　ただし、SACであっても、次のような強い「命令」である場合は、ダイクシスの調整が許されない（直接引用で読まれる）。これは本来SACの発話行為が、例外的にSATとして機能するせいと思われる。
　　（i）a　太郎「君$_i$は黙れ。」
　　　　 b ? 太郎$_t$は　私$_t$は黙れ　と言った。　（DQ）
　　また、砂川（1989: 372-373）は、命令、質問、依頼など行為指示型の文（「あいつに金を送ってやれ」）の引用では、引用句の中でダイクシス動詞の調整ができない（元の発言の場が優先される）と指摘している。
　　（i）＊父は俺に金を送ってくれと母に言ったそうだ。
　　命令など行為指示型の文を引用する際のダイクシスの制約については鎌田（2000）、山内（2002）等でも検討されているが、今後の課題としたい。
23　「引用」における規則と原則の「労力の分配」については、Levinson（1991）に触発され粗く見通しをつけたにすぎない。この考え方が言語データに対してどの範囲まで有効であるのか、今後の検討課題としたい。

あとがき

　言語学者から見ると、本書は奇妙な印象を受けるかもしれない。具体的に扱われている言語データは引用句のダイクシスだけだからである。それは本書の指向が言語学ではなく言語論にあるからかもしれないが、この点について、個人的な体験をふまえつつ言及することをお許し願いたい。
　ここ数年、筆者は入退院を繰り返すことが多かった。そのせいか、無機的な言語データの分析にはあまり興味を感じなくなった。また、病床ではエドマンド・バーク (Edmund Burke) を始祖とする近代保守主義の著作にふれることが多く、自然発生的に形成され、合理的には説明しえない「伝統」「慣習」「ルール」などいわゆる「暗黙知」を論じた近代保守主義の思想に興味を感じるようになった[*1]。そこでは、まとめると次のようなことが語られていた（落合 (1987: 4)）。

　　(1)《近代》の保守主義は、人間とその社会を、理性によって意識的に制御する可能性を疑う。人間の行為は、合理的に言及しえない偏見や暗黙知やを前提として初めて可能になるのであって、意識的には制御し尽くせないからである[*2]。

　筆者は、例えば生成文法が仮定するように言語を脳における独立システム[*3]とは考えず、単に人間の行為の一環として言語がある（言語使用）と考えている。(1) が仮定するとおり言語を含んだ人間の行為がこうした暗黙知を前提として初めて可能になるとすれば、言語も同様にこうした暗黙知を前提として発せられるであろう。そう考えれば平仄が合わない。
　言語を含む人間の行動すべてを統率するのが暗黙知である。暗黙知は合理的に言及できないものであるから、言語だけを完全に客観的なデータとして

記述することはできない、と断言はできないにせよ、少なくともそう考えるのが近代保守思想から見た言語観である[*4]。

近代保守思想で扱われる「伝統」「慣習」「ルール」「暗黙知」などの主要概念(以下、コモンセンス[*5]と総称する)は、言葉では定義することができず、ただ行為によってのみ示されるものとされている[*6]。あえて、言葉で定義すると次のようになろう(中村(1979: 5))。

(2) 常識とは私たちの間の共通の日常経験の上に立った知であるとともに、一定の社会や文化という共通の意味場の中での、分かり切ったもの、自明になったものを含んだ知である。

筆者は近代合理主義[*7]とは対蹠的にあるこのような思想から言語を捉えたいと思った。このような立場を言語文化的な言語論(以下、言語文化論)とすると、それは次のように定義できるだろう(荒木(1980: 46))。

(3) 言語は、その言語を保持する集団の世界観・価値体系を映し出す鏡である。したがって、特定の言語の特定の表現の隠された意味を探るためには、その特定の言語を使用している集団の世界観・価値体系を可能なかぎり掘り下げてみる必要がある。

こう書くと陳腐ではあるが、保守主義思想は「平凡」の研究、いわば「当たり前」の研究であるから、この弊は避けられない。しかし、(3)の立場は「外界を認識するときにそのまま認識できるか、母国語に左右されるか」という二つの言語観に対する一つの答えであり、「母国語は外界の認識に関係がある」としたフンボルト、ヴァイスゲルバー、またサピア、ウォーフの言語観に源流がある(渡部(1986: 334))[*8]。

筆者はこのように考えている。言うまでもなく、統語論は、人間言語の持つ特質とされている規則の体系、すべての人間を通じて不変であるような普遍文法を追求しており、研究の前提として理想上の話し手・聞き手を仮定す

る。また、その言語がいかに使用されるのかを理論的に考察するのが語用論であるが、その目的は言語・文化間に共通する言語行動であるから、語用論もやはり理想上の話し手・聞き手を仮定する。

　筆者が構想する「言語文化論」の研究対象も言語使用である。しかし、統語論、語用論のように理性のみを抽象した普遍的存在の人間を仮定せず、コモンセンスによって理性の働きを邪魔された具体的な人間を前提とする。それは、明示することのできない無数の体験や歴史を背負った、いわば「国民」としての人間である[*9]。そのような具体的な人間が言語をどう使用するかを考える。結果的に、言語文化論はコモンセンスに配慮した上で、言語の使用を見ていくことになる。

　むろん、これらコモンセンスは、言葉による説明では定義することはできない。しかし、言語学の概念を使いながら言語データ（シンタクス）によってその存在を確認できると筆者は考えている。

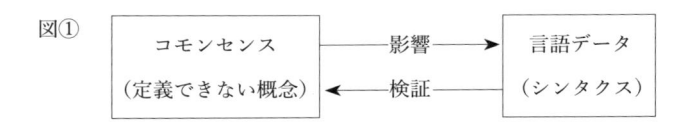

図①　［コモンセンス（定義できない概念）］ ──影響→　←検証── ［言語データ（シンタクス）］

　いわゆる知情意（知性・感情・意図）における知のみを独立させ、外部世界に独立する言語のみを客観的に観察するのが統語論であるのに対し、このような合理主義を懐疑し、発話の力という「語りえぬもの」を通して言語を観察しようとしたのが本書の試みである[*10]。

　したがって、ここ数年の筆者の仕事も、上記で述べた合理的には言及できないコモンセンスが影響を与えている言語データを指摘しながら、コモンセンスの存在を浮かび上がらせることに集中している[*11]。

　筆者は、コモンセンスに配慮しつつ言語データを観察することは、言語データの判断を誤らせるものではないと考えている。だから、言語データの検討において、ただ単純にこれを排除して、客観性を保証すればよいというものではない。コモンセンスに配慮して言語データを見ることは、それらを切り

捨てた場合よりも、より豊富な言語データを言語学に提供できることを示したい、というのが現在の筆者の考えである。今後は言語文化論の先行研究を概観するとともに、言語文化論の枠組みの中で言語学的な手続きにも耐えられるような言語データの扱いについて考察を進めたい[*12]。

統語論の立場と筆者が構想する言語文化論の立場を対比的にまとめると、次のようになろう。

(4) 統語論…コモンセンスを排除して、言語データを見る。
   →言語データの客観性が保証される[*13]。
(5) 言語文化論…コモンセンスに配慮しながら、言語データを見る。
   →統語論だけでは気づかない言語事実を指摘する。

それは、単に統語論の気づかない反例を発見するだけでなく、その足りない部分を補いながら新たな洞察に導くものである。コモンセンスに配慮して言語データを見ることは、それを排除した場合よりも、言語に関する事実をより深く捉えることが可能だと思われる[*14]。

もちろん、これらコモンセンスの中には、まったく根拠のない、単なる思い込みであることも多い[*15]。だから、コモンセンスを無批判に言語データ（統語現象）と結び付けることは慎まなければならない。従来の言語文化論には、その傾向が見られることが多かった。

しかし一方で、これらコモンセンスの中には、客観的な言語テストだけに頼っていては見えにくい洞察が含まれていることも、また一面の事実である。だから、言語文化論的な議論は、全否定されるべきものではなく、真実の一面は捉えていると肯定的に見ることも可能である。

そこで、本書では、コモンセンスの一例として発話の力を取りあげ、発話の力に配慮しつつ言語データを観察することは、言語をより精密に記述することに連なる、即ちそれが言語研究の補助線となることを主張した。

もちろん、発話行為論は言語学との接点が多く、研究も集積している。したがって、本書の貢献は、①それを引用の構文（引用句のダイクシス）に適用

したこと、そして②統語論の立場だけでは気づかれなかった言語データを指摘し、③発話行為に対する新たな洞察を提示したことにある。

① 発話行為的引用論の提案
② 引用句における視点移動の制約
③ 発話行為の持続性と一時性

　発話行為を SAC と SAT に区別することは、日本語に限らず普遍性を持つと思われるが、日本語の引用はこの区別を比較的敏感に反映しており、コモンセンスとしての③は日本語の個別性を示すことにもつながる。
　将来的に筆者は、定義不可とされているコモンセンスの立場から言語データを一つ一つ検証していく言語文化論（保守主義の言語学）を構想している。そのための第一歩として、発話行為論から見た言語学への貢献である本書が出版されることは意味のあることと考えている。もとより不十分な論考である。読者諸賢の批判を待ちつつ、筆を置く。

注
1　北岡 (1960)、中川 (1996, 2001)、Nisbet (1986)、落合 (1987) 等を参照。なお、中川 (1996) はいわゆる学術書ではないが、多くの分野に目配りをし、なおかつ各専門分野に対する直観的把握が非常に明確 (clear-cut) である。保守主義思想の概説的入門書は数が少ないので、これらを足がかりに原典に直接当たるのがよい。
2　落合 (1987: 13) は、近代保守主義の源流をハイエク（自生的秩序論）、ハート（ルール論）、オースチン（言語行為論）、加えてウィトゲンシュタイン（言語ゲーム論）に求めている。
3　Chomsky (1975: 36) による記述は以下の通り。
　　(i) 言語理論は、人間言語という特殊な「精神的器官」に関する人間の心理学の一部分にほかならない。生得的言語能力は、適切な経験を継続的に与えられると、それに触発されて、形式的・意味的特質を備えた文を生成する文法を創り出す。この時、人はこの文法の生成する言語を知っている、と言うことができる。

4 「言語ゲーム論」は難解であり軽々しく言及できないが、あえてその関わりから言及すれば、次のようになろう（深谷・田中（1996: 212））。
  (i) ヴィトゲンシュタインは、『探求』(1953/1976)の中で、語（コトバ）の意味を「内的状態」や「対象との相関物」とみなす考え（指示説）を斥け、「使用」「慣習」「実践」等としてとらえる立場－時折、「使用説」と呼ばれる立場－を示し、コトバを使うことは、歩く、食べる、遊ぶ等と同様に「自然誌」あるいは「生活の形式」に属しており、それ［言語使用能力］は、言語活動（言語ゲーム）の実践の中で慣習として学ばれる、と述べた。

5 コモンセンスの日本語訳は「常識」である。コモンセンスの「コモン」は「常人に共通の」であるから、「常識」は「常人に共通の識別力（common sense）」の意味である。「識」という漢字からの連想で「常人に共通の知識（common knowledge）」「誰でも知っている知識」と理解してはならない（渡部（1979））。

6 ちなみに、田中・深谷（1998: 42）は、暗黙知を「共通基盤（common ground）」としている。また、会話の成立（意味の共有）をそれに基づいて行われる意味づけ（sense-making）と相互理解（sense-sharing）の相互行為としており興味深い。

7 Chomsky (1966, 1982) を読むと、生成文法が言語学における近代合理主義の直系であることがよく分かる。言語論の系譜における生成文法の位置づけについては、渡部（1973: 305-332, 1986）、Searle（1974）、田中（1983: 84-116）、土屋（1986）、黒田（1999）が参考になる。

8 また、「アリストテレスやいわゆる『客観主義者』たちは『そのまま認識できる』」とした（二つの言語観の対立については、他に福本（1969）、渡部（1973: 27-44, 97-114）が参考になる）。なお、「母国語は外界の認識に関係がある」とする立場は、近年ではLakoff & Johnson (1980)、Lakoff (1987) 等にその影響が見られる。

9 中川（1996: 31）による記述は以下の通り。
  (i) 人間の"理性"とは、社会や文明の発展の過程のなかで徐々に磨かれて発展してきたものであり、このため人間の"理性"はこれまでの歴史の過程で積み重ね的に発展してきた社会そのものと不可分である。

10 「人間の認知と言語は切っても切れない関係にあり。言語の構造は認知のプロセスに関する研究でもって解明されるべきである」（Langacker (1987: 12-13)）とする認知言語学は、心理学の枠組みを使いながらより形式的に、人間中心主義の言語観を打ち出している。

11 中園（1992）では、コモンセンスとして「情報のなわ張り」を取りあげ、その感覚に配慮して言語データ（会話の相づち）を考察した。中園（1997）ではコモンセンスとしての「物に対する畏れ」から言語データ（無生物主語の尊敬文）を考察した。中園（2000）では、コモンセンスとしての「視覚の優位」から言語データ（共感覚の比喩）を考察し

た。いずれも、コモンセンスを定義不能として排除してしまうよりも、それに配慮することでより精密に言語事実を記述できると主張した。
12 中園(2001)で一部試みたが、コモンセンスと言語データが循環論(トートロジー)に陥り、扱いが難しい。しかしながら、コモンセンスと関わる言語データを多く集めることでこれは回避できるであろう。今後の課題とする。
13 言語に対する科学的アプローチについては、郡司(1995, 1997)、郡司・坂本(1999)、山梨(2002b)等を参照。なお、これらが前提としている思想は「科学がいざなう先にあるのは、ありのままの世界であって、世界はこうあってほしいという願望ではない」(セーガン(1997: 44))という科学的方法が言語にも適用できるというものである。
14 日本語の研究では「和」「甘え」等の語彙や「人称」「敬語」等の語用に関するものが多い(板坂(1971)、荒木(1980)、鈴木(1998)、芳賀(2004)、室山(2004)等)。一方、筆者が指向する統語を扱うものは少数である(山下(1979)、神尾(1990)、奈良(1994)、牧野(1996)、廣瀬・長谷川(2001)等)。
15 和田(1985)は、アメリカ人、西洋人のフェアプレーの精神やヒューマニズムのイメージ、日本人の武士道の正義感や自己犠牲の倫理観などを根拠がない思いこみとしている。

参照文献

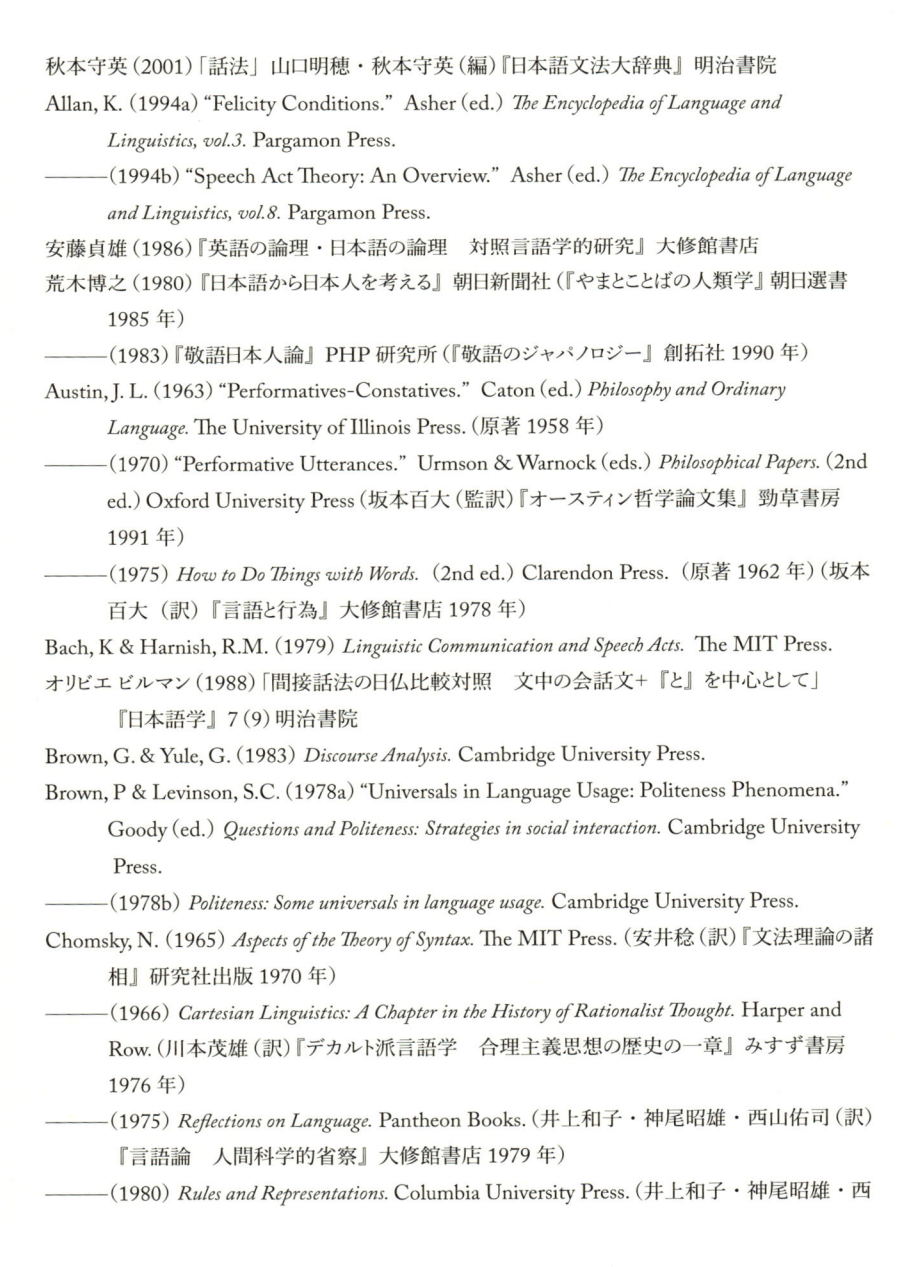

秋本守英 (2001)「話法」山口明穂・秋本守英 (編)『日本語文法大辞典』明治書院
Allan, K. (1994a) "Felicity Conditions." Asher (ed.) *The Encyclopedia of Language and Linguistics, vol.3*. Pargamon Press.
─── (1994b) "Speech Act Theory: An Overview." Asher (ed.) *The Encyclopedia of Language and Linguistics, vol.8*. Pargamon Press.
安藤貞雄 (1986)『英語の論理・日本語の論理　対照言語学的研究』大修館書店
荒木博之 (1980)『日本語から日本人を考える』朝日新聞社 (『やまとことばの人類学』朝日選書 1985 年)
─── (1983)『敬語日本人論』PHP 研究所 (『敬語のジャパノロジー』創拓社 1990 年)
Austin, J. L. (1963) "Performatives-Constatives." Caton (ed.) *Philosophy and Ordinary Language*. The University of Illinois Press. (原著 1958 年)
─── (1970) "Performative Utterances." Urmson & Warnock (eds.) *Philosophical Papers*. (2nd ed.) Oxford University Press (坂本百大 (監訳)『オースティン哲学論文集』勁草書房 1991 年)
─── (1975) *How to Do Things with Words*. (2nd ed.) Clarendon Press. (原著 1962 年) (坂本百大 (訳)『言語と行為』大修館書店 1978 年)
Bach, K & Harnish, R.M. (1979) *Linguistic Communication and Speech Acts*. The MIT Press.
オリビエ ビルマン (1988)「間接話法の日仏比較対照　文中の会話文+『と』を中心として」『日本語学』7 (9) 明治書院
Brown, G. & Yule, G. (1983) *Discourse Analysis*. Cambridge University Press.
Brown, P & Levinson, S.C. (1978a) "Universals in Language Usage: Politeness Phenomena." Goody (ed.) *Questions and Politeness: Strategies in social interaction*. Cambridge University Press.
─── (1978b) *Politeness: Some universals in language usage*. Cambridge University Press.
Chomsky, N. (1965) *Aspects of the Theory of Syntax*. The MIT Press. (安井稔 (訳)『文法理論の諸相』研究社出版 1970 年)
─── (1966) *Cartesian Linguistics: A Chapter in the History of Rationalist Thought*. Harper and Row. (川本茂雄 (訳)『デカルト派言語学　合理主義思想の歴史の一章』みすず書房 1976 年)
─── (1975) *Reflections on Language*. Pantheon Books. (井上和子・神尾昭雄・西山佑司 (訳)『言語論　人間科学的省察』大修館書店 1979 年)
─── (1980) *Rules and Representations*. Columbia University Press. (井上和子・神尾昭雄・西

山佑司(訳)『ことばと認識　文法から見た人間知性』大修館書店 1984 年)
———(1981) *Lectures on Government and Binding.* Foris.(安井稔・原口庄輔(訳)『統率・束縛理論』研究社出版 1986 年)
———(1982) *The Generative Enterprise.* Foris. (*The Generative Enterprise Revisited.* Mouton de Gruyter. 2004)(福井直樹・辻子美保子(訳)『生成文法の企て』岩波書店 2003 年)
———(1986) *Knowledge of Language: Its Nature, Origins, and Use.* Praeger.
Cook, V.J. (1988) *Chomsky's Universal Grammar: An Introduction.* Basil Blackwell.(須賀哲夫(訳)『チョムスキーの言語理論　普遍文法入門』新曜社 1990 年)
Davison, A. (1975) "Indirect Speech Acts and What to Do with Them." Cole & Morgan(eds.), *Syntax and Semantics, vol. 3: Speech acts.* Academic Press.
遠藤裕子(1982)「日本語の話法」『月刊言語』11(3) 大修館書店
Edmondson, W. (1981) *Spoken Discourse: A Model for Analysis.* Longman.
Fasold, R. (1990) *The Sociolinguistics of Language.* Basil Blackwell.
Fillmore, C. J. (1975) *Santa Cruz lectures on deixis 1971.* The Indiana University Linguistics Club. (*Lectures on Deixis.* CSLI. 1997)
藤田保幸(1986)「文中引用句『〜ト』による『引用』を整理する　引用論の前提として」宮地裕(編)『論集 日本語研究(一)現代編』明治書院
———(1987)「『疑う』ということ　『引用』の視点から」『日本語学』6(11) 明治書院
———(1988a)「『約束する』に関する二三の考察『引用』の視点から」『国語国文学報』46 愛知教育大学
———(1988b)「『引用』論の視界」『日本語学』7(9) 明治書院
———(1989)「『引用』のくぎり方」『日本語学』8(6) 明治書院
———(1990)「『名のる』に関する二三の考察　呼び名をひく『引用』の位置づけにふれて」『国語国文学報』48 愛知教育大学
———(1991)「『宣言する』ということ　引用の視点から」『語文』57 大阪大学
———(1994a)「話法論補遺」KLC (Kyoto Linguistics Colloquium) 発表資料
———(1994b)「引用論の構想」引用表現研究会(国立国語研究所) 発表資料
———(1995a)「引用されたコトバの統語的機能」滋賀大学国文学会　発表資料
———(1995b)「引用における『話し手投写』の概念　所謂『話法』の論のために」『日本語の研究』(宮地裕・敦子先生古稀記念論集)明治書院
———(1995c)「話法論の系譜」引用表現研究会(国立国語研究所) 発表資料
———(1996a)「文法論の対象としての『引用』とは何か？　統語的引用論の前提として」『詞林』20　大阪大学
———(1996b)「引用論における所謂『準間接引用句』の解消　『話法』の論のために」『語文』65　大阪大学

―――(1998a)「書記テキストにおける引用マーカーとしてのカギカッコの用法　池波正太郎『剣客商売』を例として」前田富祺（編）『国語文字史の研究 4』和泉書院
―――(1998b)「引用論の二つの領域」『語文』71　大阪大学
―――(1999a)「『話法』のとらえ方に関する覚書」『滋賀大国文』37
―――(1999b)「引用構文の構造」『国語学』198
―――(2000a)「日本語の引用研究・余論　鎌田修への啓蒙的批判」『滋賀大学教育学部紀要（人文科学・社会科学）』49
―――(2000b)「三上章の引用研究について」『滋賀大国文』38
―――(2000c)「文法論としての日本語引用表現の研究のために　再び鎌田修の所論について」『滋賀大学教育学部紀要（人文科学・社会科学）』50
―――(2000d)『国語引用構文の研究』和泉書院
―――(2001a)「引用のシンタクス」『国文学　解釈と教材の研究』46 (2) 學燈社
―――(2001b)「引用論から見た『伝達のムード』の位置づけ」『日本語日本文学の研究』（前田富祺先生退官記念論集）　前田富祺先生退官記念論集刊行会
―――(2001c)「『話法』の発見　奥津敬一郎の引用研究について」『滋賀大国文』39
―――(2002a)「黎明期の引用研究　山田文法・松下文法の所説再読」『滋賀大学教育学部紀要（人文科学・社会科学）』51
―――(2002b)「話法論における連続相の問題　遠藤裕子の所説について」『滋賀大国文』40
―――(2002c)「書評　鎌田修著『日本語の引用』」『国語学』53 (3)
―――(2004)「『引用』をめぐって」『国文学 解釈と鑑賞』69 (1) 至文堂
深谷昌弘・田中茂範 (1996)『コトバの〈意味づけ論〉　日常言語の生の営み』紀伊國屋書店
福井直樹 (2001)『自然科学としての言語学　生成文法とは何か』岩波書店
福本喜之助 (1969)「レオ・ヴァイスゲルバーとその言語理論について」ヴァイスゲルバー（著）『言語と精神形成　精神の世界を構成する力としての言語』講談社
福嶌教隆 (1997)「日本語とスペイン語の引用と話法」『日本語とスペイン語 (2)』くろしお出版
Gordon, D & Lakoff, G. (1975) "Conversational Postulates." Cole and Morgan (eds.) *Syntax and Semantics, vol. 3: Speech acts.* Academic Press.（原著 1971 年）
Green, G. M. (1975) "How to Get People to Do Things with Words: The Whimperative Question." Cole and Morgan (eds.) *Syntax and Semantics, vol. 3: Speech acts.* Academic Press.
Grice, H. P. (1957) "Meaning." *The Philosophical Review*, 66. (In *Studies in the Way of Words*. Harvard University Press. 1989)（清塚邦彦（訳）『論理と会話』勁草書房 1998 年）
―――(1975) "Logic and Conversation." Cole & Morgan (eds.) *Syntax and Semantics, vol.3: Speech acts.* Academic Press. (In Davis (ed.) *Pragmatics: A Reader.* Oxford University Press. 1991)

郡司隆男（1995）「言語学的方法」『認知科学の基礎』（岩波講座 認知科学 1）岩波書店
―――（1997）「言語科学の提唱」『言語の科学入門』（岩波講座 言語の科学 1）岩波書店
郡司隆男・坂本勉（1999）『言語学の方法』（現代言語学入門 1）岩波書店
芳賀綏（1984）「言語文化論の構想　日本人の意識と表現　序説」『金田一春彦博士古稀記念論文集 2』三省堂
―――（2004）『日本人らしさの構造　言語文化論講義』大修館書店
原田信一（1971）「Where Do Vocatives Come from?」『英語学』5　開拓社（福井直樹（編）『シンタクスと意味　原田信一言語学論文選集』大修館書店 2000 年）
早瀬尚子（1996）「カテゴリー化と認識」河上誓作（編著）『認知言語学の基礎』研究社出版
林大（1980）「話法」国語学会（編）『国語学大辞典』東京堂出版
廣瀬幸生（1988a）「私的表現と公的表現」『文藝言語研究（言語篇）』14　筑波大学
―――（1988b）「言語表現のレベルと話法」『日本語学』7（9）明治書院
―――（1995）"Direct and indirect speech as quotations of public and private expression." *Lingua: An International Review of General Linguistics*, 95 (4).
―――（2000）"Public and private self as two aspects of the speaker: A contrastive study of Japanese and English." *Journal of Pragmatics*, 32.
廣瀬幸生・長谷川葉子（2001）「日本語から見た日本人　日本人は『集団主義的』か（上）（下）」『月刊言語』30（1/2）大修館書店
Holdcroft, D. (1978) *Words and Deeds: Problems in the Theory of Speech Acts*. Clarendon Press.
Horn, L.R. (1984) "Toward a new taxonomy for pragmatic inferences: Q-based and R-based implicature." Schiffrin (ed.) *Meaning, form, and use in context: linguistic applications*. Georgetown University Press.
―――(1988) "Pragmatic Theory." Newmeyer (ed.) *Linguistics: The Cambridge Survey. vol.1 Linguistics: Foundations*. Cambridge University Press.
堀口純子（1995）「会話における引用の『ッテ』による終結について」『日本語教育』85
保坂宗重・鈴木康志（1993）『体験話法（自由間接話法）文献一覧　わが国における体験話法研究』茨城大学教養部
細江逸記（1971）『英文法汎論　英文法統辞論提要（改訂新版）』篠崎書林（1917 年）
井出祥子（1990）「待遇表現」『言語学要説（下）』（講座 日本語と日本語教育 12）明治書院
井出祥子・荻野綱男・川崎晶子・生田少子（1986）『日本人とアメリカ人の敬語行動』南雲堂
飯田隆（1998）「グライス紹介」グライス（著）清塚邦彦（訳）『論理と会話』勁草書房
飯塚勝久（1991）「解説」ジャン＝フランソワ ルヴェル（著）『無益にして不確実なデカルト』未來社
池上嘉彦・河上誓作（1987）「訳者解説」リーチ（著）『語用論』紀伊國屋書店
今井邦彦（1975）『変形文法のはなし』大修館書店
―――（2001）『語用論への招待』大修館書店

今井邦彦・中島平三 (1978)『文 (II)』(現代の英文法 5) 研究社出版
井上和子 (1976)『変形文法と日本語 (上)』大修館書店
─── (1983)「日本語の伝聞表現とその談話機能」『月刊言語』12 (11) 大修館書店
庵功雄 (2003)『「象は鼻が長い」入門　日本語学の父　三上章』くろしお出版
板坂元 (1971)『日本人の論理構造』講談社
岩男考哲 (2003)「引用文の性質から見た『〜ッテ。』について」『日本語文法』3 (2) くろしお出版
Jespersen, O. (1924) *The Philosophy of Grammar*. George Allen & Unwin. (The University of Chicago Press. 1992) (半田一郎 (訳)『文法の原理』岩波書店 1958 年)
鎌田修 (1983)「日本語の間接話法」『月刊言語』12 (9) 大修館書店
─── (1988)「日本語の伝達表現」『日本語学』7 (9) 明治書院
─── (1990) "Reporting Messages in Japanese as a Second Language." *On Japanese and How to Teach It: In Honor of Seiichi Makino*. The Japan Times.
─── (1994)「伝達と模倣と創造：引用におけるソーシャルダイクシスの現れ」『京都外国語大学研究論叢』43
─── (1998)「引用におけるモダリティと主格選択」『京都外国語大学研究論叢』50
─── (1999)「日本語の引用研究　序論」『無差』6　京都外国語大学
─── (2000a)『日本語の引用』ひつじ書房
─── (2000b)「日本語の引用」『日本語学』19 (5) 明治書院
─── (2000c)「引用は引用にして引用にあらず　引用句創造説」『未発』6　ひつじ書房
神尾昭雄 (1985)「談話における視点」『日本語学』4 (12) 明治書院
─── (1990)『情報のなわ張り理論　言語の機能的分析』大修館書店
─── (2002)『続・情報のなわ張り理論』大修館書店
金谷武洋 (2002)『日本語に主語はいらない　百年の誤謬を正す』講談社
─── (2004)『英語にも主語はなかった　日本語文法から言語千年史へ』講談社
加藤陽子 (1998)「話し言葉における引用の『ト』の機能」『世界の日本語教育』8
木原研三 (1955)『呼應・話法』(英文法シリーズ 24) 研究社出版
金田一春彦 (1950)「国語動詞の一分類」『言語研究』15 (金田一春彦 (編)『日本語動詞のアスペクト』むぎ書房 1976 年)
─── (1955)「日本語動詞のテンスとアスペクト」『名古屋大学文学部研究論集』10 (文学 4) (金田一春彦 (編)『日本語動詞のアスペクト』むぎ書房 1976 年)
金水敏 (2000a)「発話とコミュニケーション」『意味と文脈』(現代言語学入門 4) 岩波書店
─── (2000b)「時の表現」『時・否定と取り立て』(日本語の文法 2) 岩波書店
北川善久・上山あゆみ (2004)『生成文法の考え方』(英語学モノグラフシリーズ 2) 研究社出版
北岡勲 (1960)『保守主義研究』弘文堂 (御茶の水書房 1985 年)
清塚邦彦 (1998)「グライスの基本概念への手引き」グライス (著)『論理と会話』勁草書房

小泉保（1990）『言外の語用論　日本語の語用論』三省堂

国立国語研究所（1963）『話しことばの文型（2）独話資料による研究』（国立国語研究所報告23）秀英出版

小室直樹（1972）「科学的分析の基礎」川島武宜（編）『法社会学の基礎1』（法社会学講座3）岩波書店

小矢野哲夫（1982）「話法」日本語教育学会（編）『日本語教育事典』大修館書店

久保進（2001）「言語行為」小泉保（編）『入門語用論研究　理論と応用』研究社出版

─────（2002a）「言語行為」認知科学会（編）『認知科学辞典』共立出版

─────（2002b）「言語行為論への招待　関連性理論からの批判に答えて」『語用論研究』4

─────（2002c）「対話分析の理論」久保進（編）『発話内行為の意味ネットワーク　言語行為論からの辞書的対話事例分析』晃洋書房

─────（2003）「発話行為理論」小池生夫他（編）『応用言語学事典』研究社出版

久野暲（1972）"Pronominalization, Reflexivization, and Direct Discourse." *Linguistic Inquiry,* 3(2).

─────（1980）"Functional Syntax." Moravcsik & Wirth (eds.) *Syntax and Semantics,* vol.13. Academic Press.

─────（1973）『日本文法研究』大修館書店

─────（1978）『談話の文法』大修館書店

─────（1987）*Functional Syntax: Anaphora, Discourse and Empathy.* The University of Chicago Press.

─────（1988）"Blended Quasi-Direct Discourse in Japanese." Poser (ed.) *Papers from the Second International Workshop on Japanese Syntax.* Stanford University.

黒田成幸（1999）「文法理論と哲学的自然主義」チョムスキー（著）大石正幸（訳）『言語と思考』松柏社

黒崎宏（1997）『「哲学的探求」読解』ウィトゲンシュタイン（著）産業図書（原著1953年）

Labov, W. & Fanshel, D. (1977) *Therapeutic Discourse: Psychotherapy as Conversation.* Academic Press.

Lakoff, G. (1987) *Women, Fire, and Dangerous Things: What Categories Reveal about the Mind.* The University of Chicago Press.（池上嘉彦・河上誓作（訳）『認知意味論　言語から見た人間の心』紀伊國屋書店1993年）

Lakoff, G. & Johnson, M. (1980) *Metaphors We Live By.* The University of Chicago Press.（渡部昇一・楠瀬淳三・下谷和幸（訳）『レトリックと人生』大修館書店1986年）

Langacker, R.W. (1987) *Foundations of Cognitive Grammar I.* Stanford University Press.

Lee 凪子（1995）『日本語の補文構造　Lexicase 文法理論による分析』くろしお出版

Leech, G. N. (1977) "Review of Sadock (1974) and Cole and Morgan (1975)." *Journal of Linguistics,* 13.

─────（1980）*Explorations in Semantics and Pragmatics.* Benjamins.（内田種臣・木下裕昭（訳）

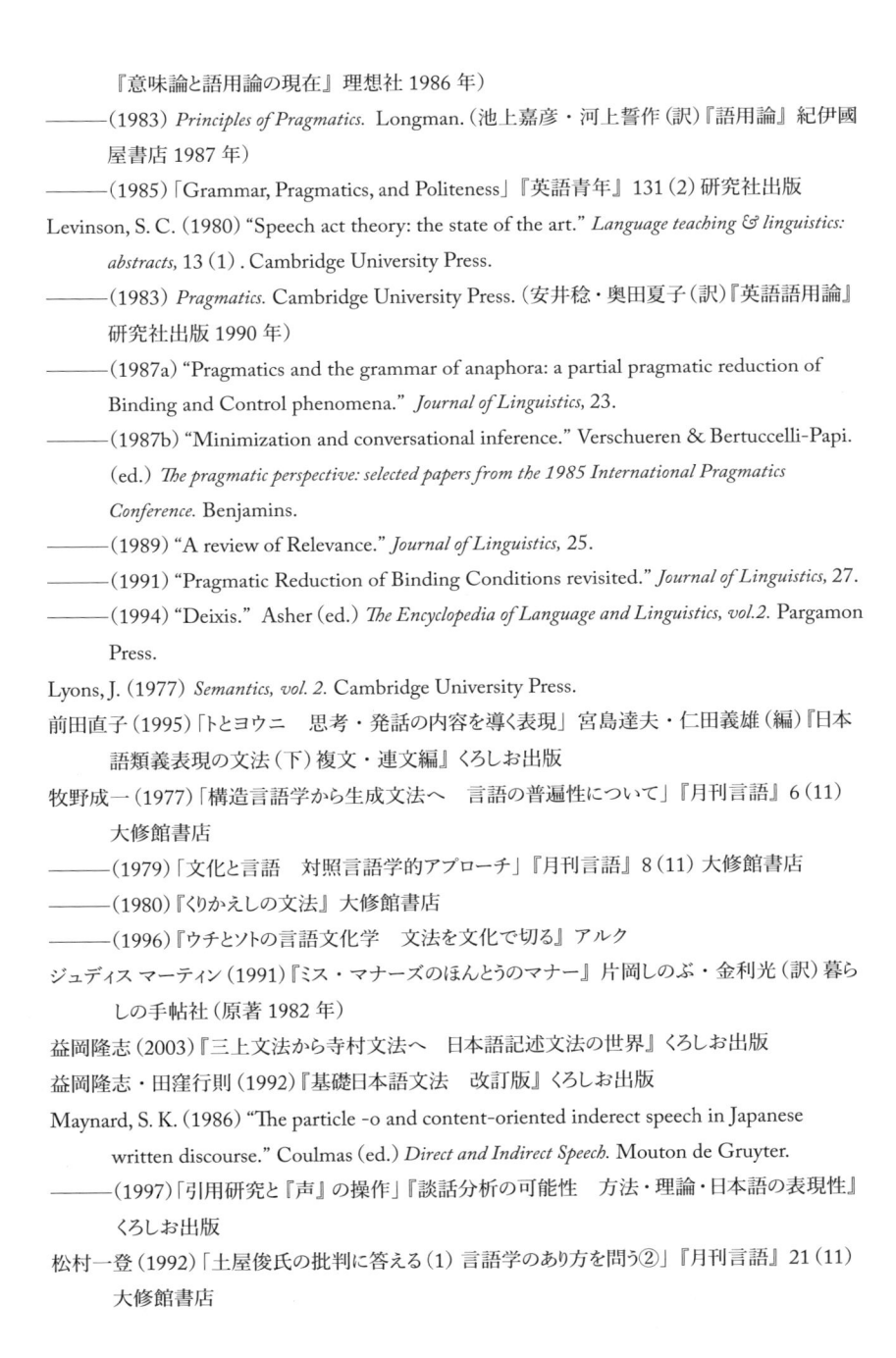

『意味論と語用論の現在』理想社 1986 年)
——— (1983) *Principles of Pragmatics.* Longman. (池上嘉彦・河上誓作 (訳)『語用論』紀伊國屋書店 1987 年)
——— (1985)「Grammar, Pragmatics, and Politeness」『英語青年』131 (2) 研究社出版

Levinson, S. C. (1980) "Speech act theory: the state of the art." *Language teaching & linguistics: abstracts,* 13 (1). Cambridge University Press.
——— (1983) *Pragmatics.* Cambridge University Press. (安井稔・奥田夏子 (訳)『英語語用論』研究社出版 1990 年)
——— (1987a) "Pragmatics and the grammar of anaphora: a partial pragmatic reduction of Binding and Control phenomena." *Journal of Linguistics,* 23.
——— (1987b) "Minimization and conversational inference." Verschueren & Bertuccelli-Papi. (ed.) *The pragmatic perspective: selected papers from the 1985 International Pragmatics Conference.* Benjamins.
——— (1989) "A review of Relevance." *Journal of Linguistics,* 25.
——— (1991) "Pragmatic Reduction of Binding Conditions revisited." *Journal of Linguistics,* 27.
——— (1994) "Deixis." Asher (ed.) *The Encyclopedia of Language and Linguistics, vol.2.* Pargamon Press.

Lyons, J. (1977) *Semantics, vol. 2.* Cambridge University Press.

前田直子 (1995)「トとヨウニ　思考・発話の内容を導く表現」宮島達夫・仁田義雄 (編)『日本語類義表現の文法 (下) 複文・連文編』くろしお出版

牧野成一 (1977)「構造言語学から生成文法へ　言語の普遍性について」『月刊言語』6 (11) 大修館書店
——— (1979)「文化と言語　対照言語学的アプローチ」『月刊言語』8 (11) 大修館書店
——— (1980)『くりかえしの文法』大修館書店
——— (1996)『ウチとソトの言語文化学　文法を文化で切る』アルク

ジュディス マーティン (1991)『ミス・マナーズのほんとうのマナー』片岡しのぶ・金利光 (訳) 暮らしの手帖社 (原著 1982 年)

益岡隆志 (2003)『三上文法から寺村文法へ　日本語記述文法の世界』くろしお出版

益岡隆志・田窪行則 (1992)『基礎日本語文法　改訂版』くろしお出版

Maynard, S. K. (1986) "The particle -o and content-oriented inderect speech in Japanese written discourse." Coulmas (ed.) *Direct and Indirect Speech.* Mouton de Gruyter.
——— (1997)「引用研究と『声』の操作」『談話分析の可能性　方法・理論・日本語の表現性』くろしお出版

松村一登 (1992)「土屋俊氏の批判に答える (1) 言語学のあり方を問う②」『月刊言語』21 (11) 大修館書店

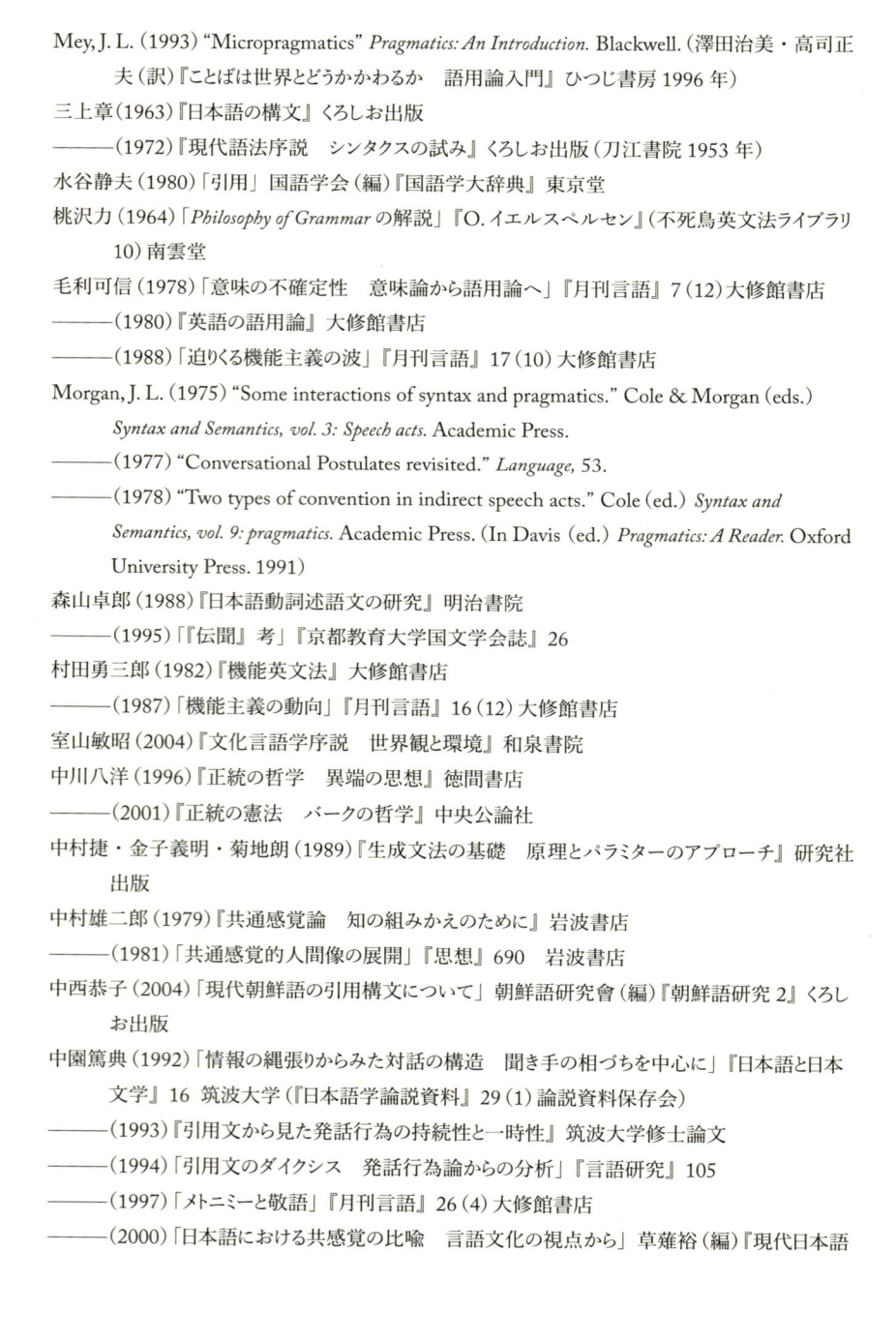

Mey, J. L. (1993) "Micropragmatics" *Pragmatics: An Introduction.* Blackwell.(澤田治美・高司正夫(訳)『ことばは世界とどうかかわるか　語用論入門』ひつじ書房 1996 年)

三上章(1963)『日本語の構文』くろしお出版

―――(1972)『現代語法序説　シンタクスの試み』くろしお出版(刀江書院 1953 年)

水谷静夫(1980)「引用」国語学会(編)『国語学大辞典』東京堂

桃沢力(1964)「*Philosophy of Grammar* の解説」『O. イエルスペルセン』(不死鳥英文法ライブラリ 10) 南雲堂

毛利可信(1978)「意味の不確定性　意味論から語用論へ」『月刊言語』7 (12) 大修館書店

―――(1980)『英語の語用論』大修館書店

―――(1988)「迫りくる機能主義の波」『月刊言語』17 (10) 大修館書店

Morgan, J. L. (1975) "Some interactions of syntax and pragmatics." Cole & Morgan (eds.) *Syntax and Semantics, vol. 3: Speech acts.* Academic Press.

―――(1977) "Conversational Postulates revisited." *Language*, 53.

―――(1978) "Two types of convention in indirect speech acts." Cole (ed.) *Syntax and Semantics, vol. 9: pragmatics.* Academic Press. (In Davis (ed.) *Pragmatics: A Reader.* Oxford University Press. 1991)

森山卓郎(1988)『日本語動詞述語文の研究』明治書院

―――(1995)「『伝聞』考」『京都教育大学国文学会誌』26

村田勇三郎(1982)『機能英文法』大修館書店

―――(1987)「機能主義の動向」『月刊言語』16 (12) 大修館書店

室山敏昭(2004)『文化言語学序説　世界観と環境』和泉書院

中川八洋(1996)『正統の哲学　異端の思想』徳間書店

―――(2001)『正統の憲法　バークの哲学』中央公論社

中村捷・金子義明・菊地朗(1989)『生成文法の基礎　原理とパラミターのアプローチ』研究社出版

中村雄二郎(1979)『共通感覚論　知の組みかえのために』岩波書店

―――(1981)「共通感覚的人間像の展開」『思想』690　岩波書店

中西恭子(2004)「現代朝鮮語の引用構文について」朝鮮語研究會(編)『朝鮮語研究 2』くろしお出版

中園篤典(1992)「情報の縄張りからみた対話の構造　聞き手の相づちを中心に」『日本語と日本文学』16 筑波大学(『日本語学論説資料』29 (1) 論説資料保存会)

―――(1993)『引用文から見た発話行為の持続性と一時性』筑波大学修士論文

―――(1994)「引用文のダイクシス　発話行為論からの分析」『言語研究』105

―――(1997)「メトニミーと敬語」『月刊言語』26 (4) 大修館書店

―――(2000)「日本語における共感覚の比喩　言語文化の視点から」草薙裕(編)『現代日本語

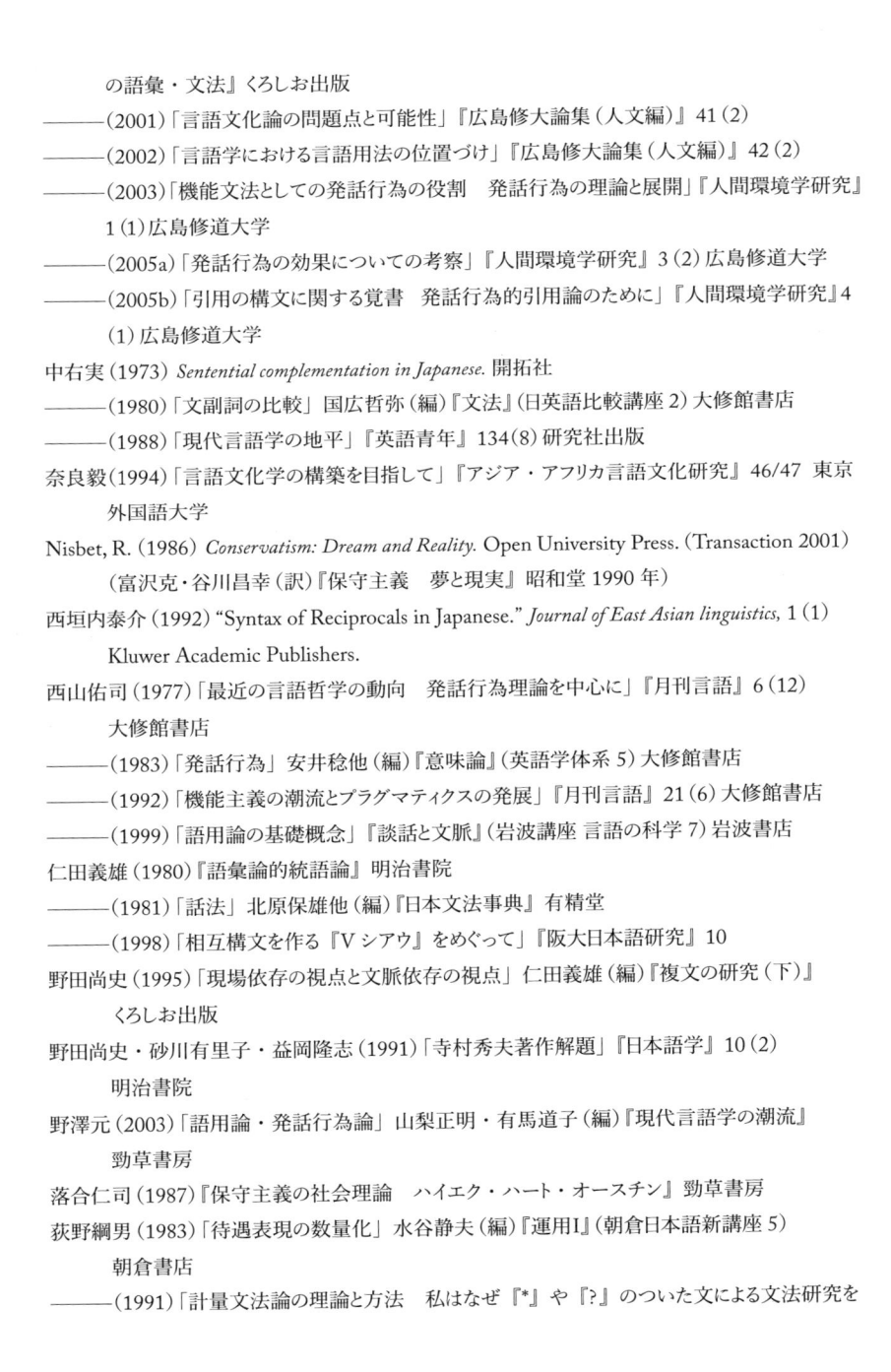

の語彙・文法』くろしお出版
―――（2001）「言語文化論の問題点と可能性」『広島修大論集（人文編）』41（2）
―――（2002）「言語学における言語用法の位置づけ」『広島修大論集（人文編）』42（2）
―――（2003）「機能文法としての発話行為の役割　発話行為の理論と展開」『人間環境学研究』
　　　1（1）広島修道大学
―――（2005a）「発話行為の効果についての考察」『人間環境学研究』3（2）広島修道大学
―――（2005b）「引用の構文に関する覚書　発話行為的引用論のために」『人間環境学研究』4
　　　（1）広島修道大学
中右実（1973）*Sentential complementation in Japanese.* 開拓社
―――（1980）「文副詞の比較」国広哲弥（編）『文法』（日英語比較講座2）大修館書店
―――（1988）「現代言語学の地平」『英語青年』134（8）研究社出版
奈良毅（1994）「言語文化学の構築を目指して」『アジア・アフリカ言語文化研究』46/47　東京
　　　外国語大学
Nisbet, R. (1986) *Conservatism: Dream and Reality.* Open University Press.（Transaction 2001）
　　　（富沢克・谷川昌幸（訳）『保守主義　夢と現実』昭和堂 1990 年）
西垣内泰介（1992）"Syntax of Reciprocals in Japanese." *Journal of East Asian linguistics,* 1（1）
　　　Kluwer Academic Publishers.
西山佑司（1977）「最近の言語哲学の動向　発話行為理論を中心に」『月刊言語』6（12）
　　　大修館書店
―――（1983）「発話行為」安井稔他（編）『意味論』（英語学体系5）大修館書店
―――（1992）「機能主義の潮流とプラグマティクスの発展」『月刊言語』21（6）大修館書店
―――（1999）「語用論の基礎概念」『談話と文脈』（岩波講座 言語の科学7）岩波書店
仁田義雄（1980）『語彙論的統語論』明治書院
―――（1981）「話法」北原保雄他（編）『日本文法事典』有精堂
―――（1998）「相互構文を作る『Ｖシアウ』をめぐって」『阪大日本語研究』10
野田尚史（1995）「現場依存の視点と文脈依存の視点」仁田義雄（編）『複文の研究（下）』
　　　くろしお出版
野田尚史・砂川有里子・益岡隆志（1991）「寺村秀夫著作解題」『日本語学』10（2）
　　　明治書院
野澤元（2003）「語用論・発話行為論」山梨正明・有馬道子（編）『現代言語学の潮流』
　　　勁草書房
落合仁司（1987）『保守主義の社会理論　ハイエク・ハート・オースチン』勁草書房
荻野綱男（1983）「待遇表現の数量化」水谷静夫（編）『運用I』（朝倉日本語新講座5）
　　　朝倉書店
―――（1991）「計量文法論の理論と方法　私はなぜ『*』や『?』のついた文による文法研究を

しないか」日本言語学会第102回大会発表資料

奥津敬一郎 (1970)「引用構造と間接化転形」『言語研究』56 (『拾遺　日本文法論』ひつじ書房 1996年)

─── (1993)「引用」『国文学　解釈と教材の研究』38 (12) 学燈社

大島資生 (2002)「書評　藤田保幸著『国語引用構文の研究』」『国語学』53 (3)

太田朗・梶田優 (1974)『文法論II』(英語学大系 4) 大修館書店

アブラハム パイス (2001)『アインシュタインここに生きる』村上陽一郎・板垣良一 (訳) 産業図書 (原著 1994年)

Quirk, R. et al. (1985) *A Comprehensive grammar of the English language.* Longman.

Ross, J. R. (1970) "On Declarative Sentences." Jacobs & Rosenbaum (eds.) *Reading in English Transformational Grammar.* Ginn.

Sadock, J. M. (1970) "Whimperatives." Sadock & Vanek (eds.) *Studies presented to Robert B. Lees by his students.* Linguistic Research.

─── (1972) "Speech act idioms." *Papers from the eighth Regional Meeting.* Chicago Linguistic Society.

─── (1974) *Toward a Linguistic Theory of Speech Acts.* Academic Press. (木下裕昭 (訳)『発話行為の理論化に向けて』文化書房博文社 1995年)

─── (1978) "On Testing for Conversational Implicature." Cole (ed.) *Syntax and Semantics, vol. 9: Pragmatics.* Academic Press.

─── (1988) "Speech act distinctions in grammar." Newmeyer (ed.) *Linguistics: The Cambridge Survey. volume 2. Linguistic Theory: Extentions and Implications.* Cambridge University Press.

カール セーガン (1997)『カール・セーガン　科学と悪霊を語る』新潮社 (原著 1996年)

坂本百大 (1977)『現代における言語の哲学的構図』(講座 情報社会科学 4 言語と情報I) 学習研究社

─── (1978)「訳者解説」オースティン (著)『言語と行為』大修館書店

─── (1991)「監訳者まえがき」オースティン (著)『オースティン哲学論文集』勁草書房

澤田治美 (1993)『視点と主観性　日英語助動詞の分析』ひつじ書房

Schank, R. C. & Abelson, R. (1977) *Scripts, Plans, Goals, and Understanding: An Inquiry into Human Knowledge Structures.* Lawrence Erlbaum Associates.

Searle, J. R. (1965) "What is a Speech Act?" Black (ed.) *Philosophy in America.* Unwin Hyman. (In Davis (ed.) *Pragmatics: A Reader.* Oxford University Press. 1991)

─── (1969) *Speech Acts: An Essay in the Philosophy of Language.* Cambridge University Press. (坂本百大・土屋俊 (訳)『言語行為　言語哲学への試論』勁草書房 1986年)

─── (1973) "Austin on Locutionary and Illocutionary Acts." Berlin et al. (eds.) *Essays on J. L. Austin.* Oxford University Press.

―――(1974) "Chomsky's Revolution in Linguistics." Harman (ed.) *On Noam Chomsky Critical Essays.* The University of Massachusetts Press.

―――(1975) "Indirect Speech Acts." Cole & Morgan (eds.) *Syntax and Semantics, vol. 3: Speech acts.* Academic Press. (In Davis (ed.) *Pragmatics: A Reader.* Oxford University Press. 1991)

Searle, J. & Vanderveken, D. (1985) *Foundations of Illocutionary Logic.* Cambridge University Press.

ジャン セール (1962)『ふらんすエチケット集』三保元 (訳) 白水社 (原著 1961 年)

柴谷方良 (1977) "Grammatical Relations and Surface Cases." *Language,* 53-4.

―――(1978)『日本語の分析』大修館書店

―――(1984)「格と文法関係」『月刊言語』13 (3) 大修館書店

―――(1989)「日本語の語用論」『日本語の文法・文体 (上)』(講座 日本語と日本語教育 4) 明治書院

清水幾多郎 (1979)「私のヴィーコ」『ヴィーコ』(世界の名著 33) 中央公論社

杉本孝司 (1998)「認知文法」『意味論2　認知意味論』(日英語対照による英語学演習シリーズ 8) くろしお出版

砂川有里子 (1987)「引用文の構造と機能　引用文の3つの類型について」『文藝言語研究 (言語篇)』13　筑波大学

―――(1988a)「引用文の構造と機能 (その 2)　引用句と名詞句をめぐって」『文藝言語研究 (言語篇)』14　筑波大学

―――(1988b)「引用文における場の二重性について」『日本語学』7 (9) 明治書院

―――(1989)「引用と話法」『日本語の文法・文体 (上)』(講座 日本語と日本語教育 4) 明治書院

―――(1990)「補文構造」『日本語学』9 (10) 明治書院

―――(2000)「引用」『別冊国文学』53 學燈社 (中村明 (編)『現代日本語必携』學燈社 2001年)

―――(2003)「話法における主観表現」北原保雄 (編)『文法1』(朝倉日本語講座 5) 朝倉書店

鈴木孝夫 (1968)「言語と社会」『言語』(岩波講座 哲学 11) 岩波書店

―――(1973)『ことばと文化』岩波新書

―――(1978)「日本語学はなぜ成立しなかったか」『日本語研究の周辺』(岩波講座　日本語 別巻) 岩波書店 (『言語文化学ノート』大修館書店 1998 年)

Sperber, D & Wilson, D. (1986a) *Relevance: Communication & Cognition.* Harvard University press. (内田聖二他 (訳)『関連性理論　伝達と認知』研究社出版 1993 年)

―――(1986b) "Inference and Implicature." Travis (ed.) *Meaning and Interpretation.* Blackwell. (In Davis (ed.) *Pragmatics: A Reader.* Oxford University Press. 1991)

―――(1986c) "Pragmatics and Modularity." Farley & McCullough (eds.) *The Chicago*

Linguistic Society Parassession on Pragmatics and Grammatical Theory. (In Davis (ed.)
　　　Pragmatics: A Reader. Oxford University Press. 1991)
Sternberg, M. (1982) "Point of view and indirections of direct speech." Language and style, 15.
Strawson, P. F. (1974) "Intention and Convention in Speech Acts." Philosophical Review, 73.
　　　(In Davis (ed.) Pragmatics: A Reader. Oxford University Press. 1991)
立川健二・山田広昭（1990）『現代言語論』新曜社
田島節夫（1977）「言語の内と外」田島節夫他（編）『言語の内と外』弘文堂
竹内靖雄（1997）『日本人の行動文法 「日本らしさ」の解体新書』東洋経済新報社（『「日本人らしさ」とは何か 日本人の「行動文法」を読み解く』PHP文庫2000年）
田窪行則（1988）「語用論」林栄一他（編）『言語学の潮流』勁草書房
―――（1990）「ダイクシスと談話構造」『言語学要説（下）』（講座 日本語と日本語教育12）明治書院
田中克彦（1975）『言語の思想　国家と民族のことば』日本放送出版協会
―――（1983）『チョムスキー』岩波書店（岩波同時代ライブラリー1990年）
田中茂範・深谷昌弘（1998）『〈意味づけ論〉の展開　状況編成・コトバ・会話』紀伊國屋書店
田中建彦（1992）「常識　蓄えられた判断」渡部昇一（編）『ことばコンセプト事典』第一法規出版
寺村秀夫（1972）「解題」三上章（著）『続・現代語法序説　主語廃止論』くろしお出版
―――（1981）『日本語の文法（下）』大蔵省印刷局
―――（1982）『日本語のシンタクスと意味I』くろしお出版
―――（1989）「現代日本語　文法」『言語学大辞典2』三省堂
―――（1996）"Mikami Akira." Stammerjohann (ed.) Lexicon Grammaticorum: who's who in the history of world linguistics. Niemeyer.
豊田昌倫（1993）「伝達部の構造と機能」『近代英語の諸相』英潮社
土屋俊（1980）「言語行為論の展開　『間接的発話行為』という話題をめぐって」『月刊言語』9（12）大修館書店
―――（1983a）「言語行為における『意図』の問題」『理想』596 理想社
―――（1983b）「言語行為論」『新版ことばの哲学』北樹出版
―――（1983c）「何種類の言語行為があるか　言語ゲームとしての言語行為」『ゲームの臨海アゴーンとシステム』（講座 思考の関数1）　朝日出版社
―――（1986）「人間に関するチョムスキーの誤解」『月刊言語』15（12）大修館書店
―――（1992）「松村一登氏への質問状（1）言語学のあり方を問う①」『月刊言語』21（10）大修館書店
―――（1996a）「言語の開かれた概念を求めて」『月刊言語』25（4）大修館書店
―――（1996b）「文から語へ」『月刊言語』25（11）大修館書店
―――（1998）「『言語と行為』」廣松渉他（編）『岩波哲学・思想事典』岩波書店

津田葵・F. ロボ (1984)「語用論」『英語コミュニケーション論』(スタンダード英語講座 6) 大修館書店
上野直樹 (1985)「視点のしくみ」『視点』(認知科学選書 1) 東京大学出版
内田聖二 (1979)「直接話法と伝達動詞」『語法研究と英語教育』山口書店
———(1981) "Direct Quote and Speech Act." Konishi (ed.) *Studies in grammar and language.* Kenkyusya.
———(1992)「テキストとコンテクスト 語用論の射程」安井泉(編)『グラマー・テキスト・レトリック』くろしお出版
Vendler, Z. (1967) *Linguistics in Philosophy.* Cornel University Press.
Vanderveken, D. (1990) *Meaning and Speech Acts, Meaning and Speeh Acts, vol.1: Principles of language use Volume 1.* Cambridge University Press. (久保進(監訳)『意味と発話行為』ひつじ書房 1997 年)
———(1995)『発話行為理論の原理 (Principles of Speech Act Theory)』久保進(訳) 松拍社(原著 1994 年)
和田寛伸 (1985)「『常識』その民族的・文化的多元性 文化人類学の trace としての一試論」武内義範他(編)『哲学の世界』創文社
Wardhaugh, R. (1986) "Acting and Conversing." *An Introduction to Sociolinguistics.* Blackwell.(田部滋・本名信行(監訳)『社会言語学入門(下)』リーベル出版 1994 年)
渡辺伸治 (1997)「日本語の引用節について 間接話法、直接話法そして視点」『大阪大学言語文化研究』23
———(1998)「『語り』の日本語の特性について 歴史的現在、描出話法、主観性述語」『京都ドイツ語学研究会会報』12
———(1999)「『視点』諸概念の分類とその本質」『大阪大学言語文化研究』25
———(2001)「ダイクシス その全体像の解明の試み」渡辺伸治・井元秀剛・瀧田恵巳『言語における指示をめぐって 言語文化共同研究プロジェクト 2000』大阪大学
———(2003a)「ダイクシスと指示詞コソア」『大阪大学言語文化研究』29
———(2003b)「引用節に現れる視点要素とスタイル要素の考察」『日本語文法』3 (2) くろしお出版
渡部昇一 (1973)『言語と民族の起源について』大修館書店
———(1974)「命令と服従」『文科の時代』文藝春秋社 (PHP 文庫 1994 年)
———(1979)「新常識主義のすすめ」『新常識主義のすすめ』文藝春秋社 (文春文庫 1984 年)
———(1986)「チョムスキー以前と以後」『月刊言語』15 (12) 大修館書店(『渡部昇一小論集成(上)』大修館書店 2001 年)
Wunderlich, D. (1980) "Methdological Remarks on Speech Act Theory." Searle et al. (eds.) *Speech Act Theory and Pragmatics.* Reidel.

―――(1981)「行為理論と言語」広井脩(訳)『思想』690 岩波書店(原著1976年)
山田広昭(1990)「約束 このおそろしげな言語行為」『現代言語論』新曜社
山田友幸(1982)「言語行為に於ける二種の慣習」『哲学雑誌』97(769)有斐閣
―――(1987)「言語行為の力と内容」『月刊言語』16(13) 大修館書店
―――(1988)「言語の哲学」沢田允茂・黒田亘(編)『哲学への招待』有斐閣
―――(1995)「言語哲学」大矢雅則他(編)『数理情報科学事典』朝倉書店
―――(1998)「言語行為論」廣松渉他(編)『岩波哲学・思想事典』岩波書店
―――(2002)「言語行為」野本和幸・山田友幸『言語哲学を学ぶ人のために』世界思想社
山口治彦(1992)「繰り返せないことば コンテクストが引用にもたらす影響」『グラマー・テキスト・レトリック』くろしお出版
―――(1994) "Echo utterances." Asher (ed.) *The Encyclopedia of Language and Linguistics*. Pargamon Press.
―――(2003)「共感覚表現と内省テスト 方向性の仮説にまつわるコンテクストの問題」『日本語文法』3(2)くろしお出版
山口光(2001)『還元文法構文論 再検討・三上文法』くろしお出版
山口美知代(1995)「欧米の自由間接話法研究における日本語の扱い」引用表現研究会(国立国語研究所)発表資料
山梨正明(1986a)「法助動詞の語用論 発話の間接性と慣用性をめぐって」『英語青年』131(10)研究社出版
―――(1986b)『発話行為』(新英文法選書12)大修館書店
―――(1988)「言語行為」土屋俊他(編)『AI事典』UPU
―――(1989)「語用論」『言語学要説(上)』(講座 日本語と日本語教育11)明治書院
―――(1991a)「発話の力の観点からみた引用のメカニズム」千葉修司他(編)『現代英語学の諸相』(宇賀治正朋博士還暦記念論文集)開拓社
―――(1991b)「言語能力と言語運用を問い直す」『月刊言語』20(10)大修館書店
―――(1993)「語用論」『国文学 解釈と教材の研究』38(12)学燈社
―――(2000)「語用論のダイナミズム」『語用論研究』2
―――(2002a) "Speech-Act Constructions, Illocutionary Forces and Conventionality." Vanderveken & Kubo (eds.) *Essays in Speech Act Theory*. John Benjamins.
―――(2002b)「言語科学における記述・説明の妥当性 認知言語学の視点からみた言語研究の展望」『日本語文法』2(2)くろしお出版
山下秀雄(1979)『日本のことばとこころ 言語表現にひそむ日本人の深層心理をさぐる』講談社(講談社学術文庫1986年)
山内博之(2002)「日本語の引用句におけるダイクシスとモダリティの関わりについて」『実践女子大学文学部紀要』44

用例の出典

第 1 章

『ジム』：沢木耕太郎『王の闇』文春文庫　40 頁
『バー』：中島らも『今夜、すべてのバーで』講談社文庫　11 頁
『vs. 』：『VS. 朝日新聞』朝日新聞社　45 頁
『北斗』：司馬遼太郎『北斗の人』講談社文庫　288 頁
『樅』：山本周五郎『樅の木は残った（下）』新潮文庫　84 頁
『礼儀』：山口瞳『礼儀作法入門』新潮文庫　24 頁
『IMJ』：水谷修・水谷信子『An Introduction to Modern Japanese』ジャパンタイムズ　15 頁
『チエ 3』：はるき悦巳『じゃりン子チエ』3 巻　双葉社　42, 68 頁
『チエ 13』：はるき悦巳『じゃりン子チエ』13 巻　双葉社　207, 217 頁
『チエ 14』：はるき悦巳『じゃりン子チエ』14 巻　双葉社　193 頁
『番外篇』：はるき悦巳『じゃりン子チエ番外篇』双葉社　9 頁
『日の出』：はるき悦巳『日の出食堂の青春』日本文芸社　172, 160 頁
『デス』：平井和正・桑田次郎『デスハンター（下）』マンガショップ　18 頁
『ピース 3』：尾田栄一郎『One piece』3 巻　集英社　190 頁
『ピース 4』：尾田栄一郎『One piece』4 巻　集英社　13 頁

第 2 章

『阿呆』：芥川龍之介『或阿呆の一生』角川書店　308 頁
『怒り』：中村修二『怒りのブレイクスルー』集英社　85 頁
『樅』：山本周五郎『樅の木は残った（下）』新潮文庫　84 頁
『ゲーム』：橋爪大三郎『言語ゲームと社会理論』勁草書房　ii 頁
『個人』：西尾幹二『ヨーロッパの個人主義』講談社　87 頁
『馬鹿』：アントニオ猪木『馬鹿になれ』角川書店　183 頁
『バカ』：養老孟司『バカの壁』新潮新書　16 頁
『七年』：田中克彦『チョムスキー』（同時代ライブラリー）岩波書店　226 頁
『ロマン』：西沢潤一『私のロマンと科学』中公新書　34 頁
『美味 30』：雁屋哲・花咲アキラ『美味しんぼ』30 巻　小学館　182 頁
『美味 33』：雁屋哲・花咲アキラ『美味しんぼ』33 巻　小学館　14 頁
『美味 40』：雁屋哲・花咲アキラ『美味しんぼ』40 巻　小学館　116 頁
『高校 11』：野中英次『魁!!クロマティ高校』11 巻　講談社　233 話
『チエ 4』：はるき悦巳『じゃりン子チエ』4 巻　双葉社　80 頁

『チエ 6』：はるき悦巳『じゃりン子チエ』6 巻　双葉社　214 頁
『チエ 12』：はるき悦巳『じゃりン子チエ』12 巻　双葉社　219 頁
『チエ 13』：はるき悦巳『じゃりン子チエ』13 巻　双葉社　217 頁
『パタ 6』：魔夜峰央『パタリロ』6 巻　白泉社　13 頁
『BTF』：『Back to the future』フォーイン　8, 10, 36, 39, 43 頁
『BTF2』：『Back to the future part Ⅱ』フォーイン　71, 59 頁
『SW5』：『Star Wars (The Empire strikes back)』フォーイン　72 頁
『CHENG』：『The English Journal』1991/06　アルク　120, 166 頁
『RYU』：「村上龍インタビュー」『ヴュー・ザ・ワーク』No.1　1991/11
『Week』：「This Week」『週刊文春』1992/11/12　31 頁
『コラム t』：「天声人語」『朝日新聞』1991/11/08
『コラム d』：『ダカーポ』No. 250　1992/04/01　93, 121 頁
『記事 a』：『朝日新聞』1992/04/11
『記事 s』：『産経新聞』2004/12/07
『記事 t』：『中國新聞』2004/10/06
『記事 y』：『読売新聞』2004/10/06
『記事 n』：『日本経済新聞』2005/10/27
『王様 1』：DVD『王様のレストラン』第 1 話　ポニーキャニオン
『王様 5』：DVD『王様のレストラン』第 5 話　ポニーキャニオン
『海底』：DVD『劇場版 名探偵ホームズ』「海底の秘宝」ブエナビスタ
『黒革』：DVD『黒革の手帖』第 7 話　アミューズソフト
『暮らし』：『暮らしのジャーナル』NHK 総合 1992/06/22 放送
『Big』：『Big Morning』TBS　1992/06/08 放送

第 3 章

『ウルフ』：ハミルトン『さすらいのスターウルフ』早川文庫　138 頁
『ゲーム』：橋爪大三郎『言語ゲームと社会理論』勁草書房　ii 頁
『個人』：西尾幹二『ヨーロッパの個人主義』講談社　87 頁
『終戦』：福井晴敏『終戦のローレライ（1）』講談社文庫　175 頁
『七年』：田中克彦『チョムスキー』（同時代ライブラリー）岩波書店　226 頁
『ロマン』：西澤潤一『私のロマンと科学』中公新書　34 頁
『美味 30』：雁屋哲・花咲アキラ『美味しんぼ』30 巻　小学館　182 頁
『美味 40』：雁屋哲・花咲アキラ『美味しんぼ』40 巻　小学館　116 頁
『高校 11』：野中英次『魁!! クロマティ高校』11 巻　講談社　233 話
『チエ 13』：はるき悦巳『じゃりン子チエ』13 巻　双葉社　207, 217 頁

『コラム d』:『ダカーポ』No.250　1992/04/01　93 頁
『コラム t』:「天声人語」朝日新聞 1991/11/08
『使い鳩』:DVD『雲霧仁左衛門 TV 版』第 5 話　松竹ホームビデオ
『光』:DVD『機動戦士ガンダム SEED (3)』第 9 話　バンダイ
『もみ』:DVD『アルプスの少女ハイジ (2)』第 7 話　バンダイ

第 4 章
『朝』:筒井康隆『朝のガスパール』朝日新聞社　24 頁
『酒』:筒井康隆『あるいは酒でいっぱいの海』集英社　14 頁
『のたり 26』:ちばてつや『のたり松太郎』26 巻　小学館　65 頁
『コラム t』:「天声人語」『朝日新聞』1992/02/21
『コラム a』:「役に立つ心理学」『週刊朝日』1992/06/05

第 5 章
『BTF2』:『Back to the future part II』フォーイン　71, 59 頁
『T2』:DVD『ターミネーター 2』ジェネオン
『もみ』:DVD『アルプスの少女ハイジ (2)』第 7 話　バンダイ

第 6 章
『日の出』:はるき悦巳『日の出食堂の青春』日本文芸社　117 頁
『海底』:DVD『劇場版　名探偵ホームズ』「海底の財宝」ブエナビスタ

謝辞

　本書の出版に際しては広島修道大学から出版助成を受けています。平成8年(1996年)の着任以来、遅々として進まない研究成果を気長に待ってくださった修道大学と生徒諸君に感謝いたします。
　本書をなすに当たっては引用研究、発話行為(言語行為)研究の先達に拠るところが大きく、いわば「恩書」に多くを助けられました。特に発話行為論は研究の蓄積が大きく、読まねばならない資料も膨大でした。もし恩書による案内がなければ、その深く果てしない闇の底に今も沈んだままだったでしょう。もとより発話行為論の草創期から現代のそれまで、そのすべてを見通すことはできませんでした。そこで、本書では分かっているふり(pretense of knowledge)をやめ、私が確実に理解できたことだけを書き、それをパラダイム(思考の枠)として日本語の引用を扱いました。奇妙な議論になっていないことを祈るばかりです。
　また、恩師と呼べる方でお礼を申し上げたい方も多々ありますが、特に「場の二重性」というアイデアから私を引用研究へ導いて下さったのは砂川有里子先生(筑波大学)でした。また、中園(1994)をきっかけに日本語における引用研究の第一人者である藤田保幸先生(滋賀大学)と何度もお話しする機会に恵まれました。また、藤田(1999a)は中園(1994)に対し初めて本格的に応えてくださった論文であり、批判的なものではありましたが、まことにありがたく思います。常に理論(理念?)先行でしかものを見られない私は、本書でもやはり「予断を持たず言語事実を虚心に見ること」とのお叱りを受けるかもしれません。
　引用句のダイクシスを扱った第4章については、生成文法学者である竹沢

幸一先生(筑波大学)との長時間にわたる議論を経ていることを書き添えておきます。当時、大学院生であった私は、約束(アポ)もとらず毎日のように研究室に押しかけましたが、先生は常に笑顔で迎えて下さり、言語データの検討におつき合い下さいました。統語論の自律(Autonomy thesis)という立場から、先生は発話の力という言語外の要素を言語研究に取り入れることに終始懐疑的でしたが、「間接化のプロセス」「視点移動の原則」など発話行為を言語学に適用する道具立ては、先生との議論がなければ出てこなかったアイデアです。

また、地方の私立大学に勤務する若い教師に出版の機会を与えてくださった松本功社長(ひつじ書房)に御礼申し上げます。もし松本社長が書かれた「オンライン出版講座」を読まなければ、出版社と連絡を取る勇気は出ませんでした。出版に当たっては匿名のレビュワーから有益なアドバイスを頂き、中園(1993)に全面的な改稿を加えました。しかし、基本となるアイデアは当時のままです。

最後に一言。人づきあいの苦手な私は、いつも独りで考え、書くことを続けてきました。これからもそうでしょう。それゆえの困難は甘受するしかありません。そんな中あえて私を褒めてくださった方々、また好意的に接してくださったすべての方々に感謝申し上げます。

(平成17年8月30日記す)

索引

あ

「挨拶」 155, 184, 190, 215
「挨拶」が成立するための条件 97, 182
「挨拶」の効果 155, 191
相手を責める機能 151
アイロニーの原理 44
アンチテーゼ 122
暗黙知 223

い

「言うことは偽すことである」 86
意思表明 13
一時的な効果を持つ発話行為 23, 154, 185
「言った」 24, 130, 140, 159
一致 39
意図 40, 174
意図された意味 47
意図的な行為 174
意味 49, 204
意味行為 88
意味づけ 228
「意味は用法」 118
意味論 203
意味論中心主義 204
意味論と語用論の相補主義 204
意味論の意味 50
「依頼」 113
「依頼」が成立するための条件 97

入れ子型の構造 32
陰伏的な遂行的発言 119
引用 16, 128, 212
引用句 12, 126
引用句切れ文 77
引用句創造説 17
引用句創造のプロセス 20
引用構文 29
引用動詞 22, 112, 126
引用の構造 4
引用の構文 1, 59, 110, 126
引用の特殊性 13
引用標識挿入規則 33
引用符 55
引用部 22, 59, 128
引用文 29

う

ヴィーコ流の見解 74
受身構文 10

え

英語の引用 147
英語の労力 215
英語の話法 75
永続性 154, 184
エコー発話 163
エチケットの規則 93
婉曲的な言い回し 121

お

オースチンの分析 99
オーストラリアの言語 221
「お互いに」 191
音声行為 88

か

解釈の優先 188
会話的推論 104
会話の公準 74, 105
会話目標 123

科学的アプローチ 229
格関係 39
核心的な言語使用 53
核心文法 48
確定的 204
過去のコミュニケーション 110
加算的な話法観 162
仮説の構築 29
語りえぬもの 225
カテゴリー的 19
ガリレオ的スタイル 74
関係論的な語用論 54
慣習 107, 172, 223
慣習化された間接発話行為 108
慣習的 204
慣習的な行為 172
間接引用 62, 126
間接引用の読み 9, 132
間接化 8, 24, 59
間接化転形 161
間接化の度合い 19, 128
間接化のプロセス 127
間接言語行為 122
間接発話行為 52, 103
間接話法 18
間接話法化 10
間接話法要素 18
観測問題 74
寛大性の原理 45
「感嘆」 152, 159, 194, 214
感嘆文 101, 143, 213
感動詞 17, 216
慣用句説 107
慣用表現説 122
関連性理論 75

き

「祈願」 131, 153, 196
「祈願」の効果 196
聞き手1 3, 126

聞き手2　3, 126
聞き手側の条件　106
帰結　200
記述的アプローチ　15
規制的規則　120
規則　93, 203
機能　149, 213
機能主義　203
機能的アプローチ　15
機能的観点　45
機能的な引用研究　16
機能的分類　148
機能文法　220
機能論　17, 203
疑問文　101, 143, 213
客観主義者　228
客観的実在性　74
強意の副詞　164
共感覚の比喩　228
教室での会話　121
協調の原理　44
共通基盤　228
近代合理主義　224
近代保守主義　223

く

空間ダイクシス　60
クレオール　221

け

劇的効果の欠如　19
結果　200
結果相　155, 188
言語外の要因　4, 40, 111
言語学的な発話行為論　75
言語ゲーム　121, 228
言語行為　28
言語構造の慣習　122
言語使用　41, 62, 223
言語使用の慣習　122
言語データ　187, 225
言語テスト　83, 89, 226

言語哲学　28
言語哲学者　79, 125
言語伝達場面　79, 168
言語に関する知識　46
言語能力　46
言語文化論　224
顕在的な遂行的発言　119
現在の発話　3
原則　203
謙遜の原則　45
現代の発話行為論　110
現場性　154, 185

こ

語彙的な引用動詞　26
行為　86
行為指示型　14, 222
行為遂行的発言　118
効果が一時的な発話
　　155, 185
効果が持続的な発話
　　154, 184
構成的規則　93, 100, 182
構造　149, 213
構造主義　203
構造的アプローチ　15
構造的観点　45
構造的な引用研究　16
構造的分類　148
構造論　17, 203
肯定的な丁寧さ　43
肯定的なフェイス　43
合理的な人間　41
合理的能力　53
古英語　221
国語学　8, 38
国民　225
「ここに」　83
固定表現　143, 213
個別指向　38, 73
個別性　38, 213

コミュニケーション　6,
　　52, 109, 168
コモンセンス　224
語用論　40, 168, 203, 225
語用論中心主義　204, 220
語用論的規則　46
語用論的推論　139
語用論的な制約　14
語用論的能力　46
語用論の意味　50
衣掛けのモダリティ　33

さ

サールの分析　101
再帰代名詞　11, 205
再現　16
三元的な関係　49

し

時間ダイクシス　60
時間と空間　153
指示行為　90
事実確認的発言　118
事実報告的　148
指示表現　205
時制の一致　55, 127
事前条件　95, 182
持続的な効果を持つ発話行
　　為　23, 154, 185
実証的　1, 16, 167
実践的推論　75
「質問」　133, 152, 190
「質問」が成立するための
　　条件　97
質問文　13
辞的要素　161
視点移動の原則　69, 134,
　　212
視点移動の制約　69, 138,
　　213
視点調整の原理　164
社会的慣習　99

社会・文化的知識　41, 109
捨象化　74
修辞の原理　44
終助詞　17, 216
集団的志向性　123
自由表現　163
周辺的な言語使用　53
周辺文法　48
主格　1, 38, 126
「祝福」　194
「祝福」の効果　194
主語　38
主語廃止論　39
「主張」　193
述定行為　90
準間接引用　19
準直接引用　19, 76
照応関係　205
照応表現　205
将棋の規則　93
常識　46, 139, 224
「招待」　113
情報性の原則　208
情報のなわ張り　228
助詞「と」　20, 55
助詞の選択　140
進行相　155, 188
深層構造　9, 51, 104
「診断」　133, 193
「診断」の効果　193
真と偽の問題　79

す

遂行仮説　51, 103
遂行形式　120, 175
遂行節削除　51, 104
遂行動詞の解除　130
遂行動詞の選択　127
遂行文　52, 80
推論　41
推論説　104, 122
推論短絡説　122

スタイル要素　164

せ

成功条件　200
誠実条件　95
誠実性条件　182
生成意味論　52, 220
生成文法　46, 205, 223
絶対的な区別　177
説明の負担の再配分　211
「宣言」　190

そ

相互過程としてのコミュニケーション　121
相互代名詞　191, 205
相互理解　228
創造　16
相対的な区別　179
束縛条件　205
束縛理論　205
尊敬語化現象　40

た

第1場　2, 111, 126, 187
第2場　2, 111, 126, 187
対格　40
ダイクシス　60, 134
ダイクシス動詞　13, 63, 114
ダイクシスの視点移動　67
ダイクシスの視点制約　68
ダイクシスの調整　61, 115, 128
ダイクシスの非対称　146
対照言語学　15
代名詞　205
多義説　103, 122
脱文脈化　3, 74
単層型の構造　32
単文　14, 187, 206
談話の文法　12

談話分析　15, 110

ち

「誓い」　112
力　148
知情意　225
中間的な表現形式　76
中間的な話法　18
中立的な引用動詞　26, 140, 159
直接引用　62, 126
直接引用の読み　9, 133
直接話法　18
直接話法表現　10
直接話法分析　9, 162
直接話法要素　18
陳述副詞　113
陳述文　52, 80

て

丁寧さ　42
丁寧さの原理　44
テイル形　188
適格性の判断　140
適切　81
適切性条件　81, 95, 105, 182
典型　19, 61
伝達者　4, 111, 126
伝達者の解釈　8, 24, 160, 187
伝達者の視点　18, 134, 212
伝達的機能　41, 220
伝達のムード　17, 216
伝達部　22, 59, 128
伝統　223
伝聞、様態表現　20

と

「～ト」引用句　20
同一指示　9, 207
動機的　204

統語構造　101, 220
統語的分析　142, 213
統語論　16, 40, 168, 203, 224
統語論の自律　8
統制的規則　93
動的な側面　8, 109
同場所の解釈　192

な

内省　28, 74

に

二元的な関係　49
二重の場　12
日常言語学派　80
二分法　18, 86
日本語記述文法　34, 73
日本語の引用　147
日本語の引用研究　14
日本語の間接引用　143
日本語の個別性　70, 146
日本語の労力　216
日本語の話法　75
「によって」定型表現　176
人称ダイクシス　60, 114
認知言語学　228

の

「罵り」　150
述べ立て　13

は

発言行為　90
発語行為　87, 119, 168
発語内行為　87, 90, 168
発語内行為動詞　85, 172
発語内行為の遂行　169
発語内的力表示部分　120
発語内的な力　169
発語媒介行為　87, 90, 168
発語媒介行為の遂行　170

発語媒介的な効果　170
発話　86, 148, 168
発話行為　87, 119
発話行為が聞き手に与える効果　181
発話行為（言語行為）論　54, 79, 167
発話行為的引用論　21, 110, 160, 187
発話行為的引用論の分析　110
発話行為的引用論の論点　22
発話行為的引用論の枠組み　187
発話行為的な影響　111
発話行為的分析　149, 213
発話行為の一時性　155
発話行為の現場性　184, 213
発話行為の効果　23, 153, 185
発話行為の持続性　154
発話行為の遂行　27, 95, 109, 197
発話行為の全体像　86, 101
発話行為の分類　87, 90, 167
発話生成の原理　164
発話内行為　119
発話媒介行為　119
発話の曖昧性　101
発話の機能　21, 101, 149
発話の効果　154, 158, 184
発話の力　22, 86, 95, 157, 187
発話の力の分類　149
話し言葉　64
話し手1　3, 59, 126
話し手1の視点　18
話し手2　3, 59, 126
話し手側の条件　106

話し手投射　32
場の調整　13
場の二重性　12, 162, 187
範疇的　204

ひ

否定的なフェイス　43
比較文化論　222
非言語行動　156, 171
否定的な丁寧さ　43
「非難」　150
皮肉　23, 164
非範疇的　204
非明示的遂行文　84
「冷やかし」　149
非リレー型　6

ふ

フェイス　42
不確定的　204
複合話法　34
複文　110, 206
不誠実な挨拶　184
不誠実な助言　82
不誠実な約束　82, 96, 183
二つの場　2
二つのレベル　9
不定動詞　11
不適切　81
不発　82, 96
普遍指向　38, 73
普遍性　38, 212
普遍文法　48, 224
プロソディ　164
プロトタイプ的　19
文　148, 168
分業関係　221
文全体の主語　9
文全体の話し手　9
文体的効果　57
文の法的分類　149
文法関係　39

文法的規則　46
文法的能力　46

へ

平叙文　101, 143, 214
別指示　9, 209
別場所の解釈　192

ほ

法　148
「報告」　149
報告者　30
母国語　46, 224
保守主義の言語学　227
補文　15, 165
補文標識　59, 123, 128
補文標識の選択　128
本質条件　95, 182

む

無生物主語の尊敬文　228
無標　48, 208

め

明示的遂行文　84
命題　76, 86, 165
命題行為　90
命題内容条件　95, 182
命題表示部分　120
「命名」　150
「命令」　113, 131, 195, 216
「命令」の効果　196
命令文　13, 101, 143, 215
メタ規則　121

も

目的合理的な推論　53
文字通りの意味　47
モジュール　48
モダリティ　76, 145
元の発話　3

や

「約束」　112, 158, 183, 190
「約束」が成立するための
　条件　95, 100, 182
「約束」の効果　154, 190
揶揄的　148

ゆ

有標　48, 208

よ

用語行為　88
様態の原則　208
与格　40
欲求　43, 105
「呼びかけ」　153, 215
呼びかけ語　75, 122, 163

ら

濫用　82, 96

り

理性　223
理想化　3, 47, 140
理想上の話し手・聞き手
　46, 224
了解　200
リレー型　4, 126
理論言語学　8, 51
理論的、言語哲学的な語用
　論　54

る

ルール　223

ろ

労力の分配　212
論理実証主義　79

わ

話法　17, 62
話法連続観　34

A

A-first accounts　221
A-first 言語　221

B

B-first accounts　209
B-first 言語　221

H

Horn-scale　208

I

IFID　120
I 含意　208

L

language act　118

M

M 含意　208

Q

q・r 文　121
Q 含意　221

S

SAC　23, 154, 185
SAT　23, 154, 185

【著者紹介】

中園篤典（なかその あつのり）

〈略歴〉1967年大阪府生まれ。筑波大学大学院修士課程地域研究研究科修了。大阪大学大学院言語文化研究科博士後期課程単位修得満期退学。広島修道大学人文学部専任講師を経て、現在同大学人間環境学部助教授。

〈主要著書・論文〉『現代日本語の語彙・文法』（共著 くろしお出版 2000年）、『人間環境学入門－地球と共に生きること－』（共著 中央経済出版社 2001年）、「引用文のダイクシス－発話行為論からの分析－」（『言語研究』第105号 日本言語学会 1994年）、「メトニミーと敬語」（『月刊言語』第26巻第4号 大修館書店 1997年）、など。

ひつじ研究叢書〈言語編〉第41巻
発話行為的引用論の試み―引用されたダイクシスの考察―
（広島修道大学学術選書28）

発行	2006年3月20日　初版1刷
定価	5200円＋税
著者	© 中園篤典
発行者	松本　功
装丁・組版	向井裕一（glyph）
印刷所	三美印刷株式会社
製本所	田中製本印刷株式会社
発行所	株式会社 ひつじ書房
	〒112-0002 東京都文京区小石川 5-21-5
	Tel.03-5684-6871　Fax.03-5684-6872
	郵便振替 00120-8-142852
	toiawase@hituzi.co.jp　http://www.hituzi.co.jp

ISBN4-89476-276-5

造本には充分注意しておりますが、落丁・乱丁などがございましたら、小社かお買上げ書店にておとりかえいたします。ご意見、ご感想など、小社までお寄せ下されば幸いです。

ひつじ研究叢書（言語編）

巻	タイトル	著者	価格
第1巻	方言地理学の展開	徳川宗賢著	15000円
第3巻	日本語の音（テキスト版）	城田俊著	2100円
第4巻	古代日本語母音論	松本克己著	9000円
第5巻	バントゥ諸語動詞のアクセントの研究	湯川恭敏著	19000円
第6巻	Studies in English and Japanese Auxiliaries	澤田治美著	12000円
第7巻	言語の時間表現（品切れ）	金子亨著	
第8巻	拾遺 日本文法論	奥津敬一郎著	5825円
第9巻	日本語条件表現史の研究	小林賢次著	12000円
第10巻	束縛関係	中村捷著	6019円
第11巻	意味分析の方法	森田良行著	3800円
第12巻	上代語の構文と表記	佐佐木隆著	14000円
第13巻	日本語文法の諸問題	鈴木泰・角田太作編	4200円
第14巻	日本語文法 体系と方法	川端善明・仁田義雄編	10000円
第15巻	日本語方言一型アクセントの研究	山口幸洋著	19000円
第16巻	複合動詞の構造と意味用法	姫野昌子著	4700円
第17巻	現代言語理論と格	石綿敏雄著	4600円
第18巻	萬葉集と上代語	佐佐木隆著	22000円
第19巻	日本語記述文法の理論（品切れ）	近藤泰弘著	
第20巻	日英語の自他の交替	丸田忠雄・須賀一好編	5000円
第21巻	日本語 意味と文法の風景	山田進・菊地康人・籾山洋介編	6000円
第22巻	日本語の情報構造と統語構造	カレル・フィアラ著	28000円
第23巻	Old English Constructions with Multiple Predicates	大門正幸著	7400円
第24巻	Bound variables and coreferential pronouns	杉浦滋子著	13000円
第25巻	日本語モダリティの史的研究	高山善行著	12000円
第26巻	Discourse Politeness in Japanese Conversation	宇佐美まゆみ著	6560円
第27巻	日本語文法の発想	森田良行著	3200円
第28巻	文法化とイディオム化	秋元実治著	3600円
第29巻	日本語修飾構造の語用論的研究（☆）	加藤重広著	8000円
第30巻	語彙論的語構成論	斎藤倫明著	5200円
第31巻	現代日本語の漢語動名詞の研究	小林英樹著	6000円
第32巻	方言学的日本語史の方法（☆）	小林隆著	18400円
第33巻	動詞九章	高橋太郎著	4200円
第34巻	対照言語学の新展開	佐藤滋・堀江薫・中村渉編	14000円
第35巻	日本語のアスペクト・テンス・ムード体系	工藤真由美編	6200円
第36巻	現代日本語の疑問表現	宮崎和人著	5200円
第37巻	事態概念の記号化に関する認知言語学的研究	谷口一美著	6200円
第38巻	日本語態度動詞文の情報構造	小野正樹著	9400円
第39巻	日本語述語の統語構造と語形成	外崎淑子著	8400円
第40巻	複合動詞・派生動詞の意味と統語（☆）	由本陽子著	6800円
第41巻	発話行為的引用論の試み	中園篤典著	5200円
第42巻	現代日本語文法 現象と理論のインタラクション	矢澤真人・橋本修編	7800円
第43巻	日本語の助詞と機能範疇	青柳宏著	6000円

※ 表示の価格は税抜価格です。
※ 刊行物の最新情報は、ひつじ書房のホームページ http://www.hituzi.co.jp/ をご覧ください。
※ ☆印の付いた書籍は、「新村出賞」受賞。